2019 年度

公路水运工程试验检测人员考试类图书

资　　讯

一、官方考试教材

序　号	书　名	书　号	定　价
1	公路水运工程试验检测专业技术人员职业资格考试用书　**公共基础**（2019 年 6 月局部修订版）	14875	62.00
2	公路水运工程试验检测专业技术人员职业资格考试用书　**道路工程**（2019 年 6 月局部修订版）	14876	85.00
3	公路水运工程试验检测专业技术人员职业资格考试用书　**桥梁隧道工程**（2018 年版）	14877	98.00
4	公路水运工程试验检测专业技术人员职业资格考试用书　**交通工程**（2018 年版）	14878	115.00
5★	公路水运工程试验检测专业技术人员职业资格考试用书（2018 年版）**修订内容汇编**	15692	40.00

二、考试辅导用书

（一）考前冲刺模拟试题

序　号	书　名	书　号	定　价
1★	公路水运工程试验检测师考前冲刺模拟试题（助理试验检测师）（2019 年版）	15733	58.00
2★	公路水运工程试验检测师考前冲刺模拟试题（试验检测师）（2019 年版）	15734	62.00

本书依据《2019 年度公路水运工程试验检测专业技术人员职业资格考试大纲》及考试用书相关要求而编写，包括助理试验检测师、试验检测师两个分册。每个分册均包括 4 套《公共基础》科目、4 套《道路工程》科目、4 套《桥梁隧道工程》科目和 4 套《交通工程》科目模拟试题，并附有参考答案及解析。

（二）应试题解系列

序　号	书　名	书　号	定　价
1	公路水运工程试验检测人员应试题解　**公共基础**(2018 年版)	14925	32.00
2	公路水运工程试验检测人员应试题解　**道路工程**(2018 年版)	14926	62.00
3	公路水运工程试验检测人员应试题解　**桥梁隧道工程**(2018 年版)	14927	56.00

（三）习题精练系列

序　号	书　名	书　号	定　价
1	公路水运工程试验检测人员考试习题精练与解析　**公共基础**(2018 年版)	14928	32.00
2	公路水运工程试验检测人员考试习题精练与解析　**道路工程**(2018 年版)	14929	60.00
3	公路水运工程试验检测人员考试习题精练与解析　**桥梁隧道工程**(2018 年版)	14930	62.00
4	公路水运工程试验检测人员考试习题精练与解析　**交通工程**(2018 年版)	14931	56.00

三、相关参考用书

序　号	书　名	书　号	定　价
1★	公路水运试验检测数据报告编制导则(JT/T 828—2019)	3143	20.00
2★	《公路水运试验检测数据报告编制导则》释义手册	15484	60.00
3★	公路水运工程试验检测等级管理要求(JT/T 1181—2018)	2831	60.00
4	公路交通安全设施质量检验抽样方法(JT/T 495—2014)	1957	30.00
5	公路水运工程质量监督管理规定(第二版)	2810	50.00
6	《公路水运工程质量监督管理规定》宣贯读本	15199	45.00
7	公路水运工程试验检测法规文件选编(2018 年版)	14932	50.00
8	公路工程试验检测仪器设备校准指南	09132	40.00
9★	水运工程试验检测仪器设备检定/校准指导手册 (书末附仪器设备相关信息)	15100	70.00
10	公路工程工地试验室标准化指南	10885	50.00
11	公路工程试验检测仪器设备计量管理指南	13028	150.00

各位考生可通过当地交通书店购买，也可通过各大网上书店购买。

咨询电话：(发行部)010-59757973，(编辑部)010-85285381。

试验检测考试交流 QQ 群 697947192(之前已加试验检测考试交流一～九群的不用重复加入)。

2019 职业资格考试辅导丛书

公路水运工程试验检测考前冲刺模拟试题

（助理试验检测师）

本书编委会　编

人民交通出版社股份有限公司
China Communications Press Co.,Ltd.

内 容 提 要

本书依据《2019年度公路水运工程试验检测专业技术人员职业资格考试大纲》及考试用书相关要求编写，包括《公共基础》《道路工程》《桥梁隧道工程》和《交通工程》四个考试科目各4套模拟试题，并附有参考答案及解析。

本书供参加2019年度公路水运工程试验检测职业资格考试的考生学习使用。

图书在版编目(CIP)数据

公路水运工程试验检测考前冲刺模拟试题：助理试验检测师／《公路水运工程试验检测考前冲刺模拟试题(助理试验检测师)》编委会编．—北京：人民交通出版社股份有限公司，2019.8

ISBN 978-7-114-15733-2

Ⅰ.①公… Ⅱ.①公… Ⅲ.①道路工程—试验—资格考试—习题集②道路工程—检测—资格考试—习题集③航道工程—试验—资格考试—习题集④航道工程—检测—资格考试—习题集 Ⅳ.①U41-44②U61-44

中国版本图书馆CIP数据核字(2019)第148912号

Gonglu Shuiyun Gongcheng Shiyan Jiance Kaoqian Chongci Moni Shiti(Zhuli Shiyan Jianceshi)

书　　名:公路水运工程试验检测考前冲刺模拟试题(助理试验检测师)
著 作 者:本书编委会
责任编辑:石　遥　潘艳霞
责任校对:张　贺
责任印制:张　凯
出版发行:人民交通出版社股份有限公司
地　　址:(100011)北京市朝阳区安定门外外馆斜街3号
网　　址:http://www.ccpress.com.cn
销售电话:(010)59757973
总 经 销:人民交通出版社股份有限公司发行部
经　　销:各地新华书店
印　　刷:北京市密东印刷有限公司
开　　本:787×1092　1/16
印　　张:18.5
字　　数:439千
版　　次:2019年8月　第1版
印　　次:2019年8月　第1次印刷
书　　号:ISBN 978-7-114-15733-2
定　　价:58.00元

前　言

2015 年 6 月 23 日，人力资源社会保障部、交通运输部联合印发《关于印发〈公路水运工程试验检测专业技术人员职业资格制度规定〉和〈公路水运工程试验检测专业技术人员职业资格考试实施办法〉的通知》（人社部发〔2015〕59 号），标志着公路水运工程试验检测专业技术人员水平评价类国家职业资格制度正式设立。

根据《人力资源社会保障部办公厅关于 2019 年度专业技术人员资格考试计划及有关事项的通知》（人社厅发〔2018〕142 号），本年度公路水运工程助理试验检测师、试验检测师的考试时间为 2019 年 11 月 16 日、17 日。

为了满足广大考生在考前冲刺阶段复习需要，本书编委会依据《2019 年度公路水运工程试验检测专业技术人员职业资格考试大纲》及考试用书相关要求而编写本书，包括助理试验检测师、试验检测师两个分册。每个分册均包括 4 套《公共基础》科目、4 套《道路工程》科目、4 套《桥梁隧道工程》科目和 4 套《交通工程》科目模拟试题，并附有参考答案及解析，旨在帮助考生考前进行自我模拟测试，进一步巩固掌握知识点。

本书为助理试验检测师分册。编写人员分工如下：重庆交通大学张祖棠，负责《公共基础》科目；长安大学王乾、耿九光、张优、徐璐璐，负责《道路工程》科目；重庆交通大学施尚伟、曹晓川，重庆市市政设计研究院工程检测中心李莹雪，重庆市交通工程质量检测有限公司文永江、杜松，负责《桥梁隧道工程》科目；湖南大学吴建新、湖南师范大学孙红英，负责《交通工程》科目。

由于时间和经验所限，书中难免存在疏漏之处，请各位考生提出宝贵意见和建议，以便修订时参考。

本书编委会

2019 年 7 月

目　录

第一部分　公共基础

模拟试题一

说明:1. 本模拟试题设置单选题40道、判断题30道、多选题25道,总计120分;模拟自测时间为120分钟。

2. 本模拟试题仅供考生进行考前自测使用。

一、单项选择题(共40题,每题1分,共40分)

1. 检验检测机构在资质认定证书确定的能力范围内,对社会出具具有证明作用数据、结果时,应当标注资质认定标志。资质认定标志加盖在(　　)位置。

A. 主页上部　　B. 封面左上角

C. 封面上部适当位置　　D. 封面检验检测机构名称上

2. 检验是按照规定的程序,为了确定给定的产品、材料、设备、生物体、物理现象、工艺过程或服务的一种或多种(　　)的技术操作。

A. 特性或性能　　B. 重复性和复现性

C. 试验数据　　D. 性能和评定

3. (　　)个工作日是资质认定评审组出具技术评审结论的时限。

A. 45　　B. 20　　C. 7　　D. 3

4. 实验室内部审核的周期通常为(　　)。

A. 2年　　B. 1年　　C. 6个月　　D. 3个月

5. 管理评审是实验室的执行管理层根据预定的日程和程序,定期对实验室的质量体系检测和校准活动进行评审,典型的周期为(　　)。

A. 1个月　　B. 12个月　　C. 24个月　　D. 不定期

6. 选择合格的仪器设备的检定/校准服务单位,一般应该评价(　　)。

A. 检定/校准服务实验室规模

B. 检定/校准服务机构的检定资质

C. 检定/校准服务实验室性质

D. 检定/校准服务机构的部门属性

7. 按照《公路工程试验检测仪器设备检定/校准指导手册》,下列不属于水泥混凝土用压力机需要检定的计量参数的是(　　)。

A. 加力速度　　B. 相对分辨力
C. 最大试验力　　D. 零点漂移

8. 实验室质量管理体系文件自发布后,至少运行(　　)个月,才能进行计量认证评审。

A. 1　　B. 3　　C. 6　　D. 12

9. 全国标准化工作由(　　)统一管理。

A. 国务院　　B. 行政主管部门
C. 国务院标准化行政主管部门　　D. 国家认监委

10. 下列 SI 单位的十进倍数与分数单位中,正应力帕(斯卡)Pa 单位,书写错误的是(　　)。

A. GPa　　B. MPa　　C. KPa　　D. kPa

11. 由(　　)负责标准的编号规则的制定和发布。

A. 省级人民政府标准化行政主管部门
B. 国务院有关行政主管部门
C. 国务院标准化行政主管部门
D. 国家市场监管总局

12. 下列选项中,(　　)是记录报告更改不正确的做法。

A. 要有更改人的姓名或等效标识进行记录报告更改
B. 要用划改,有更改人的姓名或等效标识进行记录更改
C. "对序列号为……(或其他标识)报告的修改"或其他等效文字
D. 另发一份新结果报告进行报告更改

13. 资质认定办理时限的规定要求,受理决定必须在(　　)个工作日内作出,并且在(　　)个工作日内完成技术评审。

A. 5;30　　B. 5;20　　C. 5;45　　D. 7;45

14. 在合同签订之前,由检验检测机构的(　　)进行合同评审。

A. 检测室主任　　B. 样品管理员
C. 程序文件规定的业务人员　　D. 技术负责人

15. 有下列(　　)情形的,属于轻微违法,由县级以上质量技术监督部门责令其 1 个月内改正;逾期未改正或者改正后仍不符合要求的,处 1 万元以下罚款,处罚期间仍可对外出报告。

A. 未按照资质认定部门要求参加能力验证或者比对的
B. 出具的检验检测数据、结果失实的
C. 超出资质认定证书规定的检验检测能力范围,擅自向社会出具具有证明作用数据、结果的
D. 非授权签字人签发检验检测报告的

16. 当检验检测机构出现资质认定检验检测项目取消的情形时,应该采取的方法是(　　)。

A. 向资质认定部门申请办理变更手续
B. 自行从机构参数表内取消,并以某种形式公示
C. 自行从机构参数表内取消,并报相关部门备案

D. 自行从机构参数表内取消

17. 工地试验室应积极营造(　　)的工地检测文化氛围。

A. 诚实守信、科学规范　　B. 一丝不苟、严谨科学

C. 实事求是、严谨科学　　D. 严谨公正、科学客观

18. 检验检测机构应当建立并保持出现不符合工作的(　　)。

A. 纠正措施　　B. 偏离程序　　C. 处理程序　　D. 预防措施

19. 检测机构在具备相应的业绩条件下，年限满(　　)年后，方可申报上一等级的评定。

A. 2　　B. 3　　C. 1　　D. 5

20. 根据《中华人民共和国计量法》的规定，法定计量单位是由(　　)承认，具有法定地位的计量单位。

A. 县级以上标准化行政主管部门　　B. 国家法律法规

C. 政府机关　　D. 国务院

21. 检验检测机构的质量方针应该由(　　)批准正式发布。

A. 质量负责人　　B. 质量主管

C. 技术管理者　　D. 最高管理者

22. 计量认证的专业类别代码中，代表交通的是(　　)。

A. R　　B. N　　C. P　　D. Y

23. 如果出现(　　)，检验检测机构不以变更方式办理手续。

A. 场地变更

B. 质量负责人变更

C. 机构放弃已经获取的资质认定项目

D. 检测方法变更

24. 要实施盲样管理，样品标识中不得出现的信息有(　　)。

A. 样品名称　　B. 样品编号

C. 委托方的信息　　D. 规格及型号

25. 公路水运工程试验检测机构的乙级等级评定工作是由(　　)负责。

A. 省(市)级质量监督局　　B. 国务院主管部门

C. 交通运输部质监机构　　D. 省(市)交通质检机构

26. 依据《公路试验检测数据报告编写导则》的要求，报告落款区的信息有(　　)。

A. 编制人　　B. 审核人

C. 试验日期　　D. 监理见证人

27. 关于等级证书复核换证的基本条件，下列描述正确的是(　　)。

A. 设备环境满足等级标准要求

B. 信用等级不得有 C 级

C. 证书有效期内开展的参数不小于 75%

D. 甲级及专项类检测机构应有高速公路和大型水运工程现场检测项目或工地试验室业绩

28. (　　)是公路水运工程材料与制品检测领域的代码。

A. Z　　B. S　　C. Q　　D. P

29. 国家法定计量单位的名称由(　　)公布。

A. 全国人大常委会　　B. 国务院计量行政部门

C. 中国计量测试学会　　D. 国务院

30. 对同样的极限数值,如果它本身符合要求,则(　　)。

A. 修约值比较法比全数值比较法相对较严格

B. 全数值比较法比修约值比较法相对较严格

C. 两者是一样的

D. 两者没有关系

31. 通常我们用(　　)来表示概率统计中的必然事件。

A. A　　B. U　　C. P　　D. V

32. 根据修约间隔的定义,如果修约间隔是 10^{-2},则表示将数值修约至(　　)。

A. 小数点后二位　　B. 小数点后一位

C. 个数位　　D. 小数点前两位

33. 表述物质的量的单位符号是(　　)。

A. kg　　B. t　　C. K　　D. mol

34. 在公路工程试验检测能力的分类代码中,采用(　　)表述“试验参数”。

A. 一位小写字母　　B. 一位大写字母

C. 两位大写字母　　D. 三位阿拉伯数字

35. 计量溯源是指检验检测机构确保检测结果能够溯源至(　　)的要求。

A. 国家计量基准　　B. 法定计量单位

C. 国家标准　　D. 地方计量标准

36. 机构负责人、技术负责人等发生变更的,应当自变更之日起(　　)日内到原发证质监机构办理变更登记手续。

A. 15　　B. 7　　C. 10　　D. 30

37. 检测机构等级评定现场评审时,抽取的现场试验操作考核参数要覆盖全部申请试验检测项目,除了保证不低于15%的必选参数总量外,还需要特别关注(　　)标准规范发生变更的参数。

A. 1 年内　　B. 2 年内　　C. 3 年内　　D. 5 年内

38. 由下列一组实测值得出“报出值”,“修约值”多保留 1 位,并将其修约到个位数,表达正确的是(　　)。

序号	实测值	报出值	修约值
①	15.4726	15.5^{-}	16
②	25.5462	25.5^{+}	26
③	-18.5201	-18.5^{+}	-18
④	-14.5000	-14.5	14

A. ①②③④　　B. ①③④　　C. ②③　　D. ②

39. 一般来讲,检定与校准的内容相比较,包括的内容检定比校准(　　)。

A. 更少　　　　B. 更多

C. 一样多　　　　D. 以上均不正确

40. 换证复核合格的,予以换发新的《等级证书》,证书有效期为(　　);不合格的,质监机构应当责令其在(　　)内进行整改,整改期内不得承担质量评定和工程验收的试验检测业务。

A. 3 年;6 个月　　　　B. 3 年;3 个月

C. 5 年;6 个月　　　　D. 5 年;3 个月

二、判断题(共 30 题,每题 1 分,共 30 分)

1. 对人员培训活动的有效性进行评价可以通过能力验证、内部质量控制结果、内部审核、不符合工作的识别、利益相关方的投诉、人员监督评价等多种方式。(　　)

2. 仪器设备出现故障后,要对对过去进行的检验检测活动造成的影响进行追溯,发现不符合应执行不符合工作的处理程序,暂停检验检测工作。(　　)

3. 检验检测机构应该采取回避措施处理投诉。(　　)

4. 当识别出不符合工作或在管理体系中发生不符合,以及在技术运作中出现对政策和程序偏离时,应实施纠正措施。(　　)

5. 公路水运工程安全生产监督管理的方针是坚持"安全第一、预防为主、综合治理"。(　　)

6. 只有客户以书面形式表达的对检验检测机构的检验检测服务或者数据、结果的质量或服务上的不满意或者抱怨才能叫投诉。(　　)

7. 外资、分支机构申请资质认定,按照规定必须具备 3 年及 3 年以上在所在国或者地区从事相关检测活动的业务经历。(　　)

8. 生产企业内部的检验检测机构也可以申请资质认定。(　　)

9. 检测机构的检验检测报告和记录归档应该留存 6 年,以保证其具有可追溯性。(　　)

10. 对委托检测检测报告不能有"仅对来样负责"表述。(　　)

11. 当被资质认定评审组认定评审结果为不符合时,被评审机构必须在 3 个月内完成整改。(　　)

12. 检测人员利用工作之便推销建材、构配件和设备的,扣 20 分。(　　)

13. 检定的设备无需对其检定结果进行确认。(　　)

14. 报告的扉页未记录有试验检测的数据和结论,因此不记入报告的总页数。(　　)

15. 内部校准是试验检测机构使用自己的人员、设备及环境等条件,为保证仪器设备量值准确可靠而开展的校准活动。(　　)

16. 使用频率低的设备需要进行期间核查。(　　)

17. 试验检测人员须在证件注册地参加省级质监机构组织的继续教育。(　　)

18. 检验检测设备应由经过授权的人员操作,还应保存对检验检测具有重要影响的设备的记录,软件不属于设备范畴。(　　)

19. 当测试方法发生偏离时,出具的试验报告应对偏离情况作出说明,对被检测样品不再作出合格与否结论。 ( )

20.《公路试验检测数据报告编写导则》规定了记录和报告统一的唯一标识编码规则。 ( )

21. 工地试验室应在其母体检测机构授权的项目及参数范围内开展检测活动,如果属规范变化而新增参数的,可以根据需要开展检测活动。 ( )

22. 纠正措施就是对实验室发现的不符合工作立即采取纠正措施。 ( )

23. 修正值等于负的随机误差估计值。 ( )

24. 仪器设备在获取检定、校准证书后的确认活动,就是需要判断基本信息和技术特性是否满足使用要求的适宜性。 ( )

25. 公路水运检测机构及评价周期内持证的检测人员的信用评价基准分为100分。 ( )

26. 测力环经校准,测得力值与百分表读数结果如下:

力值(kN)(X)	0	10	20	30	40	50
百分表读数(mm)(Y)	1.000	1.784	2.572	3.380	4.183	4.990

校准结果确认为 $Y = 0.0799X + 0.988, R^2 = 1$。 ( )

27. 机构不得自行指定授权签字人的代理人员。 ( )

28. 检验检测专用章应表明检验检测机构完整的、准确的名称。 ( )

29. 质量负责人的作用和责任是在最高管理者的领导下,保证管理体系得到实施和遵循,保持管理体系持续有效运行。 ( )

30. 监督就是为确保满足规定的要求,对实体的状况进行连续的监视和验证并对记录进行分析。 ( )

三、多项选择题(共25题,每题2分,共50分。下列各题的备选项中,至少有两个符合题意,选项全部正确得满分,选项部分正确按比例得分,出现错误选项该题不得分)

1. 构成推荐性国家标准的要件是( )。

A. 国家重大需要　　B. 与强制性国家标准配套

C. 通用多年的行业标准　　D. 基础通用

2. 下列对重复抽样的描述,正确的是( )。

A. 重复抽样属于随机抽样

B. 重复抽样能确保全部样本被抽中的概率相等

C. 重复抽样是每次从总体中随机抽取的一个样本观察后不再放回总体的一种抽样方式

D. 重复抽样是每次从总体中随机抽取的一个样本观察后重新放回总体的一种抽样方式

3. 能力验证计划的基本步骤包括(　　)。

A. 指定值的确定　　B. 能力统计量的计算

C. 能力评定　　D. 能力验证物品均匀性和稳定性的评定

4. 试验检测机构、工地试验室及现场检测项目信用评价的依据包括(　　)。

A. 等级评定、换证复核中发现的失信行为

B. 上一年度信用评价时发现的严重失信行为

C. 交通运输主管部门通报批评或行政处罚的失信行为

D. 投诉举报查实的违规行为

5. 方法确认的步骤包括(　　)。

A. 确定分析要求

B. 设计一组实验

C. 进行实验,使用数据评估适用性

D. 作出确认说明

6. 凡是获取资质认定证书机构的从业人员在进行检验检测活动中,必须(　　)。

A. 客观公正　　B. 科学严谨

C. 公平公正　　D. 诚实信用

7. 要成为工地试验室外委试验检测机构的必须是(　　)。

A. 取得《公路水运工程试验检测机构等级证书》(含相应参数)

B. 乙级及乙级以上试验检测机构

C. 通过计量认证(含相应参数)

D. 上年度信用评价 C 级以上

8. 检验检测机构实施分包的条件包括(　　)。

A. 已取得检验检测机构资质认定并有能力完成

B. 事先取得委托人的同意

C. 分包前,应建立和保持分包的管理程序

D. 只要是独立法人的甲级机构

9. 根据《公路试验检测数据报告编制导则》要求,(　　)构成了公路工程试验检测数据报告。

A. 数据原始记录　　B. 设备使用记录

C. 检测委托单　　D. 检测数据报告

10. 抽样检验是指抽取的样品应当具有(　　)。

A. 独立性　　B. 代表性　　C. 特定性　　D. 随机性

11. 工地试验室标准化建设的核心是(　　)。

A. 质量管理精细化　　B. 检测工作科学化

C. 硬件建设标准化　　D. 数据报告公正化

12. 表征硅含量(%)(极限数值为≤0.05)的测定值或者计算值按照修约值比较法修约后,符合要求的值是(　　)。

A. 0.054　　B. 0.060　　C. 0.055　　D. 0.046

13. 试验检测机构申报上一等级评定应符合(　　)等基本条件。

A. 本等级评定已经满 2 年

B. 本等级评定已经满 1 年

C. 有试验检测业绩,试验检测参数应覆盖批准的所有试验检测项目,且不少于批准参数的 85%

D. 有试验检测业绩

14.《中华人民共和国计量法》中规定的“使用不合格的计量器具”是指(　　)。

A. 使用的设备未经检定

B. 超过检定合格有效期的设备

C. 经检定不合格的计量器具

D. 未贴检定标识的设备

15. 国家对用于(　　)的列入强制检定目录的工作计量器具,实行强制检定制度。

A. 环境监测

B. 安全防护

C. 医疗卫生

D. 贸易结算

16. 不符合工作包括(　　)。

A. 体系性的不符合

B. 产品结果不符合

C. 设备不符合

D. 检测过程不符合

17. 对记录的维护和处理描述正确的是(　　)。

A. 当年记录保存在具体记录部门

B. 存入计算机的记录,只有管理部门根据授权指令可以修改

C. 所有记录应做好保密,管理体系任何环节均不得把记录失密

D. 发现记录有明显问题可以后补

18. 保证电子记录安全性的措施有(　　)。

A. 数字签名

B. 加密技术

C. 防写措施

D. 身份证验证技术

19. 检测方法的证实工作包括(　　)。

A. 对检测人员提供相应的资质证明,提供培训考核记录

B. 对检测环境提供验证和监控记录

C. 对仪器设备提供校准检定证书,提供检定校准计划

D. 对参考标准检查是否满足方法规定的要求

20. 对于工地试验室的环境管理正确的措施有(　　)。

A. 保持工地试验室室内外环境的状态干净

B. 工地试验室的消防设施由当地消防队直接管理

C. 工地试验室产生的废水、废气、废渣应安全排放

D. 试验固体废弃物应集中存放,定期清理到指定位置,不得随意摆放、丢弃

21. 水运工程检测机构在公路水运工程试验检测机构等级标准中,对相关专业高级职称人数及专业配置有要求的是(　　)。

A. 水运材料甲级

B. 水运结构甲级

C. 水运材料丙级

D. 水运材料乙级

22. 下列有关随机测量误差的描述,正确的是(　　)。
A. 随机测量误差的参考量值是对同一被测量由无穷多次重复测量得到的平均值
B. 随机测量误差的参考量值是对不同被测量由无穷多次重复测量得到的平均值
C. 随机测量误差等于测量误差减系统测量误差
D. 随机测量误差等于测量误差减系统测量误差的估计值

23. 下列选项中,(　　)可作为复核换证试验检测机构业绩的报告。
A. 母体机构出具的试验报告
B. 参加能力验证的项目或报告
C. 母体机构授权工地试验室出具的报告
D. 模拟试验出具的报告

24. 对样品完整性描述正确的是(　　)。
A. 实物上是完整的
B. 检测过程中样品无非正常损坏
C. 法律层面保护客户的所有权和机密
D. 没有改变样品的物理特性

25. 下列关于测量准确度的描述,正确的是(　　)。
A. 是测得值与其真值的一致程度
B. 是无穷多次重复测量所得量值的平均值与一个参考量值间的一致程度
C. 在规定条件下,对同一或类似被测对象重复测量所得示值或测得值间的一致程度
D. 测量准确度不是一个量,不能给出有数字的量值

模拟试题二

说明:1. 本模拟试题设置单选题40道、判断题30道、多选题25道,总计120分;模拟自测时间为120分钟。

2. 本模拟试题仅供考生进行考前自测使用。

一、单项选择题(共40题,每题1分,共40分)

1. (　　)内容不是检验检测资质认定证书应该包括的内容。

A. 获证机构名称和地址　　B. 检验检测能力范围

C. 法人名称　　D. 有效期限

2. 使用1mg/L的标准溶液进行测定时,甲得到的结果分别是0.95mg/L、0.99mg/L和1.03mg/L,乙测得的结果分别为1.73mg/L、1.74mg/L和1.75mg/L。通过分析可以得出(　　)结论。

A. 甲的结果精密度高　　B. 甲的结果的精密度比乙的精密度高

C. 乙的结果准确度高　　D. 乙的精密度比甲的精密度高

3. 依据《公路试验检测数据报告编制导则》的规定,下列不属于试验检测报告基本信息区内容的是(　　)。

A. 报告编号　　B. 工程名称

C. 试验依据　　D. 判定依据

4. 检测专用章必须包括的内容是(　　)。

A. "检验检测用"　　B. 法人名称

C. 五星标识　　D. 选项ABC

5. CMA是(　　)的英文缩写。

A. 中国计量认证　　B. 国际计量认证

C. 计量合格证　　D. 计量资格证

6. 对检验检测结果决定采用电子或者电磁方式传送时,下列(　　)行为不能保证满足对数据控制的要求。

A. 直接用QQ在群里告知

B. 确认(验证)接收方的真实身份后方可传送结果

C. 应对以该方式传输结果的有效性向客户说明,这种说明应与报告的声明一致

D. 必要时,检验检测机构应建立和保持检验检测结果发布的程序

7. 按照《公路水运工程试验检测机构等级标准》要求,下列不属于综合乙级对沥青混合料项目设备配置的强制性要求的是(　　)。

A. 电子天平　　B. 马歇尔稳定度仪

C. 最大理论密度测定仪　　D. 标准筛

8. 当设备出现明显的数据异常时，应该(　　)。

A. 停止使用　　B. 关机，重新启动

C. 重新装软件　　D. 更换传感器

9. 公路水运工程试验检测人员的继续教育周期为(　　)年；每个周期内接受继续教育的时间累计不应少于(　　)学时。

A. 1;24　　B. 2;24　　C. 1;12　　D. 2;12

10. 合同评审活动可被理解为确保检验检测活动达到规定目标的(　　)所进行的活动。

A. 适宜性和合法性　　B. 充分性和合理性

C. 充分性和有效性　　D. 有效性和合法性

11. 检验检测机构应当建立处理投诉的(　　)。

A. 规定　　B. 程序　　C. 措施　　D. 作业指导书

12. 检验检测机构在投入对检验检测结果、抽样结果的准确性或有效性有显著影响的设备使用前，进行设备校准的程序。这里的校准是指(　　)。

A. 检查是否具备检定证书

B. 检查仪器设备是否能正常开机、显示数据

C. 检查设备检定精度、偏差值是否满足检测要求

D. 检查设备与检定证书信息的一致性

13.《等级证书》期满后，检测机构应提前(　　)个月向原发证机构提出换证申请。

A. 6　　B. 5　　C. 4　　D. 3

14. 对于签发的涉及结构安全的产品或试验检测项目不合格报告，工地试验室授权负责人应在(　　)个工作日之内报送试验检测委托方。

A. 7　　B. 5　　C. 2　　D. 1

15. 随机误差源于(　　)。

A. 仪器误差　　B. 人为误差

C. 试剂误差　　D. 不能预料的原因

16. $5.29 \times 0.9259 =$ (　　)。

A. 4.89　　B. 4.90　　C. 4.898　　D. 4.8980

17. (　　)是我国法定计量单位。

A. 升　　B. 毫升　　C. 尺　　D. 克

18. 工地试验室的试验检测台账分为管理台账和技术台账。管理台账一般包括(　　)。

A. 样品台账　　B. 试验/检测台账

C. 不合格材料台账　　D. 标准规范台账

19. 下列选项中，(　　)的符号全部为国际单位的基本单位。

A. mol,cd,N,K　　B. m,s,A,℃

C. A,K,m,kg　　D. s,N,MPa,m

20. 信用评价周期为(　　)年。

A. 5　　B. 3　　C. 1　　D. 2

21.《公路水运工程试验检测人员继续教育办法(试行)》的实施时间是(　　)。

A. 2011 年 10 月 25 日　　B. 2011 年 12 月 1 日

C. 2012 年 1 月 1 日　　D. 2012 年 3 月 1 日

22. 我们使用的计量器具必须是经检定合格的、(　　)、有标识的计量器具。

A. 结构完整的　　B. 有检定证书

C. 检定周期内　　D. 检定周期外

23. 试验检测用的仪器设备应(　　)来表明其检定或校准的状态。

A. 分类编号　　B. 使用彩色标识

C. 采用唯一性标识　　D. 按照用途存放

24. 制定《公路水运工程试验检测人员继续教育办法(试行)》的依据是(　　)。

A.《建设工程质量管理条例》

B.《公路建设市场管理办法》

C.《中华人民共和国公路法》

D.《公路水运工程试验检测管理办法》

25. 检验检测机构应将原始观察记录、导出数据、开展跟踪审核的足够信息、校准记录、员工记录,以及发出的每份检测报告或校准证书的副本(　　)。

A. 按规定的时间保存　　B. 尽可能长的时间保存

C. 按最短的时间保存　　D. 无规定保存时间

26. 试验室用的烘箱在示值为 180℃ 处的实际值为 182℃,则烘箱在此处的相对误差为(　　)。

A. 1.1%　　B. -2℃　　C. -1.1%　　D. -0.25%

27. 建设工程承包单位提交工程质量保修书的交付时间为(　　)。

A. 工程竣工日　　B. 工程交工日

C. 签发工程款后　　D. 提交竣工验收报告时

28. 下列选项中,(　　)不会包括在最高管理者授权发布的质量方针中。

A. 管理体系的目的

B. 为客户提供检验检测服务质量的承诺

C. 质量管理目标

D. 遵循准则要求、持续改进管理体系的承诺

29.(　　)承担产品质量的主体责任。

A. 产品制造者　　B. 产品质量监管部门

C. 产品质量检测部门　　D. 各地方政府

30. 信用等级被评为很差的工地试验室授权负责人,(　　)年内不能担任工地试验室授权负责人。

A. 1　　B. 2　　C. 3　　D. 5

31. 参与能力验证提供者的人员不应该是(　　)。

A. 长期雇员　　B. 签约人员

C. 能证明其技术能力的人员　　D. 临时招聘人员

32. 在能力验证中，常常将对于给定目的的具有适当不确定度赋予特定量的值叫做(　　)。

A. 固定值　　B. 近似值

C. 标准值　　D. 指定值

33. 检验检测机构的人员负有保密义务，因此，检验检测机构应当建立并实施相应的保密(　　)。

A. 规定　　B. 程序

C. 措施　　D. 方针

34. 建立公路水运工程工地试验室是为了进一步加强工地试验室管理，规范试验检测行为，提高试验检测数据的(　　)和准确性，保证公路水运工程质量。

A. 客观性　　B. 完整性

C. 科学性　　D. 真实性

35. 公路水运检测机构在提供等级评定申请材料的相关辅助材料时，要提供不低于申请等级必选设备总量的(　　)的主要仪器设备的检定/校准证书数量。

A. 10%　　B. 20%　　C. 30%　　D. 40%

36. 在试验检测中，两个测量数据分别记录为：甲 15.50^{+}，乙 15.50^{-}，该记录表示(　　)。

A. 甲实测值比 15.50 大，经修约舍弃为 15.50；乙实测值比 15.50 小，经修约进 1 为 15.50

B. 甲实测值比 15.50 小，经修约进 1 为 15.50；乙实测值比 15.50 大，经修约舍弃后为 15.50

C. 甲实测值比 15.50 大，经修约进 1 为 15.50；乙实测值比 15.50 大，经修约舍弃后为 15.50

D. 甲实测值比 15.50 小，经修约进 1 为 15.50；乙实测值比 15.50 小，经修约进 1 后为 15.50

37. 下列不属于初审必须完成的工作的是(　　)。

A. 检查检测机构检定和校准是否按规定进行

B. 检查检测机构采用的试验检测标准、规范和规程是否合法有效

C. 检查检测机构申报材料与实际状况的符合性

D. 检查检测机构是否具有良好的试验检测业绩

38. 换证复核评审不合格的检测机构，质监机构应当责令其在(　　)天内进行整改，整改期内不得承担质量评定和工程验收的试验检测业务。

A. 30　　B. 90　　C. 15　　D. 180

39. 按照《公路水运工程试验检测专业技术人员职业资格制度规定》，下列选项中，不属于助理检测工程师职业能力要求的是(　　)。

A. 熟悉相关的技术标准、规范、规程

B. 熟悉相关的法律法规

C. 编制试验检测报告

D. 编制试验检测方案

40. 按照国际单位制要求的记录形式，用万分之一的分析天平准确称重 0.8g 试样，正确原始记录的表述是(　　)。

A. 0.8g　　B. 0.80g　　C. 0.800g　　D. 0.8000g

二、判断题(共30题,每题1分,共30分)

1. 国际单位制由SI基本单位、SI导出单位、SI词头和SI单位的倍数和分数单位构成。( )

2. 某试验检测记录表的日期表示形式为2018年3月15日。( )

3. 无论是持有公路水运工程试验检测师或助理试验检测师证书的试验检测从业人员,还是取得公路水运工程试验检测等级证书并承担公路水运工程质量评定(检验)、监测的机构,都要遵循《公路水运工程试验检测信用评价办法》。( )

4. 试验检测机构的信用评价采用综合评分制。( )

5. 在一个行政区域内的所有公路水运工程检测机构的换证复核工作应该由省级交通质监机构负责。( )

6. 允许参加能力验证的参加者使用他们自己选择的检测方法。( )

7. 公路工程从规划到养护管理全过程所需要制定的技术、管理与服务标准,以及相关的安全、环保和经济方面的评价标准等,都属公路工程标准体系范围。( )

8. 能力验证和检验检测机构间的比对是保证质量的外部手段。( )

9.《公路水运工程试验检测信用评价办法》对试验检测人员信用评价划分为五个等级。( )

10.《关于进一步加强公路水运工地试验室管理工作的意见》是由省级交通质监机构发布的。( )

11.《公路水运工程试验检测信用评价办法》也适用于承担公路水运工程质量鉴定的其他试验检测业务的试验检测机构诚信行为的评价。( )

12. 工地试验室及现场检测出具虚假数据报告并造成质量标准降低的,信用评价扣100分。( )

13. 检测人员应该独立开展检测工作,并保证试验检测数据科学、客观、公正,对试验检测结果承担法律责任。( )

14. 机构评审中,如果初审合格就进入现场评审阶段;但是,初审认为有需要补正的,质监机构应当及时退还申请材料,并说明理由。( )

15. 申请换证复核的试验检测机构与等级评审机构的现场评分表的规定分值是一样的。( )

16. 利用实验室间的比对,按照预先制定的准则评价参加者的能力叫能力验证。( )

17. 检测机构依据合同承担公路水运工程试验检测业务,一律不得转包、分包。( )

18. 一个组织的质量管理体系可以有几个。( )

19. 能力验证活动中的样品均匀性检验应该在尽可能短的时间内,由同一实验室、同一人员、采用同一方法、同一设备,完成样品的检验。( )

20. 检测机构应具有一定的试验样品加工能力,且应当具有识别、检验和判断样品技术状态与有关技术标准、规范、规程要求的符合性能力。( )

21. 施工单位、监理单位应根据工程质量安全管理需要或合同约定,在工程现场自行设立工地试验室,一律不能委托第三方检测机构设立工地试验室。( )

22. 同一个量在重复条件下测量结果不同时的不确定度是不同的。（　　）

23. 公路水运工程试验检测专业技术人员职业资格证书由交通运输部职业资格中心登记，并向社会公布。（　　）

24. 检测机构可设立工地临时试验室，承担相应公路水运工程的试验检测业务，并对其试验检测结果承担责任。检测机构应该负责工地临时试验室的业务指导、行政管理、监督检查。（　　）

25. 校准周期属于强制性约束的内容。（　　）

26. 为了评定计量器具的技术特性，计量检定规程规定了检定参数和范围。（　　）

27. 校准过程中产生了修正因子，检验检测机构需确保备份得到正确更新。（　　）

28. 测量不确定度与具体测量得到的数值大小有关。（　　）

29. 检验检测机构依法设立的从事检验检测活动的分支机构，应当取得资质认定后，方可从事相关检验检测活动。（　　）

30.《检验检测机构资质认定管理办法》（质检总局令第163号）包括了7章共50条内容。（　　）

三、多项选择题（共25题，每题2分，共50分。下列各题的备选项中，至少有两个符合题意，选项全部正确得满分，选项部分正确按比例得分，出现错误选项该题不得分）

1. 关于计量检定，下列说法是正确的（　　）。

A. 计量检定是进行量值传递的重要形式

B. 计量检定就是对设备进行检验

C. 计量检定是保证量值准确一致的重要措施

D. 计量检定包括检验和加封盖印

2. 作业指导书是管理体系文件的之一，它包括的内容是（　　）。

A. 仪器设备操作规程　　B. 仪器设备档案记录

C. 方法的实施细则　　D. 仪器设备说明书

3. 公路水运工程试验检测机构出现下列（　　）行为的，其信用等级评定直接确定为D级。

A. 出借试验检测等级证书承揽试验检测业务

B. 借用试验检测等级证书承揽试验检测业务

C. 出具虚假数据报告

D. 所设立的工地试验室总得分为0分

4. 测量数据的表达方法通常有（　　）等。

A. 表格法　　B. 图示法

C. 经验公式法　　D. 坐标法

5. 资质认定标志（CMA图案和资质认定证书编号）的颜色建议为（　　）。

A. 红色　　B. 蓝色　　C. 朱红色　　D. 黑色

6. 实验室建立的管理体系要满足机构运行及检验检测机构的通用要求，因此要具有

(　　)等特性。

A. 充分性　　B. 适宜性

C. 有效性　　D. 完整性

7. 工地试验室在样品管理应该(　　)。

A. 保持样品的原始状态

B. 建立管理制度

C. 进行唯一性标识

D. 符合安全和环保要求的处置

8. 设备在出现下列(　　)情形时,必须停用。

A. 给出可疑结果　　B. 超出规定限度

C. 曾经过载　　D. 不能正常开机

9. 下列有关系统测量误差的描述,正确的是(　　)。

A. 测得量值与参考量值之差称为系统测量误差

B. 在重复测量中保持不变或按可预见方式变化的测量误差的分量称为系统测量误差

C. 测量误差包括样品制备不当产生的误差

D. 系统测量误差及来源已知时,可采用修正值进行补偿

10. 无论是检测机构还是工地试验室,如果出现检测设备未按规定检定校准,则被扣除(　　)。

A. 2 分/台　　B. 3 分/台

C. 单次扣分不超过 10 分/次　　D. 单次扣分不超过 20 分/次

11. 检验检测机构应该具有固定的场所和工作环境,满足检验检测要求,工作场所形式包括(　　)。

A. 固定设施　　B. 临时设施

C. 移动设施　　D. 野外设施

12. 以下属于测量设备的有(　　)。

A. 测量仪器　　B. 软件

C. 测量标准　　D. 参考标准

13. 抽样方案至少应当包括(　　)。

A. 样本量　　B. 质量判定规则

C. 抽样时间　　D. 抽样方法

14. 资质认定应该经过的环节包括(　　)。

A. 受理　　B. 技术评审

C. 行政审批　　D. 发证

15. 下列配套文件中,(　　)属于检验检测机构资质认定相关的配套文件。

A.《检验检测机构资质认定评审报告》

B.《检验检测机构资质认定　公正性和保密性要求》

C.《检验检测机构资质认定评审准则》

D.《检验检测机构资质认定申请书》

16.《公路水运工程安全生产监督管理办法》已于2016年3月7日起施行,其编制的依据是(　　)。

A.《中华人民共和国安全生产法》

B.《建设工程安全生产管理条例》

C.《中华人民共和国公路法》

D.《生产安全事故报告和调查处理条例》

17. 质量检验的可靠性与(　　)有关。

A. 质量检验手段的可靠性

B. 抽样检验方法的科学性

C. 仪器设备的量程

D. 抽样方案的科学性

18. 下列(　　)申请人有权向省级以上质量技术监督部门提出质量鉴定申请。

A. 司法机关

B. 处理产品质量纠纷的有关社会团体

C. 产品质量争议双方当事人

D. 质量技术监督部门或者其他行政管理部门

19. 行业标准的编号由(　　)组成。

A. 国家标准代号　　B. 行业标准代号

C. 标准顺序号　　D. 年号

20. 检验检测机构文件控制的方法包括(　　)。

A. 批准发布　　B. 定期评审

C. 保存好不外借　　D. 及时撤出作废文件

21. 下列属于工地试验室人员管理措施的有(　　)。

A. 加强试验检测人员考勤管理

B. 对试验检测人员进行年度信用评价

C. 工地试验室应重视试验检测人员劳动保护工作

D. 工地试验室应制定全员学习培训计划

22. 检验检测机构应该具有固定的场所和工作环境,满足检验检测要求,工作环境不满足要求时,可以采取(　　)方式,确保检测室的良好状态。

A. 时间隔离　　B. 空间隔离

C. 物理隔离　　D. 人员隔离

23. 检验检测机构应当定期向资质认定部门上报年度报告,年度报告的内容必须包括(　　)。

A. 持续符合资质认定条件和要求

B. 遵守从业规范

C. 开展检验检测活动

D. 期内的检测业绩

24. 测力环经校准,测得力值与百分表读数如下:

力值(kN)(X)	0	1	2	3	4	5
百分表读数(mm)(Y)	1.000	1.440	1.878	2.330	2.780	3.246

对校准结果确认计算正确的是(　　)。

A. $Y = 2.2288X - 2.2079, R^2 = 0.999$

B. $Y = 0.4486X + 0.9908, R^2 = 0.999$

C. $Y = 2.2288X + 2.2079, R^2 = 0.999$

D. $Y = 0.4486X - 0.9908, R^2 = 0.999$

25. 期间核查可以采用的方式是(　　)。

A. 仪器间的比对　　B. 标准物质验证

C. 方法比对　　D. 加标回收

模拟试题三

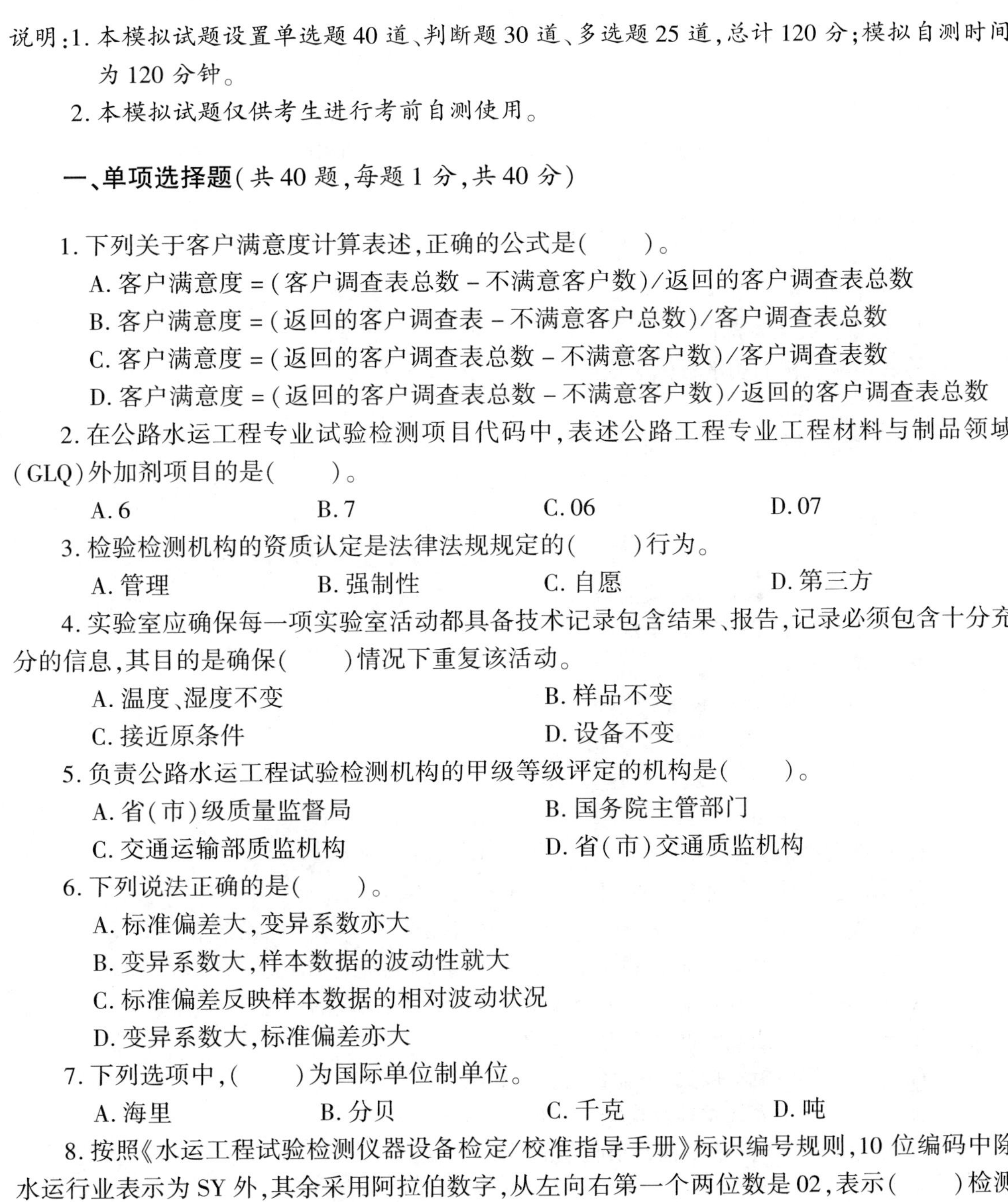

说明:1. 本模拟试题设置单选题 40 道、判断题 30 道、多选题 25 道,总计 120 分;模拟自测时间为 120 分钟。

2. 本模拟试题仅供考生进行考前自测使用。

一、单项选择题(共 40 题,每题 1 分,共 40 分)

1. 下列关于客户满意度计算表述,正确的公式是(　　)。

A. 客户满意度 =(客户调查表总数 - 不满意客户数)/返回的客户调查表总数

B. 客户满意度 =(返回的客户调查表 - 不满意客户总数)/客户调查表总数

C. 客户满意度 =(返回的客户调查表总数 - 不满意客户数)/客户调查表数

D. 客户满意度 =(返回的客户调查表总数 - 不满意客户数)/返回的客户调查表总数

2. 在公路水运工程专业试验检测项目代码中,表述公路工程专业工程材料与制品领域(GLQ)外加剂项目的是(　　)。

A. 6　　B. 7　　C. 06　　D. 07

3. 检验检测机构的资质认定是法律法规规定的(　　)行为。

A. 管理　　B. 强制性　　C. 自愿　　D. 第三方

4. 实验室应确保每一项实验室活动都具备技术记录包含结果、报告,记录必须包含十分充分的信息,其目的是确保(　　)情况下重复该活动。

A. 温度、湿度不变　　B. 样品不变

C. 接近原条件　　D. 设备不变

5. 负责公路水运工程试验检测机构的甲级等级评定的机构是(　　)。

A. 省(市)级质量监督局　　B. 国务院主管部门

C. 交通运输部质监机构　　D. 省(市)交通质监机构

6. 下列说法正确的是(　　)。

A. 标准偏差大,变异系数亦大

B. 变异系数大,样本数据的波动性就大

C. 标准偏差反映样本数据的相对波动状况

D. 变异系数大,标准偏差亦大

7. 下列选项中,(　　)为国际单位制单位。

A. 海里　　B. 分贝　　C. 千克　　D. 吨

8. 按照《水运工程试验检测仪器设备检定/校准指导手册》标识编号规则,10 位编码中除水运行业表示为 SY 外,其余采用阿拉伯数字,从左向右第一个两位数是 02,表示(　　)检测专业。

A. 公路材料　　B. 结构(地基)
C. 材料　　D. 水文地质测绘

9. 在公路水运工程专业试验检测项目代码中,表述水运工程专业工程工程材料与制品领域(SYQ)外加剂的凝结时间差参数的是(　　)。

A. 008　　B. 002　　C. 07008　　D. 07002

10. 要实施盲样管理,样品标识中不得出现的信息有(　　)。

A. 样品名称　　B. 样品编号
C. 委托方的信息　　D. 规格及型号

11. 根据《中华人民共和国计量法》的规定,法定计量单位是由(　　)承认、具有法定地位的计量单位。

A. 县级以上标准化行政主管部门
B. 国家法律法规
C. 政府机关
D. 计量行政主管部门

12. 检验检测机构的质量目标应该由(　　)批准正式发布。

A. 质量负责人　　B. 质量主管
C. 技术管理者　　D. 最高管理者

13. 依据《公路试验检测数据报告编写导则》的要求,报告落款区的信息有(　　)。

A. 编制人　　B. 审核人
C. 试验日期　　D. 监理见证人

14. 为保证设备的量值溯源,仪器设备需(　　)方可投入使用。

A. 设备环境满足等级标准要求
B. 满足参数范围要求
C. 编制设备的检定/校准计划
D. 检定/校准或者功能检验合格后

15. 试验检测信息化建设就是要建立一套完备的(　　)。

A. 数据交换平台　　B. 数据交换模式
C. 数据交换语言　　D. 数据交换格式

16. 下列描述与不符合性工作的“不符合”不相符合的是(　　)。

A. 规程　　B. 方法　　C. 顾客　　D. 设备

17. 下列违法,由县级以上质量技术监督部门责令整改;处3万元以下(　　)罚款。

A. 未按照本办法规定对原始记录和报告进行管理、保存的
B. 未按照本办法规定办理变更手续的
C. 无正当理由拒不接受、不配合监督检查的
D. 非授权签字人签发检验检测报告的

18. 工地试验室对于隐蔽工程必须收集的是(　　)。

A. 施工日志　　B. 地质结构资料
C. 规范、标准和规程　　D. 图片及影像资料

19. 为保证检验检测结果的(　　),检验检测机构应当确保其相关测量和校准结果能够溯源至国家标准。

A. 可靠性　　B. 正确性

C. 精确性　　D. 准确性

20. 检验检测机构应当建立并保持出现不符合工作的(　　)。

A. 纠正措施　　B. 偏离程序

C. 处理程序　　D. 预防措施

21. 检验检测机构的管理体系的内容是以满足(　　)的需要为准。

A. 体系要求　　B. 质量目标

C. 顾客要求　　D. 公司要求

22. 仪器设备的状态标识中,表明仪器设备存在部分缺陷,但在限定范围内可以使用的应为(　　)标志。

A. 绿色　　B. 黄色

C. 红色　　D. 白色

23. 向社会出具具有证明作用报告的检验检测机构,其建立的质量管理体系应符合(　　)的要求。

A.《公路水运工程试验检测管理办法》

B.《检验检测机构资质认定管理办法》

C.《检验检测机构资质认定能力评价　检验检测机构通用要求》

D. ISO 9001 质量体系

24. 概率是赋予事件闭区间中的一个实数,下列描述该闭区间正确的是(　　)。

A. (0,1]　　B. [0,1]　　C. [0,1)　　D. (0,1)

25. 计量溯源是指检验检测机构确保检测结果能够溯源至(　　)的要求。

A. 国家基标准　　B. 法定计量单位

C. 国家标准　　D. 地方计量标准

26. 检验检测机构需要加强标准物质的管理,定期对标准物质进行核查,核查的参数不包括(　　)。

A. 有效期　　B. 回弹率定值

C. 账物相符　　D. 浓度含量

27. 一般来讲,检定与校准从包括的内容上比较,检定比校准包括的内容(　　)。

A. 更少　　B. 更多

C. 一样多　　D. 以上均不正确

28. 如果检验检测机构等级评定中评分小于 80 分,则应该(　　)。

A. 整改期限一般为 1 个月,检测机构按照现场评审反馈意见进行整改

B. 终止现场评审

C. 整改期限一般为 3 个月,检测机构按照现场评审反馈意见进行整改

D. 取消评审资格

29. 校准是在规定的条件下,为确定仪器或测量系统所指示的量值,与对应标准复现的量值之间的关系操作,即被校的计量器具与高一级的计量标准相比较,以确定被校计量器具的示值(　　)的全部工作。

A. 合格与否　　B. 精密度

C. 一致性　　D. 误差

30. 下列不属于《公路水运工程试验检测机构等级证书》中应当注明关于检测机构的内容的是(　　)。

A. 授权签字人　　B. 项目范围

C. 类别　　D. 等级

31. 下列不属于检验检测机构基础信息数据交换格式数据元的是(　　)。

A. 机构名称　　B. 网址　　C. 通信地址　　D. 编号

32. 为了保证产品计量性能合格,对于制造、修理计量器具的单位,必须对计量器具进行(　　)。

A. 校准　　B. 内部校准　　C. 验证　　D. 检定

33. 检验检测机构内部审核的周期通常为(　　)。

A. 2 年　　B. 1 年　　C. 6 个月　　D. 3 个月

34. 按照实验室区域划分中垂直布局的原则,(　　)应该布局在底层。

A. 产生粉尘物质的实验室　　B. 产生有害气体的实验室

C. 产生有毒气体的实验室　　D. 重型设备

35. 选择合格的仪器设备的检定/校准服务单位,一般应该评价(　　)。

A. 检定/校准服务实验室的规模

B. 检定/校准服务机构的检定资质

C. 检定/校准服务实验室的性质

D. 检定/校准服务机构的部门属性

36. 质监机构通过电子邮件向评审专家发送评审所需资料的时限是在评审前的(　　)日内。

A. 30　　B. 15　　C. 7　　D. 1

37. 母体试验检测机构要对工地试验室进行授权。下列不属于授权内容的是(　　)。

A. 母体试验室的设备使用权

B. 授权工地试验室的公章

C. 授权期限

D. 授权负责人

38. 在进行公路水运工程试验检测机构等级评定现场评审时,发现机构人员专业配置不符合等级要求,则应按照(　　)扣分。

A. 1 分/人　　B. 0.5 分/人

C. 1 分　　D. 0.5 分

39. 单面布房的实验室走道宽度不宜小于(　　)。

A. 2.0m　　B. 1.8m　　C. 1.5m　　D. 1.0m

40.《中华人民共和国产品质量法》是于(　　)由第十三届全国人民代表大会常务委员会第七次会议第三次修正的。

A. 2000 年 7 月 8 日　　B. 2009 年 8 月 27 日

C. 2018 年 12 月 29 日　　D. 2019 年 01 月 01 日

二、判断题(共 30 题,每题 1 分,共 30 分)

1. 正交设计是一种科学地安排多因素试验方案和有效地分析试验结果的方法,正交设计的基本工具是正交表,依据的原理是均衡分散性原理和整齐可比性原理。(　　)

2. 测量正确度是指无穷多次重复测量所得量值的平均值与一个参与量值之间的一致程度。(　　)

3. 实验室开展新项目时,应组织比对验证试验进行能力确认。(　　)

4. 仪器设备获取检定、校准证书后的确认活动包括基本信息确认和技术特性确认。(　　)

5. 检测机构存在多个试验场所时,其每个分场所都需建立各自的质量体系。(　　)

6. 授权机构相同,同期在同一项目不同的路基工地试验室任助理试验检测师,属于同时受聘于两家以上的工地试验室。(　　)

7. 对于使用了非法定计量单位的机构和人员,应责令其改正。(　　)

8. 在中华人民共和国境内,建立计量基准器具、计量标准器具,进行计量检定,制造、修理、销售、使用计量器具,必须遵守《中华人民共和国计量法》。(　　)

9. 检测机构可设立工地临时试验室,承担相应公路水运工程的试验检测业务,并对其试验检测结果承担责任。检测机构应当负责工地临时试验室的业务指导、行政管理、监督检查。(　　)

10. 母体检测机构对工地试验室进行参数授权,授权的范围应该是母体检测机构的计量认证证书确认的参数范围。(　　)

11. 已完工的工地试验室及现场检测项目信用评价自评时间为本年 12 月底前。(　　)

12. 用于贸易结算、安全防护、医疗卫生、环境监测方面的工作计量器具,必须遵行强制检定原则。(　　)

13. 周期检定是按时间间隔和规定程序,对仪器设备定期进行的一种后续检定。(　　)

14. 能力验证所提供测试样品的均匀、稳定是利用实验室间比对进行能力验证的关键。(　　)

15. 原始记录表是用来记录试验的数据和相关信息的,具有唯一性。(　　)

16. 省级资质认定部门负责所辖区域检验检测机构资质认定的监督管理。但是,不对辖区内取得国家级检验检测机构资质认定的机构进行监督检查。(　　)

17. 生产企业内部的检验检测机构也可以申请资质认定。(　　)

18. 检验检测机构接受委托送检的,其检验检测数据、结果仅证明样品所检验检测项目的符合性情况。(　　)

19.《公路试验检测数据报告编写导则》规定了记录和报告的唯一标识编码规则。(　　)

20. 检验检测机构诚信评价规范适用于机构自我诚信评价。 ( )

21. 建设单位可委托具有《等级证书》和《计量认证证书》的第三方试验检测机构设立工地试验室。 ( )

22. 两个独立事件 M、N 发生的概率分别为 $P(M)$、$P(M)$,则 $P(M+N)=P(M)+P(N)$。 ( )

23. 对带有合格证的出厂设备进行检定校准是设备销售的需要,对保证试验检测数据准确可靠并无作用。 ( )

24. 扩展不确定度是合成不确定度与一个大于 1 的数字因子的乘积。 ( )

25. 实验室间的比对结果评价标准应由实验室根据自身的实验水平预先确定。 ( )

26. 诚信就是在从业活动中的一种承诺。 ( )

27. 公路水运工程试验检测机构的等级评定和换证复核都是以书面审查为主,必要时可进行现场评审。 ( )

28. 名为“诚信衡器”的店家不可以制造、修理简易的计量器具。 ( )

29. 根据国家有关法律、法规的规定,依据工程建设技术标准、规范、规程,对公路水运工程所用材料、构件、工程制品、工程实体的质量和技术指标等进行的试验检测活动,称为公路水运工程试验检测。 ( )

30. 对工地临时试验室进行活动的监督,只应由母体试验室进行。 ( )

三、多项选择题(共 25 题,每题 2 分,共 50 分。下列各题的备选项中,至少有两个符合题意,选项全部正确得满分,选项部分正确按比例得分,出现错误选项该题不得分)

1.《中华人民共和国计量法》中规定的“使用不合格的计量器具”是指( )。

A. 使用的设备未经检定　　B. 超过检定合格有效期的设备

C. 经检定不合格的计量器具　　D. 未按规定进行期间核查的设备

2. 检测过程中使用不合格的计量器具或者破坏计量器具准确度,给国家和消费者造成损失的,除处罚款外,还应( )。

A. 没收违法所得　　B. 暂停涉事检测人员检测业务

C. 责令赔偿损失　　D. 没收计量器具

3. 下列关于因果图的叙述,错误的是( )。

A. 是一种逐步深入研究和讨论质量问题的图示方法

B. 优于直方图

C. 又称特性要素图

D. 因果图可称为巴氏图

4. 国家法定计量检定机构的计量检定人员,必须具备( )的条件。

A. 经县级以上人民政府计量行政部门考核合格

B. 经县级以上人民政府计量行政部门任命

C. 取得资格证书

D. 经县级以上人民政府计量行政部门批准

5. 实验室能力验证的类型包括(　　)。

A. 测量对比　　B. 分割样品检测对比

C. 设备对比　　D. 人员对比

6. 下列选项中,(　　)属于组合单位。

A. 立方米　　B. 秒　　C. 千克　　D. 每米

7. 下列选项中,(　　)属于试验室超业务范围进行检测活动。

A. 母体检测机构开展等级证书未批准的参数,报告加盖试验检测专用章

B. 母体检测机构开展的参数通过计量认证,报告加盖 CMA 印章

C. 工地试验室被授权的参数未在等级证书范围内,但在计量认证参数范围内

D. 工地试验室被授权的参数未在等级证书范围内,但属于规范新增参数

8. 校准是包括(　　)的操作。

A. 确定量值与相应示值的关系　　B. 确定示值与测量结果的关系

C. 确定量值与测量结果的关系　　D. 确定数值与相应示值的关系

9. 按照《公路水运工程试验检测信用评价办法》扣分标准,如果出现下列(　　)行为,将被扣 40 分。

A. 工地试验室未按规定参加信用评价

B. 现场检测项目未按规定参加信用评价

C. 检测人员被司法部门认定构成犯罪

D. 出具虚假数据报告造成质量安全事故

10. 载重为 8 吨的汽车用重力表述,下列选项中错误的是(　　)。

A. 8t　　B. 79kN　　C. 8kN　　D. 800kN

11. 描述样品检验状态的标识,正确的是(　　)。

A. 未检　　B. 在检　　C. 无污物　　D. 存样

12. 检验检测机构需在(　　)时,提交测量不确定度报告。

A. 客户要求　　B. 出现临界值

C. 内部质量控制　　D. 检测值出现较大偏差

13. 申请换证复核的试验检测机构应符合的基本条件是(　　)。

A. 信用等级为 B 级以上

B. 等级证书有效期内信用等级为 C 级的次数不超过一次

C. 等级证书有效期内开始的试验检测参数应覆盖批准的所有试验检测项目且不少于批准参数的 85%

D. 具有不少于一项公路或水运工程现场检测项目或设立工地试验室业绩

14. 检定/校准的对象通常为(　　)。

A. 检测设备　　B. 标准物质　　C. 测量仪器　　D. 样品

15. 测量误差就其性质而言,可分为(　　)。

A. 系统误差　　B. 随机误差　　C. 综合误差　　D. 过失误差

16. 检测和校准实验室能力认可准则规定了实验室的(　　)通用要求。

A. 规模　　B. 能力　　C. 公正性　　D. 一致运作

17. 下列选项中,(　　)组成了记录表的唯一性标识编码。

A. 参数编码　　B. 格式区分码

C. 分类编码　　D. 方法区分码

18. 下列对重复抽样的描述,正确的是(　　)。

A. 重复抽样属于随机抽样

B. 重复抽样能确保全部样本被抽中的概率相等

C. 重复抽样是每次从总体中随机抽取的一个样本观察后不再放回总体的一种抽样方式

D. 重复抽样是每次从总体中随机抽取的一个样本观察后重新放回总体的一种抽样方式

19. 能力验证计划的基本步骤包括(　　)。

A. 指定值的确定　　B. 能力统计量的计算

C. 能力评定　　D. 能力验证物品均匀性和稳定性的评定

20. 下列选项中,(　　)属于试验检测机构制定的不符合工作程序内容。

A. 不符合工作的可接受性　　B. 检测结果的误差分析

C. 不符合工作管理的责任　　D. 不符合工作严重性的评价

21. 资质认定活动的管理主体是(　　)。

A. 国家认监委　　B. 县级以上质监行政部门

C. 直属检验检疫局　　D. 省(市)质监行政部门

22. 资质认定应该经过的环节包括(　　)。

A. 受理　　B. 技术评审　　C. 行政审批　　D. 发证

23. 下列选项中,(　　)都会产生实验室的不符合工作。

A. 设备或环境条件超出规定限值　　B. 客户投诉

C. 监控结果不能满足规定的准则　　D. 工作偏离

24. 延续证书有效期,资质认定部门可以采取书面审查和现场评审两者方式,作出是否准予延续的决定。如采用书面审查的方式延续证书,检验检测机构就需要(　　)。

A. 提交相关具备资质能力证明材料

B. 以公开方式,作出诚信承诺

C. 公布其遵守法律法规、独立公正从业、履行社会责任等情况的自我声明

D. 对自我声明的真实性负责

25. 下列选项中,(　　)是对建设单位提出的安全生产责任。

A. 不得任意缩短工期　　B. 不得擅自简化基本建设程序

C. 不得降低安全生产标准　　D. 对安全生产负管理责任

模拟试题四

说明:1. 本模拟试题设置单选题40道、判断题30道、多选题25道,总计120分;模拟自测时间为120分钟。

2. 本模拟试题仅供考生进行考前自测使用。

一、单项选择题(共40题,每题1分,共40分)

1.《公路水运工程试验检测管理办法》已于2016年12月8日经第(　　)次部务会议通过,现予公布,自2016年12月10日起施行。

A. 20　　B. 16　　C. 28　　D. 29

2. 团体标准应当按照由国务院标准化行政主管部门制定并公布编号规则进行编号。未进行编号的且逾期不改正的,由(　　)标准化行政主管部门撤销相关标准编号,并在标准信息公共服务平台上公示。

A. 团体　　B. 国务院　　C. 行业　　D. 省级以上

3. 按照《公路水运试验检测机构等级评定及换证复核工作程序》要求换证复核合格的,且现场评审评分大于或等于80分的,在完成(　　)个月整改后,由组长进行现场验证,形成整改情况确认意见报送质检机构。

A. 1　　B. 5　　C. 3　　D. 6

4. 除(　　)为强制性标准和推荐性标准外,国家鼓励采用推荐性标准。

A. 行业标准　　B. 企业标准

C. 国家标准　　D. 团体标准

5. 在公路水运工程试验检测机构等级评定中,评审组内部评议环节评审专家独立打分,组长评分权重为(　　)。

A. 60%　　B. 30%　　C. 40%　　D. 没有权重

6. 按照《公路工程试验检测仪器设备检定/校准指导手册》,必须具备设备唯一标识,编号的依据是(　　)。

A. 交通运输部部门计量规程

B. 公路水运工程试验检测机构等级标准

C. 国际计量检定规程

D. 检验检测机构通用要求

7. 作为检验检测机构的报告或者证书,具备法律效力和其有效性体现在必须加盖(　　)。

A. 公司公章　　B. 标识章

C. CMA章　　D. 公路水运工程试验机构检测专用章

8. 按照《公路工程试验检测仪器设备检定/校准指导手册》标识编号规则,10 位编码中除公路行业表示为 GL 外,其余采用阿拉伯数字,从左向右第一个两位数是 02,表示(　　)检测专业。

A. 公路材料　　B. 道路工程

C. 桥隧工程　　D. 交通工程

9. 依据《建设工程质量管理条例》,对涉及结构安全的试块、试件以及有关材料现场取样,应当在建设单位或者工程监理单位的(　　)下进行,并送具有相应资质等级的质量检测单位进行检测。

A. 旁站　　B. 见证　　C. 监督　　D. 协助

10. 依据相关文件的要求,检验检测机构的场所可以是固定的或临时的,也可是多个地点的、甚至是可移动的,但场所必须满足(　　)。

A. 技术规范的要求

B. 相关法规的要求

C. 法律规定的要求

D. 相关法律法规、标准或者技术规范要求

11. 下列不属于资质认定证书内容的是(　　)。

A. 资质认定标志　　B. 检验检测能力范围

C. 技术评审时间　　D. 获证机构名称和地址

12. 期间检查的目的是保持设备校准状态的(　　)。

A. 可信度　　B. 可使用　　C. 正确　　D. 可持续

13. 实验室的监督人员应对(　　)进行监督。

A. 检测的整个过程　　B. 检测的某一工序

C. 检测的关键环节　　D. 随机抽取的一个环节

14. 对于公路水运工程试验检测机构换证复核不合格的整改期限为(　　)个月。

A. 1　　B. 3　　C. 5　　D. 6

15. 有下列(　　)情形时,资质认定部门应当撤销其资质认定证书。

A. 接受影响检验检测公正性的资助或者存在影响检验检测公正性行为的

B. 超出资质认定证书规定的检验检测能力范围,擅自向社会出具具有证明作用数据、结果的

C. 出具的检验检测数据、结果失实的

D. 未经检验检测或者以篡改数据、结果等方式,出具虚假检验检测数据、结果的

16. 工地试验室标牌应悬挂于醒目处,其内容应与(　　)内容一致

A. 母体机构名称　　B. 备案通知书

C. 授权书　　D. 工地试验室印章

17. 为保证检验检测结果的(　　),检验检测机构应当确保其相关测量和校准结果,能够溯源至国家标准。

A. 可靠性　　B. 正确性

C. 精确性　　D. 准确性

18. 李明从分别标有1,2,3,4,5,6,7,8,9,10标号的小球中,任取一球,“取的1号球”,“取的7号球”则称“取的1号球”与“取的7号球”是(　　)事件。

A. 相互　　B. 孤立　　C. 对立　　D. 互斥

19. 工地试验室超出母体检测机构授权范围的试验检测项目和参数应进行外委,接受外委试验的检测机构应取得《等级证书》、通过计量认证,且上年度信用等级为(　　)。

A. B级　　B. B级及以上　　C. C级　　D. C级及以上

20. 检验检测机构因自身原因导致对其出具的检验检测报告结果偏离时,应当(　　)。

A. 解释、召回或者赔偿　　B. 按照不符合工作程序处理

C. 与客户协商解决　　D. 采取纠偏措施

21. 如果检验检测机构参加资质认定部门组织开展的能力验证或者比对活动,能力验证结果不满意的,应当(　　)。

A. 整改,并提交整改报告

B. 整改,并满足要求

C. 向资质认定部门说明不满意的原因

D. 重新进行该参数的能力确认

22. 为确保工程质量,建设单位不得任意压缩(　　)工期。

A. 合同　　B. 计划　　C. 平均　　D. 合理

23. (　　)是超过合理使用年限的建设工程鉴定的委托人。

A. 建设单位　　B. 施工单位

C. 产权使用人　　D. 产权所有人

24. 须经国务院有关部门或(　　)考核合格,方可从事工程质量监督。

A. 县级人民政府其他有关部门

B. 国务院建设行政主管部门

C. 省级人民政府其他有关部门

D. 行政区域内的地方政府

25. 施工单位应该按照(　　)配备专职安全生产管理人员。

A. 工程总投资额　　B. 工程管理目标

C. 年度投资额　　D. 年度施工产值

26. (　　)是指在给定类(组)中特定事件发生的次数或观测值的个数。

A. 百分数　　B. 概率　　C. 频率　　D. 频数

27. 若事件A与B互斥,互斥事件A与B之和的概率$P(A+B)$等于(　　)。

A. $P(A)+P(B)$　　B. $P(A)-P(B)$

C. $P(A)\times P(B)$　　D. $P(A)/P(B)$

28. 在概率论和统计学中,数学期望(mean)是试验中每次可能结果的概率乘以其结果的总和,表达式为(　　)。

A. $E(x)$　　B. $D(x)$　　C. σ_{XY}　　D. $V(X)$

29. 将10.5001,修约到个位数为(　　)。

A. 12　　B. 11　　C. 10　　D. 10.5

30. 按照0.2单位修约规则,将830修约到“百”位数,表述正确的是(　　)。

A. 850　　B. 800　　C. 830　　D. 840

31. 组合单位力矩单位名称的正确书写方式为(　　)。

A. kN-m　　B. kN · m　　C. 千牛米　　D. 千牛-米

32. 标准差是总体各单位标准值与其平均数离差平方的算术平均数,用 s 表示。标准差是方差的算术平方根。标准差能反映一个数据集的(　　)。

A. 集中程度　　B. 离散程度

C. 平均程度　　D. 均匀程度

33. 某试验检测记录表中一代码是SYP06001a,可以解读为水运工程的(　　)领域中地基与基坑项目的地基承载力参数。

A. 工程环境及其他　　B. 工程实体与结构

C. 工程材料与制品　　D. 工程样品

34. 为确保实验室文件现行有效,应该采取以下(　　)措施。

A. 指定专人保管文件

B. 实验室的所有文件都加盖受控章

C. 文件必须存放在指定的地方

D. 建立文件控制程序

35. 作为责任主体的(　　)应该加强对授权工地试验室的管理和指导,并对工地试验室试验检测结果的真实性和准确性负责。

A. 施工总包机构　　B. 施工检测机构

C. 母体试验检测机构　　D. 工程监督机构

36. 国家鼓励产品质量(　　)行业标准、国家标准和国际标准。

A. 超过　　B. 达到　　C. 执行　　D. 达到并超过

37.《检验检测实验室技术要求验收规范》不适用的是(　　)。

A. 医学实验室　　B. 检定/校准实验室

C. 公路行业实验室　　D. 机动车检验

38. 公路水运工程试验检测机构等级评定中,试验检测能力的界定是指检测机构(　　)。

A. 具有满足检验检测要求固定的工作场所、工作环境

B. 具备从事检验检测活动所必需的检验检测设备设施

C. 具有与其从事检验检测活动相适应的检验检测技术人员和管理人员

D. 试验检测参数

39. 按照任何事件 A 概率的计算公式为 $P(A)=\frac{k}{n^2}$,一批产品有 n 件,其中有 m 件次品,表述若一次抽2件,则 B = 抽到2件正品的概率的公式应该表示为(　　)。

A. $P(B)=\frac{n-m}{n}$　　B. $P(B)=\frac{c_{n-m}^2}{c_n^2}$

C. $P(B)=\frac{c_n^2}{c_{n-m}^2}$　　D. $P(B)=\frac{c_{n-m}^2}{n}$

40. 进行某路段水泥混凝土路面面板厚度的检测，检测得到数据是 25.6mm、23.2mm、24.4mm、24.6mm、25.0mm、25.8mm、24.0mm、26.0mm。当测定值为(　　)时，按照拉依达法应该评定为可疑数据。

A. +27.4　　　B. -28.7　　　C. +28.7　　　D. -29

二、判断题（共 30 题，每题 1 分，共 30 分）

1. 公路工程标准体系的建设板块中，试验模块是指用于指导公路设计、施工、运营等环节的室内试验，由土工试验、土工合成材料试验、岩石试验、集料试验、结合料试验、沥青及沥青混合料试验、水泥及水泥混凝土试验等标准构成。(　　)

2. 公路养护板块是公路既有基础设施维护所遵循的技术和管理要求。(　　)

3. 试验检测机构申请可选的参数数量，应该以质监机构最后的确认数量为准。(　　)

4. 检验检测机构的电液式万能试验机（WE-1000）的全数字伺服控制软件，应加以唯一性标识并纳入机构设备管理体系。(　　)

5. 某机构因电液式万能试验机故障，不得已将钢筋拉伸检测委托另外一家检测机构检测，这属于无能力分包。(　　)

6. 国家认监委负责评审员管理制度的建立和组织实施，培训评审员师资，并负责国家认监委所使用评审员的确认、培训和监督管理工作。(　　)

7. 检验检测机构要不断识别诚信要素，以满足法律、技术、管理和责任方面的基本要求。(　　)

8. 检测机构信用评价采用的是加权平均评分制。(　　)

9. 作为工地试验室出虚假数据报告造成质量安全事故或质量标准降低的，直接确定为 D 级。(　　)

10. 检测机构信用等级表明较好，对应的信用评分≥85 分且 <95 分。(　　)

11. 如果考生在考场不按规定放置通信工具或资料的，且不按规定入座，则当次全部科目考试成绩无效。(　　)

12. 监理单位可直接委托具有《等级证书》和《计量认证证书》的第三方试验检测机构设立工地试验室。(　　)

13. 检测机构和人员信用评价公示期为 10 天。(　　)

14. 若检验检测机构是机关或者事业单位的内设机构，不具备法人资格，不能申请检验检测机构资质认定。(　　)

15. 对检验检测机构依法设立的分支机构，可以根据具体情况简化文件审查、减少现场评审内容，采信相关评价结果，避免重复评审。(　　)

16. 计量确认是确保测量设备处于满足预期使用要求的状态所需要的一组操作。(　　)

17. 施工单位自行设计、组装的施工挂（吊）篮等设施，经工人试用无误后可以投入使用。(　　)

18. 母体机构对工地试验室授权的内容不包括公章。(　　)

19. 工地试验室的工作区总体上可分为收样室、办公室、资料室和活动室。(　　)

20. 仪器设备的管理标识的信息除了设备名称、型号、人员信息外,还应该标明是否合格。 ( )

21. 在公路水运试验检测机构试验检测能力分类代码中,“P”代表工程材料与制品。 ( )

22.《公路水运工程试验检测机构等级评定及换证复核工程程序》的制定依据为《检验检测机构资质认定管理办法》(质检总局令第163号)。 ( )

23. 水运工程试验检测机构等级标准中,对技术负责人没有高级职称要求的是结构(地基)乙级。 ( )

24. 试验检测的专业、领域、项目及仪器设备4个层次的分类及代码,构成了公路水运试验检测试验能力的描述。 ( )

25. 报出值11.5^{+}表明在修约过程中实测值已经舍去过。 ( )

26. 准确度是指无穷多次测量值的平均值与一个参考量值间的一致程度。 ( )

27. “$\geqslant A$”的用语表达包括大于或等于A、不少于A、不低于A、至少A。 ( )

28. 交通运输部职业资格中心按照职责分工负责指导、监督和检查公路水运工程助理试验检测师、试验检测师职业资格考试的实施工作。 ( )

29. 检验检测机构根据业务发展需要,在异地依法设立的分支机构(含分公司、子公司等),应当向分支机构所在地省级资质认定部门申请检验检测机构资质认定。 ( )

30. 强制性标准必须执行,但企业可自愿采用推荐性标准。 ( )

三、多项选择题(共25题,每题2分,共50分。下列各题的备选项中,至少有两个符合题意,选项全部正确得满分,选项部分正确按比例得分,出现错误选项该题不得分)

1. 按照公路工程标准体系标准编号规则,编号由左往右由标准代号和( )组成。

A. 板块序号　　B. 模块序号
C. 标准序号　　D. 标准发布年号

2. 按照《公路工程试验检测仪器设备检定/校准指导手册》要求,用于土类的烘箱必须检定的计量参数包括( )。

A. 温度偏差　　B. 温度均匀度
C. 湿度偏差　　D. 湿度波动度

3. 公路水运工程试验检测机构等级评定中,评审组要对场地面积、环境条件( )等总体情况进行考察。

A. 样品管理　　B. 文件控制
C. 安全防护　　D. 环境保护

4. 设备出现故障或者异常时,检验检测机构应采取相应措施,同时还必须对以前检验检测结果的影响,其行为包括( )。

A. 暂停检验检测工作　　B. 启动偏离程序
C. 追回之前的检验检测报告　　D. 执行不符合工作的处理程序

5. ( )是检验检测机构的采购服务内容,因此检验检测机构应建立和保持选择和购买对检验检测质量有影响的服务和供应品的程序。

A. 设备安装　　B. 新员工招聘

C. 仪器设备购置　　D. 废物处理

6. 为保证检验检测结果的有效性,抽样作为检验检测工作的一部分时,检验检测机构应建立抽样计划和程序,程序记录包括(　　)。

A. 抽样程序　　B. 抽样人

C. 抽样设备名称　　D. 抽样工程部位

7. 从诚信的管理要求而言,检验检测机构应该真实记录检测全过程,保证原始记录的完整、真实和可追溯性,因此检验检测机构不应该随意(　　)原始记录。

A. 销毁　　B. 伪造　　C. 编造　　D. 更改

8. (　　)是进行信用评价的原则。

A. 公开　　B. 真实　　C. 公正　　D. 科学

9. 抽样检验是指抽取的样品应当具有(　　)。

A. 经济性　　B. 代表性　　C. 特定性　　D. 随机性

10. 能力验证结果通常需要转化为能力统计量,以下选项中代表定量结果能力统计量的是(　　)。

A. 差值 D　　B. 标准四分位间距

C. $D\%$　　D. 中位值

11. 下列信用评价应当扣分的行为有(　　)。

A. 同时受聘于两个及以上试验检测机构

B. 出借本人试验检测人员资格证书

C. 助理检测师进行报告审核并签字

D. 试验检测人员所在工地试验室信用评价得分小于 70 分

12. 检验检测机构的试验检测数据应当(　　)。

A. 客观　　B. 公正　　C. 严谨　　D. 准确

13. 划分检测机构等级,除依据检测机构的检测水平外,还需要哪些基本条件(　　)。

A. 主要试验检测仪器设备的配备情况

B. 工商注册资金数量

C. 检测人员配备情况

D. 试验检测环境

14. 按照评分方法,下列能表述测量不确定度的是(　　)。

A. A 类不确定度　　B. B 类不确定度

C. 标准不确定度　　D. 扩展不确定度

15. 确认设备定期检定或校准的内容是(　　)。

A. 检定结果是否合格,是否满足检验检测方法的要求

B. 校准获得的设备的准确度信息是否满足检验检测项目、参数的要求,是否有修正信息,仪器是否满足检验检测方法的要求

C. 适用时,应确认设备状态标识

D. 检定或校准人员的资格是否满足要求

16. 下列与测量不确定性有关的影响因素有(　　)。

A. 测量原理　　B. 测量仪器

C. 数据处理方法　　D. 测量程序

17. 在公路水运检测机构的评定工作中,持单一专业检测人员的证书不会重复计算,但下列持证人除外(　　)。

A. 行政负责人　　B. 技术负责人

C. 质量负责人　　D. 授权签字人

18. 工地试验室选址应充分考虑以下的因素(　　)。

A. 安全　　B. 环保

C. 经济因素　　D. 交通便利

19. 工地试验室的技术台账一般包括(　　)。

A. 样品台账　　B. 标准规范台账

C. 不合格材料台账　　D. 外委试验台账

20. 在《公路水运工程试验检测机构等级标准》中,对公路工程检测机构相关专业高级职称人数及专业配置有要求的是(　　)。

A. 综合甲级　　B. 综合乙级

C. 交通工程专项　　D. 桥梁隧道工程专项

21. 承担公路水运工程质量事故鉴定的试验检测机构应满足以下(　　)条件。

A. 取得由交通运输主管部门颁发的《等级证书》

B. 通过计量认证

C. 通过国家实验室认可

D. 取得由交通运输主管部门颁发的甲级或者相应专项能力的《等级证书》

22. 方差是一个确定的数值,它反映了随机变量取值的分散程度,方差具有(　　)性质。

A. $D(X)=E(X^2)-E^2(X)$

B. 若 X 和 Y 独立,则 $D(X)=D(X)$

C. $D(C)=0$

D. 若 X 和 Y 独立,则 $D(X)=D(X)$

23. 下列(　　)不是《公路水运工程试验检测等级管理要求》(JT/T 1181—2018)的引用文件。

A.《归档文件整理规则》(DA/T 22)

B.《公路工程标准体系》(JTG A1001)

C.《信息安全技术　信息系统安全等级保护基本要求》(GB/T 22239)

D.《公路工程名词术语》(JTJ 002)

24. 下列活动中,能适用《公路水运工程试验检测等级管理要求》(JT/T 1181—2018)的有(　　)。

A. 工程招标　　B. 机构建设

C. 等级评定　　D. 机构管理

25. 各省质监机构组织比对试验，应该(　　)。

A. 年初制定计划　　B. 计划备案

C. 年末报实施情况　　D. 自行计划、实施、总结

参考答案及解析

模拟试题一

一、单项选择题

1.【答案】C

【解析】实际工作中比较混乱,四种选项情况都有出现。为此,质检总局令第163号的附件4《检验检测机构资质认定　标志及其使用要求》作出了明确规定。“检验检测机构在资质认定证书确定的能力范围内,对社会出具具有证明作用数据、结果时,应当标注资质认定标志。资质认定标志加盖(或印刷)在检验检测报告或证书封面上部适当位置。”

2.【答案】A

【解析】检验的定义,即用指定的方法检验测试某种物体(气体、液体、固体)指定的技术性能指标,适用于各种行业范畴的质量评定,如:土木建筑工程、水利、食品、化学、环境、机械、机器等。

3.【答案】A

【解析】出具评审结论期限的规定。注意区分选项A、B与选项D的区别。选项A是根据《检验检测机构资质认定管理办法》第二章第十条(三),资质认定部门自受理申请之日起45个工作日内完成技术评审。选项B是根据《检验检测机构资质认定管理办法》第二章第十条(四),资质认定部门自收到技术评审结论之日起20个工作日内作出是否准予许可的书面决定。

4.【答案】B

【解析】一年是内审的周期,并不是说一定是1月1日到12月31日。

5.【答案】B

【解析】区分一年与12个月的概念。

6.【答案】B

【解析】仪器设备的检定/校准的服务单位选择的要求必须是通过资质认定的机构,这关系到检验检测机构仪器设备的量值溯源问题。

7.【答案】C

【解析】《公路工程试验检测仪器设备检定/校准指导手册》第9页表中编号GL01050004的设备。

8.【答案】C

【解析】见《实验室资质认定工作指南》(中国计量出版社出版,2007),《检测和校准实验室能力的通用要求》(GB/T 27025—2008)规定的质量体系并有效运行6个月以上。

9.【答案】C

【解析】《中华人民共和国标准化法》总则第五条，国务院标准化行政主管部门统一管理全国标准化工作。

10.【答案】C

【解析】《力学的量和单位》(GB3102.3—1993)。选项C是因为“K”没有小写。

11.【答案】C

【解析】《中华人民共和国标准化法》第二章第二十四条，标准的编号规则由国务院标准化行政主管部门制定并公布。

12.【答案】D

【解析】检验检测机构应建立和保持控制其管理体系的内部和外部文件的程序，明确文件的批准、发布、标识、变更和废止，防止使用无效、作废的文件。见《检测和校准实验室能力认可准则》(ISO/IEC 17025:2017)。7.5.2　实验室应确保技术记录的修改可以追溯到前一个版本或原始观察结果。应保存原始的以及修改后的数据和文档，包括修改的日期、标识修改的内容和负责修改的人员。7.8.8　修改已发出的报告时，应仅以追加文件或数据传送的形式，并包含以下声明：“对序列号为……(或其他标识)报告的修改”，或其他等效文字。

13.【答案】C

【解析】见《检验检测机构资质认定管理办法》第十条。这是质检总局令第163号提出的一个新的资质认定评审工作时限，旨在提高政府部门的工作实效。

14.【答案】C

【解析】每个机构的样品管理员、室主任、技术负责人都可能参与合同评审，但机构都应该按照合同性质不同，规定进行合同评审应该参加的人员。所以比较恰当的答案是选项C。

15.【答案】A

【解析】见《检验检测机构资质认定管理办法》第四十二条(六)。四十二条　检验检测机构有下列情形之一的，由县级以上质量技术监督部门责令其1个月内改正；逾期未改正或者改正后仍不符合要求的，处1万元以下罚款：(一)违反本办法第二十五条、第二十八条规定出具检验检测数据、结果的；(二)未按照本办法规定对检验检测人员实施有效管理，影响检验检测独立、公正、诚信的；(三)未按照本办法规定对原始记录和报告进行管理、保存的；(四)违反本办法和评审准则规定分包检验检测项目的；(五)未按照本办法规定办理变更手续的；(六)未按照资质认定部门要求参加能力验证或者比对的；(七)未按照本办法规定上报年度报告、统计数据等相关信息或者自我声明内容虚假的；(八)无正当理由拒不接受、不配合监督检查的。

16.【答案】A

【解析】检验检测机构有下列情形之一，应当向资质认定部门申请办理变更手续：(1)机构名称、地址、法人性质发生变更的；(2)法定代表人、最高管理者、技术负责人、检验检测报告授权签字人发生变更的；(3)资质认定检验检测项目取消的；(4)检验检测标准或者检验检测方法发生变更的；(5)依法需要办理变更的其他事项。这是质检总局令第163号新增加的，明确了对于检验检测机构一些不用的参数应该怎么样规范处理的问题。

17.【答案】A

【解析】《交通运输部办公厅关于印发工地试验室标准化建设要点的通知》(厅质监字〔2012〕200号)3.4.4。工地试验室应积极营造“诚实守信、科学规范”的工地检测文化氛围，将“科学、客观、严谨、公正”的理念，融入到具体试验检测工作中。

18.【答案】C

【解析】这里与纠正、发生偏离和预防工作都无关，只是涉及不符合工作的处理过程，所以是选项C。

19.【答案】C

【解析】见《公路水运工程试验检测管理办法》第八条。检测机构被评为丙级、乙级后须满1年且具有相应的试验检测业绩方可申报上一等级的评定。

20.【答案】D

【解析】见《中华人民共和国计量法》第三条。

21.【答案】D

【解析】这是最高管理者的职责。

22.【答案】C

【解析】计量认证的专业类别代码:P交通，R建设(建材、城建、建工)，N铁路，Y计量，Z其他。

23.【答案】B

【解析】见《检验检测机构资质认定管理办法》(质检总局令第163号)第二章第十二条。以下事项需办理变更手续:(1)机构名称、地址、法人性质发生变更的;(2)法定代表人、最高管理者、技术负责人、检验检测报告授权签字人发生变更的;(3)资质认定项目取消的;(4)标准或方法发生变更的;(5)其他。

24.【答案】C

【解析】盲样管理，是指在试验检测过程中，试验检测员不知道样品的委托单位、工程名称、强度等级等信息，这些具体信息只有收样人和样品管理员知道，而收样人和样品管理员不得参与试验检测工作，从而杜绝试验检测人员伪造数据等现象的发生，保证试验检测过程的科学、公正、公平和试验检测结果的准确性。

25.【答案】D

【解析】见《公路水运工程试验检测管理办法》(交通运输部令2016年第80号)第二章第七条。

26.【答案】B

【解析】见《公路试验检测数据报告编写导则》的规定。注意区分记录和报告落款区的信息内容。7.1.2　报告的落款区由“试验”“审核”“签发”“日期(即报告的签发时间)”“(专用章)”五部分组成。

27.【答案】A

【解析】见《公路水运工程试验检测机构等级评定及换证复核工作程序》(交安监发〔2017〕113号)第九条。

28.【答案】C

【解析】公路水运工程试验检测领域代码的规定(工程材料与制品)。根据《公路水运工程试验检测等级管理要求》(JT/T 1181—2018)5.3,材料与制品领域的代码为Q。

29.【答案】D

【解析】国家法定计量单位的名称、符号由国务院公布。

30.【答案】B

【解析】见《数值修约规则与极限数值的表示和判定》(GB/T 8170—2008)。

31.【答案】B

【解析】概率的概念,必然事件的概率:$P(U)=1$。

32.【答案】A

【解析】修约间隔的确定。根据《数值修约规则与极限数值的表示和判定》(GB/T 8170—2008)3.1,指定修约间隔为10^{-n}(n为正整数),或指明将数值修约到n位小数。

33.【答案】D

【解析】物质的量的SI基本单位符号。根据《国际单位制及其应用》(GB 3100—1993)3.1,物质的量的单位符号为mol。

34.【答案】D

【解析】《公路水运工程试验检测等级管理要求》(JT/T 1181—2018)5.5.3。公路工程试验检测参数的代码为三位阿拉伯数字。

35.【答案】A

【解析】量值溯源的概念。

36.【答案】D

【解析】见《公路水运工程试验检测管理办法》第二十三条。这类问题需要准确记忆时限。"检测机构名称、地址、法定代表人或者机构负责人、技术负责人等发生变更的,应当自变更之日起30日内到原发证质监机构办理变更登记手续。"

37.【答案】B

【解析】《公路水运工程试验检测等级管理要求》(JT/T 1181—2018)7.3.4.3。现场评审抽取的实操参数应不低于必选参数总量的15%,一般可采取随机抽取参数的方式进行,且宜重点考虑:最近2年内标准规范发生变更的试验检测参数。

38.【答案】D

【解析】见《数值修约规则与极限数值的表示和判定》(GB/T 8170—2008)。

39.【答案】B

【解析】需要理解检定和校准的定义,这是不同的两种行为。校准的内容和项目,只是评定测量装置的示值误差,以确保量值准确;检定的内容则是对测量装置的全面评定,要求更全面,除了包括校准的全部内容之外,还需要检定有关项目。

40.【答案】C

【解析】见《公路水运工程试验检测管理办法》第十九条和第二十二条。在现实工作中,机构证书的有效期多为3年;比如原来的机构资质认定期限,目前改为6年。整改期一般是3个月。另外,把两个时限放在一个题干中也是试题设计的一种方式。

二、判断题

1.【答案】√

【解析】检验检测机构应建立和保持人员培训程序,确定人员的教育和培训目标,明确培训需求和实施人员培训,并评价这些培训活动的有效性。培训计划应适应检验检测机构当前和预期的任务。

2.【答案】√

【解析】设备出现故障或者异常应采取相应措施,停止使用、隔离或加贴停用标签、标记,直至修复并通过检定、校准或核查表明能正常工作为止。应核查这些缺陷或偏离规定极限对以前检验检测的影响。

3.【答案】×

【解析】检验检测机构应建立和保持处理投诉的程序。明确对投诉的接收、确认、调查和处理职责,并采取回避措施。这里需要区别对投诉要接收、确认、调查、处理,但对与客户投诉相关的人员、被客户投诉的人员,应采取适当的回避措施。

4.【答案】√

【解析】检验检测机构应建立和保持在识别出不符合工作时,采取纠正措施的程序;当发现潜在不符合时,应采取预防措施。检验检测机构应通过实施质量方针、质量目标,应用审核结果、数据分析、纠正措施、预防措施、管理评审来持续改进管理体系的适宜性、充分性和有效性。纠正措施是指为消除已发现的不合格或其他不期望情况的原因所采取的措施。预防措施针对的对象为:(1)潜在的不符合,即尚未发展到不符合规定要求的程度,但有这种可能性或发展趋势;(2)其他尚未发生但不希望发生的情况;(3)预防措施旨在消除潜在的原因。

5.【答案】√

【解析】见《公路水运工程安全生产监督管理办法》第四条。

6.【答案】×

【解析】不能只有以书面形式表达的投诉。

7.【答案】×

【解析】《检验检测机构资质认定管理办法》(质检总局令第163号)第十四条、第十五条。

8.【答案】×

【解析】见《检验检测机构资质认定管理办法》(质检总局令第163号)第九条。

9.【答案】×

【解析】见《检验检测机构资质认定管理办法》第三十条。报告和原始记录的保存期限不少于6年。

10.【答案】×

【解析】见《检验检测机构资质认定管理办法》第二十九条。

11.【答案】×

【解析】机构资质认定不符合整改期限的规定。根据《检验检测机构资质认定管理办法》第三章第十八条,检验检测机构资质认定不符合要求时,整改期限不得超过30个工作日。

12.【答案】×

【解析】《公路水运工程试验检测信用评价办法》(交安监发〔2018〕78号)第十一条和附件3。检测人员失信行为(扣分标准20分)包括:(1)同时受聘两个或两个以上检测机构的;(2)检测工作中徇私舞弊、吃拿卡要的,扣20分/次;(3)利用工作之便推销建材、构配件和设备的,扣20分/次;(4)工地试验室信用评价得分<70分时对其授权负责人的处理。

13.【答案】×

【解析】通过检定和校准实验室获得在用测量仪器设备的必要的计量特性,负责实施确认的人员就应该清楚地掌握和应用这些信息,对测量仪器设备是否满足预期使用要求和应用要求作出判断。

14.【答案】×

【解析】见《公路试验检测数据报告编制导则》,每页都应该有页码。

15.【答案】×

【解析】内部校准一般是利用测量设备自带的校准程序或者功能或者设备厂商提供的没有溯源证书的标准样品所进行的校准活动,通常情况下,其不是有效的量值溯源活动。

16.【答案】×

【解析】期间核查的重点测量设备主要包括:(1)仪器设备性能不稳定,漂移率大的;(2)使用非常频繁的;(3)经常携带到现场检测的;(4)在恶劣环境下使用的仪器设备;(5)曾经过载或怀疑有质量问题的;(6)因设备使用频率较低,校准周期长于校准规范规定时间的。

17.【答案】×

【解析】根据《公路水运工程试验检测人员继续教育办法(试行)》第三章第十四条,试验检测人员可就近参加省级质监机构组织的继续教育。

18.【答案】×

【解析】软件在《检验检测机构资质认定能力评价　检验检测机构通用要求》(RB/T 214—2017)里被纳入了设备管理范畴。注意这个题干还让我们知道设备的使用必须授权,未授权的人员不能使用相关设备。

19.【答案】×

【解析】见《检验检测机构资质认定能力评价　检验检测机构通用要求》(RB/T 214—2017)4.5.4。对要求、标书、合同的偏离、变更应征得客户同意并通知相关人员。当客户要求出具的检验检测报告或证书中包含对标准或规范的符合性声明(如合格或不合格)时,检验检测机构应有相应的判定规则。

20.【答案】×

【解析】见《公路试验检测数据报告编写导则》(JT/T 828—2012)。报告和记录是两个编码规则,不是统一的。

21.【答案】×

【解析】《交通运输部办公厅关于印发工地试验室标准化建设要点的通知》(厅质监字〔2012〕200号)4.6.1。工地试验室应加强外委试验管理,超出母体检测机构授权范围的试验检测项目和参数应进行外委,外委试验应向项目建设单位报备。

22.【答案】×

【解析】见 ISO 9001:2000。纠正是为消除已发现的不合格而采取的措施;纠正措施是为消除已发现的不符合或其他不期望情况的原因所采取的措施。一个不符合工作可能有若干个原因,采取纠正措施就是要找出问题的原因,消除原因,防止再发生。

23.【答案】×

【解析】见教材“试验检测常用术语和定义”。修正值等于负的系统误差。

24.【答案】√

【解析】通过检定和校准实验室获得在用测量仪器设备(电子天平)的必要的计量特性,负责实施确认的人员就应该清楚地掌握和应用这些信息,对测量仪器设备是否满足预期使用要求和应用要求作出判断。

25.【答案】×

【解析】根据《公路水运工程试验检测信用评价办法》第二章第七条,工地试验室及现场检测项目的信用评价基准分为 100 分。工地试验室及现场检测项目的信用评价基准分为 100 分。人员采取的是随机检查累计扣分制。

26.【答案】√

【解析】见教材“统计技术和抽样技术”一元线性回归。

27.【答案】√

【解析】检验检测机构的授权签字人应具有中级及以上相关专业技术职称或同等能力,并经资质认定部门批准。非授权签字人不得签发检验检测报告或证书。授权签字人首先经过检验检测机构提名,其能力(资格)和任职条件须经资质认定部门确认(批准),且在授权的检验检测领域内行使签发报告的权利。

28.【答案】√

【解析】见《检验检测机构资质认定　证书及其使用要求》二。

29.【答案】√

【解析】检验检测机构的技术负责人应具有中级及以上专业技术职称或同等能力,全面负责技术运作;质量负责人应确保质量管理体系得到实施和保持。

30.【答案】√

【解析】检验检测机构应对抽样、操作设备、检验检测、签发检验检测报告或证书以及提出意见和解释的人员,依据相应的教育、培训、技能和经验进行能力确认并持证上岗。应由熟悉检验检测目的、程序、方法和结果评价的人员,对检验检测人员包括实习员工进行监督。为确保满足规定的要求,对实体的状况进行连续的监视和验证并对记录进行分析。

三、多项选择题

1.【答案】BD

【解析】根据《中华人民共和国标准化法》总则第十一条,对满足基础通用、与强制性国家标准配套、对各有关行业起引领作用等需要的技术要求,可以制定推荐性国家标准。

2.【答案】ABD

【解析】见教材“统计技术和抽样技术”重复抽样的定义。

3.【答案】ABCD

【解析】“能力验证”的步骤。

4.【答案】ACD

【解析】见《公路水运工程试验检测信用评价办法》(交安监〔2018〕78号)第十条。

5.【答案】ABCD

【解析】方法确认的定义是通过检验和提供客观证据,证实满足指定最终用途的特定要求。方法确认包含三个重要组成部分:(1)“特定的最终用途”,是从分析所要解决问题中产生的对于分析的要求;(2)“客观证据”常表现为从有计划的实验过程中获得的数据,从中可计算出适当的方法性能参数;(3)“证实”是通过将性能数据与诸如方法适用性方面的要求进行充分的比较来进行的。

6.【答案】CD

【解析】见《检验检测机构资质认定管理办法》第二十二条。

7.【答案】AC

【解析】《交通运输部办公厅关于印发工地试验室标准化建设要点的通知》(厅质监字〔2012〕200号)4.6.2。接受外委试验的检测机构应取得《公路水运工程试验检测机构等级证书》(含相应参数)、通过计量认证(含相应参数)且上年度信用等级为B级及以上。工地试验室应将接受外委试验的检测机构的有关证书复印件存档备查。

8.【答案】ABC

【解析】《检验检测机构资质认定能力评价　检验检测机构通用要求》(RB/T 214—2017)4.5.5。检验检测机构需分包检验检测项目时,应分包给已取得检验检测机构资质认定并有能力完成分包项目的检验检测机构,具体分包的检验检测项目和承担分包项目的检验检测机构应事先取得委托人的同意。出具检验检测报告或证书时,应将分包项目予以区分。检验检测机构实施分包前,应建立和保持分包的管理程序,并在检验检测业务洽谈、合同评审和合同签署过程中予以实施。检验检测机构不得将法律法规、技术标准等文件禁止分包的项目实施分包。

9.【答案】AD

【解析】根据《公路试验检测数据报告编制导则》5.1,公路试验检测数据报告包括记录表和报告。

10.【答案】BD

【解析】见教材“统计技术和抽样技术”抽样检验的特性。

11.【答案】AC

【解析】见《关于印发工地试验室标准化建设要点的通知》(厅质监字〔2012〕200号)文件内容。

12.【答案】AD

【解析】《数值修约规则与极限数值的表示和判定》(GB/T 8170—2008)4.3.3。选项B显然不对;选项C修约值是0.06不符合要求;选项A的修约值是0.05满足要求;选项D修约值是0.05也是满足要求的。

13.【答案】BD

【解析】根据《公路水运工程试验检测管理办法》第二章第八条,检测机构被评为丙级、乙级后须满1年且具有相应的试验检测业绩方可申报上一等级的评定。

14.【答案】ABC

【解析】见《中华人民共和国计量法实施细则》第七条。

15.【答案】ABCD

【解析】见《中华人民共和国计量法》第九条。

16.【答案】ACD

【解析】《测量管理体系　测量过程和测量设备的要求》(GB/T 19022—2016)的8.2中,结合测量管理体系的实际情况,将"不合格控制"要求详细分为了"不合格体系""不合格测量过程""不合格测量设备"。可见"不合格"是一个大概念,"不合格"是可以根据不同的管理体系要求进行细分的。如果"不合格"后面没有后缀,那就是包括了所有的不合格,如果加了后缀,就是特指的某个工作或事、物的不合格。ISO 17025:2017 中7.10提及的"不符合工作",因为有后缀"工作",那就是特指"工作"不合格,而不是指"物"的不合格。在测量管理体系审核中的"不合格体系"特指管理体系管理不符合标准要求,如标准要求的,体系文件没有提及,内部或外部审核中发现的不符合项,管理评审提出的改进要求等。"不合格测量过程"特指"测量过程"这件"事"的不合格,也就是测量"工作"不合格,例如测量过程失控,使用了没有能力或资质的测量人员,出现了可疑测量结果,造成了产品质量误判等。"不合格测量设备"则是特指"测量设备"这个"物"不合格,如量具、仪器仪表、测量用工装、测量软件等的不合格,测量设备磨损、损坏,或虽经检定合格但不满足测量预期使用要求,使用的测量设备没有计量确认标识或计量确认标识超过有效期等。

17.【答案】ABC

【解析】检验检测机构应建立和保持记录管理程序,确保记录的标识、贮存、保护、检索、保留和处置符合要求。记录分为质量记录和技术记录两类。

18.【答案】ABCD

【解析】检验检测机构应建立和保持记录管理程序,确保记录的标识、贮存、保护、检索、保留和处置符合要求。记录分为质量记录和技术记录两类。检验检测机构应有程序来保护和备份以电子形式存储的记录,并防止未经授权的侵入或修改。电子记录具有易修改、易删除、易复制、易损坏的特点。电子记录的形成、收集、索引、存取、存档、存放、维护和清理等各个环节,都有信息更改、丢失的可能性,人为破坏、误操作、网络的错误和计算机网络病毒对电子文件构成很大威胁.建立并执行一整套科学、合理、严密的管理制度和技术保护措施,对于维护电子记录的原始性、真实性十分重要。"数字签名"就是通过某种密码运算生成一系列符号及代码组成电子密码进行签名,来代替书写签名或印章,数字签名是不可伪造的。"加密技术"的基本过程就是对原来为明文的文件或数据按某种算法进行处理,使其成为不可读的一段代码,只能在输入相应的密钥之后才能显示出本来内容,通过这样的途径达到保护数据不被人非法窃取、阅读的目的。"防写措施"就是在许多软件中可以将文件设置为"只读"状态,在这种状态下,用户只能从计算机上读取信息,而不能对其做任何修改在计算机外存储器中。"身份验证技术"为了防止无关人员进入系统对文件或数据访问,有些系统需要对用户进行身份验证。

19.【答案】ABCD

【解析】方法确认的定义是通过检验和提供客观证据，证实满足指定最终用途的特定要求。方法确认包含三个重要组成部分：(1)“特定的最终用途”，是从分析所要解决问题中产生的对于分析的要求；(2)“客观证据”常表现为从有计划的实验过程中获得的数据，从中可计算出适当的方法性能参数；(3)“证实”是通过将性能数据与诸如方法适用性方面的要求进行充分的比较来进行的。检验检测机构应建立和保持检验检测方法控制程序。检验检测方法包括标准方法、非标准方法(含自制方法)。应优先使用标准方法，并确保使用标准的有效版本。在使用标准方法前，应进行证实。在使用非标准方法(含自制方法)前，应进行确认。检验检测机构应跟踪方法的变化，并重新进行证实或确认。必要时，检验检测机构应制定作业指导书。如确需方法偏离，应有文件规定，经技术判断和批准，并征得客户同意。当客户建议的方法不适合或已过期时，应通知客户。

20.【答案】ACD

【解析】根据《工地试验室标准化建设要点》(厅质监字〔2012〕200号)，工地试验室应保持室内外环境干净、整洁，日常清扫及检查工作应落实到人。工地试验室产生的废水、废气、废渣应安全排放。试验固体废弃物应集中存放，定期清理到指定位置，不得随意摆放、丢弃。工地试验室的消防设施应有专人管理，并定期对灭火器材进行检查，始终保持有效。

21.【答案】ABD

【解析】根据《公路水运工程试验检测机构等级标准》二的表1。除水运材料丙级外，其余四个等级[材料甲级、材料乙级、结构(地基)甲级、结构(地基)乙级]均有要求。

22.【答案】AC

【解析】见教材“测量误差与测量不确定度”随机测量误差的概念。

23.【答案】AD

【解析】见《公路水运工程试验检测管理办法》(交通运输部令2016年第80号)第九条。注意的是“(五)所申报试验检测项目的典型报告(包括模拟报告)及业绩证明”。

24.【答案】ABC

【解析】检验检测机构应建立和保持样品管理程序，以保护样品的完整性并为客户保密。检验检测机构应有样品的标识系统，并在检验检测整个期间保留该标识。在接收样品时，应记录样品的异常情况或记录对检验检测方法的偏离。样品在运输、接收、制备、处置、存储过程中应予以控制和记录。当样品需要存放或养护时，应保持、监控和记录环境条件。选项D不全面，如果是需要加工的样品，是改变了状态特征的。

25.【答案】AD

【解析】见教材“试验检测常用术语和定义”。

模拟试题二

一、单项选择题

1.【答案】C

【解析】《检验检测机构资质认定　证书及其使用要求》。三、检验检测机构资质认定证书内容包括:发证机关、获证机构名称和地址、法律责任承担单位、检验检测能力范围、有效期限、证书编号、资质认定标志。

2.【答案】D

【解析】准确度是每一次独立的测量之间,其平均值与已知的数据真值之间的差距(与理论值相符合的程度);精密则是当实验数据很精准时,会要求实验有高度的再现性,表示实验数据是可信的,也就是实验数据需要具有高精密度(多次量度或计算的结果的一致程度)。

3.【答案】A

【解析】见《公路试验检测数据报告编制导则》(JT/T 828—2012)7.1.3。基本信息区包含但不限于施工单位、工程名称、工程部位/用途、委托单编号、样品编号、样品描述、试验依据、判定依据、主要仪器设备等信息。

4.【答案】C

【解析】《检验检测机构资质认定　检验检测专用章使用要求》。七、检验检测专用章应含下列内容:本单位名称、"检验检测专用章"字样、五星标识。专用章形状通常为圆形。

5.【答案】A

【解析】见《检验检测机构资质认定管理办法》之《检验检测机构资质认定　标志及其使用要求》。CMA是China Inspection Body and Laboratory Mandatory Approval的英文缩写。

6.【答案】A

【解析】当用电话、传真或其他电子或电磁方式传送检验检测结果时,应满足对数据控制的要求。

7.【答案】C

【解析】见《公路水运工程试验检测机构等级标准》表2-2。这里需要注意的是首先看清楚是"属于"还是"不属于";其次,还要区分强制性设备和非强制性设备。

8.【答案】A

【解析】这里只有选项A是对的。设备进行了其他选项的动作以后,没有经过检定、校准表明其能正常工作。设备出现故障或者异常应采取相应措施,停止使用、隔离或加贴停用标签、标记,直至修复并通过检定、校准或核查表明能正常工作为止。应核查这些缺陷或偏离规定极限对以前检验检测的影响。

9.【答案】B

【解析】见《公路水运工程试验检测人员继续教育办法(试行)》第三章第十五条。公路水运工程试验检测继续教育周期为2年(从取得证书的次年起计算)。试验检测人员在每个周期内接受继续教育的时间累计不应少于24学时。考生需要准确记忆时间。

10.【答案】C

【解析】合同评审的目的是评价检测合同的可行性。要使检验检测活动可行,当然必须是检测需要的环境条件、使用的仪器设备、检测方法等是有效的;样品信息、委托方提供的信息、被委托方在检验检测过程中需要的信息等是充分的。

11.【答案】B

【解析】注意需要区分规定、程序、措施和作业指导书的概念。选项D显然概念不对,程序就是事情进行的先后次序如工作程序。处理投诉和申诉就是一个过程,所以是选项B。

12.【答案】C

【解析】注意校准的概念。ISO 10012-1《计量检测设备的质量保证要求》将“校准”定义为:“在规定条件下,为确定计量仪器或测量系统的示值或实物量具或标准物质所代表的值与相对应的被测量的已知值之间关系的一组操作。”要重视设备使用前的校准工作,并且要知道这步工作怎么做。选项A、B、D是目前检验检测机构常常出现的认识偏差和做法。

13.【答案】D

【解析】见《公路水运工程试验检测管理办法》第十九条。《等级证书》期满后拟继续开展公路水运工程试验检测业务的,检测机构应提前3个月向原发证机构提出换证申请。

14.【答案】C

【解析】见《关于进一步加强公路水运工程工地试验室管理工作的意见》第十条(四)。“实行不合格品报告制度,对于签发的涉及结构安全的产品或试验检测项目不合格报告,工地试验室授权负责人应在2个工作日之内报送试验检测委托方,抄送项目质量监督机构,并建立不合格试验检测项目台账。”此条文要注意两点:一是不合格品报告制度,二是上报时限;强调的是“签发的涉及结构安全的产品或试验检测项目不合格报告”。

15.【答案】D

【解析】随机误差是由于不能预料、不能控制的原因造成的。

16.【答案】B

【解析】见《数值修约规则与极限数值的表示和判定》(GB/T 8170—2008)“修约的积”。

17.【答案】A

【解析】掌握我国的法定计量单位。

18.【答案】D

【解析】《交通运输部办公厅关于印发工地试验室标准化建设要点的通知》(厅质监字〔2012〕200号)4.4.4。试验检测台账分为管理台账和技术台账。管理台账一般包括人员、设备、标准规范等台账;技术台账一般包括原材料进场台账、样品台账、试验/检测台账、不合格材料台账、外委试验台账等。台账应格式统一、简洁适用、信息齐全,台账的填写和统计应及时、规范。注意区分台账中的管理台账和技术台账,很多情况是混为一谈的。

19.【答案】C

【解析】国际单位的基本单位。

20.【答案】C

【解析】见《公路水运工程试验检测信用评价办法》第一章第五条。信用评价周期为1年。

21.【答案】C

【解析】《公路水运工程试验检测人员继续教育办法(试行)》自2012年1月1日起施行。这里用通过时间和假设时间来混淆正确答案。

22.【答案】C

【解析】见《中华人民共和国计量法实施细则》第五章第二十五条。任何单位和个人不准在工作岗位上使用无检定合格印、证或者超过检定周期以及经检定不合格的计量器具。

在教学示范中使用计量器具不受此限。为什么不是选项B,因为不全面,除有检定证,还有校准证等形式。

23.【答案】B

【解析】仪器设备的状态标识分为合格、准用、停用3种,通常分别以绿色、黄色、红色3种颜色来表示。

24.【答案】D

【解析】见《公路水运工程试验检测人员继续教育办法(试行)》第一章第一条。注意该办法的上位文件是试验检测管理办法;另外,每个办法、规程、制度的制定一定是有依据的,这是一类问题。

25.【答案】A

【解析】检验检测机构应当对检验检测原始记录、报告或证书归档留存,保证其具有可追溯性。检验检测原始记录、报告或证书的保存期限不少于6年。

26.【答案】A

【解析】见"测量误差与测量不确定度"相对误差的计算。

27.【答案】D

【解析】根据《建设工程质量管理条例》第六章第三十九条,建设工程承包单位在向建设单位提交工程竣工验收报告时,应当向建设单位出具质量保修书。

28.【答案】C

【解析】质量方针声明应经最高管理者授权发布,至少包括下列内容:(1)最高管理者对良好职业行为和为客户提供检验检测服务质量的承诺;(2)最高管理者关于服务标准的声明;(3)管理体系的目的;(4)要求所有与检验检测活动有关的人员熟悉质量文件,并执行相关政策和程序;(5)最高管理者对遵循本准则及持续改进管理体系的承诺。选项C应该包含在为客户提供检验检测服务质量的承诺中。

29.【答案】A

【解析】根据《中华人民共和国产品质量法》总则第四条,生产者、销售者依照本法规定承担产品质量责任。

30.【答案】D

【解析】见《关于进一步加强公路水运工程工地试验室管理工作的意见》第十一条。"(四)工地试验室授权负责人信用等级被评为信用较差的,2年内不能担任工地试验室授权负责人。信用等级被评为信用很差的,5年内不能担任工地试验室授权负责人。"

31.【答案】D

【解析】《合格评定　能力验证的通用要求》(GB/T 27043—2012)4.2人员。

32.【答案】D

【解析】《合格评定　能力验证的通用要求》(GB/T 27043—2012)3.1。指定值是指对能力验证物品的特定性质赋予的值。

33.【答案】C

【解析】这里注意区分规定、程序、措施的概念。"规定"是强调预先(即在行为发生之前)和法律效力,用于法律条文中的决定;"程序"是指事情进行的先后次序,如工作程序;"措施”即为方法、方式、方案、解决问题的途径。所以应该是选项 C。

34.【答案】 A

【解析】 见《关于进一步加强公路水运工程工地试验室管理工作的意见》，注意文件对于检测数据的要求。题目中四个选项好像都对，而文件是指的客观性。“公路水运工程工地试验室是工程质量控制和评判的重要基础数据来源，是工程建设质量保证体系的重要组成部分。为进一步加强工地试验室管理，规范试验检测行为，提高试验检测数据的客观性、准确性，保证公路水运工程质量。”

35.【答案】 D

【解析】《公路水运工程试验检测等级管理要求》(JT/T 1181—2018)7.2.1.2。检测机构等级评定申请主要仪器设备的权属证明和检定/校准证书应不低于申请等级必选设备总量的 40%。

36.【答案】 A

【解析】 见《数值修约规则与极限数值的表示和判定》(GB/T 8170—2008)。

37.【答案】 C

【解析】 见《公路水运工程试验检测管理办法》第十二条、第十四条。这里需要注意的是，首先看清楚是“属于”还是“不属于”；其次，还要知道初审完成的工作。“第十二条　初审主要包括以下内容：(一)试验检测水平、人员及检测环境等条件是否与所申请的等级标准相符；(二)申报的试验检测项目范围及设备配备与所申请的等级是否相符；(三)采用的试验检测标准、规范和规程是否合法有效；(四)检定和校准是否按规定进行；(五)质量保证体系是否具有可操作性；(六)是否具有良好的试验检测业绩。”“第十四条　现场评审是通过对申请人完成试验检测项目的实际能力、检测机构申报材料与实际状况的符合性、质量保证体系和运转等情况的全面核查。”选项 C 是现场评审内容。

38.【答案】 D

【解析】 见《公路水运工程试验检测管理办法》第二十二条。换证复核合格的，予以换发新的《等级证书》。不合格的，质监机构应当责令其在 6 个月内进行整改。6 个月换算为 180 天，只是表述方式不一样而已。

39.【答案】 D

【解析】 见《公路水运工程试验检测专业技术人员职业资格制度规定》第十六条和第十七条。需要分别记忆助理试验检测工程师和试验检测工程师在能力上的不同要求，还要注意题干是“不属于”。

40.【答案】 D

【解析】 见《中华人民共和国法定计量单位》(1984 年 2 月 27 日国务院发布)。

二、判断题

1.【答案】 √

【解析】 见《中华人民共和国法定计量单位》(1984 年 2 月 27 日国务院发布)。

2.【答案】 ×

【解析】《公路试验检测数据报告编制导则》6.1.2、7.1.2。记录表或报告落款区的日期表示形式为“××××年××月××日”,正确的表述应该是2018年03月15日。

3.【答案】√

【解析】见《关于印发〈公路水运工程试验检测信用评价办法〉的通知》(交安监〔2018〕78号)第一章第二条、第四条。

4.【答案】√

【解析】见《公路水运工程试验检测信用评价办法》第二章第六条。考生需要注意区分机构、人员、工地试验室授权负责人几种不同的评价方法。

5.【答案】×

【解析】《公路水运工程试验检测管理办法》第七条规定:部质量监督机构负责公路工程综合类甲级、公路工程专项类和水运工程材料类及结构类甲级的等级评定工作。省级交通质监机构负责公路工程综合类乙、丙级和水运工程材料类乙、丙级、水运工程结构类乙级的等级评定工作。

6.【答案】√

【解析】见《合格评定　能力验证的通用要求》(GB/T 27043—2012)4.5。允许采用,但是要制定政策并按照程序对不同方法得到的结果进行比对,还要了解不同方法的等效性。

7.【答案】√

【解析】见《公路工程标准体系》1.3。考生需要正确记忆公路工程标准体系范围的概念。

8.【答案】√

【解析】检验检测机构应建立和保持质量控制程序,定期参加能力验证或机构之间比对。通过分析质量控制的数据,当发现偏离预先判据时,应采取有计划的措施来纠正出现的问题,防止出现错误的结果。质量控制应有适当的方法和计划并加以评价。

9.【答案】×

【解析】见《公路水运工程试验检测信用评价办法》(交安监发〔2018〕78号)机构划分等级。人员实行累计扣分制,没有等级之分。审题时一定要看清楚是针对机构的还是针对人员的。

10.【答案】×

【解析】该文件是由交通运输部办公厅发布的。这是一个细节问题。发布机构很多,具体到某个文件是什么机构发布的需要细致辨析,尤其是《加强……工作的意见》好像是省级主管机构发布的,实际上不是。

11.【答案】×

【解析】见《公路水运工程试验检测信用评价办法》(交安监发〔2018〕78号)第一章第二条。

12.【答案】√

【解析】见《公路水运工程试验检测信用评价办法》(交安监发〔2018〕78号)附件2中JJC202001。注意区分机构的失信行为扣分标准与人员的失信行为扣分标准不一样。

13.【答案】√

【解析】见《公路水运工程试验检测管理办法》第四十条。

14.【答案】×

【解析】见《公路水运工程试验检测管理办法》第十三条。初审合格的进入现场评审阶段;初审认为有需要补正的,质监机构应当通知申请人予以补正直至合格;初审不合格的,质监机构才应当及时退还申请材料,并说明理由。该文件说明了分别“初审合格”“初审认为需要补正”“初审不合格”三个层次的处理办法。

15.【答案】×

【解析】《公路水运工程试验检测机构评定及换证复核工作程序》(交安监发〔2017〕113号)附表Ⅲ-2。表中显示是不一样的,比如试验记录、报告项目换证复核是12分,等级评定是11分。

16.【答案】√

【解析】《合格评定　能力验证的通用要求》(GB/T 27043—2012)3.7能力验证的概念。

17.【答案】×

【解析】见《公路水运工程试验检测管理办法》第三十七条。检测机构依据合同承担公路水运工程试验检测业务,不得转包、违规分包。注意“违规”一词。

18.【答案】×

【解析】一个组织的质量管理体系只能有一个。

19.【答案】√

【解析】《合格评定　能力验证的通用要求》(GB/T 27043—2012)4.4.3均匀性和稳定性相关内容。

20.【答案】√

【解析】《公路水运工程试验检测等级管理要求》(JT/T 1181—2018)8.1.7。检测机构应具有一定的试验样品加工能力,且应当具有识别、检验和判断样品技术状态与有关技术标准、规范、规程要求的符合性能力。

21.【答案】×

【解析】《关于进一步加强公路水运工程工地试验室管理工作的意见》第三条。施工单位、监理单位应根据工程质量安全管理需要或合同约定,在工程现场可自行设立工地试验室,也可委托第三方试验检测机构设立工地试验室。

22.【答案】×

【解析】不确定度的概念。一个量的重复检测结果与不确定度的概念是不一样的。

23.【答案】√

【解析】见《公路水运工程试验检测专业技术人员职业资格制度规定》第四章第十九条。

24.【答案】×

【解析】见《公路水运工程试验检测管理办法》第三十一条。工程所在地省级质监机构应当对工地临时试验室进行管理。这里需要区分母体试验室对工地试验室负有的责任与省级质监机构的监督责任。

25.【答案】×

【解析】检定周期属于强制性约束的内容,而校准周期由组织根据使用计量器具的需要自行确定。

26.【答案】√

【解析】《公路工程试验检测仪器设备检定/校准指导手册》(质监综字〔2013〕5号)(五)计量参数。

27.【答案】√

【解析】备份、更新、储存相关信息是保证检测数据真实性的需要。

28.【答案】×

【解析】测量不确定度与测量方法有关,与具体测量得到的数值大小无关。

29.【答案】√

【解析】《检验检测机构资质认定管理办法》(质检总局令第163号)第九条、第十五条。

30.【答案】√

【解析】见《检验检测机构资质认定管理办法》(质检总局令第163号)的架构。

三、多项选择题

1.【答案】ACD

【解析】计量检定是指为评定计量器具的计量性能,确定其是否合格所进行的全部工作,包括检验和加封盖印等。它是进行量值传递的重要形式,是保证量值准确一致的重要措施。

2.【答案】AC

【解析】作业指导书是用于检测人员在检验检测活动中具体实施操作而制定的手册。

3.【答案】ABCD

【解析】见《公路水运工程试验检测信用评价办法》(交安监发〔2018〕78号)附件1。

4.【答案】ABCD

【解析】见教材"常用数理统计工具"。

5.【答案】ABD

【解析】见《标志及其使用要求》三。资质认定标志的颜色建议为红色、蓝色或者黑色。

6.【答案】ABC

【解析】《检验检测机构资质认定能力评价　检验检测机构通用要求》(RB/T 214—2017)4.5.13。

7.【答案】BCD

【解析】《工地试验室标准化建设要点》(厅质监字〔2012〕200号)4.5 样品管理。

4.5.1　工地试验室应制定样品管理制度,对样品的取样、运输、标识、存储、留样及处置等全过程实施严格的控制和管理。

4.5.2　样品的取样方法、数量应符合规范、规程要求,满足试验过程需要。如有必要,在取样的同时要留存满足复验需要的样品。取样应具有代表性,并有相应记录。

4.5.3　样品应进行唯一性标识,确保在流转过程中不发生混淆且具有可追溯性。样品标识信息应完整、规范。样品在流转过程中应标明流转状态。

4.5.4　试验结束后，如无异议，工地试验室应按有关规定对试验样品进行处置，处置过程应符合安全和环保要求。如需留样，样品的留存方法、数量和期限等应符合有关规定，留存样品应有留样记录。

8.【答案】ABC

【解析】选项D是可以通过检查、修复解决，但不会影响检测结果。

9.【答案】BD

【解析】误差的定义。

10.【答案】AD

【解析】《公路水运工程试验检测信用评价办法》第二章第六条和附件1。试验检测设备未按规定检定校准的，扣2分/台，单次扣分不超过20分。

11.【答案】ABC

【解析】检测场地的种类。

12.【答案】ABC

【解析】测量设备的范围。参考标准是指在给定组织或给定地区内指定用于校准同类量工作测量标准的测量标准。

13.【答案】ABCD

【解析】见教材"统计技术和抽样技术"制定抽样方案的内容。

14.【答案】ABCD

【解析】见《检验检测机构资质认定管理办法》第二章第十条"检验检测机构资质认定程序(一)~(四)"。

15.【答案】AD

【解析】《国家认监委关于印发检验检测机构资质认定相关配套文件的通知》(国认实〔2017〕10号)文头：2015年7月29日，我委印发了《国家认监委关于印发检验检测机构资质认定配套工作程序和技术要求的通知》(国认实〔2015〕50号)，该通知明确了相关文件试行期一年。经试行并调整完善，现正式印发《检验检测机构资质认定专业技术评价机构管理要求》及《检验检测机构资质认定申请书》《检验检测机构资质认定评审报告》《检验检测机构资质认定审核表》等文件。为确保新旧文件的有序过渡，本次印发文件自2017年7月1日正式施行。

16.【答案】ABD

【解析】见《公路水运工程安全生产监督管理办法》第一章第一条。考生应关注制定管理办法的上位法律法规。

17.【答案】ABCD

【解析】见《检测和校准实验室能力的通用要求》(GB/T 27025—2008)相关内容。

18.【答案】ABCD

【解析】见《产品质量仲裁检验和产品质量鉴定管理办法》(国家质量技术监督局第4号令)。

19.【答案】BCD

【解析】见《行业标准管理办法》(1990年8月14日国家技术监督局令第11号)。行业标准的编号由行业标准代号、标准顺序号及年号组成。

20.【答案】ABD

【解析】检验检测机构应建立和保持控制其管理体系的内部和外部文件的程序,明确文件的批准、发布、标识、变更和废止,防止使用无效、作废的文件。

21.【答案】ABC

【解析】根据《工地试验室标准化建设要点》(厅质监字〔2012〕200号),工地试验室应加强试验检测人员考勤管理,确保日常工作有效开展。工地试验室应重视试验检测人员劳动保护工作。试验检测人员在进行有毒、有腐蚀性、有强噪声等试验操作时,必须按要求佩戴相应的防护用具。工地试验室应制定全员学习培训计划,定期或不定期地组织学习有关政策、质量体系文件、标准规范规程以及试验检测操作技能、职业素养等知识,不断提高试验检测人员综合能力和水平。工地试验室应按照规定及时对试验检测人员进行年度信用评价。

22.【答案】ABC

【解析】选项A、B、C都可以达到相邻区域有效隔离效果。

23.【答案】ABC

【解析】见《检验检测机构资质认定管理办法》(质检总局令第163号)第三十七条。检验检测机构应当定期向资质认定部门上报包括持续符合资质认定条件和要求、遵守从业规范、开展检验检测活动等内容的年度报告,以及统计数据等相关信息。

检验检测机构应当在其官方网站或者以其他公开方式,公布其遵守法律法规、独立公正从业、履行社会责任等情况的自我声明,并对声明的真实性负责。

24.【答案】AB

【解析】见教材"校准数据的线性回归"一元回归方程的计算。

25.【答案】ABCD

【解析】见教材"期间核查"的方式。

模拟试题三

一、单项选择题

1.【答案】D

【解析】检验检测机构应建立和保持服务客户的程序。保持与客户沟通,跟踪对客户需求的满足,以及允许客户或其代表合理进入为其检验检测的相关区域观察。怎么计算满意度是需要知道的问题。

2.【答案】D

【解析】《公路水运工程试验检测等级管理要求》(JT/T 1181—2018)5.4 试验检测项目及代码表3。

3.【答案】C

【解析】见《检验检测机构资质认定管理办法》(质检总局令第163号)第四条。在中华人民共和国境内从事向社会出具具有证明作用的数据、结果的检验检测活动以及对检验检测机构实施资质认定和监督管理,应当遵守本办法。

4.【答案】C

【解析】见《检测和校准实验室能力认可准则》(CNAS-CL01:2018)7.5.1。实验室应确保每一项实验室活动的技术记录包含结果、报告和足够的信息,以便在可能时识别影响测量结果及其测量不确定度的因素,并确保能在尽可能接近原条件的情况下重复该实验室活动。只有充分的接近原条件的信息才能溯源检测数据的真实性。

5.【答案】C

【解析】见《公路水运工程试验检测管理办法》第七条。

6.【答案】C

【解析】理解标准偏差的定义。

7.【答案】C

【解析】掌握国际单位制和非国际单位制。

8.【答案】B

【解析】《水运工程试验检测仪器设备检定/校准指导手册》四(一)编号。专业共分三个专业:材料检测专业(01)、结构(地基)检测专业(02)和水文地质测绘专业(03)。要注意《公路工程试验检测仪器设备检定/校准指导手册》的三个专业是:道路工程专业(01)、桥隧工程专业(02)和交通工程专业(03)。

9.【答案】D

【解析】《公路水运工程试验检测等级管理要求》(JT/T 1181—2018)表4及附录C.2中代码SYQ07002。

10.【答案】C

【解析】所谓盲样管理,是指在试验检测过程中,试验检测员不知道样品的委托单位、工程名称、强度等级等信息,这些具体信息只有收样人和样品管理员知道,而收样人和样品管理员不得参与试验检测工作,从而杜绝试验检测人员伪造数据等现象的发生,保证试验检测过程的科学、公正、公平和试验检测结果的准确性。

11.【答案】D

【解析】见《中华人民共和国计量法实施细则》。

12.【答案】D

【解析】这是最高管理者的职责。

13.【答案】B

【解析】见《公路试验检测数据报告编写导则》(JT/T 828—2012)的要求。这里需要区别检测报告各要素编制要求与试验记录表各要素编制要求的差别。

14.【答案】D

【解析】《工地试验室标准化建设要点》(厅质监字〔2012〕200号)4.2.2。仪器设备经检定/校准或功能检验合格后方可投入使用。工地试验室应编制仪器设备的检定/校准计划,通过检定/校准和功能检验等方式对仪器设备进行量值溯源管理。

15.【答案】D

【解析】《公路水运工程试验检测等级管理要求》(JT/T 1181—2018)8.2.2。试验检测信息化建设应形成一套完备的数据交换格式,以实现各类试验检测数据信息在多个计算机系统之间进行自由交换和自动处理。

16.【答案】D

【解析】《法定计量检定机构考核规范》(JJF 1069—2012)8.2。不符合是指任何能够直接或间接造成死亡、职业病、财产损失或作业环境破坏的违背作业标准、规程、规章或管理体系要求的行为或偏差。不符合是指未满足要求。不符合工作包括检定、校准和检测工作的过程不符合规定的程序、检定规程、校准规范和检测方法的要求,以及检定、校准和检测的结果不符合上述规程、规范、方法和顾客的要求。而选项D是物的不符合,不是工作的不符合。

17.【答案】D

【解析】《检验检测机构资质认定管理办法》(质检总局令第163号)第四十三条(五)。这里注意区分四十二条(见模拟试题一单选题15的解析)与四十三条的内容。四十三条　检验检测机构有下列情形之一的,由县级以上质量技术监督部门责令整改,处3万元以下罚款:(一)基本条件和技术能力不能持续符合资质认定条件和要求,擅自向社会出具具有证明作用数据、结果的;(二)超出资质认定证书规定的检验检测能力范围,擅自向社会出具具有证明作用数据、结果的;(三)出具的检验检测数据、结果失实的;(四)接受影响检验检测公正性的资助或者存在影响检验检测公正性行为的;(五)非授权签字人签发检验检测报告的。

18.【答案】D

【解析】《工地试验室标准化建设要点》(厅质监字〔2012〕200号)4.4.7。工地试验室应注意收集隐蔽工程、关键部位的工程质量检验图片及影像资料,及时整理归档。

19.【答案】D

【解析】量值溯源的目的是保证使检验检测机构的检测活动结果的准确性,其他选项是近似选项。

20.【答案】C

【解析】这里与纠正、发生偏离和预防工作都无关,只是涉及不符合工作的处理过程,所以是选项C。

21.【答案】B

【解析】机构的质量目标、质量方针才是一个机构需要为之努力的方向。

22.【答案】B

【解析】(1)合格标志(绿色):经计量检定或校准、验证合格,确认其符合检测/校准技术规范规定的使用要求的;(2)准用标志(黄色):仪器设备存在部分缺陷,但在限定范围内可以使用的(即受限使用的);(3)停用标志(红色):仪器设备目前的状态不能使用的,但经检定、校准或修复后可以使用的。

23.【答案】C

【解析】见《检验检测机构资质认定能力评价　检验检测机构通用要求》(RB/T 214—2017)4.5.1的相关要求。

24.【答案】B

【解析】概率的范围。根据《一般统计术语与用于概率的术语》(GB/T 3358.1)2.5,概率是赋予事件闭区间[0,1]中的一个实数。“[　]”表示闭区间,“(　)”表示开区间。

25.【答案】A

【解析】量值溯源的概念。

26.【答案】B

【解析】检验检测机构应建立和保持标准物质管理程序。可能时,标准物质应溯源到SI单位或有证标准物质。检验检测机构应根据程序对标准物质进行期间核查。标准物质是用作参照对象的具有规定特性、足够均匀和稳定的物质,其已被证实符合测量或标称特性检查的预期用途。定期检查机构各检测项目所对应的标准物质是否相符。对新增检测项目所对应的标准物质应及时纳入规范管理。核查是标准物质管理的要点,而核查标准物质就是定期核查标准物质参数:种类、级别、介质、浓度含量、有效期、批号、环境条件、储存方法、账物相符等。选项B的目的为了检验回弹仪,证明这个回弹仪是符合规范要求的合格回弹仪,与标准物质无关。

27.【答案】B

【解析】需要理解检定和校准的定义,这是不同的两种行为。校准的内容和项目,只是评定测量装置的示值误差,以确保量值准确;检定的内容则是对测量装置的全面评定,要求更全面,除了包括校准的全部内容之外,还需要检定有关项目。

28.【答案】B

【解析】《公路水运工程试验检测等级管理要求》(JT/T 1181—2018)7.3.16.3。现场评审得分是质监机构提出整改确认要求的基本依据,应按以下规定分别处理:

a)评分不小于85分的,整改期限一般为1个月,检测机构按照现场评审反馈意见进行整改。评审组长在收到整改材料后10个工作日内完成材料审核,并形成现场评审整改情况确认意见,报送质监机构。

b)评分在80分(含80分)至85分之间的,整改期限一般为3个月,检测机构按照现场评审反馈意见进行整改。质监机构收到整改材料后,组织评审组专家进行现场检查验证,形成现场评审整改情况确认意见,并报送质监机构。

c)评分小于80分或被终止现场评审或在规定期限内未完成整改工作的,检测机构没有通过等级评定或换证复核的资格。

29.【答案】D

【解析】校准的概念。

30.【答案】A

【解析】见《公路水运工程试验检测管理办法》(交通运输部令2016年第80号)第十八条。

31.【答案】D

【解析】见《公路水运工程试验检测等级管理要求》(JT/T 1181—2018)附录G(资料性附录)G.1、G.2示例。

32.【答案】D

【解析】根据《中华人民共和国计量法》第三章第十五条,制造、修理计量器具的企业、事业单位必须对制造、修理的计量器具进行检定,保证产品计量性能合格。

33.【答案】B

【解析】内审周期是一年。

34.【答案】D

【解析】《检验检测实验室技术要求验收规范》(GB/T 37140—2018)5.2.3.3。实验室功能区域划分中在垂直布局中应遵循如下原则:

——大型或重型设备宜布置在建筑物的底层;

——大型或重型测试样品对应的测试区域宜布置在建筑物的底层;

——较大振动或噪声较大的设备宜布置在建筑物的底层;

——对振动极其敏感的设备宜布置在建筑物的底层;

——需要做设备强化地基的实验室宜布置在建筑物的底层;

——产生有毒有害气体的实验室宜布置在建筑物的顶层;

——产生粉尘物质的实验室宜布置在建筑物的顶层。

35.【答案】B

【解析】仪器设备的检定/校准的服务单位选择的要求必须是通过资质认定的机构,这关系到检验检测机构仪器设备的量值溯源问题。

36.【答案】C

【解析】《公路水运工程试验检测机构等级管理要求》(JT/T 1181—2018)7.3.3。印发评审通知,质监机构应在现场评审前7日内向评审专家发送评审所需资料。

37.【答案】A

【解析】见《关于进一步加强公路水运工程工地试验室管理工作的意见》第四条。本题设计的是一个"不属于"的反面问题。现实工作中,工地试验室与母体试验室的设备使用一直有个归属权问题。"设立工地试验室的母体试验检测机构,应当在其等级证书核定的业务范围内,根据工程现场管理需要或合同约定,对工地试验室进行授权。授权内容包括工地试验室可开展的试验检测项目及参数、授权负责人、授权工地试验室的公章、授权期限等。"

38.【答案】A

【解析】《公路水运工程试验检测机构评定及换证复核工作程序》(交安监发〔2017〕113号)附表Ⅲ-2。按照每少1人扣1分。

39.【答案】C

【解析】《检验检测实验室技术要求验收规范》(GB/T 37140—2018)6.2.3。实验室走道要求如下:应根据实验室具体使用需求以及设备安装维护需求确定走道的宽度和高度。单面布房的走道宽度不宜小于1.5m,双面布房的走道宽度不宜小于1.8m。

40.【答案】C

【解析】根据2018年12月29日第十三届全国人民代表大会常务委员会第七次会议《关于修改〈中华人民共和国产品质量法〉等五部法律的决定》第三次修正。

二、判断题

1.【答案】√

【解析】正交设计的定义。

2.【答案】×

【解析】见教材"试验检测常用术语和定义"。正确度是指大量测定的均值与真值的接近程度。

3.【答案】 ×

【解析】 见教材“能力验证”和《检验检测机构资质认定管理办法》。新项目不是采用能力验证来确认的。

4.【答案】 √

【解析】 通过检定和校准实验室获得在用测量仪器设备的必要的计量特性，负责实施确认的人员就应该清楚地掌握和应用这些信息，对测量仪器设备是否满足预期使用要求和应用要求作出判断。

5.【答案】 ×

【解析】 质量体系只需要覆盖到分场所，而不是建立各个分场所的质量体系。

6.【答案】 √

【解析】 见《检验检测机构资质认定管理办法》第四章第二十六条。

7.【答案】 √

【解析】 根据《中华人民共和国计量法实施细则》第十章第四十三条，使用非法定计量单位的，责令其改正。

8.【答案】 √

【解析】《中华人民共和国计量法》第二条。在中华人民共和国境内，建立计量基准器具、计量标准器具，进行计量检定，制造、修理、销售、使用计量器具，必须遵守本法。

9.【答案】 ×

【解析】 见《公路水运工程试验检测管理办法》第三十条。工程所在地省级交通质监机构应当对工地临时试验室进行监督。这里需要区分母体试验室对工地试验室负有的责任与省级交通质监机构的监督责任。

10.【答案】 ×

【解析】 根据《关于进一步加强工地试验室管理工作的意见》第四条，设立工地试验室的母体检测机构，应在等级证书范围内对工地试验室进行授权。

11.【答案】 ×

【解析】 根据《公路水运工程试验检测信用评价办法》(交安监发〔2018〕78 号)第九条。工地试验室及现场检测项目信用评价自评时间为：(1)未完工的，应于当年 12 月底前；(2)已完工的，应于项目完工时。

12.【答案】 √

【解析】 见《中华人民共和国计量法》第九条。

13.【答案】 √

【解析】 周期检定的定义。周期检验是指规定的时间间隔从逐批检验合格的某批或若干批中抽样进行的检验，适用于生产过程稳定的检验。周期检验需对产品的全部品质特性以及环境对品质特性的影响进行检验。

14.【答案】 √

【解析】 能力验证相关内容，样品制作的要求。《合格评定　能力验证的通用要求》(GB/T 27043—2012)4.4.3 均匀性和稳定性。

15.【答案】√

【解析】见《公路试验检测数据报告编写导则》(JT/T 828—2012)5.1。

16.【答案】×

【解析】《国家认监委关于实施〈检验检测机构资质认定管理办法〉的若干意见》(国认实〔2015〕49号)十(二)。省级资质认定部门负责所辖区域检验检测机构资质认定的监督管理。原则上,省级资质认定部门负责对辖区内取得省级检验检测机构资质认定证书的机构进行监督检查;需要时,根据国家认监委的安排,也可以对辖区内取得国家级检验检测机构资质认定的机构进行监督检查。

17.【答案】×

【解析】见《检验检测机构资质认定管理办法》(质检总局令第163号)第九条。该条是说明依法设立的法人和其他组织,其依法注册或者登记的经营范围或者业务范围包括检验检测且不包括影响检验检测活动公正性的内容[其他组织包括:经工商部门登记注册的分公司、特殊普通合伙企业;经民政部门登记的民办非企业(法人)单位;经司法行政机关审核登记的司法鉴定机构]。若检验检测机构是机关或者事业单位的内设机构,不具备法人资格,可由其法人授权,申请检验检测机构资质认定。

18.【答案】√

【解析】见《检验检测机构资质认定管理办法》(质检总局令第163号)第二十九条。检验检测机构应当按照相关标准、技术规范以及资质认定评审准则规定的要求,对其检验检测的样品进行管理。检验检测机构接受委托送检的,其检验检测数据、结果仅证明样品所检验检测项目的符合性情况。

19.【答案】√

【解析】见《公路试验检测数据报告编写导则》(JT/T 828—2012)6.1。记录和报告的编码规则是不一致的。

20.【答案】√

【解析】见《检验检测机构诚信评价规范》(GB/T 36308—2018)1 范围。本标准适用于第二方和第三方对检验检测机构信用评价,也适用于各类检验检测机构自我诚信评价。

21.【答案】√

【解析】根据《关于进一步加强工地试验室管理工作的意见》第三条,建设单位可委托具有《等级证书》和《计量认证证书》的第三方试验检测机构设立工地试验室。

22.【答案】√

【解析】见教材"统计技术的基础"概率的定义。

23.【答案】×

【解析】见教材"仪器设备计量溯源及期间核查"。由于校准证书只给出数据,不作出是否合格结论,是否满足使用要求由用户决定。

24.【答案】√

【解析】见教材"扩展不确定度"的定义。

25.【答案】×

【解析】见教材"能力验证"相关内容。考生应知道机构间比对结果评判的方法。

26.【答案】 ×

【解析】 见《检验检测机构诚信评价规范》(GB/T 36308—2018)3 术语和定义。诚信是指个人和(或)组织诚实守信的行为与规范,包括在从业活动中承诺与行为的一致性。

27.【答案】 ×

【解析】 见《公路水运工程试验检测管理办法》(交通运输部令 2016 年第 80 号)第二十一条。换证复核是以书面审查为主。等级评定工作分为受理、初审、现场评审 3 个阶段。

28.【答案】 ×

【解析】《中华人民共和国计量法》第三章第十七条规定是可以。“第十七条　个体工商户可以制造、修理简易的计量器具。”制造、修理计量器具的个体工商户,必须经县级人民政府计量行政部门考核合格,取得《制造计量器具许可证》或者《修理计量器具许可证》。

29.【答案】 √

【解析】 见《公路水运工程试验检测管理办法》(交通运输部令 2016 年第 80 号)第三条。这是需要记忆的众多概念、定义之一。这类概念需要正确、准确记忆每个文字。

30.【答案】 ×

【解析】 见《公路水运工程试验检测管理办法》(交通运输部令 2016 年第 80 号)第三十条。“工程所在地省级交通质监机构应当对工地临时试验室进行监督。”注意这里是工程所在地域的省级交通质量监督机构。

三、多项选择题

1.【答案】 ABC

【解析】 见《中华人民共和国计量法》第二十五条。属于强制检定范围的计量器具,未按照规定申请检定或者检定不合格继续使用的,责令停止使用,可以并处罚款。

2.【答案】 ACD

【解析】 这个问题实际上具有很强的现实意义。我们日常的检验检测活动中会使用一些不合格的计量器具,比如钢直尺等。《中华人民共和国计量法》第二十六条规定:使用不合格的计量器具或者破坏计量器具准确度,给国家和消费者造成损失的,责令赔偿损失,没收计量器具和违法所得,可以并处罚款。

3.【答案】 BCD

【解析】 见教材“常用数理统计工具”因果图的概念。

4.【答案】 ACD

【解析】 见《中华人民共和国计量法》第四章第十九条和第二十条。

5.【答案】 ABCD

【解析】 见教材“能力验证”的类型。

6.【答案】 AD

【解析】“国际单位制”组合单位。

7.【答案】 ACD

【解析】 见《关于进一步加强公路水运工程工地试验室管理工作的意见》第四条。

8.【答案】 AB

【解析】校准的定义。根据《通用计量术语及定义》(JJF 1001—2011)4.10,校准是在规定条件下的一组操作,第一步是确定由测量标准提供的量值与相应示值的关系,第二步是根据此信息确定由示值与测量结果的关系。

9.【答案】ABCD

【解析】《公路水运工程试验检测信用评价办法》附件2、附件3。JJC202018 未按规定参加信用评价的扣40分。JJC203001 有关试验检测工作被司法部门认定构成犯罪的扣40分,出具虚假数据报告造成质量安全事故或质量标准降低的扣40分。

10.【答案】ACD

【解析】“国际单位制”的灵活运用。

11.【答案】AB

【解析】样品进入检验检测机构后,应该经历未检、在检、检毕三个过程。选项C、D不是检验样品状态。

12.【答案】ABC

【解析】《检验检测机构资质认定能力评价 检验检测机构通用要求》(RB/T 214—2017)4.5.15。检验检测机构可在检验检测出现临界值、内部质量控制或客户有要求时,报告测量不确定度。

13.【答案】ACD

【解析】见《公路水运工程试验检测机构评定及换证复核工作程序》第九条。

14.【答案】ABC

【解析】见教材“仪器设备计量溯源及期间核查”。凡是用于检测的仪器设备都要进行检定校准。

15.【答案】ABD

【解析】根据测量误差产生的原因,按照其性质,可分为系统误差、随机误差和过失误差。

16.【答案】BCD

【解析】见《检测和校准实验室能力认可准则》(CNAS-CL01:2018)1 范围。本准则规定了实验室能力、公正性以及一致运作的通用要求。

17.【答案】AD

【解析】记录表唯一标识编码的组成。根据《公路试验检测数据报告编制导则》6.1,记录表的唯一性标识编码由专业编码、项目编码、参数编码和方法区分码四部分组成。

18.【答案】ABD

【解析】见教材“统计技术和抽样技术”重复抽样的定义。

19.【答案】ABCD

【解析】见教材“能力验证”的步骤。

20.【答案】ACD

【解析】见《检验检测机构资质认定能力评价 检验检测机构通用要求》(RB/T 214—2017)4.5.9 不符合工作控制。检验检测机构应建立和保持出现不符合工作的处理程序,当检验检测机构活动或结果不符合其自身程序或与客户达成一致要求时,检验检测机构应实施该程序。该程序应确保:a)明确对不符合工作进行管理的责任和权力;b)针对风险等级采取措施;c)对不符合工作的严重性进行评价,包括对以前结果的影响分析;d)对不符合工作的可接受性做出决定;e)必要时,通知客户并取消工作;f)规定批准恢复工作的职责;g)记录所描述的不符合工作和措施。

21.【答案】ABD

【解析】见《检验检测机构资质认定管理办法》第一章第五条。

22.【答案】ABCD

【解析】见《检验检测机构资质认定管理办法》第二章第十条“检验检测机构资质认定程序(一)~(四)”。

23.【答案】ABC

【解析】《检测和校准实验室能力认可准则》(CNAS-CL01:2018)7.10.1。当实验室活动或结果不符合自身的程序或与客户协商一致的要求时(例如,设备或环境条件超出规定限值,监控结果不能满足规定的准则),实验室应有程序予以实施。

24.【答案】CD

【解析】见《检验检测机构资质认定管理办法》第十一条。这是新增加的一种评审方式,需要加以重点理解记忆。

25.【答案】BCD

【解析】对建设单位安全生产责任的具体要求。根据《公路水运工程安全生产监督管理办法》第三章第二十八条,建设单位对公路水运工程安全生产负管理责任,不得对勘察、设计等单位提出不符合安全生产法律法规和工程建设强制性标准规定的要求,不得违反或擅自简化基本建设程序,不得随意压缩工期,需协商调整工期。

模拟试题四

一、单项选择题

1.【答案】D

【解析】交通运输部关于修改《公路水运工程试验检测管理办法》的决定(交通运输部令2016年第80号)文头,《交通运输部关于修改〈公路水运工程试验检测管理办法〉的决定》已于2016年12月8日经第29次部务会议通过,现予公布。

2.【答案】D

【解析】《中华人民共和国标准化法》第五章第四十二条。社会团体、企业未依照本法规定对团体标准或者企业标准进行编号的,由标准化行政主管部门责令限期改正;逾期不改正的,由省级以上人民政府标准化行政主管部门撤销相关标准编号,并在标准信息公共服务平台上公示。

3.【答案】C

【解析】《公路水运试验检测机构等级评定及换证复核工作程序》(交安监发〔2017〕113号)第三章第二十三条(二)。80分≤评分<85分,整改期限一般为3个月。

4.【答案】C

【解析】《中华人民共和国标准化法》第二条。国家标准分为强制性标准、推荐性标准,行业标准、地方标准是推荐性标准。

5.【答案】C

【解析】《公路水运试验检测机构等级评定及换证复核工作程序》(交安监发〔2017〕113号)第三章第十九条。

6.【答案】B

【解析】《公路工程试验检测仪器设备检定/校准指导手册》(二)编号,依据《公路水运工程试验检测机构等级标准》表2编号。

7.【答案】C

【解析】《检验检测机构资质认定管理办法》第四章第二十八条。检验检测机构出具具有证明作用的检验检测数据、结果的,应加盖检验检测专用章,并标注资质认定标志。

8.【答案】C

【解析】《公路工程试验检测仪器设备检定/校准指导手册》四(二)编号。专业共分三个专业:道路工程专业(01)、桥隧工程专业(02)和交通工程专业(03)。

9.【答案】C

【解析】《建设工程质量管理条例》第三十一条。施工人员对涉及结构安全的试块、试件以及有关材料,应当在建设单位或者工程监理单位的监督下现场取样,并送具有相应资质等级的质量检测单位进行检测。

10.【答案】D

【解析】《检验检测机构资质认定能力评价　检验检测机构通用要求》(RB/T 214—2017)4.3.1。检验检测机构应具有满足相关法律法规、标准或者技术规范要求的场所,包括固定场所、临时场所、可移动场所、多个地点场所。

11.【答案】C

【解析】《检验检测机构资质认定管理办法》(质检总局令第163号)第十三条。资质认定证书内容包括:发证机关、获证机构名称和地址、检验检测能力范围、有效期限、证书编号、资质认定标志。

12.【答案】A

【解析】《检测和校准实验室能力认可准则》(CNAS-CL01:2018)6.4.10。当需要利用期间核查以保持对设备性能的信心时,应按程序进行核查。

13.【答案】C

【解析】对实验室监督人员的要求应该是检测的关键环节。要注意区分监督员与内审员的职责,内审员可以是全过程,监督员不应该有这个职责。选项B、D又达不到人员能力监督的目的。

14.【答案】D

【解析】《公路水运工程试验检测管理办法》第二十二条。换证复核结构为不合格的,质监机构当责令其在6个月内进行整改,在整改期间不得承担质量评定和工程验收的试验检测业务。

15.【答案】D

【解析】《检验检测机构资质认定管理办法》第四十五条。注意区分四十三条与四十五条的内容。检验检测机构有下列情形之一的，资质认定部门应当撤销其资质认定证书：

（一）未经检验检测或者以篡改数据、结果等方式，出具虚假检验检测数据、结果的；

（二）违反本办法第四十三条规定，整改期间擅自对外出具检验检测数据、结果，或者逾期未改正、改正后仍不符合要求的；

（三）以欺骗、贿赂等不正当手段取得资质认定的；

（四）依法应当撤销资质认定证书的其他情形。

被撤销资质认定证书的检验检测机构，三年内不得再次申请资质认定。

16.【答案】D

【解析】《交通运输部办公厅关于印发工地试验室标准化建设要点的通知》（厅质监字〔2012〕200号）3.1.14。工地试验室标牌应悬挂于醒目处，其内容应与工地试验室印章内容一致。各功能室、办公室和资料室应设置统一规格的门牌标识，对有环境和安全条件要求的区域应设置警示及限入标识。这里注意是表述的准确性。

17.【答案】D

【解析】量值溯源的目的是保证使检验检测机构的检测活动结果的准确性，其他选项是近似选项。

18.【答案】D

【解析】理解什么是概率的互斥事件。这是等可能的互斥事件。事件 A 和事件 B 不能同时发生，则事件 A 与 B 称为互斥事件。

19.【答案】B

【解析】《交通运输部办公厅关于印发工地试验室标准化建设要点的通知》（厅质监字〔2012〕200号）4.6.2。接受外委试验的检测机构应取得《公路水运工程试验检测机构等级证书》（含相应参数）、通过计量认证（含相应参数）且上年度信用等级为B级及以上。

20.【答案】A

【解析】《国家认监委关于实施〈检验检测机构资质认定管理办法〉的若干意见》（国认实〔2015〕49号）八（一）。取得检验检测机构资质认定的机构对其出具的检验检测报告或者证书负责，并承担相应法律责任。检验检测机构因自身原因导致检验检测结果错误、偏离或者其他后果的，应当自行承担相应解释、召回或者赔偿责任。涉及违反相关法律法规的，还应依法追究其相关法律责任。这里需要注意题干是检测结果产生的偏离，而且是自身的原因造成的，处置的办法应该是自行承担相应解释、召回或者赔偿责任。而不是纠偏措施能解决的了。更要区分偏离和不符合工作的定义。

21.【答案】B

【解析】《国家认监委关于实施〈检验检测机构资质认定管理办法〉的若干意见》（国认实〔2015〕49号）十二。检验检测机构参加资质认定部门组织开展的能力验证或者比对活动，经初测和补测，能力验证结果不满意，技术能力不能满足资质认定要求的，检验检测机构应当及时按照资质认定部门的要求进行整改，整改后仍不满足要求的，资质认定部门应当对其资质能力范围进行调整。

22.【答案】D

【解析】《建设工程质量管理条例》第二章第十条。建设工程发包单位不得任意压缩合理工期。

23.【答案】D

【解析】《建设工程质量管理条例》第六章第四十二条。建设工程超过合理使用年限后需要继续使用的,产权所有人应委托具有相应资质的勘察、设计单位鉴定。

24.【答案】C

【解析】《建设工程质量管理条例》第七章第四十六条。从事专业建设工程质量监督机构,必须经国务院或省级人民政府其他有关部门考核合格。

25.【答案】D

【解析】《公路水运工程安全生产监督管理办法》第二章第十四条。施工单位应按照年度施工产值配备专职安全生产管理人员。

26.【答案】D

【解析】《一般统计术语与用于概率的术语》(GB/T 3358.1)1.59。频数是指在给定类(组)中特定事件发生的次数或观测值的个数。

27.【答案】A

【解析】互斥事件的定义。对于互斥事件 A 与 B 而言,$P(A+B)=P(A)+P(B)$。

28.【答案】A

【解析】《一般统计术语与用于概率的术语》(GB/T 3358.1—2009)2.12。选项 B 是方差,是指各个数据分别与其平均数之差的平方的和的平均数。选项 C 是协方差,表示的是两个变量的总体的误差,如果两个变量的变化趋势一致,也就是说如果其中一个大于自身的期望值,另外一个也大于自身的期望值,那么两个变量之间的协方差就是正值。如果两个变量的变化趋势相反,即其中一个大于自身的期望值,另外一个却小于自身的期望值,那么两个变量之间的协方差就是负值。《一般统计术语与用于概率的术语》(GB/T 3358.1—2009)2.43,在联合概率分布下,两个中心化随机变量乘积的均值为协方差。

29.【答案】B

【解析】《数值修约规则与极限数值的表示和判定》(GB/T 8170—2008)3.2。拟舍弃数字的最左一位数字是5,且其后有非0数字时进一,即保留数字的末位数字加一。

30.【答案】D

【解析】《数值修约规则与极限数值的表示和判定》(GB/T 8170—2008)。0.2 单位修约。

拟修约数值 X	$5X$	$5X$ 修约值	X 修约值
830	4150	4200	840

31.【答案】C

【解析】《国际单位制及其应用》(GB 3100—1993)。5.5 书写组合单位的名称时,不加乘或(和)除的符号或(和)其他符号。4.3 组合单位的倍数单位一般只用一个词头,并尽量用于组合单位的第一个单位。

32.【答案】B

【解析】《通用计量术语及定义》(JJF 1001—2011)5.17。标准差 s 用于表征测量结果的分散性。

33.【答案】B

【解析】《公路水运工程试验检测等级管理要求》(JT/T 1181—2018)5.3 表 2。工程实体与结构领域的代码为 P。另,工程材料与制品领域的代码为 Q,工程环境与其他领域的代码为 Z。

34.【答案】B

【解析】《检测和校准实验室能力认可准则》(ISO/IEC 17025:2017)8.3.2。实验室应确保:a)文件发布前由授权人员审查其充分性并批准;b)定期审查文件,必要时更新;c)识别文件更改和当前修订状态;d)在使用地点应可获得适用文件的相关版本,必要时,应控制其发放;e)文件有唯一性标识;f)防止误用作废文件,无论出于任何目的而保留的作废文件,应有适当标识。

35.【答案】C

【解析】见《关于进一步加强公路水运工程工地试验室管理工作的意见》第六条。"母体试验检测机构应加强对授权工地试验室的管理和指导,根据工程现场管理需要或合同约定,合理配备工地试验室试验检测人员和仪器设备,并对工地试验室试验检测结果的真实性和准确性负责。"参与到工地试验室的单位较多,包括建设单位、监理单位、施工总承包单位、检测单位、监督单位等,谁负有主体责任,应该是母体试验检测机构。

36.【答案】D

【解析】见《中华人民共和国产品质量法》第六条。国家鼓励推行科学的质量管理方法,采用先进的科学技术,鼓励企业产品质量达到并且超过行业标准、国家标准和国际标准。对产品质量管理先进和产品质量达到国际先进水平、成绩显著的单位和个人,给予奖励。

37.【答案】A

【解析】见《检验检测实验室技术要求验收规范》(GB/T 37140—2018)1 范围。本标准适用于新建、改建、扩建的检验检测实验室的设计和建设,以及建设方对设计文件的审查和使用验收。本标准不适用生物安全、动植物检验、净化及医学实验室。

38.【答案】D

【解析】《公路水运工程试验检测等级管理要求》(JT/T 1181—2018)6.1.1。试验检测能力即试验检测参数。

39.【答案】B

【解析】概率的基本计算公式。这里只要求知道任何列出正确的计算公式。选项 A 表示的是一次任抽 1 件,抽到正品的概率计算公式。

40.【答案】D

【解析】当某一测量数据与其测量结果的算术平均值之差大于 3 倍标准偏差时,用公式表示为 $|x_i - \bar{x}| > 3s$。

二、判断题

1.【答案】 ×

【解析】《公路工程标准体系》4.3.5。注意区分同一板块的“检测模块”的定义,这里应该包括养护环节的室内试验。而“检测模块”是针对现场检测的,因此,就不包括养护环节的室内试验。

2.【答案】 √

【解析】《公路工程标准体系》(JTG 1001—2017)3.2.6。注意与公路建设板块的区别,公路建设板块是实施公路新建和改扩建工程所遵循的技术和管理要求。

3.【答案】 ×

【解析】《交通运输部办公厅关于公路水运工程所有检测机构等级评定工作有关事项的通知》七。应该以现场评审组最终确认的数量为准。

4.【答案】 √

【解析】《检验检测机构资质认定能力评价 检验检测机构通用要求》(RB/T 214—2017)4.4.4。检验检测机构应保存对检验检测具有影响的设备及其软件的记录。用于检验检测并对结果有影响的设备及其软件,如可能,应加以唯一性标识。

5.【答案】 ×

【解析】是“有能力分包”。《检验检测机构资质认定能力评价 检验检测机构通用要求》(RB/T 214—2017)4.5.5。检验检测机构需分包检验检测项目时,应分包给依法取得资质认定并有能力完成分包项目的检验检测机构。释义里说明“有能力的分包”,是指一个检验检测机构拟分包的项目是其已获得检验检测机构资质认定的技术能力,但因工作量急增、关键人员暂缺、设备设施故障、环境状况变化等原因,暂时不满足检验检测条件而进行的分包。

6.【答案】 √

【解析】《检验检测机构资质认定评审员管理要求》第三条。

7.【答案】 √

【解析】《检验检测机构诚信基本要求》(GB/T 31880—2015)4.1。

8.【答案】 ×

【解析】《公路水运工程试验检测信用评价办法》(交安监发〔2018〕78 号)第六条。试验检测机构的信用评价实行综合评分制。

9.【答案】 ×

【解析】《公路水运工程试验检测信用评价办法》(交安监发〔2018〕78 号)附件 2 中 JJC202001。出虚假数据报告造成质量安全事故或质量标准降低的扣 100 分。

10.【答案】 √

【解析】《公路水运工程试验检测信用评价办法》(交安监发〔2018〕78 号)第八条。检测机构信用等级 A 级表明信用较好,85 分≤信用评分 <95 分。

11.【答案】 ×

【解析】 公路水运工程试验检测职业资格考试违规行为的规定,应该是当次该科目考试成绩无效。根据《专业技术人员资格考试违纪违规行为处理规定》第六条,当次该科目考试成绩无效的违规行为包括:(1)不按规定放置通信工具或资料的;(2)不按规定入座或擅离考场的;(3)不按规定填涂信息、违规标注信息或标记的;(4)不按指令答题、未用规定纸笔答题或笔迹不一致、故意损坏试卷或将试卷等带出考场的;(5)不按规定使用考试系统的或其他情况。

12.【答案】 ×

【解析】根据《关于进一步加强工地试验室管理工作的意见》第三条,建设单位可直接委托具有《等级证书》和《计量认证证书》的第三方试验检测机构设立工地试验室。

13.【答案】 ×

【解析】《公路水运工程试验检测信用评价办法》(交安监发〔2018〕78号)第十五条。信用评价结果公布前应予以公示,公示期为10个工作日。

14.【答案】 ×

【解析】《国家认监委关于实施〈检验检测机构资质认定管理办法〉的若干意见》(国认实〔2015〕49号)二(二)。若检验检测机构是机关或者事业单位的内设机构,不具备法人资格,可由其法人授权,申请检验检测机构资质认定。其对外出具的检验检测报告或者证书的法律责任由其所在法人单位承担,并予以明示。

15.【答案】 √

【解析】《国家认监委关于实施〈检验检测机构资质认定管理办法〉的若干意见》(国认实〔2015〕49号)五(三)。资质认定部门应当根据检验检测机构的申请事项、自我声明和分类监管情况,确定复查换证评审方式,减少不必要的现场评审;对检验检测机构依法设立的分支机构,可以根据具体情况简化文件审查、减少现场评审内容,采信相关评价结果,避免重复评审。

16.【答案】 √

【解析】见教材"仪器设备计量溯源及期间核查"。计量确认是为确保测量设备符合预期使用要求所需的一组操作。通过定期对测量器具的性能评价,与使用要求进行对比验证,保证测量器具符合测量管理体系的要求。计量确认包括设计和实施两个阶段,目的是确保测量设备符合预期使用要求。计量确认间隔可能是时间间隔,也可能是使用次数的间隔。

17.【答案】 ×

【解析】《公路水运工程安全生产监督管理办法》第二章第十九条。施工单位自行设计、组装的施工挂(吊)篮等设施,经有关单位或检测机构验收合格后方可使用。

18.【答案】 ×

【解析】《关于进一步加强工地试验室管理工作的意见》第四条。母体机构对工地试验室授权的内容包括:授权开展的试验项目及参数、授权负责人、授权工地试验室的公章、授权期限等。

19.【答案】 ×

【解析】《工地试验室标准化建设要点》3.1.4。工地试验室工作区总体上可分为功能室、办公室和资料室。工地试验室工作区功能室一般分为:土工室、集料室、石料室、水泥室、留样室等,不包括收样室。

20.【答案】 ×

【解析】这里注意区分设备的管理标识和状态标识的区别。根据《工地试验室标准化建设要点》4.2.4,仪器设备的管理状态标识包括:设备名称、编号、生产厂商、型号、操作人员和保管人员等信息。仪器设备的使用状态标识分为三种:合格、准用、停用。

21.【答案】×

【解析】《公路水运工程试验检测等级管理要求》(JT/T 1181—2018)5.3 表 2。材料与制品领域的代码为 Q;工程实体与结构领域的代码为 P。

22.【答案】×

【解析】《公路水运工程试验检测机构等级评定及换证复核工程程序》总则第一条,制定依据为《公路水运工程试验检测管理办法》。

23.【答案】×

【解析】《公路水运工程试验检测机构等级评定及换证复核工程程序》(交安监发〔2017〕113 号)“二　水运工程试验检测机构等级标准”表 1。应该是材料丙级没有高级职称要求。

24.【答案】×

【解析】《公路水运工程试验检测等级管理要求》(JT/T 1181—2018)5.1。检测机构试验检测能力由试验检测的专业、领域、项目及参数 4 个层次表示。

25.【答案】√

【解析】《数值修约规则与极限数值的表示和判定》(GB/T 8170—2008)3.3。报出值最右的非零数字为 5 时,应在数值右上角加“+”或“-”或不加符号,分别表明已经进行过舍、进或未舍未进。这样表述是为了避免连续修约。

26.【答案】×

【解析】《通用计量术语及定义》(JJF 1001—2011)5.8、5.9。准确度是指测量值与真值的一致程度。正确度是指无穷多次测量值的平均值与一个参考量值间的一致程度。

27.【答案】√

【解析】《数值修约规则与极限数值的表示和判定》(GB/T 8170—2008)4.2.1。“≥A”的基本用语包括大于或等于 A、不小于 A、不少于 A、不低于 A,允许用语为 A 及以上或至少 A。

28.【答案】×

【解析】《公路水运工程试验检测专业技术人员职业资格考试实施办法》(人社部发〔2015〕59 号)。第一条　人力资源社会保障部、交通运输部按照职责分工负责指导、监督和检查公路水运工程助理试验检测师、试验检测师职业资格考试的实施工作。第二条　交通运输部职业资格中心具体负责公路水运工程助理试验检测师、试验检测师职业资格考试的实施工作。

29.【答案】√

【解析】《国家认监委关于实施〈检验检测机构资质认定管理办法〉的若干意见》(国认实〔2015〕49 号)四(二)。检验检测机构根据业务发展需要,在异地依法设立的分支机构(含分公司、子公司等),应当向分支机构所在地省级资质认定部门申请检验检测机构资质认定。纳入国家认监委资质认定管理范围的检验检测机构,在异地依法设立的分支机构与总部实行统一管理体系的,可以向国家认监委申请检验检测机构资质认定。

30.【答案】√

【解析】《标准化法》总则第二条,强制性标准必须执行,国家鼓励采用推荐性标准。

三、多项选择题

1.【答案】ABCD

【解析】《公路工程标准体系》(JTG 1001—2017)5.0.1。

2.【答案】ABCD

【解析】《公路工程试验检测仪器设备检定/校准指导手册》表中第一页编号GL01010005。

3.【答案】ABCD

【解析】《公路水运试验检测机构等级评定及换证复核工作程序》(交安监发〔2017〕113号)第三章第十四条。

4.【答案】ACD

【解析】注意区分什么是偏离什么叫不符合工作。不符合是指检验检测活动不满足标准或者技术规范的要求、与客户约定的要求或者不满足体系文件的要求。偏离指一定的允许范围、一定的数量和一定的时间段等条件下的书面许可。根据《检验检测机构资质认定能力评价　检验检测机构通用要求》(RB/T 214—2017)4.4.5:设备出现故障或者异常时,检验检测机构应采取相应措施,如停止使用、隔离或加贴停用标签、标记,直至修复并通过检定、校准或核查表明设备能正常工作为止。应核查这些缺陷或超出规定限度对以前检验检测结果的影响。

如果设备出现故障或者异常,检验检测机构还应对这些因缺陷或超出规定极限而对过去进行的检验检测活动造成的影响进行追溯,发现不符合应执行不符合工作的处理程序,暂停检验检测工作、不发送相关检验检测报告或证书,或者追回之前的检验检测报告或证书。

5.【答案】ACD

【解析】《检验检测机构资质认定能力评价　检验检测机构通用要求》(RB/T 214—2017)4.5.6。采购服务,包括检定和校准服务,仪器设备购置,环境设施的设计和施工,设备设施的运输、安装和保养,废物处理等。

6.【答案】AB

【解析】《检验检测机构资质认定能力评价　检验检测机构通用要求》(RB/T 214—2017)4.5.17。选项C应该包括在抽样计划里。选项D应该记录在检测记录和报告里。4.5.17释义里说明,当抽样作为检验检测工作的一部分时,检验检测机构应有程序记录与抽样有关的资料和操作。这些记录应包括所用的抽样程序、抽样人的识别、环境条件(如果相关)、必要时有抽样位置的图示或其他等效方法,如适用,还应包括抽样程序所依据的统计方法。

7.【答案】ACD

【解析】《检验检测机构诚信基本要求》(GB/T 31880—2015)4.4.5记录控制。

8.【答案】ACD

【解析】本题考查信用评价原则的规定。根据《公路水运工程试验检测信用评价办法》总则第三条,信用评价应遵循公开、客观、公正、科学的原则。

9.【答案】BD

【解析】见教材“统计技术和抽样技术”抽样检测的特征。

10.【答案】AC

【解析】CNAS-GL02《能力验证结果的统计处理和能力评价指南(试用)》附件A检测实验室间能力验证计划的结果处理方法“A.4 总计统计量”。

11.【答案】ABD

【解析】依据《公路水运工程试验检测信用评价办法》,A选项扣20分(信用代码JJC203004);B选项扣20分(信用代码JJC203005);D选项扣20分(信用代码JJC2003014)。

12.【答案】ABD

【解析】《公路水运工程试验检测管理办法》第三十一条。检验检测机构应当严格按照现行有效的国家和行业标准、规范和规程独立开展检测工作,不受任何干扰和影响,保证试验检测数据客观、公正、准确。

13.【答案】ACD

【解析】《公路水运工程试验检测管理办法》第六条。检测机构等级,是依据检测机构的公路水运工程试验检测水平、主要试验仪器、仪器设备及检测人员的配备情况、试验检测环境等基本条件对检测机构进行的能力划分。

14.【答案】CD

【解析】测量不确定度按照评分为方法分标准不确定度和扩展不确定度。标准不确定度又分为A、B及合成标准不确定度。

15.【答案】ABC

【解析】检验检测机构在设备定期检定或校准后应进行确认,确认其满足检验检测要求后方可使用。对检定或校准的结果进行确认的内容应该包括:(1)检定结果是否合格,是否满足检验检测方法的要求;(2)校准获得的设备的准确度信息是否满足检验检测项目、参数的要求,是否有修正信息,仪器是否满足检验检测方法的要求;(3)适用时,应确认设备状态标识。

16.【答案】ABCD

【解析】测量结果会受到许多因素,比如:测量原理、测量仪器、测量条件、测量程序、测量人员以及数据处理方法等的影响。

17.【答案】ABC

【解析】《公路水运工程试验检测机构等级评定及换证复核工作程序》(交安监发〔2017〕113号)第二章第八条(二)。

18.【答案】ABD

【解析】《工地试验室标准化建设要点》(厅质监字〔2012〕200号)3.1.1。工地试验室选址应充分考虑安全、环保、交通便利及工程质量管理要求等因素,其周边场地一般应进行硬化处理。

19.【答案】ACD

【解析】《工地试验室标准化建设要点》(厅质监字〔2012〕200号)4.4.4。试验检测台账分为管理和技术台账。其中,管理台账一般包括人员、设备、标准规范等台账;技术台账一般包括原材料进场台账、样品台账、试验/检测台账、不合格材料台账、外委试验台账等。

20.【答案】ABCD

【解析】根据《公路水运工程试验检测机构等级标准》一的表1。除综合丙级外，其余四个等级（综合甲级、综合乙级、交通工程专项、桥梁隧道工程专项）均有要求。

21.【答案】BD

【解析】见《公路水运工程试验检测管理办法》（交通运输部令2016年第80号）。

22.【答案】ABC

【解析】方差的定义。

23.【答案】BD

【解析】《公路水运工程试验检测等级管理要求》（JT/T 1181—2018）2 规范引用文件。

24.【答案】BCD

【解析】《公路水运工程试验检测等级管理要求》（JT/T 1181—2018）1 范围。

25.【答案】ABC

【解析】《公路水运工程试验检测管理办法》（交通运输部令2016年第80号）第四章第四十五条。质监机构应当组织比对试验，验证检测机构的能力。部质量监督机构不定期开展全国检测机构的比对试验。各省级交通质监机构每年年初应当制定本行政区域检测机构年度比对试验计划，报部质量监督机构备案，并于年末将比对试验的实施情况报部质量监督机构。

第二部分　道 路 工 程

模拟试题一

说明：1. 本模拟试题设置单选题30道、判断题30道、多选题20道、综合题5道，总计150分；模拟自测时间为150分钟。

2. 本模拟试题仅供考生进行考前自测使用。

一、单项选择题（共30题，每题1分，共30分）

1. 上路床的厚度为（　　）cm。

A. 10　　B. 20　　C. 30　　D. 40

2. 下列实测项目不属于关键项目的是（　　）。

A. 路基路面压实度　　B. 喷射混凝土抗压强度

C. 沥青路面平整度　　D. 路面厚度

3. 水泥混凝土路面坑洞损坏是指（　　）的局部坑洞。

A. 有效直径大于10mm，深度大于10mm

B. 有效直径大于30mm，深度大于10mm

C. 有效直径大于10mm，深度大于30mm

D. 有效直径大于30mm，深度大于30mm

4. 公路技术状况分为（　　）个等级。

A. 二　　B. 三　　C. 四　　D. 五

5. 金属杆插入式温度计不适用于检测热拌热铺沥青混合料的（　　）。

A. 拌和温度　　B. 出厂温度和现场温度

C. 摊铺温度　　D. 压实温度

6. 击实试验是为了获得路基土的（　　）。

A. 最小孔隙率和天然稠度

B. 最大干密度和最佳含水率

C. 最大干密度和最小孔隙率

D. 天然稠度和最佳含水率

7. 采用3m直尺进行路面平整度测定时，应首尾相接连续测量（　　）尺。

A. 3　　B. 5　　C. 10　　D. 15

8. 直剪试验结束后，以垂直压力 p 为横坐标，抗剪强度 s 为纵坐标绘制坐标图后，并连直线在纵坐标上的截距为(　　)。

A. 抗剪强度　　B. 垂直压力　　C. 摩擦角　　D. 黏聚力

9. 一般采用贯入量为(　　)时的单位压力与标准压力之比作为材料的承载比。

A. 1mm　　B. 2.5mm　　C. 5mm　　D. 10mm

10. 慢剪试验中，若 1min 内剪切变形不超过(　　)，则施加下一级水平荷载。

A. 0.01mm　　B. 0.02mm　　C. 0.03mm　　D. 0.04mm

11. 沥青混合料冻融劈裂试验试件的击实次数为双面各(　　)次。

A. 25　　B. 50　　C. 75　　D. 100

12. 集料压碎值用于衡量石料在逐渐增加的荷载下抵抗压碎的能力，是衡量石料(　　)的指标。

A. 物理性质　　B. 化学性质

C. 力学性质　　D. 物理性质与力学性质

13. 测得某沥青混合料吸水率为 2.2%，应采用(　　)测得该沥青混合料的密度。

A. 表干法　　B. 水中重法　　C. 蜡封法　　D. 体积法

14. 硅酸盐水泥熟料中，(　　)矿物的含量最大。

A. 硅酸三钙　　B. 硅酸二钙

C. 铝酸三钙　　D. 铁铝酸四钙

15. 立方体抗压强度试件的标准尺寸立方体的边长为(　　)mm。

A. 50　　B. 100　　C. 150　　D. 200

16. 现场钻取路面结构的代表性试样时，芯样的直径不宜小于集料最大粒径的(　　)倍。

A. 2　　B. 3　　C. 4　　D. 5

17. (　　)不包括 32.5 强度等级。

A. 矿渣硅酸盐水泥　　B. 粉煤灰硅酸盐水泥

C. 火山灰硅酸盐水泥　　D. 复合硅酸盐水泥

18. (　　)含量越高，沥青软化点越高，黏度越大。

A. 沥青质　　B. 胶质　　C. 芳香分　　D. 饱和分

19. 我国规定在(　　)℃温度条件下进行针入度试验。

A. 20　　B. 25　　C. 30　　D. 35

20. 乳化沥青不适用于(　　)。

A. 沥青表面处治路面

B. 沥青贯入式路面

C. 热拌沥青混合料路面

D. 喷洒透层、黏层、封层

21. 以下不属于 SBS 改性沥青特点的是(　　)。

A. 在温差较大的地区有很好的耐高温、抗低温能力

B. 具有较好的抗车辙能力，其弹性和韧性提高了路面的抗疲劳能力

C. 提高了路面的抗滑能力

D. 增大了路面表面的构造深度

22. 车辙试验主要是用来评价沥青混合料的(　　)。

A. 高温稳定性　　B. 低温抗裂性　　C. 耐久性　　D. 抗滑性

23. 路堤通常是分层铺筑,分层压实。每层压实厚度一般不超过(　　)。

A. 0.3m　　B. 0.4m　　C. 0.5m　　D. 0.6m

24. 密度试验方法中,适用于现场测定粗粒土和巨粒土的是(　　)。

A. 环刀法　　B. 蜡封法

C. 灌砂法　　D. 灌水法

25. 下列不属于无机结合料稳定类材料的是(　　)。

A. 水泥稳定碎石　　B. 石灰稳定砂砾

C. 二灰稳定类材料　　D. 沥青稳定碎石

26. 沥青混合料的结构类型不包括(　　)。

A. 悬浮密实结构　　B. 悬浮空隙结构

C. 骨架空隙结构　　D. 骨架密实结构

27. 对冬季寒冷地区或交通量小的公路、旅游公路,宜选用(　　)的沥青。

A. 稠度大、低温延度大　　B. 稠度小、低温延度小

C. 稠度小、低温延度大　　D. 稠度大、低温延度小

28. (　　)不是平整度测试指标。

A. 最大间隙 h　　B. VBI　　C. IRI　　D. SFC

29. 自动弯沉仪不适用于(　　)。

A. 新建路面工程的质量验收

B. 改建路面工程的质量验收

C. 在正常通车条件下,有严重坑槽沥青路面的弯沉数据采集

D. 在正常通车条件下,无坑槽、车辙等病害的沥青路面的弯沉数据采集

30. 粗集料的毛体积密度是在规定条件下计算单位毛体积的质量,其中毛体积包括(　　)。

A. 材料实体、闭口孔隙、颗粒间空隙

B. 材料实体、开口孔隙、颗粒间空隙

C. 颗粒间空隙、开口及闭口孔隙

D. 材料实体、开口及闭口孔隙

二、判断题(共30题,每题1分,共30分)

1. 边沟、截水沟和排水沟的沟底纵坡均要求不小于0.3%。(　　)

2. 路面结构层厚度代表值为算数平均值的上波动界限。(　　)

3. 采用3m直尺测定水泥混凝土面层平整度时,以IRI作为指标。(　　)

4. 在沥青路面成型后应立即测定路面表层渗水系数,以检验沥青混合料面层的施工质量。(　　)

5. 土的三相比例是不变的。（　）

6. 土的比重是可以通过试验直接测定的，它是土的物理性质中三个基本指标之一。（　）

7. 通过砂的相对密度试验，可以了解土在自然状态或经压实松紧情况和土粒结构的稳定性。（　）

8. 土的变形和强度只随压实度而变化。（　）

9. 公路土工合成材料的宽条拉伸试验规定，宽条拉伸试验试样宽度为200mm。（　）

10. 土的有机含量试验适用于有机质含量不超过15%的土。（　）

11. 石灰消解之后需陈伏一段时间再使用，以防止石灰应用过程中发生不安定现象。（　）

12. 特粗式沥青混合料的矿料公称最大粒径为31.5mm。（　）

13. 集料分为酸性、中性和碱性，并以CaO含量来进行划分。（　）

14. 混凝土坍落度愈大，表面混凝土的保水性就愈差。（　）

15. 水泥胶砂成型前组装三联模时要涂抹一些黄油，其作用是防止试模与水泥胶砂的粘连。（　）

16. 通过加热状态下测定道路石油沥青薄膜加热后的质量损失以及其他指标的变化，据此评价沥青的耐老化性能。（　）

17. 蜡随着温度升高极易融化，使沥青的黏度增加，进而减小沥青的温度敏感性。（　）

18. 承载板测定回弹模量，采用逐级加载—卸载的方式进行测试。（　）

19. 动力黏度是表征沥青黏滞性的核心指标，60℃下的动力黏度与夏季路面高温条件下沥青混合料的强度、抗车辙能力有良好相关性。（　）

20. 取滴落点和硬化点之间温度间隔的87.21%当作沥青软化点。（　）

21. 木质素纤维的吸油率越大，吸收沥青越多，造成一定浪费。（　）

22. 沥青试样在灌模过程中，若试样冷却需反复加热，反复加热的次数不得超过2次。（　）

23. 公路按使用任务、功能和适应的交通量分为高速公路、一级公路、二级公路和三级公路四个技术等级。（　）

24. 混凝土使用引气剂后，将有利于混凝土的抗冻性能，但不利于混凝土的力学性能。（　）

25. 集料的磨光值越低，抗滑性越好。（　）

26. 沥青的黏稠度越高，越有利于沥青与集料之间的黏附性。（　）

27. 水泥稳定碎石试件的径高比一般为1∶1，根据需要也可成型为1∶1.5或1∶2的试件。（　）

28. 回弹法测定的水泥混凝土路面抗压强度，不能作为仲裁或工程验收的依据。（　）

29. 当缺乏所需标号的沥青时，可采用不同标号掺配的调和沥青，其掺配比例由试验决定。（　）

30. 沥青饱和度是指压实沥青混合料试件中沥青实体体积占矿料骨架实体以外的空间体积的百分率，又称为沥青填隙率。（　）

三、多项选择题(共20题,每题2分,共40分。下列各题的备选项中,至少有两个符合题意,选项全部正确得满分,选项部分正确按比例得分,出现错误选项该题不得分)

1.(　　)属于沥青混凝土面层的实测关键项目。

A. 平整度　B. 压实度　C. 厚度　D. 宽度

2. 用于路堤加筋的土工合成材料可采用(　　)。

A. 土工格栅　B. 土工膜　C. 土工网　D. 土工格室

3. 造成沥青路面产生车辙的原因有(　　)。

A. 沥青标号偏低　B. 采用高黏度沥青

C. 沥青混合料中矿料嵌挤力不够　D. 矿料的棱角性不好

4. 烘干法测土含水率适用于下列(　　)试样。

A. 砂类土　B. 高有机质含量土　C. 冻土　D. 砂砾土

5. 直剪试验有(　　)试验方法。

A. 慢剪　B. 固结慢剪　C. 快剪　D. 固结快剪

6. 回弹弯沉测试中,应对测试值进行修正,其中包括(　　)。

A. 当采用3.6m弯沉仪进行测定时支座处有变形,应进行支点修正

B. 绘制曲线起始部分出现反弯进行的原点修正

C. 标准车参数修正

D. 沥青面层厚度大于5cm且路面温度超过(20±2)℃范围时的温度修正

7. 细集料的表观密度试验需要测定以下(　　)数据。

A. 烘干后试样的质量　B. 试样、水和容量瓶的总质量

C. 水和容量瓶的总质量　D. 容量瓶的质量

8. 一些沥青常规试验制样时需使用隔离剂,下列试验项目中需要隔离剂的有(　　)。

A. 针入度试验　B. 薄膜烘箱试验

C. 软化点试验　D. 延度试验

9. 对水泥净浆制备过程描述正确的是(　　)。

A. 搅拌之前需要用湿布擦拭搅拌锅和叶片

B. 对原材料的添加顺序和时间有一定要求

C. 搅拌方式有明确的规定

D. 搅拌过程要全程自动操作,无需人工

10. 判断水泥是否合格的指标包括(　　)。

A. 标准稠度　B. 凝结时间　C. 安定性　D. 强度

11. 粗集料软弱颗粒试验需要的标准筛孔有(　　)。

A. 2.36mm　B. 4.75mm　C. 9.5mm　D. 16mm

12. 适用于测定路面结构层厚度的方法有(　　)。

A. 断面仪法　B. 钻芯取样法　C. 雷达法　D. 挖坑法

13. 路面结构按照层位功能的不同,可由(　　)组成。

A. 面层　B. 基层　C. 底基层　D. 功能层

14. 级配碎石、级配砾石基层或底基层的施工顺序主要包括(　　)。

A. 拌和　　B. 摊铺　　C. 碾压　　D. 养护

15. 某评定路段的路基压实度规定值为95%,实测压实度代表值96%,以下说法正确的有(　　)。

A. 该评定路段压实度合格

B. 若单点测值均不小于93%,合格率100%

C. 若有实测单点压实度小于规定极值,该评定路段压实度不合格

D. 仅根据以上数据无法判断该路段压实度是否合格

16. 水泥中有害成分包括(　　)。

A. 氧化钙　　B. 游离氧化镁　　C. 三氧化硫　　D. 碱含量

17. 路基路面几何尺寸项目中的(　　)一般用水准仪检测。

A. 纵断高程　　B. 横坡　　C. 中线偏位　　D. 宽度

18. 下列关于用贯入阻力法测定混凝土凝结时间试验的说法,正确的是(　　)。

A. 当贯入阻力达到28.0MPa时测定初凝时间

B. 当贯入阻力达到3.5MPa时测定终凝时间

C. 每次测定时,试针应距试模边缘至少25mm

D. 测定时取3个试模,每次各测1~2个点,取其算术平均值作为贯入阻力

19. 沥青延度试验适用于测定(　　)的延度。

A. 道路石油沥青　　B. 聚合物改性沥青

C. 煤沥青　　D. 页岩沥青

20. 沥青混合料空隙率过小可能引起的损害有(　　)。

A. 车辙　　B. 泛油　　C. 老化　　D. 推移

四、综合题(共5道大题,每道大题10分,共50分。下列各题的备选项中,有一个或一个以上符合题意,选项全部正确得满分,选项部分正确按比例得分,出现错误选项该题不得分)

1. 关于路基工程和路面工程的关键实测项目,请回答以下问题:

(1)每一双车道评定路段(不超过1km)弯沉测量检查点数为(　　)。

A. 40　　B. 80　　C. 90　　D. 100

(2)土方路基压实度分(　　)档确定。

A. 1　　B. 2　　C. 3　　D. 4

(3)下列有关水泥混凝土弯拉强度合格标准,说法错误的有(　　)。

A. 当试件组数为11~19组时,允许有一组最小弯拉强度小于0.85f_r,但不得小于0.80f_r

B. 当试件组数大于20组时,其他公路允许有一组最小弯拉强度小于0.85f_r,但不得小于0.75f_r

C. 高速公路和一级公路水泥混凝土最小弯拉强度均不得小于0.85f_r

D. 试件组数少于或等于10组时,试件平均强度不得小于1.10f_r,任一组强度均不得小于0.85f_r

(4)沥青混凝土面层和沥青碎(砾)石面层关键实测项目为(　　)。

A. 压实度　　B. 厚度　　C. 矿料级配　　D. 沥青含量

(5)(　　)基层和底基层的关键实测项目有固体体积率。

A. 稳定土　　B. 稳定粒料　　C. 级配碎(砾)石　　D. 填隙碎石

2. 关于无机结合料稳定材料击实试验方法、试件制作方法(圆柱形)、养护试验方法、无侧限抗压强度试验方法、水泥或石灰剂量测定方法(EDTA滴定法),请回答以下问题。

(1)无机结合料稳定材料击实试验准备,正确的有(　　)。

A. 如试料是细粒土,将已破碎的具有代表性的土过4.75mm筛备用(用甲法或乙法做试验)

B. 如试料中含有粒径大于4.75mm的颗粒,则先将试料过19mm的筛,如存留在19mm筛上的颗粒的含量不超过10%,则过26.5mm筛,留作备用(用甲法或乙法做试验)

C. 如试料中粒径大于19mm的颗粒含量超过10%,则将试料过37.5mm筛,如存留在37.5mm筛上的颗粒的含量不超过10%,则过53mm的筛备用(用丙法做试验)

D. 每次筛分后,均应记录超尺寸颗粒的百分率P

(2)无机结合料稳定材料试件制作方法(圆柱形)注意事项有(　　)。

A. 加有水泥的混合料应在拌和后1h内制成试件,超过1h的混合料应该作废。其他结合料稳定材料,混合料虽不受此限,但也应尽快制成试件

B. 在脱模器上取试件时,应用双手抱住试件侧面的中下部,然后沿水平方向轻轻旋转,待感觉到试件移动后,再将试件轻轻捧起,放置到试验台上。切勿直接将试件向上捧起

C. 小试件的高度误差范围应为 -0.1 ~ 0.15cm,大试件的高度误差范围应为 -0.1 ~ 0.2cm之间

D. 质量损失:稳定细粒材料应不超过标准质量的5g,稳定中粒材料试件应不超过25g,稳定粗粒材料试件应不超过50g

(3)无机结合料稳定材料养护试验方法对养护7d的试件要求试件质量损失应符合(　　)。

A. 稳定细粒材料试件不超过1g

B. 稳定中粒材料试件不超过5g

C. 稳定粗粒材料试件不超过10g

D. 质量损失超过规定的试件,应予作废

(4)无机结合料稳定材料无侧限抗压强度试验,试件破坏荷载应大于测力量程的(　　)且小于测力量程的(　　)。

A. 10%;90%　　B. 10%;80%　　C. 20%;80%　　D. 20%;90%

(5)EDTA滴定过程中,溶液的颜色从(　　)变为(　　),并最终变为(　　)。

A. 玫瑰红;蓝色;紫色　　B. 玫瑰红;紫色;蓝色

C. 蓝色;玫瑰红;紫色　　　　D. 蓝色;紫色;玫瑰红

3. 关于水泥标准稠度用水量、凝结时间、安定性试验,请回答以下问题。

(1)标准稠度水泥净浆作为水泥(　　)物理指标测定时所需的水泥浆材料。

A. 凝结时间　　　　B. 安定性

C. 水泥胶砂强度　　　　D. 水泥胶砂流动度

(2)下列水泥标准稠度用水量测定的注意事项,正确的是(　　)。

A. 采用标准法时,当试杆沉入净浆距底板 6mm ± 1mm 时,该水泥净浆为标准稠度净浆

B. 采用代用法时,以试锥下沉深度为 30mm ± 1mm 时的净浆为标准稠度净浆

C. 采用代用法时,如果固定用水量法的结果和调整用水量法的结果有冲突时,以固定用水量法的结果为准

D. 采用固定用水量法不适宜试锥下沉深度仅为 13mm 时的水泥

(3)关于水泥凝结时间检验方法试验,说法正确的是(　　)。

A. 记录净浆搅拌时水泥全部加到水中的时刻,作为测定凝结时间的起始时间

B. 当试针下沉至距底板 4mm ± 1mm 时,表征水泥达到初凝状态

C. 当只有试针在水泥表面留下痕迹,而不出现环形附件圆环痕迹时,表征水泥达到终凝状态

D. 达到凝结时间时,要立即重复测定一次,只有当两次测定结果都表示达到初凝或终凝状态时,才可认定

(4)关于水泥安定性检验方法的结果判别,说法正确的是(　　)。

A. 雷氏夹法安定性测定,当两个雷氏夹试件沸煮后指针尖端增加的距离($C-A$)的平均值不大于 5.0mm 时,则认为该水泥安定性合格

B. 雷氏夹法安定性测定,当两个雷氏夹试件沸煮后指针尖端增加的距离($C-A$)的平均值超过 5.0mm 时,则应再做一次试验,以复检结果为准

C. 试饼法安定性测定,目测试饼未发现裂缝,且用钢尺测量没有弯曲透光时,则认为相应水泥安定性合格

D. 当雷氏夹法和试饼法试验结果相矛盾时,以试饼法的结果为准

(5)现行水泥安定性试验可检测出(　　)引起的水泥体积变化,以判断水泥安定性是否合格。

A. 游离 CaO　　　　B. 游离 MgO

C. 石膏中的 SO_3　　　　D. Al_2O_3

4. 粗集料压碎值试验的试验步骤为:

①开动压力机,均匀地施加荷载,在 10min 左右的时间内达到总荷载 400kN,稳压 5s,然后卸荷。

②将要求质量的试样分 3 次(每次数量大体相同)均匀装入试模中。

③将试模从压力机上取下,取出试样。

④将装有试样的试模放到压力机上,同时将压头放入试筒内石料面上。

⑤将试筒安放在底板上。

⑥称取通过9.5mm筛孔的全部细料质量。

⑦用9.5mm标准筛筛分经压碎的全部试样。

(1)该试验的步骤的正确顺序为(　　)。

A. ⑤②④①③⑦⑥　　B. ②⑤③④①⑦⑥

C. ⑤③②④①⑦⑥　　D. ②⑤④①③⑦⑥

(2)以上所述步骤中描述不正确的有(　　)。

A. ①②　　B. ①⑥　　C. ⑥⑦　　D. ②⑦

(3)如果石料过于潮湿需加热烘干时,烘箱温度、烘干时间不得超过(　　)。

A. 100℃,2h　　B. 100℃,4h　　C. 150℃,2h　　D. 150℃,4h

(4)本试验用到的标准筛有(　　)。

A. 13.2mm　　B. 9.5mm　　C. 4.75mm　　D. 2.36mm

(5)本试验分层倒入压碎值试模中试样每层捣实的次数为(　　)。

A. 25次　　B. 30次　　C. 50次　　D. 60次

5. 某三级公路进行升级改造,为了解路基状况,检测机构用承载板法测定土基回弹模量。请回答以下问题。

(1)该试验需要以下(　　)等设备。

A. 千斤顶　　B. 测力计　　C. 贝克曼梁　　D. 温度计

(2)试验过程中用到的刚性承载板的直径为(　　)cm。

A. 30　　B. 45　　C. 20　　D. 15

(3)试验过程中,采用千斤顶进行逐级加载、卸载,当加载的荷载大于0.1MPa时,每级增加的荷载为(　　)MPa。

A. 0.02　　B. 0.04　　C. 0.05　　D. 0.1

(4)测定总影响量 a 时,最后一次加载卸载循环结束后取走千斤顶,重新读取两只百分表初读数,然后将测试车辆开出10m外,读取终读数,总影响量 a 为(　　)。

A. 两只百分表初读数与终读数之差的平均值

B. 两只百分表初读数平均值与终读数平均值之差

C. 两只百分表初读数平均值与终读数平均值之差,再乘以贝克曼梁杠杆比

D. 两只百分表初读数与终读数之差的平均值,再除以贝克曼梁杠杆比

(5)测量试验点土样含水率时,当最大粒径为26.5mm时,取样数量约为(　　)g。

A. 60　　B. 120　　C. 250　　D. 500

模拟试题二

说明:1. 本模拟试题设置单选题 30 道、判断题 30 道、多选题 20 道、综合题 5 道,总计 150 分;模拟自测时间为 150 分钟。

2. 本模拟试题仅供考生进行考前自测使用。

一、单项选择题(共 30 题,每题 1 分,共 30 分)

1. 沥青路面 11 类损坏中,分轻度和重度 2 级的有(　　)类。

A. 7　　B. 8　　C. 9　　D. 10

2. 采用烘干法对石灰稳定土含水率进行测定时,下列做法正确的是(　　)。

A. 将石灰稳定土取样后,置于烘箱中,将烘箱调整到 110℃

B. 将石灰稳定土取样后,置于烘箱中,将烘箱调整到 105℃

C. 将石灰稳定土取样后,置于温度已达到 105℃ 的烘箱中

D. 将石灰稳定土取样后,置于温度已达到 110℃ 的烘箱中

3. 水泥凝结时间每次测定要避免试针落在同一针孔位置,并避开试模内壁至少(　　)。

A. 5mm　　B. 10mm　　C. 15mm　　D. 20mm

4. 土工格室的用途不包括(　　)。

A. 路基防水　　B. 路基加筋　　C. 防沙固沙　　D. 路基防护

5. (　　)是指水与土空隙管壁接触时,由于湿润和静电引力作用,在毛细管壁形成的水。

A. 结晶水　　B. 自由水　　C. 结合水　　D. 毛细水

6. 土工合成材料大多以(　　)来评价承受荷载的能力。

A. 抗拉强度　　B. 顶破强度　　C. 撕破强度　　D. 刺破强度

7. 石灰性土的烧失量不包括(　　)。

A. 吸湿水　　B. 结合水　　C. 有机质　　D. 二氧化碳

8. 土从液体状态向塑性体状态过渡的界限含水率,称为(　　)。

A. 液限　　B. 塑限　　C. 缩限　　D. 塑性指数

9. 当液性指数为 0 时,土处于(　　)。

A. 液限　　B. 塑限　　C. 缩限　　D. 软塑状态

10. 下列用于评价土基承载能力的指标是(　　)。

A. 塑性指数　　B. CBR 值　　C. 渗透系数　　D. 固结系数

11. 摆式摩擦仪调零允许误差为(　　)BPN。

A. ±1　　B. ±2　　C. ±3　　D. ±4

12. 游标卡尺法测定的针片状颗粒,是指粗集料颗粒的最大长度(或宽度)方向与最小厚度(或直径)方向的尺寸之比大于(　　)倍的颗粒。

A. 1　　B. 2　　C. 3　　D. 4

13. 无机结合料稳定材料振动压实试验方法适用于(　　)稳定材料。

A. 粗集料含量较大的　　B. 粗集料含量较小的

C. 细集料含量较大的　　D. 细集料含量较小的

14. 水泥混凝土抗折强度试验标准试件尺寸为(　　),若采用非标准试件尺寸为(　　)。

A. 100mm×100mm×400mm;100mm×100mm×500mm

B. 100mm×100mm×400mm;100mm×100mm×550mm

C. 100mm×100mm×500mm;100mm×100mm×400mm

D. 100mm×100mm×550mm;100mm×100mm×400mm

15. 下列不属于通用硅酸盐水泥的选项为(　　)。

A. 普通硅酸盐水泥　　B. 矿渣硅酸盐水泥

C. 道路硅酸盐水泥　　D. 火山灰硅酸盐水泥

16. 立方体抗压强度标准值是指采用标准试验方法测得的抗压强度总体分布中的一个值,要求混凝土抗压强度低于标准值的百分率不超过(　　)。

A. 3%　　B. 5%　　C. 8%　　D. 15%

17. 水泥烧失量试验采用灼烧差减法,试样的灼烧温度为(　　)。

A. 900℃ ±25℃　　B. 950℃ ±25℃

C. 1000℃ ±25℃　　D. 1100℃ ±25℃

18. 进行水泥强度检验时,水泥胶砂组成中水泥和标准砂的比例是(　　);水灰比为(　　)。

A. 1∶3;0.50　　B. 1∶3;0.60　　C. 1∶4;0.50　　D. 1∶4;0.60

19. 下述不属于连续级配的特点有(　　)。

A. 内摩阻力相对较小　　B. 温度稳定性好

C. 细集料多,粗集料较少　　D. 空隙率较小,密实耐久

20. 表干密度是指在规定条件下的单位体积物质颗粒的饱和面干质量,其中单位体积不包括(　　)。

A. 颗粒间间隙体积　　B. 开口孔隙体积

C. 闭口孔隙体积　　D. 材料的实体矿物成分

21. 同一种材料,一般堆积密度、表观密度和毛体积密度之间的大小关系是(　　)。

A. 表观密度>毛体积密度>堆积密度

B. 堆积密度>表观密度>毛体积密度

C. 表观密度>堆积密度>毛体积密度

D. 堆积密度>毛体积密度>表观密度

22. 锚杆、锚定板和加筋土挡土墙距面板(　　)范围以内的压实度实测项目是关键项目。

A. 0.5m　　B. 1m　　C. 1.5m　　D. 2m

23. 在混凝土中掺减水剂,若保持用水量不变,则可以提高混凝土的(　　)。

A. 强度　　B. 耐久性　　C. 流动性　　D. 抗渗性

24. 影响沥青混合料耐久性的主要因素是(　　)。

A. 矿料的级配　　B. 沥青混合料的空隙率

C. 沥青的标号　　D. 沥青的延度

25. 下列适合移液管法进行颗粒分析的是(　　)。

A. 粒径 >0.25mm 的土样　　B. 粒径 <0.25mm 的土样

C. 粒径 >0.075mm 的土样　　D. 粒径 <0.075mm 的土样

26. 下列不属于水泥化学性质的是(　　)。

A. 有害成分　　B. 不溶物　　C. 烧失量　　D. 安定性

27. 高速公路和一级公路应验证所用材料的 7d 龄期无侧限抗压强度与(　　)或(　　)龄期弯拉强度的关系。

A. 14d;28d　　B. 28d;90d　　C. 90d;180d　　D. 180d;360d

28. 交通荷载等级为轻时,混凝土设计弯拉强度标准值为(　　)MPa。

A. 5　　B. 4.5　　C. 4　　D. 3.5

29. 计算沥青混合料空隙率,除需要沥青混合料的毛体积相对密度之外,还需要沥青混合料的(　　)。

A. 材料组成比例　　B. 表观相对密度

C. 理论最大相对密度　　D. 试件的压实度

30. 黏附性直接影响沥青路面的使用质量和(　　),是评价沥青技术性能的一项重要指标。

A. 黏滞性　　B. 延性　　C. 抗滑性　　D. 耐久性

二、判断题(共 30 题,每题 1 分,共 30 分)

1. 固体体积率是级配碎(砾)石基层和底基层的关键实测项目。　(　　)

2. 竣工验收前,应对沥青路面弯沉和车辙抽查项目进行复测。　(　　)

3. 压缩试验中,饱和土体所受到总应力为有效应力与孔隙水压力之和。　(　　)

4. 亚甲蓝试验适用于较粗的集料,集料粒径不小于 2.36mm。　(　　)

5. 旧混凝土路面的损坏应采用断板率和平均错台量两项指标评定。　(　　)

6. 核子密度湿度仪用于测定沥青混合料面层的压实密度时,宜使用透射法。　(　　)

7. 塑性高表示土中胶体黏粒含量大。　(　　)

8. 土的液限与天然含水率之差和塑性指数之比,称为土的天然稠度。　(　　)

9. 土的孔隙率是指土中孔隙的体积与固体颗粒体积之比。　(　　)

10. CBR 是用于评定路基土和路面材料的强度指标。　(　　)

11. 集料的磨耗值越高,表示其抗磨耗性能越好。　(　　)

12. 摆值(BPN)是摆式仪的刻度值,为摩擦系数的 100 倍。　(　　)

13. 剪切速率对黏性土抗剪强度的影响很少,常可忽略不计,但对砂土抗剪强度的影响则比较明显。　(　　)

14. 水泥体积安定性不合格,应降低等级使用。　(　　)

15. 公路无机结合料稳定材料无侧限抗压强度试验,只需测定试样强度,不需测试样含

水率。（ ）

16. 确定集料与沥青的黏附性试验,只有水煮法一种。（ ）

17. 砂率越大,混凝土拌和物的流动性越大。（ ）

18. 混凝土试件应在温度为20℃ ±5℃,相对湿度50%以上的标准养护室进行养护。（ ）

19. 沥青混合料试件的空隙率以字母VMA表示。（ ）

20. 对于夏季气温高且持续时间长、重载交通多的路段,宜选用粗型密级配沥青混合料。（ ）

21. SBS改性沥青显著提高了路面的使用性能,延长了路面使用寿命,但养护费用增长明显。（ ）

22. 非饮用水可直接作为混凝土搅拌与养护用水。（ ）

23. 马歇尔稳定度和流值是表示沥青混合料高温时的稳定性和抗变形能力的指标。（ ）

24. 基层与底基层混合料试验项目中,绘制EDTA标准曲线的目的是为了对施工过程中水泥、石灰剂量有效控制。（ ）

25. 道路工程中用于各类混合料最常用的集料,是经由机械轧制成、粒径大小不一的碎石和天然砂。（ ）

26. 无机结合料稳定材料振动压实试验步骤规定加有水泥的试料,拌和后超过1h的,应予作废。（ ）

27. 温度、湿度和龄期均是养护过程中影响混凝土强度形成的主要因素。（ ）

28. 通过延度试验测定沥青能够承受的塑性变形总能力,并用于评价沥青在高温状态下的抗车辙性。（ ）

29. 土基现场CBR值测试方法适用于动力锥贯入仪现场快速测定或评估无结合料材料路基、路面强度。（ ）

30. 无侧限抗压强度试验时水泥稳定碎石养护7d,在最后一天需泡水,水温为室温。（ ）

三、多项选择题(共20题,每题2分,共40分。下列各题的备选项中,至少有两个符合题意,选项全部正确得满分,选项部分正确按比例得分,出现错误选项该题不得分)

1. 土工合成材料刺破强力试验适用于(　　)。

A. 土工膜　　B. 土工格栅

C. 土工织物　　D. 复合土工织物

2. 下列是针对砂洁净度评价方法的有(　　)。

A. 筛分试验　　B. 砂当量试验

C. 含泥量试验　　D. 亚甲蓝试验

3. 关于细集料砂当量试验,下述正确的是(　　)。

A. 本方法适用于测定天然砂、人工砂、石屑等各种细集料所含黏性土或杂质的含量

B. 本方法适用于公称最大粒径不超过 2.36mm 的集料

C. 一种集料应平行测定两次,取两个试样的平均值

D. 为了不影响沉淀的过程,试验必须在无振动的水平台上进行

4. 路面错台测试方法适用于测定(　　)由于沉降所造成的错台高度。

A. 路面坑洞

B. 路面在人工构造物端部接头

C. 水泥混凝土路面或桥梁的伸缩缝

D. 沥青路面裂缝两侧

5. 提高水泥混凝土强度的措施包括(　　)。

A. 选用高强度水泥　　B. 最佳浆集比

C. 最佳砂率　　D. 潮湿养护环境

6. 土的击实试验中,轻型击实和重型击实的区别是(　　)。

A. 击锤质量　　B. 击锤落高

C. 击实功　　D. 锤底直径

7. 下述粗集料磨光试验步骤正确的是(　　)。

A. 在试验前 2h 和试验过程中,应控制室温为 20℃ ±2℃

B. 从道路轮上卸下的试件应表面向下放在 18 ~20℃ 的水中 2h,然后再用摆式摩擦系数测定仪测定磨光值

C. 摆式摩擦系数测定仪测定磨光值时,一块试件重复测试 5 次,5 次读数的最大值和最小值之差不得大于 3

D. 在摆式摩擦系数测定仪测定磨光值过程中的任何时刻,试件都应保持湿润

8. 以下对洛杉矶磨耗试验,描述正确的是(　　)。

A. 洛杉矶磨耗试验机的钢筒的回转速率为 30 ~33r/min

B. 石料磨耗过筛后洗净留在筛上的试样置 105℃ ±5℃烘箱中烘干至恒重

C. 转动结束后,取出钢球,倒出试样,用 2.36mm 的标准筛过筛

D. 开始应将不同规格的集料用水冲洗干净,置烘箱中烘干至恒重待用

9. 对贝克曼梁检测弯沉用标准车的要求有(　　)。

A. 双后轴　　B. 后轴双侧 4 轮

C. 轮胎充气压力 0.7MPa　　D. 标准轴载 BZZ-100

10. 成型后的混凝土养护分为初期的带模养护和脱模后的正常养护,下列选项中的正确养护方式是(　　)。

A. 带模养护:保湿条件下室温 20℃ ±5℃,相对湿度大于 50%

B. 脱模养护:温度 20℃ ±2℃,相对湿度大于 95%

C. 带模养护:温度 20℃ ±2℃,相对湿度大于 90%

D. 脱模养护:水温 20℃ ±5℃的饱和石灰水浸泡

11. 水泥的强度等级主要是以不同龄期的(　　)进行划分的。

A. 抗拉强度　　B. 抗剪强度

C. 抗压强度　　D. 抗折强度

12. 以下在水泥混凝土拌和物凝结时间试验中用到的仪器设备包括(　　)。

A. 阻力贯入仪　　B. 测针

C. 坍落度仪　　D. 计时器

13. 下列属于路基排水设施中地下排水设施的有(　　)。

A. 暗沟　　B. 渗沟

C. 排水隧洞　　D. 仰斜式排水孔

14. 土的含水率试验方法主要有(　　)。

A. 风干法　　B. 烘干法　　C. 酒精燃烧法　　D. 比重法

15. 下面关于路面横向力系数检测过程,描述正确的有(　　)。

A. 检测前需要对路面进行清扫

B. 检查测试轮胎调整气压至(0.35 ±0.02)MPa

C. 检测时测试速度可以采用60km/h

D. 检测时要求空气温度(20 ±5)℃

16. 土颗粒组成特征应以土的(　　)指标表示。

A. 不均匀系数　　B. 通过率

C. 曲率系数　　D. 公称最大粒径

17. 现场测定水泥混凝土强度的方法有(　　)。

A. 回弹仪法　　B. 超声回弹法

C. 射钉法　　D. 超声法

18. 沥青在装卸、运输和储存过程中混入水和异物,会影响之后试验检测的结果,操作原理是通过(　　)方式,将水分和异物分别除去。

A. 蒸发　　B. 加热　　C. 萃取　　D. 过筛

19. 落锤式弯沉仪主要由(　　)组成。

A. 荷载发生装置　　B. 弯沉发生装置

C. 运算控制系统　　D. 车辆牵引系统

20. 软化点试验过程中,对试验结果产生影响的因素包括(　　)。

A. 试验起始温度　　B. 升温速度

C. 球的质量　　D. 球的直径

四、综合题(共5道大题,每道大题10分,共50分。下列各题的备选项中,有一个或一个以上符合题意,选项全部正确得满分,选项部分正确按比例得分,出现错误选项该题不得分)

1. 关于土的颗粒分析试验、酸碱度试验、烧失量试验、有机质含量试验方法,请回答以下问题。

(1)土颗粒分析试验密度计法密度计校正有(　　)。

A. 密度计刻度及弯月面校正　　B. 温度校正

C. 土粒比重校正　　D. 分散剂校正

(2)关于土颗粒分析试验密度计法,说法正确的有(　　)。

A. 酸性土($pH<6.5$),30g 土样加 0.5mol/L 氢氧化钠 20mL

B. 中性土($pH=6.5\sim7.5$),30g 土样加 0.25mol/L 草酸钠 18mL

C. 碱性土($pH>7.5$),30g 土样加 0.083mol/L 六偏磷酸钠 15mL

D. 甲种密度计应准确至 0.001,估读至 0.0001;乙种密度计应准确至 1,估读至 0.1

(3)土的酸碱度试验需要用到的试剂有(　　)。

A. pH =4.01 标准缓冲溶液　　B. pH =6.87 标准缓冲溶液

C. pH =9.18 标准缓冲溶液　　D. 饱和氯化钾溶液

(4)土的烧失量试验中重复灼烧称量,至前后两次质量相差小于(　　)mg,即为恒量。

A. 0.5　　B. 1　　C. 1.5　　D. 2

(5)土的有机质含量试验方法适用于有机质含量不超过(　　)的土。

A. 10%　　B. 15%　　C. 20%　　D. 25%

2. 关于水泥混凝土立方体抗压强度和抗弯拉强度试验方法,请回答以下问题。

(1)水泥混凝土立方体抗压强度试验方法试验步骤,正确的有(　　)。

A. 以成型时侧面为上下受压面,试件中心应与压力机几何对中

B. 强度等级小于 C30 的混凝土取 0.3 ~0.5MPa/s 的加荷速度

C. 强度等级大于 C30、小于 C60 时,则取 0.5 ~0.8MPa/s 的加荷速度

D. 强度等级大于 C60 的混凝土,取 0.8 ~1.0MPa/s 的加荷速度

(2)水泥混凝土立方体抗压强度试验方法测定的 3 个试件测值中的最大值或最小值,如有一个与中间值之差超过中间值的(　　),则取中间值为测定值。

A. 5%　　B. 10%　　C. 15%　　D. 20%

(3)采用 100mm ×100mm ×400mm 非标准试件时,在三分点加荷的试验方法同前,但所取得的抗折强度值应乘以尺寸换算系数(　　)。

A. 0.80　　B. 0.85　　C. 0.90　　D. 0.95

(4)水泥混凝土抗弯拉强度试验方法注意事项,正确的有(　　)。

A. 3 根试件中如果有 1 根试件均出现断裂面位于加荷点外侧,则该组结果无效

B. 弯拉强度试验装置对于试验结果有显著影响,所以试验过程中必须使用符合规定的装置

C. 试验时应选择合适的压力机加载量程,否则可能引起较大误差

D. 试验要求的加载速率单位是 MPa/s

(5)水泥混凝土立方体抗压强度和抗弯拉强度试验结果计算,说法正确的有(　　)。

A. f_{cu}——混凝土抗弯拉强度

B. f_{cf}——混凝土立方体抗压强度

C. 混凝土立方体抗压强度试验结果计算精确至 0.1MPa

D. 混凝土抗弯拉强度试验结果计算精确至 0.01MPa

3. 关于沥青密度、加热老化、布氏旋转黏度试验,请回答以下问题。

(1)非经注明,测定沥青密度的标准温度为(　　)℃。

A. 10　　B. 15　　C. 20　　D. 25

(2)关于沥青薄膜加热试验的要求包括(　　)。

A. 在4个已称质量的盛样皿中各自注入沥青试样35g ±0.5g,并使沥青形成厚度均匀的薄膜

B. 不允许将不同品种或不同标号的沥青同时放在一个烘箱中试验

C. 从放置盛样皿开始至试验结束的总时间,不得超过5.25h

D. 当薄膜加热后质量变化小于或等于0.4%时。重复性试验的允许误差为0.04%

(3)关于沥青旋转薄膜加热试验的要求包括(　　)。

A. 将盛样瓶(数量不少于8个)用汽油或三氯乙烯洗净并烘干

B. 分别在各盛样瓶中注入准备好的沥青样品,质量为50g ±0.5g

C. 若10min内达不到163℃试验温度,则试验应重做

D. 当薄膜加热后质量变化大于0.4%时,重复性试验的允许误差为平均值的8%

(4)沥青布氏旋转黏度试验操作正确的包括(　　)。

A. 将转子和盛样筒一起置于已控温至试验温度的烘箱中保温,时间不少于1.5h

B. 沥青试样在恒温容器中恒温,时间不少于15min

C. 在每个试验温度下,每隔60s读数1次,连续3次

D. 如果在该试验温度下的扭矩读数不在该条件下测定范围的10% ~98%时,则应更换转子或降低转子转速后重新试验

(5)工程实践证明,当沥青的黏度在(　　)Pa·s时,对应温度适宜进行沥青混合料的拌和。

A. 0.17 ±0.02　　B. 0.17 ±0.03　　C. 0.28 ±0.02　　D. 0.28 ±0.03

4. 关于沥青混合料马歇尔试件制作,密度、马歇尔稳定度、车辙试验,请回答以下问题。

(1)沥青混合料试件制作方法(击实法)要求包括(　　)。

A. 试验室成型的一组试件的数量不少于4个,必要时宜增加至5 ~6个

B. 大部分聚合物改性沥青,混合料的拌和与压实温度通常比普通沥青提高10 ~20℃

C. 将各种规格的矿料置105℃ ±5℃的烘箱中烘干至恒重(一般不少于4 ~6h)

D. 沥青混合料保持在要求的拌和温度范围内,标准的总拌和时间为3min

(2)沥青混合料试件制作方法(击实法)成型步骤,正确顺序应为(　　)。

①插入温度计至混合料中心附近,检查混合料温度。

②在装好的混合料上面垫一张吸油性小的圆纸。

③用小铲将混合料铲入试模中,插捣后将沥青混合料表面整平。

④将装有击实锤及导向棒的压实头放入试模中。

⑤试件击实一面后,以同样的方法和次数击实另一面。

⑥将试模装在底座上,放一张圆形的吸油性小的纸。

⑦将试模连同底座一起放在击实台上固定。

A. ③①②⑥⑦④⑤　　B. ⑥③①⑦②④⑤

C. ③①⑥②⑦④⑤　　D. ⑥⑦③①②④⑤

(3)压实沥青混合料密度试验方法包括(　　)。

A. 表干法　　B. 水中重法　　C. 蜡封法　　D. 体积法

(4)沥青混合料马歇尔稳定度试验要求包括(　　)。

A. 用马歇尔试件高度测定器或用卡尺在十字对称的 4 个方向量测离试件边缘 10mm 处的高度,准确至 0.1mm,并以其平均值作为试件的高度

B. 如试件高度不符合 63.5mm ±1.3mm 或 95.3mm ±2.5mm 要求或两侧高度差大于 2mm 时,此试件应作废

C. 从恒温水箱中取出时间至测出最大荷载值的时间,不得超出 30s

D. 浸水马歇尔试验中试件在已达规定温度恒温水槽中的保温时间为 24h

(5)沥青混合料车辙试验注意事项包括(　　)。

A. 将试件连同试模一起,置于已达到试验温度(60℃ ±1℃)的恒温室中,保温不少于 5h,也不得多于 24h

B. 试验轮其行走方向须与试件碾压或行车方向一致

C. 如果在未到 60min 试件变形已达到 20mm 时,则以达到 20mm 的时间为 t_2

D. 同一沥青混合料或同一路段的路面,至少平行试验 3 个试件

5. 针对手工铺砂法测定路面构造深度试验方法,请回答以下问题。

(1)选择测点的正确做法是(　　)。

A. 对测试路段按随机取样选点的方法,决定测点所在横断面位置

B. 测点应在行车道的轮迹带上

C. 距路面边缘不应小于 1m

D. 同一处 3 个测点,以中间测点表示该处的测定位置

(2)对所用量砂的要求是(　　)。

A. 干燥、洁净、匀质　　B. 粒径 0.15 ~0.3mm

C. 只能在路面上使用一次　　D. 回收砂可直接使用

(3)往量砂筒中装砂的正确做法是(　　)。

A. 用小铲沿筒壁向圆筒中装砂

B. 直接用量砂筒装砂

C. 用力填压,振动密实

D. 使砂密实后,补足砂面,用钢尺一次刮平

(4)铺砂的正确操作方法是(　　)。

A. 将量砂筒中的砂倒在路面上

B. 用推平板,由里向外重复旋转摊铺

C. 用力将砂往外推挤

D. 尽可能将砂摊成圆形

(5)路面表面构造深度以(　　)表示。

A. BPN　　B. DS　　C. SFC　　D. TD

模拟试题三

说明:1. 本模拟试题设置单选题30道、判断题30道、多选题20道、综合题5道,总计150分;模拟自测时间为150分钟。

2. 本模拟试题仅供考生进行考前自测使用。

一、单项选择题(共30题,每题1分,共30分)

1. 重度路基沉降长度大于(　　),按处计算。

A. 5m　　B. 10m　　C. 20m　　D. 30m

2. 透水率是垂直于土工织物平面流动的水,在水位差等于(　　)时的渗透流速(v_s)。

A. 1　　B. 5　　C. 10　　D. 15

3. 高速公路热拌沥青混合料施工时,气温不得低于(　　)℃。

A. 5　　B. 10　　C. 20　　D. 25

4. 下列不属于现行规范中评价沥青抗老化性能技术指标的是(　　)。

A. 残留物针入度比　　B. 残留物软化点增值

C. 残留物延度减值　　D. 质量损失

5. 沥青密度与相对密度试验中的比重瓶水值应经常校正,一般每年至少进行(　　)次。

A. 1　　B. 2　　C. 3　　D. 4

6. 土的三项基本物理指标不包括(　　)。

A. 比重　　B. 饱和度　　C. 含水率　　D. 密度

7. 在矿料颗粒分布的整个区间里,从中间剔除一个或连续几个粒级,形成一种级配,称为(　　)。

A. 不连续级配　　B. 间断级配

C. 开级配　　D. 连续级配

8. 公路技术状况检测与调查应以(　　)路段长度为基本检测(或调查)单元。

A. 500m　　B. 1000m　　C. 1500m　　D. 2000m

9. 手工铺砂结果计算时,每一处均取3次路面构造深度的测定结果的平均值作为试验结果,准确至(　　)。当平均值小于0.2mm时,试验结果以<0.2mm表示。

A. 0.1mm　　B. 0.01mm　　C. 0.5mm　　D. 0.05mm

10. 半刚性基层透油层渗透深度测试方法,在透油层基本渗透或喷洒(　　)后,在测试段内随机选取芯样位置。

A. 12h　　B. 24h　　C. 36h　　D. 48h

11. 用固定用水量方法测定水泥标准稠度用水量时,水泥用量为500g,而拌和用水量固定采用(　　)mL。

A. 140　　B. 142　　C. 142.5　　D. 145

12. 空隙率在18%以上的沥青混合料类型为(　　)。

A. AC　　B. OGFC　　C. SMA　　D. AM

13. 下列基层与底基层材料中,没有根据力学行为进行分类的是(　　)。

A. 柔性基层　　B. 半刚性基层

C. 刚性基层　　D. 有机结合料稳定类

14. 对石灰进行化学分析时,主要是测定(　　)的含量。

A. 有效氧化镁　　B. 有效氧化钙

C. 有效氧化钙和氧化镁　　D. 氧化钙和氧化镁

15. 用维卡仪法测定水泥标准稠度用水量时,要求整个操作应在搅拌后(　　)时间内完成。

A. 1.5min　　B. 2.5min　　C. 3.5min　　D. 4.5min

16. 现行标准中规定,采用标准维卡仪法测定水泥标准稠度用水量,当试杆沉入的距离正好距底板(　　)时,水泥浆的稠度就是水泥浆标准稠度。

A. 3mm ± 1mm　　B. 4mm ± 1mm　　C. 5mm ± 1mm　　D. 6mm ± 1mm

17. 水泥初凝时间的长短主要是对(　　)影响。

A. 混凝土施工工序　　B. 混凝土结构的形成

C. 模具的周转　　D. 混凝土养护时间的长短

18. 做坍落度试验时,要求将代表样分三层装入筒内,每层装入高度稍大于筒高的1/3,用捣棒在每一层的横截面上均匀插捣(　　)次。

A. 15　　B. 20　　C. 25　　D. 30

19. 以下情况不适合用B级沥青的有(　　)。

A. 高速公路、一级公路沥青下面层及以下的层次

B. 三级及三级以下公路的各个层次

C. 二级及二级以下公路的各个层次

D. 用作改性沥青、乳化沥青、改性乳化沥青、稀释沥青的基质沥青

20. 黏稠石油沥青混合料马歇尔稳定度试验温度是(　　)。

A. 50℃　　B. 60℃　　C. 70℃　　D. 80℃

21. 离心分离法测试沥青混合料沥青含量时,离心机的转速要求为(　　)。

A. 3000r/min　　B. 2000r/min　　C. 1000r/min　　D. 500r/min

22. 对于挖坑法厚度测试,在选定试验地点时,选一块约(　　)的平坦表面进行挖铲。

A. 20cm × 20cm　　B. 30cm × 30cm　　C. 40cm × 40cm　　D. 50cm × 50cm

23. 路基顶面实测代表弯沉值应(　　)路基顶面验收弯沉值。

A. 不小于　　B. 不大于　　C. 等于　　D. 小于

24. 含水率(烘干法)试验步骤中,取具有代表性试样,细粒土为15 ~ 30g,砂土类、有机土为50g,砂砾石为(　　),放入称量盒内。

A. 50 ~ 100g　　B. 100 ~ 200g　　C. 200 ~ 500g　　D. 1 ~ 2kg

25. 检验高速公路表面层的摩擦系数,可采用摩擦系数测定车测定(　　)。

A. 纵向力系数　　B. 横向力系数
C. 20℃时的摆值　　D. 以上均不对

26. 交通荷载等级为极重、特重和重时,混凝土设计弯拉强度标准值大于或等于(　　)MPa。

A. 5　　B. 6　　C. 7　　D. 8

27. 试验研究认为,沥青在软化点时的针入度值往往为(　　)(单位 0.1mm)。

A. 600　　B. 700　　C. 800　　D. 900

28. 落锤式弯沉仪的弯沉检测装置,自承载板中心开始,沿道路纵向隔开一定距离布设一组传感器,建议布置在 0 ~ 250cm 范围内,必须包括(　　)cm 四点。

A. 0、30、60、90　　B. 30、60、90、120
C. 60、90、120、150　　D. 90、120、150、180

29. 针入度指数愈大,表明沥青对温度变化的敏感性(　　),在环境温度改变时,沥青性状改变的程度(　　)。

A. 愈高;较大　　B. 愈低;较大　　C. 愈低;较小　　D. 愈高;较小

30. CBR 试验中,试样的最大粒径宜控制在 20mm 以内,最大不得超过(　　)且含量不超过 5%。

A. 10mm　　B. 20mm　　C. 30mm　　D. 40mm

二、判断题(共 30 题,每题 1 分,共 30 分)

1. 稳定粒料基层厚度检查频率为每 200m 测 2 点。(　　)

2. 洛杉矶磨耗试验用于测定规定条件下粗集料抵抗摩擦、撞击的综合力学能力。(　　)

3. 水泥混凝土路面破碎板是指板块被裂缝分为 4 块以上。(　　)

4. 可通过适当提高抗压强度的方法来提高半刚性基层的抗冲刷性能。(　　)

5. 路面损坏自动化检测应纵向连续检测,横向检测宽度应不小于车道宽度的 80%。(　　)

6. 缩限试验适用于粒径小于 0.5mm 和有机质含量不超过 10% 的土。(　　)

7. 对养护 90d 和 180d 的试件,在养护期间,试件质量的损失应符合下列规定:稳定细粒材料试件不超过 0.1g,稳定中粒材料试件不超过 1g,稳定粗粒材料试件不超过 5g。质量损失超过此规定的试件,应予作废。(　　)

8. 车辙是沥青路面使用性能评价指标,也是沥青路面养护决策的依据。(　　)

9. 水泥属于偏碱性材料,其中碱性成分在水的参与下,与集料中的活性氧化硅或者活性碳酸盐发生碱集料反应,使混凝土迅速形成强度。(　　)

10. 在塑限滚搓法中,当土条搓至直径为 3mm 时,其产生裂缝并开始断裂,则这时土条的含水率即为土的塑限含水率。(　　)

11. 水中重法适用于测定吸水率小于 0.5% 的密实沥青混合料试件的表观相对密度或表观密度。(　　)

12. 各种集料按照一定的比例搭配,为达到较高的密实度,必须采用连续级配类型混合料。(　　)

13. 水泥稳定碎石不属于水泥稳定类材料。 (　　)

14. 含水率是指集料在饱水状态下的最大吸水程度。 (　　)

15. 由于粉煤灰质量不稳定,所以高速公路沥青面层不宜采用粉煤灰作填料。 (　　)

16. 进行沥青路面钻孔取样测定路面厚度及压实度时,应整层取样,要保证试样不破碎。 (　　)

17. 当路面温度大于20℃时,弯沉的温度修正系数大于1。 (　　)

18. 根据混凝土立方体抗压强度标准值来确定混凝土强度等级。 (　　)

19. 如果低温延度值较大,则在低温环境下沥青的开裂性相对较大。 (　　)

20. 黏度是我国作为沥青标号划分的依据。 (　　)

21. 沥青混合料马歇尔试验结果中,稳定度与残留稳定度的单位一致。 (　　)

22. 当设有人行道的道路计算路基宽度时,不计入人行道部分的宽度。 (　　)

23. 含水率属于土工试验项目中的物理性质试验。 (　　)

24. 硅酸盐水泥中掺入混合料不超过5%的称为Ⅰ型硅酸盐水泥。 (　　)

25. 当针对坚硬、易碎、含有粗粒、形状不规则的土样时,密度试验需采用环刀法。 (　　)

26. 沥青密度与相对密度试验中的密度瓶水值的测定步骤:瓶塞顶部需要擦拭干净,膨胀瓶塞上不得有小水滴。 (　　)

27. 激光构造深度仪既适用于沥青混凝土路面,也适用于水泥混凝土路面的构造深度检测。 (　　)

28. 挖坑及钻芯法会对路面造成一定的破坏,需做填补处理。 (　　)

29. 摆式仪测定路面抗滑值,当路面试验温度不是20℃时,应进行温度修正。 (　　)

30. 黏性土抗剪强度主要取决于土的内摩擦角 φ。 (　　)

三、多项选择题(共20题,每题2分,共40分。下列各题的备选项中,至少有两个符合题意,选项全部正确得满分,选项部分正确按比例得分,出现错误选项该题不得分)

1. 下列有关基层厚度评定的说法,正确的是(　　)。

A. 水泥稳定粒料基层厚度按代表值和单个合格值的允许误差进行评定

B. 按规定频率,采用挖验和钻取芯样测定厚度

C. 一级公路和二级公路的保证率不同

D. 厚度代表值为厚度的加权平均值的上置信界限值

2. 硅酸盐水泥熟料指主要含(　　)成分。

A. CaO　　B. SiO_2　　C. Al_2O_3　　D. Fe_2O_3

3. 细集料亚甲蓝试验可能加入(　　)mL亚甲蓝溶液。

A. 5　　B. 10　　C. 18　　D. 22

4. 以下属于按空隙率大小分类的沥青混合料有(　　)。

A. 密实性沥青混合料　　B. 多孔透水沥青混合料

C. 沥青碎石混合料　　D. 开级配沥青混合料

5. 测定水泥标准稠度用水量的方法有(　　)。

A. 维勃稠度法　　B. 标准维卡仪法
C. 勃氏法　　D. 代用维卡仪法

6. 目前我国针对沥青性能评价的核心指标为(　　)。
A. 针入度　　B. 软化点
C. 沥青耐久性　　D. 延度

7. 密级配沥青混合料马歇尔技术指标主要有(　　)。
A. 稳定度　　B. 流值
C. 空隙率　　D. 沥青饱和度

8. 车辙测定的基准测量宽度应符合下列(　　)规定。
A. 对高速公路和一级公路,以发生车辙的一个车道两侧标线宽度中点到中点的距离为基准测量宽度
B. 对二级公路,以形成车辙部位的一个设计车道的宽度,作为基准测量宽度
C. 对二级以下公路,有车道区画线时,以发生车辙的一个车道两侧标线宽度中点到中点的距离为基准测量宽度
D. 对二级以下公路,无车道区画线时,以形成车辙部位的一个设计车道的宽度,作为基准测量宽度

9. 下列关于 EDTA 滴定法,说法正确的是(　　)。
A. 可用于测定水泥和石灰综合稳定材料中结合料的剂量
B. 用到的试剂只有 EDTA 标准液和 10% 氯化铵溶液
C. 绘制标准曲线,根据 EDTA 标准液消耗量,确定石灰或水泥剂量
D. 用来检测水泥或石灰稳定材料拌和均匀程度

10. 下列关于测定水泥凝结时间,说法错误的是(　　)。
A. 测定水泥初凝时间时,临近初凝时每隔 15min 测定一次
B. 测定水泥终凝时间时,临近终凝时每隔 5min 测定一次
C. 测定水泥初凝时间时,当试针沉至距底板 4mm ± 1mm 时,为水泥达到初凝状态
D. 水泥的初凝时间比终凝时间长

11. 下列关于无机结合料稳定材料击实试验,说法错误的是(　　)。
A. 被稳定土在加入水泥后,应在 30min 内完成击实试验
B. 击实试验分为轻型击实和重型击实试验
C. 试样超尺寸颗粒含量不超过 10% 时,不需要修正最佳含水率和最大干密度
D. 击实试验是为得到压实材料的最佳含水率和最大干密度

12. 测定水泥凝结时间的仪器除和测定水泥净浆稠度试验相同外,还需要(　　)仪器。
A. 养护箱　　B. 试针
C. 试锥　　D. 维卡仪

13. 沥青薄膜加热试验,根据需要报告残留物的(　　)等各项性质的变化。
A. 针入度及针入度比　　B. 软化点及软化点增值
C. 黏度及黏度比　　D. 老化指数和延度

14. 下面对粗集料压碎值试验的描述,正确的有(　　)。

A. 选用石料若过于潮湿则需加热烘干，烘箱温度不得超过100℃，烘干时间不超过2h

B. 将试样分2次（每次数量大体相同）均匀装入试模中

C. 用2.36mm标准筛筛分经压碎的全部试样，可分几次筛分，均需筛至在1min内无明显的筛出物为止

D. 石料压碎值为试验后通过2.36mm筛孔的细料质量与试验前试样质量的比值

15. 路基附属设施主要有（　　）。

A. 护坡道　　B. 弃土堆　　C. 取土坑　　D. 碎落台

16. 土工织物垂直渗透性能试验试样制备时，试样应保证（　　）。

A. 清洁，表面无污物　　B. 无可见损坏或折痕，不得折叠

C. 应放置于平处　　D. 上面不得施加任何荷载

17. 关于石油沥青延度试验，说法错误的是（　　）。

A. 恒温水槽温度控制精度为±0.1℃

B. 根据试验温度有两种不同的拉伸速度

C. 改性沥青延度对沥青混合料的高温性能影响显著

D. 采用循环水域的延度仪时，在试验过程中不得关闭循环系统

18. 关于沥青与粗集料的黏附性能试验，说法正确的是（　　）。

A. 水煮法和水浸法都要由两名以上经验丰富的试验人员分别目测评定取平均等级

B. 同一种粒料存在大于13.2mm和小于13.2mm，对于小于13.2mm的粒料应采用水浸法

C. 水浸法的浸泡水温度80℃±1℃

D. 评价沥青混合料的综合抗水损能力还需要进行浸水马歇尔试验和渗水试验

19. 以下关于路面渗透性检测方法论述，正确的有（　　）。

A. 路面渗透性能可以用渗水系数表征

B. 路面渗水系数与空隙率有很大关系

C. 渗水系数越小，路面越容易渗水

D. 渗水系数法可以用于公称最大粒径大于26.5mm的下面层或基层混合料

20. 关于连续式平整度仪测定路面平整度的说法中，正确的有（　　）。

A. 连续式平整度仪的标准长度为3.6m

B. 测量时，速度应保持匀速

C. 测量速度最大不应超过15km/h

D. 自动采集位移数据时，测定间距可以设定为10cm

四、综合题（共5道大题，每道大题10分，共50分。下列各题的备选项中，有一个或一个以上符合题意，选项全部正确得满分，选项部分正确按比例得分，出现错误选项该题不得分）

1. 结合有关数理统计方法评定项目及规定内容，请回答下列有关问题。

（1）（　　）代表值都是算数平均值的下置信界限值。

A. 压实度　　B. 路面结构层厚度

C. 路面横向力系数　　　D. 弯沉值

(2)水泥混凝土弯拉强度试件组数小于或等于10组时,试件平均强度不得小于(　　),任一组强度均不得小于(　　)。

A. $1.1f_r$;$0.80f_r$　　　B. $1.15f_r$;$0.80f_r$

C. $1.1f_r$;$0.85f_r$　　　D. $1.15f_r$;$0.85f_r$

(3)水泥混凝土抗压强度合格判定系数分两档的是(　　)。

A. λ_1　　B. λ_2　　C. λ_3　　D. λ_4

(4)水泥砂浆任意一组的强度不低于设计强度等级的(　　)。

A. 80%　　B. 85%　　C. 90%　　D. 95%

(5)无机结合料稳定材料试件的平均强度应满足(　　)要求。

A. $\bar{k} - t_\alpha S/\sqrt{n} \geqslant K_0$　　　B. $f_{cs} \geqslant f_r + K\sigma$

C. $m_{f_{cu}} \geqslant f_{cu,k} + \lambda_1 S_n$　　　D. $\bar{R} \geqslant R_d/(1 - Z_\alpha C_v)$

2. 请回答环刀法测定现场密度测试步骤的相关问题。

(1)本方法适用于测定(　　)的密度。

A. 细粒土　　B. 粗粒土　　C. 巨粒土　　D. 二灰土

(2)环刀法测定压实度时,环刀取样位置应位于压实层的(　　)。

A. 上部　　B. 中部　　C. 底部　　D. 任意位置

(3)用人工取土器测定黏性土及无机结合料稳定细粒土密度的步骤如下:

①去掉击实锤和定向筒,用镐将环刀及试样挖出。

②擦净环刀外壁,用天平称取出环刀及试样合计质量。

③在试验地点,将地面清扫干净,并将压实层铲去表面浮动及不平整的部分,达一定深度,使环刀打下后,能达到要求的取土深度。

④将导杆保持垂直状态,用取土器落锤将环刀打入压实层中,至环盖顶面与定向筒上口齐平为止。

⑤擦净环刀,称取环刀质量。

⑥将定向筒齿钉固定于铲平的地面上,依照顺次将环刀、环盖放入定向筒内与地面垂直。

⑦自环刀中取出试样,取具有代表性的试样,测定其含水率。

⑧轻轻地取下环盖,用修土刀自边至中削去环刀两端余土,用直尺检测直至修平为止。

下列试验顺序正确的是(　　)。

A. ⑤③①⑥④⑧②⑦　　　B. ⑤③④①⑥⑧②⑦

C. ⑤③⑥④②①⑧⑦　　　D. ⑤③⑥④①⑧②⑦

(4)本试验须进行两次平行测定,其平行差值不得大于(　　)。

A. $0.01g/cm^3$　　　B. $0.02g/cm^3$

C. $0.03g/cm^3$　　　D. $0.05g/cm^3$

(5)环刀法测定无机结合料稳定细粒土的密度时,其龄期不宜超过(　　)。

A. 1d　　　B. 2d

C. 7d　　　D. 14d

3. 针对评价细集料洁净程度的相关试验，请回答下列有关问题。

(1)为评价机制砂洁净程度可以采用下列(　　)试验方法。

A. 筛洗法　　B. 沉降法

C. 亚甲蓝试验　　D. 砂当量试验

(2)细集料的砂当量和亚甲蓝试验描述正确的有(　　)。

A. 砂当量和亚甲蓝值均可以评价细集料的洁净程度

B. 砂当量适用于测定细集料中所含的黏性土或杂质的含量

C. 亚甲蓝值适用于测定细集料中是否存在膨胀性黏土矿物

D. 亚甲蓝试验适用于粒径小于 2.36mm 或 0.15mm 的细集料，不适用于矿粉

(3)砂当量试验时，测得砂的含水率为 1.5%，则应称取(　　)湿砂进行试验。

A. 101.5g　　B. 121.8g　　C. 138g　　D. 120g

(4)砂当量的试验步骤中，下列说法正确的有(　　)。

A. 将湿砂样用漏斗仔细地倒入加有冲洗液(试筒 100mm 刻度线)的竖立试筒中，除去气泡，润湿试样，然后放置 10min

B. 开动机械振荡器，在 30s ± 1s 的时间内振荡 90 次

C. 将冲洗管直接插入试筒底部慢慢转动冲洗管并均匀缓缓提高，直至溶液达到 380mm 刻度线为止

D. 缓慢匀速向上拔出冲洗管，当冲洗管抽出液面，且当液面位于 380mm 刻度线处时，切断冲洗管，在无扰动的情况下静置 20min ± 15s

(5)关于砂当量值，正确的说法有(　　)。

A. 砂当量值 $SE = h_2/h_1 \times 100$，以百分率计，用整数表示

B. 砂当量值越小，表明砂越洁净

C. h_1 试筒中絮凝物和沉淀物的总高度

D. h_2 为试筒中目测沉淀物的高度

4. 关于新拌水泥混凝土的坍落度试验，请回答以下有关问题。

(1)新拌混凝土的工作性又称和易性，是综合评价混凝土(　　)状况的性质和指标。

A. 流动性　　B. 可塑性

C. 稳定性　　D. 易密性

(2)坍落度试验适用于坍落度大于(　　)，集料公称最大粒径不大于(　　)的混凝土。

A. 10mm;26.5mm　　B. 10mm;31.5mm

C. 20mm;26.5mm　　D. 20mm;31.5mm

(3)当混凝土拌和物的坍落度大于(　　)时，坍落度不能准确反映混凝土的流动性，用混凝土扩展后的平均直径即坍落扩展度，作为流动性指标。

A. 180mm　　B. 200mm

C. 220mm　　D. 250mm

(4)下列试验要求，错误的有(　　)。

A. 将代表样分三层装入筒内，每层装入高度稍大于筒高的 1/3，用捣棒在每一层的横截面上均匀插捣 25 次

B. 坍落筒中的装填插捣操作,是将捣棒垂直压下,而不能采用冲击的方式进行

C. 从开始装筒至提起坍落筒的全过程,不应超过 150s

D. 当混凝土试件的一侧发生崩坍或一边剪切破坏,则表示该混凝土和易性不好

(5)做坍落度试验的同时,可用目测方法评定混凝土拌和物的(　　)。

A. 棍度　　B. 含砂情况

C. 黏聚性　　D. 保水性

5. 关于沥青混合料马歇尔试件制作,密度、马歇尔稳定度、车辙、冻融劈裂试验,请回答以下有关问题。

(1)某大型马歇尔试件高度为 98mm,原用混合料质量为 4000g,则应(　　)混合料质量再制件会使高度符合要求。

A. 增加 50g　　B. 减少 50g

C. 保持不变　　D. 以上均可

(2)下列关于表干法测定沥青混合料毛体积密度试验要求,正确的是(　　)。

A. 把试件置于网篮中时注意尽量不要晃动水

B. 称取试件的水中质量时若天平读数持续变化,不能很快达到稳定,说明试件吸水较严重

C. 用洁净柔软的拧干湿毛巾轻轻擦去试件的表面水时不得吸走空隙内的水

D. 从试件拿出水面到擦拭结束不宜超过 5s,称量过程中流出的水应尽快擦拭

(3)沥青混合料马歇尔稳定度试验从恒温水槽中取出试件至测出最大荷载值的时间不得超过(　　)。

A. 30s　　B. 1min

C. 1.5min　　D. 2min

(4)沥青混合料车辙试验中如果试件变形过大,在未到 60min 变形已经达到(　　)时,则以达到该变形时的时间为 t_2。

A. 10mm　　B. 15mm

C. 20mm　　D. 25mm

(5)沥青混合料冻融劈裂试验第二组试件冻融操作,正确的包括(　　)。

A. 在真空度 97.3 ~ 98.7kPa 条件下保持 15min,然后常压水中放置 0.5h

B. 放入 -18℃ ±2℃ 恒温冰箱中,保持 16h ± 1h

C. 放入已保温为 60℃ ±0.5℃ 的恒温水槽中 24h

D. 浸入温度为 25℃ ±0.5℃ 的恒温水槽中不少于 2h

模拟试题四

说明:1. 本模拟试题设置单选题30道、判断题30道、多选题20道、综合题5道,总计150分;模拟自测时间为150分钟。

2. 本模拟试题仅供考生进行考前自测使用。

一、单项选择题(共30题,每题1分,共30分)

1. 土的含水率是指(　　)之比,通常用百分数表示。

A. 土中水的体积与土样体积

B. 土中水的体积与固体颗粒体积

C. 土中水的质量与固体颗粒质量

D. 土中水的质量与土样质量

2. 灌砂法测路基压实度试验,若所挖试坑为上小下大,则压实度结果(　　)。

A. 偏大　　B. 偏小

C. 无影响　　D. 无法确定

3. 土工织物宽条拉伸试验方法在夹持试样时,将试样在夹具中对中夹持,注意纵向和横向的试样长度应与拉伸力的方向(　　)。

A. 重合　　B. 相交

C. 平行　　D. 垂直

4. 热拌沥青混合料路面摊铺完成,自然冷却到表面温度低于(　　)℃后,方可开放交通。

A. 20　　B. 30　　C. 40　　D. 50

5. 土的酸碱度试验中规定土悬液的制备:称取通过1mm筛的风干土样(　　)g,放入带塞的广口瓶中,加水(　　)mL,在振荡器振荡3min,静置30min。

A. 10;50　　B. 10;100　　C. 20;50　　D. 20;100

6. 环刀法测定压实度试验方法时,用天平称取出环刀及试样的质量精确至(　　)。

A. 0.5g　　B. 0.1g　　C. 0.05g　　D. 0.01g

7. 承载板法测定土基回弹模量的试验方法,预压值采用(　　),稳压时间为(　　),使承载板与土基紧密接触。

A. 0.5MPa;3 min　　B. 0.05MPa;1 min

C. 0.1MPa;3 min　　D. 0.01MPa;1 min

8. 粗集料坚固性试验中,试样所浸入的硫酸钠溶液体积不应小于试样总体积的(　　)倍。

A. 1　　B. 2　　C. 3　　D. 5

9. 规准仪法适用于测定粒径大于(　　)的碎石或卵石中,针、片状颗粒的总含量。

A. 1.18mm　　B. 2.36mm　　C. 4.75mm　　D. 9.5mm

10. 集料在混合料中起(　　)作用。

A. 骨架与分散　　B. 填充与堆积

C. 骨架与填充　　D. 填充与分散

11. 应以标准养护(　　)龄期的试件为准评定水泥混凝土的抗压强度。

A. 3d　　B. 7d　　C. 14d　　D. 28d

12. 碾压贫混凝土7d龄期无侧限抗压强度应不低于7MPa,且不宜高于(　　)。

A. 10MPa　　B. 15MPa　　C. 20MPa　　D. 25MPa

13. 粗集料洛杉矶磨耗试验对水泥混凝土集料设定回转次数为(　　)转。

A. 100　　B. 400　　C. 500　　D. 1000

14. 对(　　)进行化学分析时,主要是测定有效氧化钙和氧化镁的含量。

A. 石灰　　B. 粉煤灰　　C. 水泥　　D. 集料

15. 水泥熟料中加入石膏主要对水泥起到(　　)作用。

A. 降低成本　　B. 提高细度

C. 改善化学性质　　D. 调节凝结速度

16. 用试饼法测定水泥安定性时,要求将试件放入煮沸箱中在30min ±5min内加热水至沸腾,并恒沸(　　)。

A. 1h ±5min　　B. 2h ±5min

C. 3h ±5min　　D. 4h ±5min

17. 采用EDTA滴定法进行水泥剂量检测过程中,溶液从玫瑰红直接变为蓝色,其原因可能是(　　)。

A. 说明滴定试验成功　　B. EDTA二钠溶液浓度过低

C. 滴定速度过快　　D. 钙红指示剂滴定量不足

18. 矿粉的密度试验通常采用(　　)测定。

A. 容量瓶　　B. 比重计法

C. 李氏比重瓶法　　D. 静水天平法

19. 根据沥青(　　)的大小划定沥青标号的范围。

A. 针入度　　B. 软化点　　C. 延度　　D. 密度

20. 老化的沥青三大指标的变化规律是(　　)。

A. 针入度变大,软化点降低,延度减少

B. 针入度变大,软化点升高,延度减少

C. 针入度减小,软化点升高,延度减少

D. 针入度减小,软化点降低,延度减少

21. 根据经验,击实成型操作中,一个标准马歇尔试件的材料用量约为(　　)。

A. 1000g　　B. 1250g　　C. 4050g　　D. 1200g

22. 饱和度用来描述土中水充满孔隙的程度,则饱和度$S_r=0.6$时砂土为(　　)状态。

A. 干燥　　B. 稍湿　　C. 潮湿　　D. 饱和

23. 对相同的水泥稳定碎石分别采用烘干法和酒精法进行含水率检测,得到的含水率分别为4.8%和6.2%,则下列说法正确的是(　　)。

A. 以烘干法测值为准　　B. 以酒精法测值为准

C. 重新试验,查明原因　　D. 取两者平均值

24. 车辙试验前,车辙板需在规定温度下恒温一定时间,当恒温时间明显不足时,试验有可能(　　)。

A. 随季节变化测得不同的动稳定度

B. 导致动稳定度偏高

C. 随混合料的类型变化对动稳定度造成不同影响

D. 不影响动稳定度试验结果

25. 进行沥青混合料马歇尔试件密度测定时,当过度擦去混合料马歇尔试件开口空隙中的水分后,测得的毛体积密度结果将(　　)。

A. 偏大　　B. 偏小

C. 不受影响　　D. 偏差不明显

26. 在进行真空减压毛细管法试验时,将待测沥青和洗净干燥的真空毛细管黏度计放置在(　　)烘箱中加热30min。

A. 130℃ ±5℃　　B. 135℃ ±5℃

C. 140℃ ±5℃　　D. 145℃ ±5℃

27. 当量脆点 $T_{1.2}$是相当于沥青针入度为1.2时的温度,用以评价沥青的低温抗裂性能,即沥青的当量脆点 $T_{1.2}$(　　),说明沥青的低温抗裂性能(　　)。

A. 愈高;愈好　　B. 愈高;愈差

C. 愈低;愈好　　D. 愈低;愈差

28. 下列属于压实度的试验方法的是(　　)。

A. 无核密度仪法　　B. 振动台法

C. 击实法　　D. 贝克曼梁法

29. 进行混凝土凝结时间测定时,需要更换测针的情况是(　　)。

A. 贯入阻力超过一定程度

B. 经过一段时间之后

C. 环境温度或湿度发生改变

D. 贯入操作时在测孔边出现微裂缝

30. 某孔径筛上的筛余质量占试样总质量百分率指的是(　　)。

A. 通过百分率　　B. 累计筛余百分率

C. 分计筛余百分率　　D. 分计筛余率

二、判断题(共30题,每题1分,共30分)

1. 当混凝土拌和物的坍落度大于220mm时,应采用坍落度扩展法测定稠度。(　　)

2. 沥青混合料中掺加纤维或橡胶粉时,采用燃烧炉法测试沥青含量的结果需仔细修正检查。(　　)

3. 水泥混凝土路面抗滑性能常用摩擦系数表示。 ( )

4. 干砌挡土墙的断面尺寸是关键项目。 ( )

5. 沥青取样时,当沥青桶不便加热熔化沥青时,可在桶高的中部将桶凿开取样,但样品应在距桶壁 5cm 以上的内部凿取。 ( )

6. 土的塑性指标包括液限、塑限和塑性指数。 ( )

7. 含水率相同的土样,其所处的状态相同。 ( )

8. 在单位体积击实功相同的情况下,同类土用轻型和重型击实试验的结果相同。( )

9. 水泥混凝土立方体抗压强度试验时,试件的尺寸越小,测得结果越高。 ( )

10. CBR 法的适用范围包括路面基层和底基层材料。 ( )

11. 对于水泥混凝土,针片状颗粒是经由针状或片状规准仪判定得出的集料颗粒。 ( )

12. 级配碎石可以用作各级公路的基层或底基层,也可作为沥青面层与半刚性基层的过渡层。 ( )

13. 含水率、击实功、压实机具和土粒级配都是影响压实的因素。 ( )

14. 细集料的棱角性试验有间隙法和流动时间法,但间隙法更为准确,应优先选用。 ( )

15. 针片状颗粒对水泥混凝土集料在拌和及成型过程中影响较大,但是混凝土结硬以后影响变小。 ( )

16. 石灰中有效氧化镁含量越高,石灰的品质越低。 ( )

17. 用两台弯沉仪同时进行左右轮弯沉值测定时,应按照两个独立测点计。 ( )

18. 沥青的闪点高于燃点。 ( )

19. 软化点既是反映沥青材料热稳定性的指标,也是表示沥青条件黏度的指标。 ( )

20. 木质素纤维的灰分含量越低,说明纤维纯度越高,因此灰分含量越低,纤维质量越好。 ( )

21. 凡在试验室制作的马歇尔试件,高度超出误差规定都应视为废试件。 ( )

22. 路堤分为上路堤和下路堤,下路堤是指路床以下 0.7m 厚度范围的填方部分。( )

23. 沥青混合料拌和时,应先将各种矿料加热拌和后再加沥青。 ( )

24. 如果制作 EDTA 标准曲线所用素土、水泥或石灰发生改变,则必须重做标准曲线。 ( )

25. 水泥属于偏酸性材料,酸性成分是保证硅酸盐水泥水化,凝结和硬化的重要条件。 ( )

26. 对道路石油沥青,延度试验中要求温度为 15℃ 或 10℃,拉伸速度通常为 5cm/min ± 0.25cm/min。 ( )

27. 进行动力锥贯入仪测定路基路面 CBR 试验方法前,应利用当地材料进行试验比对,测点数宜至少 15 个,相关系数 R 应不小于 0.95。 ( )

28. 当挖坑灌砂法测定压实度产生争议时,可以采用无核密度仪进行仲裁检测。 ( )

29. 土工试验项目中的力学性质试验包括膨胀与收缩。 ( )

30. 平整度指标 σ 值越大,则路面平整性越差。 ( )

三、多项选择题(共20题,每题2分,共40分。下列各题的备选项中,至少有两个符合题意,选项全部正确得满分,选项部分正确按比例得分,出现错误选项该题不得分)

1. 土的膨胀性试验包括(　　)。
A. 自由膨胀率试验　　B. 有荷载膨胀率试验
C. 无荷载膨胀率试验　　D. 膨胀力试验

2. 下列有关基层压实度的说法,不正确的是(　　)。
A. 高速公路、一级公路基层和底基层的保证率为95%
B. 当压实度代表值小于压实度标准值时,评定压实度为不合格
C. 当压实度代表值大于或等于压实度标准值,且单点压实度全部大于或等于规定极值时,按测定值不低于规定值减2个百分点的测点数计算合格率
D. 当压实度代表值大于压实度标准值时,则评定路段的压实度合格率为100%

3. 新拌水泥混凝土的工作性主要包括(　　)。
A. 流动性　　B. 可塑性　　C. 稳定性　　D. 易密性

4. 评价沥青与矿料黏附性的试验方法有(　　)。
A. 射线法　　B. 水浸法　　C. 水煮法　　D. 离心分离法

5. 土层的天然固结状态可分为(　　)。
A. 超固结状态　　B. 正常固结状态
C. 次固结状态　　D. 欠固结状态

6. 测定土的液限常用方法有(　　)。
A. 联合测定法　　B. 碟式仪法
C. 滚搓法　　D. 烘干法

7. 粗集料压碎值试验所用的方孔筛筛孔尺寸为(　　)。
A. 2.36mm　　B. 4.75mm　　C. 9.5mm　　D. 13.2mm

8. 石料的磨耗性可以采用(　　)磨耗试验测定。
A. 洛杉矶　　B. 道瑞　　C. 规准仪　　D. 肯塔堡

9. 下列不属于激光连续测试方法的是(　　)。
A. 线激光车辙仪　　B. 激光车辙仪
C. 路面横断面仪法　　D. 横断面尺法

10. 在缩限和液限之间,土的状态可划分为(　　)。
A. 半固态　　B. 可塑状态　　C. 固态　　D. 液态

11. 关于土的类别对最佳含水率和最大干密度的影响,下述说法正确的是(　　)。
A. 黏粒含量增多,最佳含水率增大
B. 黏粒含量增多,最大干密度增大
C. 粉粒含量增多,最佳含水率减小
D. 粉粒含量增多,最大干密度减小

12. 关于细集料亚甲蓝试验,下述说法不正确的有(　　)。
A. 本方法适用于小于2.36mm或小于0.15mm的细集料,也可用于矿粉质量检验

B. 当细集料中 0.075mm 通过率小于 2% 时,可不进行此项试验即作为合格看待

C. 每次配制亚甲蓝溶液前,都必须首先确定亚甲蓝的含水率

D. 配制亚甲蓝溶液时水温不超过 50℃

13. 目前我国针对沥青性能评价的核心指标为(　　)。

A. 针入度　　B. 软化点

C. 沥青耐久性　　D. 延度

14. 马歇尔试件成型过程中,需要加热的器件有(　　)。

A. 击实锤　　B. 套筒　　C. 试模　　D. 底座

15. 路基高度是指(　　)。

A. 路堤的填筑高度或路堑的开挖深度

B. 路中线设计高程与原地面高程之差

C. 填方坡脚或挖方坡顶与路基边缘的相对高差

D. 路基设计高程与原地面高程之差

16. 下列属于土工合成材料水力性能试验方法的有(　　)。

A. 恒水头法　　B. 耐静水压试验

C. 网篮法　　D. 干筛法

17. 测得混凝土坍落度值后,通过侧向敲击,进一步观察混凝土坍落体的下沉情况,若混凝土拌和物出现(　　),说明混凝土黏聚性差。

A. 突然折断　　B. 崩坍、石子散落

C. 底部明显有水流出　　D. 表面泌水

18. 针入度试验的关键性条件分别是(　　),若试验条件控制不准,将严重影响试验结果的准确性。

A. 温度　　B. 黏度　　C. 测试时间　　D. 针的质量

19. 路面抗滑性能的指标有(　　)。

A. 最大间隙　　B. 摆值　　C. 构造深度　　D. 横向力系数

20. 沥青混合料标准飞散试验可用于确定沥青路面表面层使用的(　　)所需最少沥青用量。

A. AC　　B. SMA　　C. OGFC　　D. AM

四、综合题(共 5 道大题,每道大题 10 分,共 50 分。下列各题的备选项中,有一个或一个以上符合题意,选项全部正确得满分,选项部分正确按比例得分,出现错误选项该题不得分)

1. 请回答下列有关土的含水率试验方法的问题。

(1)砂类土采用烘干法测含水率,取代表性试样(　　)。

A. 15g　　B. 30g　　C. 50g　　D. 100g

(2)酒精燃烧法测定土的含水率时,需将试样燃烧(　　)次。

A. 2　　B. 3　　C. 4　　D. 5

(3)采用烘干法测细粒土的含水率时,宜烘(　　)。

A.4h　　B.6h　　C.8h　　D.10h

(4)针对酒精燃烧法,下面描述正确的是(　　)。

A.黏质土的代表性试样质量为20~30g

B.在称量盒中注入酒精后,可将盒底在桌面上轻轻敲击

C.上一次的酒精燃烧熄灭后,必须确定完全熄灭时,才能加下一次酒精,以免发生危险

D.本方法是快速测定法中较准确的一种,现场测试中用得较多

(5)比重法仅适用于测定(　　)的含水率。

A.黏质土　　B.粉质土　　C.砂类土　　D.冻土

2.关于无机结合料稳定材料击实试验方法,请回答以下问题。

(1)无机结合料稳定材料击实试验甲、乙两类方法区别在于(　　)。

A.试样尺寸　　B.每层击数

C.平均单位击实功　　D.容许最大公称粒径

(2)关于无机结合料稳定材料击实试验试样浸润时间,下列说法正确的有(　　)。

A.黏性土12~24h,粉性土6~8h

B.砂性土、砂砾土、红土砂砾、级配砂砾等可以缩短到4h左右

C.含土很少的未筛分碎石、砂砾和砂可缩短到2h

D.浸润时间一般最长不超过24h

(3)无机结合料稳定材料击实试验丙类方法每层锤击次数是(　　)次。

A.27　　B.59　　C.98　　D.112

(4)当试样中大于规定最大粒径的超尺寸颗粒含量为(　　)时,对试验所得最大干密度和最佳含水率进行校正。

A.5%~30%　　B.10%~30%

C.15%~30%　　D.20%~30%

(5)无机结合料稳定材料击实试验报告应包括(　　)。

A.试样的最大粒径、超尺寸颗粒的百分率

B.水泥和石灰的剂量(%)或石灰粉煤灰土(粒料)的配合比

C.所用试验方法类别

D.最大干密度(g/cm^3)和最佳含水率(%)

3.关于水泥胶砂强度检验方法(ISO法),请回答以下问题。

(1)水泥胶砂强度检验方法(ISO法)要求水泥与ISO砂的质量比为(　　),水灰比为(　　)。

A.1∶2;0.4　　B.1∶3;0.4

C.1∶2;0.5　　D.1∶3;0.5

(2)水泥胶砂强度检验方法(ISO法)要求各龄期(试件龄期从水泥加水搅拌开始算起)的试件应在(　　)时间内进行强度试验。

A. 龄期 24h,试验时间 24h ±15min

B. 龄期 48h,试验时间 48h ±30min

C. 龄期 7d,试验时间 7d ±2h

D. 龄期 28d,试验时间 28d ±8h

(3)水泥胶砂强度检验方法(ISO 法)试件养护要求有(　　)。

A. 对于 24h 龄期的,应在破型试验前 20min 内脱模

B. 对于 24h 以上龄期的,应在成型 24h 后脱模

C. 脱模时要非常小心,应防止试件损伤。硬化很慢的水泥允许延期脱模,但须记录脱模时间

D. 试件脱模后即放入水槽中养护,试件之间间隙和试件上表面的水深不得小于 5mm

(4)水泥胶砂强度检验方法(ISO 法)试验步骤,要求正确的是(　　)。

A. 采用杠杆式抗折试验机试验时,试件放入前,应使杠杆成水平状态,将试件成型侧面朝上放入抗折试验机内

B. 抗折强度试验,试件放入后调整夹具,使杠杆在试件折断时尽可能地接近水平位置

C. 抗压试验不用夹具进行,试件受压面为试件成型时的两个侧面,面积为 40mm ×40mm

D. 抗压强度试验,压力机加荷速度应控制在 2400N/s ±200N/s 速率范围内,在接近破坏时应更严格掌握

(5)胶砂制备至少要搅拌(　　)。

A. 60s　　B. 90s

C. 150s　　D. 240s

4. 关于沥青针入度、延度、软化点试验,请回答以下问题。

(1)沥青针入度试验要求包括(　　)。

A. 其标准试验条件为温度 25℃,测试时间 5s,针的质量 100g

B. 试验开始前,借助反光镜或灯光反射观察,使针尖恰好与试样表面接触

C. 同一试样平行试验至少 3 次,各测试点之间及与盛样皿边缘的距离不应少于 10mm

D. 测定针入度大于 100(0.1mm)的沥青,至少用 3 支标准针,每次试验后将针留在试样中

(2)软化点在 80℃以上的沥青软化点试验(环球法)中在烧杯内注入预先加热至(　　)℃的甘油。

A. 30　　B. 31　　C. 32　　D. 33

(3)沥青延度试验注意事项包括(　　)。

A. 将隔离剂拌和均匀,涂于清洁干燥的试模底板和试模的内侧表面

B. 用热刮刀自试模的中间刮向两端刮除高出试模的沥青,使沥青面与试模面齐平

C. 在试验过程中,仪器不得有振动,水面不得有晃动

D. 当试样出现上浮或下沉时,应调整水的密度,重新试验

(4)关于沥青针入度、软化点、延度、针入度指数指标,说法正确的有(　　)。

A. 针入度值越大,表示沥青黏度越低

B. 软化点越高,表示沥青高温稳定性越好

C. 延度值越大,表示沥青低温抗裂性越好

D. 针入度指数越小,表示沥青的感温性越低

(5)沥青针入度和延度的单位分别是(　　)。

A. 0.1mm;mm　　B. 0.1mm;cm　　C. mm;cm　　D. mm;m

5. 高速公路路基施工完成后进行压实度检测工作,现场采用挖坑灌砂方法测定路基压实度,请结合相关标准规范对以下问题进行作答。

(1)挖坑灌砂法试验适用于下面(　　)的压实度检测。

A. 基层　　B. 路基土　　C. 填石路堤　　D. 砂石路面

(2)下面(　　)不是标定灌砂筒下部圆锥体内砂质量的步骤。

A. 按规定方法向灌砂筒内装砂并称取砂的质量,以后每次标定均维持该装砂质量

B. 将装有一定质量砂的储砂筒放在标定罐上,打开开关让砂流出至不再下流时,关闭开关,取下灌砂筒,称量筒内剩余砂的质量

C. 将灌砂筒轻移至玻璃板上,打开开关让砂流出,直至砂不再流出,关闭开关,取走灌砂筒

D. 收集并称量玻璃板上砂的质量

(3)用大型灌砂筒测定时,对于细粒土取不少于(　　)的代表性样品测定其含水率。

A. 100g　　B. 200g　　C. 300g　　D. 400g

(4)测压实度正确的试验步骤排序为(　　)。

①移开灌砂筒并取出试坑内的量砂以备下次再用。

②移开灌砂筒并清理测点表面。

③测定粗糙面上砂锥的质量。

④将装有量砂的灌砂筒放置在基板中心。

⑤放置基板使基板中心对准测点。

⑥在灌砂筒内装入量砂,把灌砂筒放在基板上,使灌砂筒中心正好对准基板中心,打开灌砂筒,测定灌入试坑内砂的质量。

⑦沿基板中心向下挖坑至下一结构层顶面,并尽快称量所挖出试样的质量和含水率。

⑧选点并将其表面清理干净。

A. ⑧⑤④③②⑦⑥①　　B. ⑧⑤④③②⑤⑥⑦①

C. ⑧⑤③②④⑦⑥①　　D. ⑧④③②⑤⑦⑥①

(5)本检测工作的注意事项包括(　　)。

A. 量砂要规则

B. 地表面处理要平整

C. 挖坑时试坑周壁应竖直,避免出现上大下小或上小下大的情形

D. 挖坑深度应等于测试层厚度

参考答案及解析

模拟试题一

一、单项选择题

1.【答案】C

【解析】上路床厚度为0.3m。

2.【答案】C

【解析】沥青路面平整度不属于关键项目。

3.【答案】B

【解析】水泥混凝土路面坑洞损坏是指有效直径大于30mm,深度大于10mm的局部坑洞。

4.【答案】D

【解析】公路技术状况分为优、良、中、次、差五个等级。

5.【答案】A

【解析】金属杆插入式温度计适用于检测热拌热铺沥青混合料的施工温度,包括出厂温度、摊铺温度、碾压温度等。

6.【答案】B

【解析】击实试验是为了获得路基土的最大干密度和最佳含水率。

7.【答案】C

【解析】采用3m直尺进行路面平整度测定时,应首尾相接连续测量10尺。

8.【答案】D

【解析】土样的抗剪强度连接线在纵轴上的截距是土样的黏聚力。

9.【答案】B

【解析】一般采用贯入量为2.5mm时的单位压力与标准压力之比作为材料的承载比。

10.【答案】A

【解析】若1min内剪切变形不超过0.01mm,则施加下一级水平荷载。

11.【答案】B

【解析】沥青混合料冻融劈裂试验试件的击实次数为双面各50次。

12.【答案】C

【解析】集料压碎值用于衡量石料在逐渐增加的荷载下抵抗压碎的能力,是衡量石料力学性质的指标。

13.【答案】C

【解析】A 选项表干法适用于吸水率不大于 2% 的沥青混合料,B 选项水中重法适用于基本不吸水的沥青混合料,C 选项蜡封法适用于吸水率大于 2% 的沥青混合料,D 选项体积法适用于空隙率很高(往往 18% 以上)的沥青混合料。

14.【答案】A

【解析】硅酸盐水泥矿物成分及含量分别为:硅酸三钙的含量为 63% ~67%;硅酸二钙的含量为 21% ~24%;铝酸三钙的含量为 4% ~7%;铁铝酸四钙的含量为 2% ~4%。

15.【答案】C

【解析】立方体抗压强度试件的标准尺寸立方体的边长为 150mm。

16.【答案】B

【解析】芯样的直径不宜小于集料最大粒径的 3 倍。

17.【答案】D

【解析】复合硅酸盐水泥不包括 32.5 强度等级。

18.【答案】A

【解析】沥青质含量越高,沥青软化点越高,黏度越大,沥青表现的就越硬、越脆。

19.【答案】B

【解析】我国规定针入度标准试验条件为温度 25℃,针总质量 100g,贯入时间 5s。

20.【答案】C

【解析】乳化沥青适用于沥青表面处治路面、沥青贯入式路面、冷拌沥青混合料路面、修补裂缝、喷洒透层、黏层与封层等。

21.【答案】D

【解析】SBS 改性沥青的特点:在温差较大的地区有很好的耐高温、抗低温能力;具有较好的抗车辙能力,其弹性和韧性提高了路面的抗疲劳能力;其黏结能力特别强,能显著改善路面遇水后的抗拉能力并极大地改善了沥青的水稳定性;提高了路面的抗滑能力;增强了路面的承载能力;减少路面因紫外线辐射而导致的沥青老化现象;减少因车辆渗漏柴油、机油和汽油而造成的破坏。

22.【答案】A

【解析】沥青混合料车辙试验适用于测定沥青混合料的高温抗车辙能力,供沥青混合料配合比设计时的高温稳定性检验使用,也可用于现场沥青混合料的高温稳定性性检。

23.【答案】A

【解析】路堤通常是分层铺筑,分层压实。每层压实厚度一般不超过 0.3m。

24.【答案】D

【解析】灌水法适用于现场测定粗粒土和巨粒土的密度。

25.【答案】D

【解析】沥青稳定碎石属于有机结合料稳定类材料。

26.【答案】B

【解析】沥青混合料的结构类型不包括悬浮空隙结构。

27.【答案】C

【解析】对冬季寒冷地区或交通量小的公路、旅游公路,宜选用稠度小、低温延度大的沥青。

28.【答案】D

【解析】SFC横向力系数不是平整度测试指标。

29.【答案】C

【解析】自动弯沉仪适用于新、改建路面工程的质量验收,无严重坑槽、车辙等病害的正常通车条件下连续采集沥青路面弯沉数据。

30.【答案】D

【解析】毛体积包括材料实体、开口及闭口孔隙。

二、判断题

1.【答案】√

【解析】边沟、截水沟和排水沟的沟底纵坡均要求不小于0.3%。

2.【答案】×

【解析】路面结构层厚度代表值为算数平均值的下置信界限。

3.【答案】×

【解析】采用3m直尺测定水泥混凝土面层平整度时,以最大间隙h作为指标。

4.【答案】√

【解析】在沥青路面成型后应立即测定路面表层渗水系数,以检验沥青混合料面层施工质量。

5.【答案】×

【解析】土的三相比例是变化的,随着其比例的不同,土的状态和工程性质也随之发生变化。

6.【答案】√

【解析】土的比重是可以通过试验直接测定的,它是土的物理性质中三个基本指标之一。

7.【答案】√

【解析】借助相对密度试验结果,可以了解土在自然状态或经压实后的松紧情况和土粒结构的稳定性。

8.【答案】×

【解析】土的变形和强度只随有效应力而变化。

9.【答案】√

【解析】公路土工合成材料的宽条拉伸试验规定,宽条拉伸试验试样宽度为200mm。

10.【答案】√

【解析】土的有机质含量试验适用于有机质含量不超过15%的土。

11.【答案】√

【解析】石灰消解之后需陈伏一段时间再使用,以防止石灰应用过程中发生不安定现象。

12.【答案】×

【解析】特粗式沥青混合料的矿料公称最大粒径为37.5mm。

13.【答案】×

【解析】集料分为酸性、中性和碱性，根据母岩中的SiO_2含量来进行划分。SiO_2含量大于65%，属于酸性集料；小于52%属于碱性集料，介于二者之间的是中性集料。

14.【答案】×

【解析】混凝土坍落度越大，表示混凝土的流动性越大。

15.【答案】√

【解析】水泥胶砂成型前组装三联模时要涂抹一些黄油，其作用是防止试模与水泥胶砂粘连。

16.【答案】√

【解析】通过加热状态下测定道路石油沥青薄膜加热后的质量损失以及其他指标的变化，据此评价沥青的耐老化性能。

17.【答案】×

【解析】蜡随着温度升高极易融化，使沥青的黏度降低，增大沥青的温度敏感性。

18.【答案】√

【解析】承载板法是利用逐级加载—卸载的方法测出每一级荷载下的土基回弹变形，计算出土基回弹模量E_0。

19.【答案】√

【解析】动力黏度是表征沥青黏滞性的核心指标，60℃下的动力黏度与夏季路面高温条件下沥青混合料的强度、抗车辙能力有良好相关性。

20.【答案】√

【解析】取滴落点和硬化点之间温度间隔的87.21%当作沥青软化点。

21.【答案】×

【解析】木质素纤维的吸油率越大，吸收沥青越多，性质越好。

22.【答案】√

【解析】沥青试样在灌模过程中，若试样冷却需反复加热，反复加热的次数不得超过2次，以免沥青老化影响试验结果。

23.【答案】×

【解析】公路按使用任务、功能和适应的交通量分为高速公路、一级公路、二级公路和三级公路、四级公路五个技术等级。

24.【答案】√

【解析】混凝土使用引气剂后，将有利于混凝土的抗冻性能，但不利于混凝土的力学性能。

25.【答案】×

【解析】集料的磨光值越高，抗滑性越好。

26.【答案】√

【解析】沥青的黏稠度越高，越有利于沥青与集料之间的黏附性。

27.【答案】√

【解析】水泥稳定碎石试件的径高比一般为1∶1,根据需要也可成型为1∶1.5或1∶2的试件。

28.【答案】√

【解析】回弹法测定的水泥混凝土路面抗压强度,不能作为仲裁或工程验收的依据。

29.【答案】√

【解析】当缺乏所需标号的沥青时,可采用不同标号掺配的调和沥青,其掺配比例由试验决定。

30.【答案】√

【解析】沥青饱和度是指压实沥青混合料试件中沥青实体体积占矿料骨架实体以外的空间体积的百分率,又称为沥青填隙率。

三、多项选择题

1.【答案】BC

【解析】沥青混凝土面层的实测关键项目是压实度和厚度。

2.【答案】AD

【解析】用于路堤加筋的土工合成材料可采用土工格栅和土工格室。

3.【答案】CD

【解析】A和B选项对沥青高温稳定性带来积极的影响。

4.【答案】ABCD

【解析】选项全部正确。

5.【答案】ACD

【解析】直剪试验有慢剪、快剪和固结快剪三种不同试验方法。

6.【答案】AD

【解析】有关测试值修正的规定:①沥青面层厚度大于5cm且路面温度超过(20±2)℃范围时,应进行温度修正;②当采用3.6m弯沉仪进行测定时支座处有变形,应进行支点修正。

7.【答案】ABC

【解析】细集料的表观密度试验需要测定:烘干后试样的质量,试样、水和容量瓶的总质量,水和容量瓶的总质量。

8.【答案】CD

【解析】沥青软化点试验和延度试验需要使用隔离剂。

9.【答案】ABCD

【解析】选项全部正确

10.【答案】BCD

【解析】水泥的化学指标、凝结时间、安定性和强度必须满足规范要求,凡不符合其中任何一条的均为不合格产品。

11.【答案】BCD

【解析】粗集料软弱颗粒试验需要的标准筛孔有4.75mm、9.5mm和16mm。

12.【答案】BCD

【解析】断面仪法适用于测定沥青路面车辙。

13.【答案】ABCD

【解析】路面结构按照层位功能的不同，可由面层、基层、底基层和必要的功能层组成。

14.【答案】ABC

【解析】级配碎石、级配砾石基层或底基层的施工顺序主要包括拌和、摊铺、碾压。

15.【答案】BCD

【解析】A 选项应为：无法判断该路段压实度是否合格。

16.【答案】BCD

【解析】水泥中有害成分包括游离氧化镁、三氧化硫和碱含量。

17.【答案】AB

【解析】路基路面几何尺寸项目中的纵断高程和横坡一般用水准仪检测。

18.【答案】CD

【解析】A 选项应为：当贯入阻力达到 3.5MPa 时测定初凝时间；B 选项应为：当贯入阻力达到 28.0MPa 时测定终凝时间。

19.【答案】AB

【解析】沥青延度试验适用于测定道路石油沥青、聚合物改性沥青、液体石油沥青蒸馏残留物和乳化沥青蒸发残留物等材料的延度。

20.【答案】ABD

【解析】沥青混凝土的空隙率过小，沥青膨胀空间有限，面层容易产生车辙和推移现象，也可能由于沥青用量过大而产生泛油现象。

四、综合题

1.【答案】(1)AB　(2)C　(3)BCD　(4)ABCD　(5)D

【解析】(1)每一双车道评定路段(不超过 1km)测量检查点数：落锤式弯沉仪(FWD)为 40，自动弯沉仪或贝克曼梁为 80。

(2)土方路基压实度按高速公路和一级公路、二级公路、三四级公路三档确定。

(3)B 选项应为：当试件组数大于 20 组时，其他公路允许有一组最小弯拉强度小于 $0.85f_r$，但不得小于 $0.80f_r$；C 选项应为：当试件组数为 11 ~ 19 组时，高速公路和一级公路水泥混凝土允许有一组最小弯拉强度小于 $0.85f_r$，但不得小于 $0.80f_r$；D 选项应为：试件组数少于或等于 10 组时，试件平均强度不得小于 $1.15f_r$，任一组强度均不得小于 $0.85f_r$。

(4)选项全部正确。

(5)填隙碎石基层和底基层的关键实测项目有固体体积率。

2.【答案】(1)ABCD　(2)ABCD　(3)ACD　(4)C　(5)B

【解析】(1)选项全部正确。

(2)选项全部正确。

(3)B 选项应为：稳定中粒材料试件不超过 4g。

(4)无机结合料稳定材料无侧限抗压强度试验试件破坏荷载应大于测力量程的 20% 且小

于测力量程的80%。

(5)EDTA滴定过程中,溶液的颜色从玫瑰红变为紫色,并最终变为蓝色。

3.【答案】(1)AB (2)ABD (3)ABCD (4)ABC (5)A

【解析】(1)标准稠度水泥净浆作为水泥凝结时间和安定性物理指标测定时所需水泥浆材料。

(2)C选项应为:采用代用法时,如果固定用水量法的结果和调整用水量法的结果有冲突时,以调整用水量法的结果为准。

(3)选项全部正确。

(4)D选项应为:当雷氏夹法和试饼法试验结果相矛盾时,以雷氏夹法的结果为准。

(5)现行水泥安定性试验可检测出游离CaO引起的水泥体积变化,以判断水泥安定性是否合格。

4.【答案】(1)A (2)C (3)B (4)ABD (5)A

【解析】(1)第①应在第③之前,第⑤应在第②之前。

(2)最后两步所用的筛都是2.36mm,而不是9.5mm。

(3)如果石料过于潮湿需加热烘干时,烘箱温度不得超过100℃,烘干时间不超过4h。

(4)本试验用到的标准筛有13.2mm、9.5mm、2.36mm。

(5)本试验分层倒入压碎值试模中试样每层捣实的次数为25次。

5.【答案】(1)ABC (2)A (3)B (4)A (5)D

【解析】(1)承载板法测定土基回弹模量试验方法用不到温度计。

(2)刚性承载板的直径为30cm。

(3)当加载的荷载大于0.1MPa时,每级增加的荷载为0.04MPa。

(4)总影响量a为两只百分表初读数与终读数之差的平均值。

(5)在试验点下取样,测定材料含水率。取样数量:最大粒径不大于4.75mm,试样数量约120g;最大粒径不大于19.0mm,试样数量约250g;最大粒径不大于31.5mm,试样数量约500g。

模拟试题二

一、单项选择题

1.【答案】B

【解析】沥青路面11类损坏中,分轻度和重度2级的有块状裂缝、纵向裂缝、横向裂缝、沉陷、车辙、波浪拥包、坑槽、松散共8类。

2.【答案】C

【解析】对于水泥稳定材料,将烘箱温度调到110℃;对于其他材料,将烘箱调到105℃;待烘箱达到设定的温度后,取下盒盖,并将盛有试样的铝盒放在盒盖上,然后一起放入烘箱中进行烘干。

3.【答案】B

【解析】水泥凝结时间每次测定要避免试针落在同一针孔位置,并避开试模内壁至少 10mm。

4.【答案】A

【解析】土工格室可用于路基加筋、防沙固沙、路基防护等场合。

5.【答案】D

【解析】毛细水是指水与土空隙管壁接触时，由于湿润和静电引力作用，在毛细管壁形成的水。

6.【答案】A

【解析】土工合成材料大多以抗拉强度来评价承受荷载的能力。

7.【答案】A

【解析】烧失量不包括吸湿水，仅包括有机质和结合水，石灰性土中还包括二氧化碳（由碳酸盐所产生的）。

8.【答案】A

【解析】液限指的是土从液体状态向塑性体状态过渡的界限含水率。

9.【答案】B

【解析】液性指数，当 $I_L=0$，即 $w=w_p$，土处于塑限。

10.【答案】B

【解析】CBR 又称加州承载比，是用于评定路基土和路面材料的强度指标。

11.【答案】A

【解析】摆式摩擦仪调零允许误差为 ±1BPN。

12.【答案】C

【解析】游标卡尺法测定的针片状颗粒，是指粗集料颗粒的最大长度（或宽度）方向与最小厚度（或直径）方向的尺寸之比大于 3 倍的颗粒。

13.【答案】A

【解析】无机结合料稳定材料振动压实试验方法适用于粗集料含量较大的稳定材料。

14.【答案】D

【解析】水泥混凝土抗弯拉强度试验方法规定水泥混凝土抗折强度试验标准试件尺寸为 100mm×100mm×550mm，若采用非标准试件尺寸为 100mm×100mm×400mm。

15.【答案】C

【解析】通用硅酸盐水泥按混合材料的品种和掺量，分为硅酸盐水泥、普通硅酸盐水泥、矿渣硅酸盐水泥、火山灰质硅酸盐水泥、粉煤灰硅酸盐水泥和复合硅酸盐水泥。

16.【答案】B

【解析】立方体抗压强度标准值是指按标准方法制作和养护的边长为 150mm 的立方体试件，到 28d 龄期时，采用标准试验方法测得的抗压强度总体分布中的一个值，要求混凝土抗压强度低于标准值的百分率不超过 5%，以 MPa 计。

17.【答案】B

【解析】水泥烧失量试验采用灼烧差减法，试样的灼烧温度为 950℃ ±25℃。

18.【答案】A

【解析】胶砂组成每锅胶砂材料组成为水泥：标准砂：水 =450g：1350g：225mL。

19.【答案】B

【解析】级配的特点细集料多,粗集料较少,悬浮于细集料中,不能形成嵌挤骨架,空隙率较小。连续级配混合料密实耐久、内摩阻力相对较小,高温稳定性较差。

20.【答案】A

【解析】单位体积包括开口孔隙体积、闭口孔隙体积和材料的实体矿物成分。

21.【答案】A

【解析】三个密度分子(质量)相同,分母(体积)堆积密度($V_a+V_n+V_i+V_v$)最大,毛体积密度($V_a+V_n+V_i$)中间值,表观密度(V_a+V_n)最小,则堆积密度最小,表观密度最大。

22.【答案】B

【解析】锚杆、锚定板和加筋土挡土墙距面板1m范围以内的压实度实测项目是关键项目。

23.【答案】C

【解析】减水剂能在用水量不变的前提下提高混凝土的流动性。

24.【答案】B

【解析】影响沥青混合料耐久性的因素很多,一个很重要的因素是沥青混合料的空隙率。

25.【答案】D

【解析】移液管法适用于粒径<0.075mm的土样。

26.【答案】D

【解析】水泥的化学性质包括有害成分、不溶物和烧失量。

27.【答案】C

【解析】高速公路和一级公路应验证所用材料的7d龄期无侧限抗压强度与90d或180d龄期弯拉强度的关系。

28.【答案】C

【解析】交通荷载等级为轻时,混凝土设计弯拉强度标准值为4MPa。

29.【答案】C

【解析】空隙率VV=(1-毛体积相对密度γ_b/理论最大相对密度γ_t)×100。

30.【答案】D

【解析】黏附性直接影响沥青路面的使用质量和耐久性,是评价沥青技术性能一项重要指标。

二、判断题

1.【答案】×

【解析】固体体积率是填隙碎石(矿渣)基层和底基层的关键实测项目。

2.【答案】√

【解析】竣工验收前,应对沥青路面弯沉和车辙抽查项目进行复测。

3.【答案】√

【解析】压缩试验中,饱和土体所受到总应力为有效应力与孔隙水压力之和。

4.【答案】×

【解析】亚甲蓝试验适用于0~2.36mm的细集料以及小于0.075mm矿粉等材料的质量检验。

5.【答案】√

【解析】旧混凝土路面的损坏应采用断板率和平均错台量两项指标评定。

6.【答案】×

【解析】核子密度湿度仪用于测定沥青混合料面层的压实密度或硬化混凝土等难以打孔材料的密度时,宜使用散射法。用于测定土基、基层材料或非硬化水泥混凝土等可以打孔材料的密度及含水率时,应使用直接透射法。

7.【答案】√

【解析】塑性高表示土中胶体黏粒含量大,同时也表示黏土中可能含有蒙脱石或其他高活性的胶体黏粒较多。主要是因为当胶体黏粒含量越高时,土吸附自由水的能力就越强,因此塑性越明显。

8.【答案】√

【解析】土的液限与天然含水率之差和塑性指数之比,称为土的天然稠度。

9.【答案】×

【解析】土的孔隙比是指土中孔隙的体积与固体颗粒体积之比,土的孔隙率是指土中孔隙的体积与总体积之比。

10.【答案】√

【解析】CBR主要反映的是路基土和路面材料的承载力和稳定性,所以是强度指标。

11.【答案】×

【解析】集料的磨耗值越小,表示其抗磨耗性能越好。

12.【答案】√

【解析】摆值(BPN)是摆式仪的刻度值,为摩擦系数的100倍。

13.【答案】×

【解析】剪切速率对砂土抗剪强度的影响很少,常可忽略不计,但对黏性土抗剪强度的影响则比较明显。

14.【答案】×

【解析】水泥的化学指标、凝结时间、安定性和强度必须满足规范要求,凡不符合其中任何一条的均为不合格产品,都不得使用。

15.【答案】√

【解析】公路无机结合料稳定材料无侧限抗压强度试验,只需测定试样强度,不需测试样含水率。

16.【答案】×

【解析】对于最大粒径大于13.2mm的集料应采用水煮法;对最大粒径小于或等于13.2mm的集料应采用水浸法进行试验。

17.【答案】×

【解析】当水泥浆数量固定的情况下,随着砂率的增大,集料的总表面积也随之增大,使水泥浆的数量相对减小,当砂率超过一定的限度后,就会削弱由水泥浆所产生的润滑作用,反而又会导致混凝土拌和物流动性的降低。

18.【答案】×

【解析】混凝土试件应在温度为20℃±5℃,相对湿度95%以上的标准养护室进行养护。

19.【答案】×

【解析】沥青混合料试件的空隙率以字母VV表示,VMA是沥青混合料试件的矿料间隙率。

20.【答案】√

【解析】夏季气温高且持续时间长、重载交通多的路段,宜选用粗型密级配沥青混合料,并取较高的设计空隙率。

21.【答案】×

【解析】SBS改性沥青显著提高了路面的使用性能,延长了路面使用寿命,大大降低了养护费用。

22.【答案】×

【解析】饮用水可直接作为混凝土搅拌与养护用水。非饮用水应进行水质检验,达到质量标准才可使用。

23.【答案】√

【解析】稳定度指标准尺寸试件在规定温度和加荷速度下,在马歇尔仪中最大的破坏荷载(kN);流值指达到最大破坏荷载时的试件的径向压缩变形(以0.1mm计)。马歇尔模数即为稳定度除以流值的商。

24.【答案】√

【解析】基层与底基层混合料试验项目中,绘制EDTA标准曲线的目的是为了对施工过程中水泥、石灰剂量有效控制。

25.【答案】√

【解析】道路工程中用于各类混合料最常用的集料,是经由机械轧制成、粒径大小不一的碎石和天然砂。

26.【答案】√

【解析】无机结合料稳定材料振动压实试验步骤规定加有水泥的试料拌和后,应在1h内完成振实试验。拌和后超过1h的试样,应予作废。

27.【答案】√

【解析】养护过程中温度、湿度和龄期时影响混凝土强度形成的主要因素。

28.【答案】×

【解析】通过延度试验测定沥青能够承受的塑性变形总能力,并用于评价沥青在低温状态下的抗裂性。

29.【答案】×

【解析】土基现场CBR值测试方法适用于在现场测定各种土基材料的现场CBR值,同时也适合于基层、底基层砂类土、天然砂砾、级配碎石等材料CBR值的试验。

30.【答案】×

【解析】无侧限抗压强度试验时水泥稳定碎石养护7d,在最后一天需泡水,水温为20℃±2℃。

三、多项选择题

1.【答案】ACD

【解析】土工合成材料刺破强力试验适用于土工膜、土工织物及其复合产品。

2.【答案】BCD

【解析】砂中含泥量(筛洗法)试验、砂当量试验和亚甲蓝试验都是针对砂洁净度的评价方法。

3.【答案】ACD

【解析】B选项应为:砂当量法适用于公称最大粒径不超过4.75mm的集料。

4.【答案】BCD

【解析】路面错台测试方法适用于测定路面在人工构造物端部接头、水泥混凝土路面或桥梁的伸缩缝以及沥青路面裂缝两侧由于沉降所造成的错台高度。

5.【答案】ABD

【解析】C选项最佳砂率能使混凝土拌和物获得最大流动性而且保持良好黏聚性和保水性。

6.【答案】ABC

【解析】土的击实试验中,轻型击实和重型击实的区别是击锤质量、击锤落高和击实功。

7.【答案】ABCD

【解析】选项全部正确。

8.【答案】ABD

【解析】C选项应为:转动结束后,取出钢球,倒出试样,用1.7mm方孔筛过筛。

9.【答案】BCD

【解析】A选项应为:单后轴。

10.【答案】AB

【解析】C和D选项错误内容见A和B选项。

11.【答案】CD

【解析】水泥的强度等级主要是以不同龄期的抗压强度和抗折强度进行划分的。

12.【答案】ABD

【解析】C选项在水泥混凝土拌和物工作性试验(坍落度试验)中用到。

13.【答案】ABCD

【解析】地面排水设施有边沟、截水沟、排水沟、跌水与急流槽、蒸发池、油水分离池、排水泵站。地下排水设施有排水垫层与隔离层、暗沟、渗沟、仰斜式排水孔、渗井、排水隧洞、检查井与疏通井。

14.【答案】BCD

【解析】土的含水率试验方法主要有烘干法、酒精燃烧法和比重法。

15.【答案】ABC

【解析】D选项应为:检测时要求地面温度(20±5)℃。

16.【答案】AC

【解析】土颗粒组成特征应以土的级配指标的不均匀系数(C_u)和曲率系数(C_c)表示。

17.【答案】ABC

【解析】现场测定水泥混凝土强度的方法有回弹仪法、超声回弹法和射钉法。

18.【答案】BD

【解析】操作原理是通过加热和过筛方式,将水分和异物分别除去。

19.【答案】ACD

【解析】落锤式弯沉仪由荷载发生装置、弯沉检测装置、运算控制系统、车辆牵引系统等组成。

20.【答案】ABCD

【解析】软化点试验过程中,ABCD四个选项都有严格的规定,都会对结果产生影响。

四、综合题

1.【答案】(1)ABCD (2)ABC (3)ABCD (4)A (5)B

【解析】(1)选项全部正确。

(2)D选项应为:甲种密度计应准确至1,估读至0.1;乙种密度计应准确至0.001,估读至0.0001。

(3)选项全部正确。

(4)土的烧失量试验中重复灼烧称量,至前后两次质量相差小于0.5mg,即为恒量。

(5)土的有机质含量试验方法适用于有机质含量不超过15%的土。

2.【答案】(1)ABCD (2)C (3)B (4)BCD (5)CD

【解析】(1)选项全部正确。

(2)无论是抗压强度还是抗弯拉强度试验,试验结果均以3个试件的算术平均值为测定值。3个试件最大值或最小值中,如有1个与中间值之差超过中间值的15%,则把最大值和最小值舍去,以中间值作为试件的抗弯拉强度;如最大值和最小值与中间值之差值均超过中间值15%,则该组试验结果无效。

(3)抗弯拉强度试验非标准试件尺寸换算系数为0.85。

(4)A选项应为:3根试件中如果有2根试件均出现断裂面位于加荷点外侧,则该组结果无效。

(5)A选项应为:f_{cu}——混凝土立方体抗压强度;B选项应为:f_{cf}——混凝土抗弯拉强度。

3.【答案】(1)B (2)BCD (3)ACD (4)ABCD (5)A

【解析】(1)非经注明,测定沥青密度的标准温度为15℃。

(2)A选项应为:在4个已称质量的盛样皿中各自注入沥青试样50g±0.5g,并使沥青形成厚度均匀的薄膜。

(3)B选项应为:分别在各盛样瓶中注入准备好的沥青样品,质量为35g±0.5g。

(4)选项全部正确。

(5)工程实践证明,当沥青的黏度在0.17Pa·s±0.02Pa·s时,对应的温度适宜进行沥青混合料的拌和。

4.【答案】(1)ABCD　(2)B　(3)ABCD　(4)ABC　(5)ABD

【解析】(1)选项全部正确。

(2)第⑥应在第③之前,第①应在第⑦之前。

(3)选项全部正确。

(4)D选项应为:浸水马歇尔试验中试件在已达规定温度恒温水槽中的保温时间为48h。

(5)C选项应为:如果在未到60min试件变形已达到25mm时,则以达到25mm的时间为t_2。

5.【答案】(1)ABCD　(2)ABC　(3)AD　(4)ABD　(5)D

【解析】(1)选项全部正确。

(2)D选项应为:量砂只能在路面上使用一次,不宜重复使用。

(3)B选项应为:不可直接用量砂筒装砂,以免影响量砂密度的均匀性;C选项应为:手提圆筒上方,在硬质路表面上轻轻地叩打3次,使砂密实。

(4)C选项应为:注意摊铺时不可用力过大或向外推挤。

(5)A选项为摆值,B选项为动稳定度,C选项为横向力系数,D选项为路面表面构造深度。

模拟试题三

一、单项选择题

1.【答案】B

【解析】重度路基沉降长度大于10m,按处计算。

2.【答案】A

【解析】透水率是垂直于土工织物平面流动的水,在水位差等于1时的渗透流速(v_s)。

3.【答案】B

【解析】高速公路热拌沥青混合料施工时,气温不得低于10℃。

4.【答案】C

【解析】现行规范中,评价沥青抗老化性能的技术指标为:质量损失L_T,残留针入度比K_P,残留软化点增值ΔT,60℃动力黏度比K_η,老化指数C。

5.【答案】A

【解析】沥青密度与相对密度试验中的比重瓶水值应经常校正,一般每年至少进行1次。

6.【答案】B

【解析】工程设计和工程检验中,常用土的物理性质指标有:土的密度(湿密度)、土颗粒比重、饱和密度、干密度、浮密度、含水率、孔隙比、孔隙率、饱和度9个。土的指标中,土的比重、土的密度、土的含水率是由试验室直接测量其数值,是实测指标,是土的三相基本物理指标,其他指标是换算指标。

7.【答案】B

【解析】间断级配在矿料颗粒分布的整个区间里,从中间剔除一个或连续几个粒级,形成一种不连续的级配,称为间断级配。

8.【答案】B

【解析】公路技术状况检测与调查应以1000m路段长度为基本检测(或调查)单元。

9.【答案】B

【解析】手工铺砂结果计算时,每一处均取3次路面构造深度的测定结果的平均值作为试验结果,准确至0.01mm。当平均值小于0.2mm时,试验结果以<0.2mm表示。

10.【答案】D

【解析】半刚性基层透油层渗透深度测试方法,在透油层基本渗透或喷洒48h后,在测试段内随机选取芯样位置。

11.【答案】C

【解析】根据《公路工程水泥及水泥混凝土试验规程》(JTG E30—2005)规定,采用固定用水量方法测定水泥标准稠度用水量时,水泥用量为500g,而拌和用水量固定采用142.5mL。

12.【答案】B

【解析】OGFC和ATPB混合料空隙率往往在18%以上。

13.【答案】D

【解析】基层与底基层材料根据力学行为,可以分为柔性基层、半刚性基层和刚性基层。

14.【答案】C

【解析】石灰中有较多的氧化钙和氧化镁起作用,石灰稳定效果越好,因此主要测定有效氧化钙和氧化镁的含量。

15.【答案】A

【解析】用维卡仪测定水泥标准稠度用水量时整个过程应在搅拌后1.5min内完成。

16.【答案】D

【解析】我国现行标准规定,水泥标准稠度测定方法是让标准试杆沉入水泥净浆,当试杆沉入的距离正好距底板6mm±1mm,此时水泥浆的稠度就是水泥浆标准稠度。

17.【答案】A

【解析】水泥初凝时间会影响混凝土施工工序的正常进行;而终凝时间会影响混凝土结构的形成、模具的周转以及影响养护周期时间的长短等。

18.【答案】C

【解析】做坍落度试验时,要求将代表样分三层装入筒内,每层装入高度稍大于筒高的1/3,用捣棒在每一层的横截面上均匀插捣25次。

19.【答案】B

【解析】使用范围为三级及三级以下公路的各个层次的沥青等级为C级。

20.【答案】B

【解析】黏稠石油沥青或烘箱养护过的乳化沥青混合料马歇尔稳定度试验温度为60℃ ±1℃。

21.【答案】A

【解析】开动离心机,转速逐渐增至3000r/min,沥青溶液通过排出口注入回收瓶中,待流出停止后停机。

22.【答案】C

【解析】对于挖坑法厚度测试在选定试验地点后,选一块约40cm×40cm的平坦表面,用毛刷将其清扫干净后,进行挖铲。

23.【答案】B

【解析】路基顶面实测代表弯沉值应不大于路基顶面验收弯沉值。

24.【答案】D

【解析】烘干法试验步骤中,取具有代表性试样,细粒土为15~30g,砂土类、有机土为50g,砂砾石为1~2kg,放入称量盒内。

25.【答案】B

【解析】摩擦系数测定车测定的是横向力系数。

26.【答案】A

【解析】交通荷载等级为极重、特重和重时,混凝土设计弯拉强度标准值大于或等于5MPa。

27.【答案】C

【解析】试验研究认为,沥青在软化点时的针入度值往往为800(0.1mm单位)。

28.【答案】A

【解析】落锤式弯沉仪的弯沉检测装置,自承载板中心开始,沿道路纵向隔开一定距离布设一组传感器,建议布置在0~250cm范围内,必须包括0、30、60、90(cm)四点。

29.【答案】C

【解析】针入度指数愈大,表明沥青对温度变化的敏感性愈低,在环境温度改变时,沥青性状改变的程度较小。

30.【答案】D

【解析】试样的最大粒径宜控制在20mm以内,最大不得超过40mm且含量不超过5%。

二、判断题

1.【答案】√

【解析】稳定粒料基层厚度检查频率为每200m测2点。

2.【答案】√

【解析】洛杉矶磨耗试验用于测定规定条件下粗集料抵抗摩擦、撞击的综合力学能力。

3.【答案】×

【解析】水泥混凝土路面破碎板应为板块被裂缝分为3块及以上。

4.【答案】√

【解析】有试验研究表明,通常混合料的抗压强度越高,其抗冲刷性能越好,因此可通过适当提高抗压强度的方法来提高半刚性基层的抗冲刷性能。

5.【答案】×

【解析】路面损坏自动化检测应纵向连续检测,横向检测宽度应不小于车道宽度的70%。

6.【答案】×

【解析】缩限试验适用于粒径小于0.5mm和有机质含量不超过5%的土。

7.【答案】×

【解析】对养护90d和180d的试件,在养护期间,试件质量的损失应符合下列规定:稳定细粒材料试件不超过1g,稳定中粒材料试件不超过10g,稳定粗粒材料试件不超过20g。质量损失超过此规定的试件,应予作废。

8.【答案】√

【解析】车辙是沥青路面使用性能评价指标,也是沥青路面养护决策的依据。

9.【答案】×

【解析】水泥属于偏碱性材料,其中碱性成分在水的参与下,与集料中的活性氧化硅或者活性碳酸盐发生碱集料反应,对混凝土造成结构性破坏。

10.【答案】√

【解析】在塑限滚搓法中,当土条搓至直径为3mm时,其产生裂缝并开始断裂,则这时土条的含水率即为土的塑限含水率。

11.【答案】√

【解析】水中重法适用于测定吸水率小于0.5%的密实沥青混合料试件的表观相对密度或表观密度。

12.【答案】×

【解析】根据矿料级配的级配类型及特点,不仅可以采用连续级配类型混合料,也可以采用间断级配类型混合料。

13.【答案】×

【解析】水泥稳定类材料主要有水泥稳定级配碎石、级配砂砾、未筛分碎石、石屑、土、碎石土、砂砾土,以及经加工、性能稳定的钢渣和矿渣等。

14.【答案】×

【解析】饱水率是指集料在饱水状态下的最大吸水程度。

15.【答案】√

【解析】考虑到我国粉煤灰的质量有很大差异,工程上很难控制,故只允许在二级及二级以下的公路中使用。

16.【答案】√

【解析】沥青路面钻孔取样可用来测定路面厚度及压实度,而且压实度应代表整层,故进行路面混合料试样现场取样时,应整层取样,保证试样不破碎。

17.【答案】×

【解析】 当路面温度大于20℃时,温度修正系数 K 小于1。

18.【答案】 √

【解析】 根据混凝土立方体抗压强度标准值来确定混凝土强度等级。

19.【答案】 ×

【解析】 如果低温延度值较大,则在低温环境下沥青开裂性相对较小。

20.【答案】 ×

【解析】 针入度是我国作为沥青标号划分的依据。

21.【答案】 ×

【解析】 稳定度的单位为kN,而残留稳定度是浸水马歇尔稳定度试验后的稳定度与原稳定度的比值,是百分比,无量纲。

22.【答案】 ×

【解析】 路基宽度为车道宽度与路肩宽度之和,当设有中间带、加(减)速车道、爬坡车道、紧急停车带、超车道、错车道、慢车道、侧分隔带、非机动车、人行道时,还应计入该部分的宽度。

23.【答案】 √

【解析】 物理性质试验包括含水率、密度、颗粒分析、相对密度等。

24.【答案】 ×

【解析】 硅酸盐水泥中完全不掺混合料的称为Ⅰ型硅酸盐水泥,掺入量不超过5%称为Ⅱ型硅酸盐水泥。

25.【答案】 ×

【解析】 当针对坚硬、易碎、含有粗粒、形状不规则的土样时,不宜采用环刀法,则需采用蜡封法。

26.【答案】 ×

【解析】 沥青密度与相对试验中密度瓶水值测定要求瓶塞顶部只能擦拭一次,即使由于膨胀瓶塞上有小水滴也不能再擦拭。

27.【答案】 ×

【解析】 适用于各类车载式激光构造深度仪在新建、改建路面工程质量验收和无严重破损病害及无积水、积雪、泥浆等正常行车条件下测定,连续采集路面构造深度,但不适用于带有沟槽构造的水泥混凝土路面构造深度的测定。

28.【答案】 √

【解析】 挖坑及钻芯法测定路面厚度的试验方法必然会在路面上留下一定面积的坑孔,为了保持路面的完整性,需要及时填补所有坑孔,避免成为路面损坏的隐患。

29.【答案】 √

【解析】 摆值受温度影响很大,一般以20℃为标准温度,当路面为其他温度时应进行温度修正。

30.【答案】 ×

【解析】 黏性土的抗剪强度主要取决于黏聚力 c。

三、多项选择题

1.【答案】ABC

【解析】D选项应为:厚度代表值为厚度算数平均值的下置信界限值。

2.【答案】ABCD

【解析】硅酸盐水泥熟料是指由主要含 CaO、SiO_2、Al_2O_3和 Fe_2O_3的原料,按适当比例磨成细粉烧至部分熔融所得以硅酸钙为主要矿物成分的水硬性胶凝材料。

3.【答案】ABD

【解析】亚甲蓝溶液每次加入5mL(A选项),每1min进行一次色晕试验。若色晕在最初的4min内消失,再加入5mL亚甲蓝溶液(B选项);若色晕在第5min消失,再加入2mL亚甲蓝溶液(D选项)。两种情况下,均应继续搅拌并进行色晕试验,直至色晕可持续5min为止。

4.【答案】ABC

【解析】按空隙率大小分类的沥青混合料有:密实性沥青混合料、多孔透水沥青混合料、沥青碎石混合料。

5.【答案】BD

【解析】测定水泥标准稠度用水量的方法有标准维卡仪法和代用维卡仪法。

6.【答案】ABD

【解析】目前,我国针对沥青性能评价的核心指标为针入度、软化点和延度。

7.【答案】AB

【解析】马歇尔试验涉及稳定度、流值(包括残留稳定度)等指标。

8.【答案】ACD

【解析】B选项应为:对二级及二级以下公路,有车道区画线时,以发生车辙的一个车道两侧标线宽度中点到中点的距离为基准测量宽度;无车道区画线时,以形成车辙部位的一个设计车道的宽度,作为基准测量宽度。

9.【答案】AC

【解析】EDTA滴定法用来测定水泥或石灰稳定材料中水泥或石灰的剂量,所用试剂有EDTA标准液、10%氯化铵溶液、1.8%氢氧化钠溶液和钙红示剂。

10.【答案】ABD

【解析】测定水泥初凝时间时,当试针沉至距底板4mm±1mm时,为水泥达到初凝状态;A选项应为:测定水泥初凝时间时,临近初凝时每隔5min测定一次;B选项应为:测定水泥终凝时间时,临近终凝时每隔15min测定一次;D选项应:为水泥的初凝时间比终凝时间短。

11.【答案】AC

【解析】被稳定土在加入水泥后,应在1h内完成击实试验;试样超尺寸颗粒含量不超过5%时,不需要修正最佳含水率和最大干密度。

12.【答案】AB

【解析】测定水泥凝结时间的仪器除和测定水泥净浆稠度试验相同外,还需要养护箱和试针。

13.【答案】ABCD

【解析】沥青薄膜加热试验,根据需要报告残留物的针入度及针入度比、软化点及软化点增值、黏度及黏度比、老化指数、延度等各项性质的变化,以评定沥青的老化性能。

14.【答案】 CD

【解析】A 选项应为选用石料若过于潮湿则需加热烘干,烘箱温度不得超过 100℃,烘干时间不超过 4h。B 选项应为将试样分 3 次(每次数量大体相同)均匀装入试模中。

15.【答案】 ABCD

【解析】 路基附属设施主要有护坡道、弃土堆、取土坑、碎落台等。

16.【答案】 ABCD

【解析】 垂直渗透性能试验试样制备时,试样应保证清洁,表面无污物,无可见损坏或折痕,不得折叠,应放置于平处,上面不得施加任何荷载。

17.【答案】 CD

【解析】 依据《公路工程沥青及沥青混合料试验规程》,恒温水槽温度控制精度为 ±0.1℃,根据试验温度有两种不同的拉伸速度,一般 5cm/min ± 0.25cm/min,当低温采用 1cm/min ± 0.5cm/min 拉伸速度时,应在报告中注明。改性沥青延度对沥青混合料的低温性能影响显著,采用循环水域的延度仪时,在试验过程中应暂时关闭循环系统。

18.【答案】 AC

【解析】 同一种粒料存在大于 13.2mm 和小于 13.2mm,取大于 13.2mm 水煮法试验为标准,对细粒式沥青混合料应以水浸法试验为标准,所以 B 选项错误;依据《公路工程沥青及沥青混合料试验规程》黏附性试验方法的条文说明,由于沥青与粗集料和附性试验的局限性,它主要用于确定粗集料的适用性,对沥青混合料的综合 抗水损害能力必须通过浸水马歇尔试验、冻融劈裂试验等进行检验。

19.【答案】 AB

【解析】 C 选项应为:渗水系数越大,路面越容易渗水,无 D 选项说法。

20.【答案】 BD

【解析】 连续式平整度仪的标准长度为 3m;测量速度一般宜为 5km/h,最大不应超过 12km/h。

四、综合题

1.【答案】 (1)ABC　(2)D　(3)BC　(4)B　(5)D

【解析】 (1)压实度、路面结构层厚度和路面横向力系数代表值都是算数平均值的下置信界限值。

(2)水泥混凝土弯拉强度试件组数小于或等于 10 组时,试件平均强度不得小于 $1.15f_r$,任一组强度均不得小于 $0.85f_r$。

(3)水泥混凝土抗压强度合格判定系数分两档的是 λ_2 和 λ_3。

(4)水泥砂浆任意一组的强度不低于设计强度等级的 85%。

(5)A 选项为压实度评定判断式,B 选项为水泥混凝土弯拉强度评定判断式,C 选项为水泥混凝土抗压强度评定判断式,D 选项为无机结合料稳定材料强度评定判断式。

2.【答案】(1)AD (2)B (3)D (4)C (5)B

【解析】(1)环刀法适用于细粒土及无机结合料稳定细粒土的密度。D 选项二灰土是无机结合料稳定细粒土的一种。

(2)环刀法测定压实度时,环刀取样的位置应位于压实层的中部。

(3)中间 5 步的正确顺序为⑥④①⑧②。

(4)环刀法试验须进行两次平行测定,其平行差值不得大于 0.03g/cm^3,求其算术平均值。

(5)环刀法测定无机结合料稳定细粒土的密度时,其龄期不宜超过 2d。

3.【答案】(1)CD (2)ABC (3)B (4)ABD (5)AC

【解析】(1)A 选项筛洗法仅用于测定天然砂中粒径小于 0.075mm 的尘屑、淤泥和黏土的含量。

(2)D 选项应为:亚甲蓝试验适用于 0~2.36mm 的细集料以及小于 0.075mm 矿粉等材料的质量检验。

(3)湿砂质量 $m_1 = 120 \times (100 + w)/100$,120 为试验要求干燥砂样的质量(g),$w$ 为砂样的含水率(%)。本题 $w = 1.5\%$,则湿砂质量 = 121.8g。

(4)D 选项正确则 C 选项错误。

(5)B 选项应为:砂当量越大,说明砂中小于 0.075mm 的颗粒中黏性土所占的数量越少,对应砂的洁净度越高,则砂的品质越好,D 选项应为:h_2 为试筒中用活塞测定的集料沉淀物的高度。

4.【答案】(1)ABCD (2)B (3)C (4)D (5)ABCD

【解析】(2)坍落度试验适用于坍落度大于 10mm,集料公称最大粒径不大于 31.5mm 的混凝土。

(3)当混凝土拌和物的坍落度大于 220mm 时,坍落度不能准确反映混凝土的流动性,用混凝土扩展后的平均直径即坍落扩展度,作为流动性指标。

(4)D 选项应为:当混凝土试件的一侧发生崩坍或一边剪切破坏,则应重新取样另测。如果第二次仍发生上述情况,则表示该混凝土和易性不好,应记录。

5.【答案】(1)B (2)ABC (3)A (4)D (5)ABCD

【解析】(1)大型马歇尔试件高度要求为 95.3mm ± 2.5mm,用量约为 4050g,如高度不符合要求时,试件应作废,并按下式调整试件的混合料质量调整后混合料质量 = 要求试件高度 × 原用混合料质量/所得到试件的高度。

(2)D 选项应为:从试件拿出水面到擦拭结束不宜超过 5s,称量过程中流出的水不得再擦拭。

(3)沥青混合料马歇尔稳定度试验从恒温水槽中取出试件至测出最大荷载值的时间不得超过 30s。

(4)沥青混合料车辙试验中如果试件变形过大,在未到 60min 变形已经达到 25mm 时,则以达到该变形时的时间为 t_2。

模拟试题四

一、单项选择题

1.【答案】C

【解析】土的含水率是指土中水的质量与固体颗粒质量之比,通常用百分数表示。

2.【答案】B

【解析】压实层上部压实度高,下部压实度低,试坑上大下小,压实度结果偏大;试坑上小下大,压实度结果偏小。

3.【答案】C

【解析】土工织物宽条拉伸试验方法在夹持试样时,将试样在夹具中对中夹持,注意纵向和横向的试样长度应与拉伸力的方向平行。

4.【答案】D

【解析】热拌沥青混合料路面摊铺完成,自然冷却到表面温度低于50℃后,方可开放交通。

5.【答案】A

【解析】土的酸碱度试验中规定土悬液的制备:称取通过1mm筛的风干土样10g,放入带塞的广口瓶中,加水50mL,在振荡器振荡3min,静置30min。

6.【答案】B

【解析】环刀法测定压实度试验方法时,用天平称取环刀及试样的质量精确至0.1g。

7.【答案】B

【解析】承载板法测定土基回弹模量的试验方法,预压值采用0.05MPa,稳压时间为1min,使承载板与土基紧密接触。

8.【答案】D

【解析】粗集料坚固性试验中,试样所浸入的硫酸钠溶液的体积不应小于试样总体积的5倍。

9.【答案】C

【解析】规准仪法适用于测定水泥混凝土使用的4.75mm以上的粗集料针状及片状颗粒含量,以百分率计。

10.【答案】C

【解析】集料在混合料中起骨架与填充作用。

11.【答案】D

【解析】应以标准养护28d龄期的试件为准评定水泥混凝土的抗压强度。

12.【答案】A

【解析】碾压贫混凝土7d龄期无侧限抗压强度应不低于7MPa,且不宜高于10MPa。

13.【答案】C

【解析】粗集料洛杉矶磨耗试验对水泥混凝土集料设定回转次数为500转。

14.【答案】A

【解析】石灰中有效氧化钙和氧化镁的含量,决定石灰的稳定性。

15.【答案】D

【解析】在水泥熟料中加入石膏是用来调节水泥的凝结速度。

16.【答案】C

【解析】用试饼法测定水泥安定性时,要求将试件放入煮沸箱中在30min±5min内加热水至沸腾,并恒沸3h±5min。

17.【答案】C

【解析】溶液从玫瑰红直接变为蓝色,说明滴定过量,只有C选项正确。

18.【答案】C

【解析】矿粉的密度试验通常采用李氏比重瓶法测定。

19.【答案】A

【解析】沥青标号根据沥青针入度的大小划定范围。

20.【答案】C

【解析】老化的沥青三大指标的变化规律:针入度减小,软化点升高,延度减少。

21.【答案】D

【解析】根据经验,击实成型操作中,称取拌和好的沥青混合料一个试件所需的用量(标准马歇尔试件约1200g,大型马歇尔试件约4050g)。

22.【答案】C

【解析】按饱和度可以把砂土划分为三种状态:$0 < S_r \leqslant 0.5$,稍湿状态;$0.5 < S_r \leqslant 0.8$,潮湿状态;$0.8 < S_r \leqslant 1.0$,饱和状态。

23.【答案】C

【解析】当酒精法与烘干法测定含水率试验结果严重不相符时,应重做试验,查明原因;若仍不相符,则以烘干法试验结果为准。

24.【答案】B

【解析】车辙试验前,车辙板需在规定温度60℃下恒温一定时间,当恒温时间明显不足时,试件受高温影响有限,不易出现车辙,动稳定度偏高。

25.【答案】A

【解析】当过度擦去混合料马歇尔试件开口空隙中的水分后,沥青混合料饱和面干试件在空气中的质量变小,则毛体积密度变大。

26.【答案】B

【解析】在进行真空减压毛细管法试验时,将待测沥青和洗净干燥的真空毛细管黏度计放置在135℃±5℃烘箱中加热30min。

27.【答案】C

【解析】当量脆点$T_{1.2}$是相当于沥青针入度为1.2时的温度,用以评价沥青的低温抗裂性能,即沥青的当量脆点$T_{1.2}$愈低,说明沥青的低温抗裂性能愈好。

28.【答案】A

【解析】压实度的试验方法有:挖坑灌砂法、核子密度湿度仪、环刀法、无核密度仪法、钻芯法。

29.【答案】D

【解析】当观察到测针压入砂浆表面时,测孔周围出现微小裂缝,则应改换截面积较小测针。

30.【答案】C

【解析】分计筛余百分率指的是某孔径筛上的筛余质量占试样总质量百分率。

二、判断题

1.【答案】√

【解析】当混凝土拌和物的坍落度大于220mm时,应采用坍落度扩展法测定稠度。

2.【答案】√

【解析】沥青混合料中沥青含量试验(燃烧炉法)对于测定沥青混合料中掺加有纤维或橡胶粉(干法施工)等易燃烧的掺加剂时需慎用,由于掺加剂本身的燃烧特性,导致在燃烧过程中质量会损失一部分,最终将影响沥青含量的测定结果。

3.【答案】×

【解析】水泥混凝土路面抗滑性能常用抗滑构造深度表示。

4.【答案】√

【解析】干砌挡土墙的断面尺寸是关键项目。

5.【答案】√

【解析】说法正确。

6.【答案】√

【解析】土的塑性指标包括液限、塑限和塑性指数。

7.【答案】×

【解析】根据黏性土界限含水率的相关规定,几个含水率相同的土样,它们的液限、塑限不同,那么这些土样所处的状态可能不一样。

8.【答案】√

【解析】在单位体积击实功相同的情况下,同类土用轻型和重型击实试验的结果相同。

9.【答案】√

【解析】边长100mm的非标准试件尺寸换算系数是0.95,缩小测定结果,边长200mm的非标准试件尺寸换算系数是1.05,放大测定结果,间接证明试件的尺寸越小,测得结果越高。

10.【答案】√

【解析】CBR法的适用范围包括路面基层和底基层材料。

11.【答案】√

【解析】对于不同应用目的,针片状颗粒判断方法有所不同。用于沥青混合料时,针片状颗粒是指用游标卡尺测定的粗集料颗粒的最大长度方向与最小厚度方向的尺寸之比大于或等于3的颗粒。

12.【答案】√

【解析】级配碎石可以用作各级公路的基层或底基层,也可作为沥青面层与半刚性基层的过渡层。

13.【答案】√

【解析】影响压实的因素包括:含水率、击实功、压实机具和土粒级配。

14.【答案】×

【解析】推荐流动时间法作为我国测定棱角性的标准试验方法使用。

15.【答案】√

【解析】针片状颗粒对水泥混凝土集料在拌和及成型过程中影响较大,但是混凝土结硬以后影响变小。

16.【答案】×

【解析】石灰中有效氧化镁含量越高,石灰品质越高。

17.【答案】√

【解析】用两台弯沉仪同时进行左右轮弯沉值测定时,应按照两个独立测点计。

18.【答案】×

【解析】沥青的燃点高于闪点。

19.【答案】√

【解析】软化点既是反映沥青材料热稳定性的指标,也是表示沥青条件黏度的指标。

20.【答案】×

【解析】依据《公路沥青路面施工技术规范》,木质素纤维的灰分含量要求是18% ± 5%,所以并不是灰分含量越低,纤维质量越好。

21.【答案】√

【解析】如试件高度不符合63.5mm ±1.3mm 或95.3mm ±2.5mm 要求或两侧高度差大于2mm,此试件应作废。

22.【答案】×

【解析】路堤分为上路堤和下路堤,上路堤是指路床以下0.7m 厚度范围的填方部分,下路堤是指上路堤以下的填方部分。

23.【答案】×

【解析】沥青混合料拌和时,应先将粗细集料加热拌和后再加沥青,最后加矿粉。

24.【答案】√

【解析】如果制作EDTA标准曲线所用素土、水泥或石灰发生改变,则必须重做标准曲线。

25.【答案】×

【解析】水泥属于偏碱性材料,碱性成分是保证硅酸盐水泥水化,凝结和硬化的重要条件。

26.【答案】√

【解析】道路石油沥青延度试验时的温度为15℃或10℃,拉伸速度通常为5cm/min ± 0.25cm/min。

27.【答案】√

【解析】动力锥贯入仪测定路基路面CBR试验前，应利用当地材料进行试验比对，测点数宜不少于15个，相关系数R应不小于0.95。

28.【答案】×

【解析】无核密度仪测定压实度试验方法适用于现场快速测定沥青路面各层沥青混合料的密度，并计算施工压实度，但测定结果不宜用于评定验收或仲裁。

29.【答案】×

【解析】土工试验项目中的水理性质试验包括界限含水率、稠度、膨胀、收缩和毛细水上升高度等。

30.【答案】√

【解析】标准差σ越大，路表面越不平整。

三、多项选择题

1.【答案】ABCD

【解析】土的膨胀性试验包括：自由膨胀率试验、有荷载膨胀率试验、无荷载膨胀率试验和膨胀力试验。

2.【答案】AD

【解析】A选项应为：高速公路、一级公路基层和底基层的保证率为99%。D选项应为：当压实度代表值大于或等于压实度标准值，且单点压实度全部大于或等于规定值减2个百分点时，评定路段的压实度合格率为100%。

3.【答案】ABCD

【解析】新拌混凝土的工作性又称和易性，是指混凝土具有流动性、可塑性、稳定性和易密性等几方面的一项综合性能。

4.【答案】BC

【解析】对于最大粒径大于13.2mm的集料应用水煮法，对于最大粒径不大于13.2mm的集料应用水浸法进行沥青与矿料黏附性试验。射线法和离心分离法是沥青含量的检测方法。

5.【答案】ABD

【解析】天然土层可区分为下列三种固结状态：超固结状态、正常固结状态和欠固结状态。

6.【答案】AB

【解析】测定土的液限常用方法有联合测定法和碟式仪法。C选项为土的塑限测定方法，D选项为土的含水率测定方法。

7.【答案】ACD

【解析】风干石料要用13.2mm和9.5mm标准筛过筛，并用2.36mm标准筛筛分经压碎的全部试样。

8.【答案】AB

【解析】石料的磨耗性可以采用洛杉矶、道瑞、狄法尔磨耗试验测定。

9.【答案】CD

【解析】路面横断面仪法属于半自动化测试方法,横断面尺法属于人工操作方法。

10.【答案】AB

【解析】土由液体状态向塑性状态过渡的界限含水率称为液限。土的缩限含水率是指半固态转为固态的界限含水率。因此,在缩限和液限之间,土的状态可划分为半固态和可塑状态。

11.【答案】AD

【解析】一般粉粒和黏粒含量多,土的塑性指数愈大,土的最佳含水率也愈大,同时其最大干密度愈小。因此,一般砂性土的最佳含水率小于黏性土,而砂性土的最大干密度也大于黏性土。

12.【答案】BD

【解析】B选项应为:当细集料中的0.075mm通过率小于3%时,可不进行此项试验即作为合格看待。D选项应为:配制亚甲蓝溶液时水温不超过40℃。

13.【答案】ABD

【解析】目前我国针对沥青性能评价的核心指标为针入度、软化点和延度。

14.【答案】BC

【解析】从烘箱中取出预热的试模及套筒,用沾有少许黄油的棉纱擦拭套筒、底座及击实锤底面。

15.【答案】AD

【解析】路基高度是指路堤的填筑高度或路堑的开挖深度,是路基设计高程与原地面高程之差。路基中心高度是指路中线设计高程与原地面高程之差。路基两侧边坡的高度是指填方坡脚或挖方坡顶与路基边缘的相对高差。

16.【答案】ABD

【解析】土工合成材料水力性能试验方法有垂直渗透性能(恒水头法)、耐静水压试验、有效孔径试验(干筛法)、淤堵试验。

17.【答案】AB

【解析】当拌和物在敲击时突然折断崩坍,或者石子离析出来,则表示混凝土的黏聚性较差。

18.【答案】ACD

【解析】针入度试验的关键性条件分别是温度、测试时间和针的质量,若试验条件控制不准,将严重影响试验结果的准确性。

19.【答案】BCD

【解析】路面抗滑性能的指标有摆值、构造深度和横向力系数。A选项是路面平整度指标。

20.【答案】BCD

【解析】沥青混合料标准飞散试验可用于确定沥青路面表面层使用的沥青玛蹄脂碎石混合料(SMA)、排水式大空隙沥青混合料(OGFC)、抗滑表层混合料、沥青碎石(AM)或乳化沥青碎石混合料所需的最少沥青用量。

四、综合题

1.【答案】(1)C　(2)B　(3)CD　(4)BCD　(5)C

【解析】(1)砂类土采用烘干法测含水率,取代表性试样50g。

(2)酒精燃烧法测定土的含水率时,一般酒精应燃烧3次。

(3)烘干法测定土的含水率时,宜烘8~10h。

(4)A选项应为:黏质土的代表性试样质量为5~10g。

(5)比重法仅适用于测定砂类土的含水率。

2.【答案】(1)AB　(2)ABCD　(3)C　(4)A　(5)ABCD

【解析】(1)无机结合料稳定材料击实试验甲、乙两类方法区别在于试样尺寸和每层击数。

(2)选项全部正确。

(3)无机结合料稳定材料击实试验丙类方法每层锤击次数是98次。

(4)当试样中大于规定最大粒径的超尺寸颗粒含量为5%~30%时,对试验所得最大干密度和最佳含水率进行校正。

(5)选项全部正确。

3.【答案】(1)D　(2)ABCD　(3)ACD　(4)ABD　(5)C

【解析】(1)水泥胶砂强度检验方法(ISO法)要求水泥与ISO砂的质量比为1∶3,水灰比为0.5。

(2)选项全部正确。

(3)B选项应为:对于24h以上龄期的,应在成型后20~24h内脱模。

(4)C选项应为:抗压试验须用抗压夹具进行,试件受压面为试件成型时的两个侧面,面积为40mm×40mm。

(5)低速搅拌30s后,在第二个30s开始的同时均匀将砂加入。当砂是分级装时,应从最粗粒径开始,依次加入,再高速搅拌30s。停拌90s,在停拌的第一个15s内用胶皮刮具将叶片盒锅壁上的胶砂刮入锅中。在高速下继续搅拌60s。30s+30s+30s+60s=150s。

4.【答案】(1)ABC　(2)C　(3)BCD　(4)ABC　(5)B

【解析】(1)D选项应为:测定针入度大于200(0.1mm)的沥青,至少用3支标准针,每次试验后将针留在试样中。

(2)软化点在80℃以上的沥青软化点试验(环球法)中在烧杯内注入预先加热至32℃的甘油。

(3)A选项应为:将隔离剂拌和均匀,涂于清洁干燥的试模底板和两个侧模的内侧表面。

(4)D选项应为:针入度指数越大,表示沥青的感温性越低。

(5)沥青针入度和延度的单位分别是0.1mm和cm。

5.【答案】(1)ABD　(2)B　(3)B　(4)B　(5)ABCD

【解析】(1)挖坑灌砂法试验不适用于填石路堤等有大孔洞或大孔隙的材料压实层的压实度检测。

(2)B选项正确说法应为:将开关打开,使灌砂筒筒底的流砂孔、圆锥形漏斗上开口圆孔及开关铁板中心的圆孔上下对准重叠在一起,让砂自由流出,并使流出砂的体积与工地所挖试坑内的体积相当(或等于标定罐的容积),然后关上开关。

(3)用大型灌砂筒测定时,对于细粒土取不少于200g的代表性样品测定其含水率。

(4)第⑤在第④之前,且第⑤需要重复做一次,所以选B。

(5)选项全部正确。

第三部分　桥梁隧道工程

模拟试题一

说明：1. 本模拟试题设置单选题30道、判断题30道、多选题20道、综合题6道，总计150分；模拟自测时间为150分钟。

2. 本模拟试题仅供考生进行考前自测使用。

一、单项选择题（共30题，每题1分，共30分）

1. 桥梁工程质量检验评定以(　　)工程为基本单元。

A. 单位　　B. 分项　　C. 分部　　D. 分段

2. 在石料抗冻性试验中，需将试件放入烘箱烘至恒量，烘箱温度及烘干时间分别为(　　)。

A. 100～105℃，12～24h　　B. 100～105℃，24～48h

C. 105～110℃，12～24h　　D. 105～110℃，24～48h

3. 混凝土立方体抗压强度标准试件的尺寸为(　　)。

A. 70mm×70mm×70mm　　B. 100mm×100mm×100mm

C. 150mm×150mm×150mm　　D. 200mm×200mm×200mm

4. 混凝土标准养护龄期为(　　)。

A. 7d　　B. 14d　　C. 21d　　D. 28d

5. 按结构形式划分，用6根刻痕钢丝和1根光圆中心钢丝捻制的钢绞线的代号为(　　)。

A. 1×6　　B. 1×6 I　　C. 1×7　　D. 1×7 I

6. 盆式支座竖向承载力试验，检验荷载为该试验支座竖向设计承载力的(　　)倍。

A. 1.1　　B. 1.2　　C. 1.4　　D. 1.5

7. 桥梁用塑料波纹管环刚度试验，应从(　　)根管材上各截取一段长300mm±10mm的试样。

A. 2　　B. 3　　C. 4　　D. 5

8. 回弹法检测混凝土强度，回弹测区应优先选择在(　　)。

A. 能使回弹仪竖直弹击的混凝土浇筑侧面

B. 能使回弹仪竖直弹击的混凝土浇筑底面

C. 能使回弹仪水平弹击的混凝土浇筑侧面

D. 能使回弹仪水平弹击的混凝土浇筑底面

9. 测定混凝土电阻率一般采用的方法是(　　)。

A. 半电池电位法　B. 滴定条法　C. 四电极法　D. 超声波法

10. 采用钢筋探测仪进行钢筋位置测试,当探头位于(　)时,其指示信号最强。

A. 与钢筋轴线平行且位于钢筋正上方

B. 与钢筋轴线垂直且位于钢筋正上方

C. 与钢筋轴线成45°且位于钢筋正上方

D. 远离钢筋

11. 下列选项中,不能采用非金属超声波探测仪检测的项目是(　　)。

A. 混凝土内部钢筋锈蚀情况　B. 混凝土强度

C. 混凝土裂缝深度　D. 基桩完整性检测

12. 用于浅层平板荷载试验沉降观测的仪器设备精度不应低于(　　)。

A. 10.0mm　B. 1.0mm　C. 0.1mm　D. 0.01mm

13. 泥浆性能指标检测项目中不包括下列哪项内容(　　)。

A. 酸碱度　B. 黏度　C. 静切力　D. 含泥率

14.《公路工程基桩动测技术规程》(JTG/T F81-01—2004)规定,采用低应变反射波法检测混凝土灌注桩时,激振点宜在桩顶(　　)。

A. 中心部位　B. 距桩中心 2/3 半径处

C. 距桩中心 1/2 半径处　D. 边缘部位

15. 依据《公路工程基桩动测技术规程》(JTG/T F81-01—2004),采用声波透射法检测混凝土灌注桩桩身完整性,待检桩桩身混凝土龄期应不少于(　　)。

A. 7d　B. 14d　C. 21d　D. 28d

16. 进行基桩静载试验时,为安置沉降测点和仪表,试桩顶部露出试坑地面高度不宜小于(　　)。

A. 300mm　B. 400mm　C. 500mm　D. 600mm

17. 钢筋混凝土旧桥主筋附近的竖向裂缝宽度限值为(　　)。

A. 0.15mm　B. 0.20mm　C. 0.25mm　D. 0.30mm

18. 桥梁静载试验中,(　)不适用于结构静应变检测。

A. 百分表引伸计　B. 千分表引伸计　C. 弓形应变计　D. 电阻应变计

19. 用分辨力为 0.001mm 千分表,制成标距为 200mm 应变计,该装置的应变测试分辨力为(　　)。

A. 1×10^{-6}　B. 2×10^{-6}　C. 5×10^{-6}　D. 10×10^{-6}

20. 以下仪器中,(　　)不适用于桥梁结构的动态测试。

A. 电阻应变片　B. 振弦式应变计

C. 压电加速度传感器　D. 磁电式速度传感器

21. 对在用桥梁承载能力进行检算评定,根据桥梁检查与检测结果,对极限状态设计表达式的修正系数统称为(　　)。

A. 冲击系数　　B. 横向分布系数
C. 车道折减系数　　D. 分项检算系数

22. 按照隧道长度进行分类,属于长隧道的是(　　)。
A. 500m　　B. 1500m　　C. 3500m　　D. 4500m

23. 钢拱架安装应垂直于隧道中线,竖向不倾斜、平面不错位,不扭曲。上下左右允许偏差(　　),钢拱架在隧道纵向倾斜度应小于2°。
A. ±10mm　　B. ±20mm　　C. ±50mm　　D. ±100mm

24.《公路隧道施工技术规范》中规定,水泥砂浆锚杆的钻孔深度允许偏差为(　　)。
A. ±10mm　　B. ±20mm　　C. ±50mm　　D. ±100mm

25. 隧道总体实测项目中内轮廓高度每个断面共测(　　)点。
A. 3　　B. 4　　C. 5　　D. 6

26. 地质雷达法在一般地段预报距离宜控制在(　　)以内。
A. 20m　　B. 30m　　C. 40m　　D. 50m

27. 隧道二次衬砌应满足抗渗要求,有冻害及最冷月份平均气温低于-15℃的地区,混凝土的抗渗等级不低于(　　)。
A. P4　　B. P6　　C. P8　　D. P10

28. 根据岩层及地质条件的差异应选择不同的辅助工程围岩稳定措施,(　　)情形不适合采用超前锚杆。
A. 无地下水的软弱地层
B. 薄层水平层状岩层
C. 围岩自稳定能力弱、开挖后拱部易出现塌方的地段
D. 开挖数小时内拱顶围岩可能剥落或局部坍塌的地段

29. 用固定式硫化氢检测仪测定隧道内硫化氢浓度,探头应安装在离硫化氢易泄漏点(　　)范围内。
A. 5m　　B. 3m　　C. 2m　　D. 1m

30. 某隧道土建结构技术状况评分为70分,则其技术状况应评定为(　　)。
A. 1类　　B. 2类　　C. 3类　　D. 4类

二、判断题(共30题,每题1分,共30分)

1. 特大斜拉桥可划分为多个单位工程。(　　)

2. 公路工程质量等级评定首先应进行工程划分,然后按照"两级制度、逐级评定、合规定质"的原则进行评定。(　　)

3. 配制混凝土时宜采用级配良好、质地坚硬、颗粒洁净且粒径小于5mm的河砂。(　　)

4. 钢筋断后伸长率为试样拉伸断裂后的残余伸长量与断后标距之比。(　　)

5. 石料冻融试验后无明显损伤,冻融后的质量损失率不大于2%,强度不低于试验前的0.75倍,表明石料抗冻性满足要求。(　　)

6. 球型支座在竖向设计承载力作用下的竖向压缩变形不应大于支座总高度的 2%。 ( )

7. 用梯形法测定无纺土工织物的经向撕裂强度时,剪取试样长边应与织物经向平行,使切缝垂直于经向。 ( )

8. 进行混凝土氯离子含量测定时,取粉孔不得与碳化深度测试孔合并使用。 ( )

9. 对混凝土结构进行钢筋锈蚀电位检测时,需要在测区表面涂抹黄油或凡士林作为耦合剂。 ( )

10. 超声法检测混凝土结构内部缺陷,应避免超声波传播路径与附近的钢筋轴线平行,如无法避免,应使两换能器连线与附近钢筋之间的最短距离不少于超声测距的 1/6。 ( )

11. 钢结构焊缝表面及探伤表面经外观检查合格后,方可进行探伤。 ( )

12. 低应变反射波法检测系统主要由基桩动测仪、传感器和激振设备组成。 ( )

13. 采用反射波法检测混凝土灌注桩桩身完整性时,若桩底存在沉渣,则桩底反射波与入射波同相位,其幅值大小与沉渣的厚度呈正相关。 ( )

14. 采用钻芯法检测混凝土灌注桩桩身混凝土强度时,钻孔垂直度偏差不得大于 1.5%。 ( )

15. 进行基桩水平静推试验时,对于承受反复水平荷载的基桩,加载方式应采用单向多循环加卸载方法。 ( )

16. 公路桥梁的特殊检查可由桥梁管理部门自行完成。 ( )

17. 用千分表引伸计检测结构应变,测试分辨力和精度与千分表的安装标距有关。 ( )

18. 桥梁静载试验采用电阻应变片检测结构应变,贴片完毕后应马上涂上防护层,以防止应变片受潮和被意外损伤。 ( )

19. 桥梁静载试验的加载分级一般分为 2~5 级。 ( )

20. 磁电式速度传感器是桥梁动载试验中常用的振动检测设备。 ( )

21. 新建桥梁可采用基于技术状况检查的检算评定来确定其实际承载能力。 ( )

22. 隧道的喷射混凝土强度评为不合格时,相应的分项工程为不合格。 ( )

23. 台阶法主要适用Ⅰ~Ⅲ级围岩双车道及以下跨度隧道的开挖掘进。 ( )

24. 钢架间距是支护设计的重要参数,检测时采用尺量或地质雷达进行扫描,相邻钢架之间距离误差不应超过 ±100mm。 ( )

25. 隧道周边收敛通常采用杆式多点位移计进行测量。 ( )

26. 防水板焊缝采用充气法检查,当压力达到 0.25MPa,充气保持 10min,压力下降在 10% 以内时,可判定焊缝质量合格。 ( )

27. 隧道注浆应根据使用目的选择适宜的注浆材料,以堵水为目的的注浆宜采用强度较高、凝固时间短的双液浆或其他化学浆液。 ( )

28. 施工隧道穿越煤系地层时,应在地质破碎地带布设瓦斯浓度测点。 ( )

29. 新建公路隧道应在交付 2 年后首次进行定期检查。 ( )

30. 若在经常性检查中发现隧道某分项技术状况评定状况值为 3 或 4 时,应立即进行一次定期检查。 ( )

三、多项选择题(共20题,每题2分,共40分。下列各题的备选项中,至少有两个符合题意,选项全部正确得满分,选项部分正确按比例得分,出现错误选项该题不得分)

1. 分项工程质量检验内容包括(　　)。
   A. 外观质量　　B. 质量保证资料完整性
   C. 实测项目合格率　　D. 基本要求
2. 混凝土力学性能试验主要包括(　　)等参数的测定。
   A. 轴心抗压强度　　B. 轴心抗拉强度
   C. 抗压弹性模量　　D. 抗拉弹性模量
3. 预应力混凝土用钢棒按表面形状可分为(　　)。
   A. 光圆钢棒　　B. 螺旋槽钢棒
   C. 螺旋肋钢棒　　D. 带肋钢棒
4. 板式橡胶支座产品标记由下列哪些部分组成(　　)。
   A. 名称代号　　B. 型式代号
   C. 外形尺寸　　D. 橡胶种类
   E. 设计竖向承载力
5. 以下关于超声法检测混凝土缺陷的叙述,正确的是(　　)。
   A. 混凝土结合面质量可采用对测法或斜测法进行检测
   B. 混凝土表面损伤层厚度的检测方法有单面平测法和逐层穿透法
   C. 混凝土匀质性一般采用平面换能器进行对测法检测
   D. 混凝土内部空洞只能采用平面对测法检测
6. 在对金属材料进行超声探伤时,以下哪些材料可作为耦合剂(　　)。
   A. 水　　B. 化学浆糊　　C. 甘油　　D. 机油
7. 碎石土的密实度可根据重型动力触探锤击数判定为(　　)等几类。
   A. 松散　　B. 一般密实　　C. 中密　　D. 密实
8. 超声波法可用于检测钻孔灌注桩的(　　)。
   A. 桩底沉淀厚度　　B. 孔位偏差　　C. 孔径　　D. 垂直度
9. 桥梁工程中,钻孔灌注桩桩身完整性的检测方法包括(　　)。
   A. 低应变反射波法　　B. 高应变反射波法
   C. 基桩静载试验　　D. 声波透射法
   E. 钻芯取样法
10. 超声透射波法检测混凝土灌注桩桩身完整性,下列对于声测管埋设要求的表述,正确的有(　　)。
    A. 声测管应选择透声性好的材料
    B. 通常采用塑料管作为声测管
    C. 桩内声测管应相互平行
    D. 声测管内应保持通畅、无异物
11. 桥梁荷载试验,检测仪器选用方法正确的是(　　)。

A. 仪器价格越昂贵越好　　B. 仪器要有足够的量程
C. 应考虑现场环境因素的影响　　D. 要选用可靠性高的仪器

12. 桥梁动载试验的测试内容包括(　　)。
A. 动挠度　　B. 自振频率
C. 阻尼　　D. 振型

13. 对在用桥梁进行承载力检算评定,需检算的极限状态包括(　　)。
A. 承载能力极限状态　　B. 容许应力极限状态
C. 正常使用极限状态　　D. 使用寿命极限状态

14. 以下选项中,(　　)属于隧道结构的组成部分。
A. 围岩　　B. 锚喷衬砌
C. 仰拱充填　　D. 路侧边沟

15. 隧道开挖断面检测方法中,直接量测法包括(　　)。
A. 以内模为参照物的直接量测法　　B. 激光束方法
C. 投影机方法　　D. 极坐标法

16. 地质调查法包括(　　)。
A. 地表补充地质调查　　B. 隧道外地质素描
C. 隧道内地质素描　　D. 周边建筑物调查

17. 隧道止水带按照设置的位置可分为(　　)。
A. 中埋式止水带　　B. 背贴式止水带
C. 变形缝用止水带　　D. 施工缝用止水带

18. 隧道辅助工程注浆效果的检查方法有(　　)。
A. 分析法　　B. 数理统计法
C. 检查孔法　　D. 物探无损检测法

19. 可用于施工隧道内硫化氢气体浓度的检测方法有(　　)。
A. 滤膜法　　B. 检知管法
C. 醋酸铅试纸法　　D. 硫化氢传感器法

20. 对于隧道土建结构,其定期检查的分项内容包括(　　)。
A. 洞口　　B. 洞门
C. 衬砌　　D. 路面
E. 吊顶及预埋件

四、综合题(从6道大题中选答5道大题,每道大题10分,共50分。下列各题的备选项中,有一个或一个以上符合题意,选项全部正确得满分,选项部分正确按比例得分,出现错误选项该题不得分)

1. 针对预应力筋锚具静载锚固性能试验,回答下列问题:
(1)锚具的静载锚固性能应满足(　　)的力学性能要求。
A. $\eta_a \geqslant 0.95$　　B. $\eta_a \geqslant 0.92$　　C. $\varepsilon_{apu} \geqslant 2.0\%$　　D. $\varepsilon_{apu} \geqslant 2.5\%$

(2)锚具静载锚固性能试验用设备,一般由以下哪些装置组成(　　)。

A. 加载千斤顶　　B. 荷载传感器

C. 承力台座　　D. 液压油泵源及控制系统

(3)下列关于锚具静载锚固性能试验加载过程的描述,正确的是(　　)。

A. 加载速率为 80MPa/min

B. 以预应力钢绞线抗拉强度标准值的 20%、40%、60%、80%,分 4 级等速加载

C. 加载至钢绞线抗拉强度标准值的 80% 后,持荷 1h

D. 最大荷载加至钢绞线抗拉强度标准值的 90%

(4)下述相关表述正确的是(　　)。

A. 试验过程中夹片允许出现微裂和横向断裂

B. 预应力筋达到极限破断时,锚板不允许出现过大塑性变形

C. 预应力筋达到极限破断时,锚板中心残余变形不应出现明显挠度

D. 夹片回缩 Δb 比预应力筋应力为 $0.8f_{ptk}$ 时成倍增加,表明已失去可靠的锚固性能

(5)若三组试件实测极限拉力时的总应变均满足要求,荷载效率分别为 0.96、0.98、0.94,则下列描述正确的是(　　)。

A. 三组试件荷载效率均值为 0.96,因此可判定为合格

B. 应另取双倍数量重做试验

C. 应另取三倍数量重做试验

D. 可直接判定不合格

2. 对某单个混凝土构件进行混凝土抗压强度检测,请回答以下相关问题。

(1)采用超声回弹综合法检测混凝土强度,全国统一测强曲线适用于以下哪些情况(　　)。

A. 机械搅拌的泵送混凝土　　B. 蒸汽养护

C. 龄期 14 ~ 3000d　　D. 混凝土强度 10 ~ 70MPa

(2)对该构件采用超声回弹综合法检测混凝土强度,下列关于测区布置的叙述,正确的有(　　)。

A. 对单个构件,测区数量不应少于 10 个

B. 如超声检测采用单面平测时,测区尺寸宜为 400mm × 400mm

C. 相邻两测区的间距不宜大于 2m

D. 相邻两测区的间距不宜大于 1m

(3)对该构件采用超声回弹综合法检测混凝土强度,下列关于测试操作的叙述,正确的有(　　)。

A. 同一测区应先完成超声测试,后进行回弹测试

B. 无须检测混凝土碳化深度

C. 超声测试宜优先采用对测或角测

D. 每个测区布置 3 个超声测点

(4)对该构件采用钻芯法检测混凝土强度,下列关于芯样钻取的叙述,正确的有(　　)。

A. 标准芯样不得少于 15 个

B. 有效芯样数量不得少于 3 个,如构件尺寸较小,有效芯样数量不得少于 2 个

C. 标准芯样的公称直径为 100mm 且不宜小于集料最大粒径的 3 倍

D. 小直径芯样的公称直径不宜小于 70mm,且不得小于集料最大粒径的 2 倍

(5)对该构件采用钻芯法检测混凝土强度,下列对芯样要求的表述,正确的有(　　)。

A. 经处理后芯样抗压试件的高径比 H/d 应在 0.95 ~ 1.05 范围内

B. 芯样端面应磨平,也可以用环氧胶泥或聚合物水泥砂浆补平

C. 试验前应采用游标卡尺在芯样中部量取一次作为芯样试件的直径

D. 芯样有裂缝或其他较大缺陷时,可用环氧胶泥填补后进行试验

3. 对某混凝土简支空心板桥进行技术状况评定,请依据《公路桥梁技术状况评定标准》(JTG/T H21—2011)回答以下问题。

(1)对于桥梁构件、部件的划分,下列表述正确的是(　　)。

A. 所有的支座称为支座部件　　B. 1 块空心板为 1 个构件

C. 铰缝属于上部结构的一般构件　　D. 支座划归为下部结构

(2)对于该桥,以下属于主要部件的有(　　)。

A. 空心板　　B. 铰缝　　C. 支座　　D. 基础

(3)该桥采用板式橡胶支座,则支座可能存在的病害有(　　)。

A. 老化开裂　　B. 支座外鼓　　C. 剪切变形　　D. 转角超限

(4)某空心板混凝土表面局部缺浆、粗糙,或有大量小凹坑的现象称为(　　)。

A. 蜂窝　　B. 麻面　　C. 剥落　　D. 磨损

(5)当该桥总体技术状况为 4 类时,应采取的养护措施为(　　)。

A. 大修或改造　　B. 重建

C. 缺损严重时关闭交通　　D. 及时进行交通管制

4. 在预应力混凝土桥梁的控制断面布设应力(应变)测点,用于施工阶段、竣工荷载试验和长期运营的应力检测和监测,请在下列情形中选择合适的测试方法。

(1)根据试验目的,该桥应力(应变)检测或监测的可选传感器包括(　　)。

A. 电阻应变片　　B. 钢筋应力计

C. 弓形应变计　　D. 振弦式应变计

(2)施工阶段用于结构内部应力监测,可采用(　　)传感器。

A. 电阻应变片　　B. 千分表引伸计

C. 弓形应变计　　D. 振弦式应变计

(3)用于竣工荷载试验的应力(应变)检测,可采用(　　)方法。

A. 在混凝土表面粘贴光纤传感器

B. 在混凝土表面粘贴电阻应变片

C. 在混凝土表面安装弓形应变计

D. 凿去混凝土保护层,在钢筋上粘贴电阻应变片

(4)荷载试验,对于有裂缝部位的应力(应变)检测,应采用(　　)方法。

A. 凿去混凝土保护层,在钢筋上粘贴电阻应变片

B. 在混凝土表面安装振弦式应变计

C. 在混凝土表面安装大标距应变计

D. 在混凝土表面安装超声波传感器

(5)该桥的长期运营应力监测,可采用(　　)方法。

A. 在混凝土表面粘贴光纤传感器

B. 在混凝土表面粘贴电阻应变片片

C. 在钢筋上粘贴电阻应变片

D. 在混凝土内部埋设振弦式应变计

5. 采用雷达进行隧道衬砌质量的检测,请回答下列问题。

(1)雷达探测衬砌厚度的原理,是根据反射回来的电磁波的(　　)来求得天线与反射界面的距离。

A. 传播时间　　B. 在混凝土中传播速度

C. 幅度　　D. 频率

(2)雷达介电常数标定方法有(　　)。

A. 钻孔实测

B. 在已知厚度部位测量

C. 材料与隧道相同的其他预制件上测量

D. 在洞口使用双天线直达波法测量

(3)雷达检测时,可能对检测信号产生干扰的因素有(　　)。

A. 渗水　　B. 电缆　　C. 钢架　　D. 预埋件

(4)检测过程的相关操作,正确的有(　　)。

A. 施工过程衬砌质量检测,两车道隧道纵向在拱顶、左右拱腰、左右边墙布置 5 条测线

B. 采用点测方式,测点间距 500mm

C. 保持天线与被测物表面密贴

D. 天线移动速度均匀,移动速度宜为 3 ~ 5km/h

(5)雷达检测数据处理步骤包括(　　)。

A. 正确连接雷达　　B. 回波起始零点确定

C. 数据距离归一化处理　　D. 滤波处理

6. 某单洞双向交通隧道长 1800m,对其进行运营环境检测,检测内容为风压、风速和照明,请回答以下问题。

(1)若隧道内风流中某点的风速为 5m/s,单位体积空气质量为 1.295kg/m^3,则该点处空气动压为(　　)。

A. 1.619Pa　　B. 1.619kPa　　C. 16.19Pa　　D. 16.19kPa

(2)对该隧道内的风速进行检测,其检测结果为(　　)时,可判定为风速不满足要求。

A. 5m/s　　B. 6m/s　　C. 10m/s　　D. 12m/s

(3)对风机风筒内的高风速进行检测时,应优先选择的设备为(　　)。

A. 风速表　　B. 热电式风速仪

C. 皮托管和压差计　　D. 检知管

(4)若要检测各通风段的风速值,每通风段的检测断面数可为(　　)个断面。

A. 4　　B. 3　　C. 2　　D. 1

(5)对该隧道中间段路面平均照度进行检测时,测区总长度应取(　　)。

A. 50m　　B. 70m　　C. 150m　　D. 1000m

模拟试题二

说明：1. 本模拟试题设置单选题30道、判断题30道、多选题20道、综合题6道，总计150分；模拟自测时间为150分钟。

2. 本模拟试题仅供考生进行考前自测使用。

一、单项选择题（共30题，每题1分，共30分）

1. 公路工程质量评定以分项工程作为基本单元，实测项目检验采用（　　）进行评定。

A. 百分制评分法　　B. 合格率法

C. 资料审查评审法　　D. 综合评定法

2. 桥梁工程用石料的单轴抗压强度试验，每组试件为（　　）个。

A. 3　　B. 4　　C. 5　　D. 6

3. 钢绞线应力松弛性能试验，当初始负荷为公称最大力的80%时，1000h后的应力松弛率应不大于（　　）。

A. 1.0%　　B. 2.5%　　C. 3.5%　　D. 4.5%

4. 钢绞线直径为15.2mm，锚固根数为5根，则预应力钢绞线的扁锚张拉端锚具的代号标记应为（　　）。

A. YM15-5　　B. YMB15-5

C. YM15.2-5　　D. YMB15.2-5

5. 支座转角试验中，在各种转角下的支座边缘最小变形值在下列哪种情况下表示支座脱空（　　）。

A. $\Delta_{min}=0$　　B. $\Delta_{min}<0$　　C. $\Delta_{min}\geqslant 0$　　D. $\Delta_{min}>0$

6. 土工织物厚度试验中，常规厚度是指在（　　）kPa压力下的试样厚度。

A. 1　　B. 2　　C. 3　　D. 4

7. 对试验前支座停放的温度和时间要求描述正确的为（　　）。

A. 温度23℃±5℃，时间12h　　B. 温度23℃±5℃，时间24h

C. 温度20℃±2℃，时间12h　　D. 温度20℃±2℃，时间24h

8. 钻芯法检测混凝土强度，按潮湿状态进行试验时，芯样试件在受压前应（　　）。

A. 自然干燥3d

B. 在20℃±5℃的清水中浸泡20~30h

C. 在20℃±5℃的清水中浸泡30~40h

D. 在20℃±5℃的清水中浸泡40~48h

9. 混凝土构件的钢筋锈蚀电位检测，一般采用（　　）作为参考电极。

A. 甘汞电极　　B. 硝酸银电极

C. 硝酸铜电极　　D. 硫酸铜电极

10. 超声法检测混凝土结构内部缺陷,如采用钻孔法测试,应使用的换能器是(　　)。

A. 平面换能器　　B 径向换能器
C. 平板换能器　　D. 大功率换能器

11. 在对竖直桩进行钻孔倾斜度检测时,要求倾斜度不超过桩长的(　　)。

A. 2.0%　　B. 1.5%　　C. 1.0%　　D. 0.5%

12. 低应变反射波法检测桩身完整性,对检测数据的分析应采用(　　)的方法。

A. 时域分析　　B. 频域分析
C. 时域分析为主,频域分析为辅　　D. 频域分析为主,时域分析为辅

13. 基桩静载试验通常采用(　　)。

A. 贯入位移法　　B. 循环加卸载法
C. 慢速维持荷载法　　D. 快速维持荷载法

14. 根据《公路桥梁技术状况评定标准》(JTG/T H21—2011),将桥梁的总体技术状况划分为(　　)个等级。

A. 3　　B. 4　　C. 5　　D. 6

15.《公路桥梁技术状况评定标准》(JTG/T H21—2011)采用的桥梁技术状况评定方法是(　　)。

A. 考虑各部件权重的综合评定法
B. 分层综合评定与 5 类桥梁单项控制指标相结合的方法
C. 按技术状况标准的描述凭经验判断的评定方法
D. 按重要部件最差的缺损状况评定方法

16. 根据《公路桥涵养护规范》,在用桥梁定期检查的周期不得超过(　　)年。

A. 1　　B. 2　　C. 3　　D. 5

17. 采用电阻应变片测定简支梁桥梁端主拉应力,应采用(　　)布片方式。

A. 单轴应变片顺主拉应力方向
B. 单轴应变片与主拉应力方向相垂直
C. 45°应变花布置在合适部位
D. 单轴应变片与主拉应力方向成 45°夹角

18. 大跨径桥梁纵向线形检测,测试截面不宜少于(　　)个。

A. 3　　B. 5　　C. 7　　D. 9

19. 桥梁动载试验,冲击系数应通过(　　)实测时程信号计算得到。

A. 振动加速度　　B. 动挠度
C. 振动速度　　D. 静应变

20. 桥梁承载能力检测评定时,检算所需的技术参数等应优先以(　　)为依据确定。

A. 设计资料　　B. 竣工资料
C. 标准定型图　　D. 实际调查和检测结果

21. 采用地质雷达法检测混凝土衬砌厚度,检查方法和频率为(　　)。

A. 纵向 3 条测线,每 20m 检查 1 个断面,每个断面 3 点

B. 纵向3条测线，每10m检查1个断面，每个断面3点

C. 纵向5条测线，每20m检查1个断面，每个断面5点

D. 纵向5条测线，每10m检查1个断面，每个断面5点

22. 混凝土衬砌外观检查时，蜂窝、麻面面积不应超过该面总面积的（　　）。

A. 0.1%　　B. 0.2%　　C. 0.5%　　D. 1%

23. 采用地质雷达探测深度为1.0m的隧道衬砌施工质量时，宜采用的雷达天线频率为（　　）。

A. 50MHz　　B. 100MHz　　C. 500MHz　　D. 900MHz

24. 隧道埋深小于隧道开挖宽度时，地表沉降测点纵向布设间距宜为（　　）。

A. 15～30m　　B. 10～15m　　C. 5～10m　　D. 3～5m

25. 隧道地质调查包括隧道地表补充调查和（　　）两大方面。

A. 超前导坑观测　　B. 超前钻探

C. 隧道内地质素描　　D. 隧道内支护状态观测

26. 隧道注浆材料中，不属于化学浆的是（　　）。

A. 水玻璃浆　　B. 水泥-水玻璃双液浆

C. 聚氨酯类浆　　D. 丙烯酸盐浆

27. 滤膜测尘法检测隧道空气中的粉尘浓度，采样时间宜为（　　）。

A. 10min　　B. 15min　　C. 20min　　D. 30min

28. 隧道纵向照度检测，第一测点可设在距洞口（　　）处。

A. 5m　　B. 10m　　C. 20m　　D. 50m

29. 隧道定期检查最长不得超过（　　）。

A. 2年检查1次　　B. 3年检查1次

C. 4年检查1次　　D. 5年检查1次

30. 某二级公路隧道土建结构技术状况评分为85分，机电设施技术状况评分为90分，其他设施评分为100分，则该隧道总体技术状况评分为（　　）。

A. 87.00　　B. 89.25　　C. 90.05　　D. 91.46

二、判断题（共30题，每题1分，共30分）

1. 桥梁工程中的小桥和桥涵被划分到路基单位工程中。（　　）

2. 桥隧工程质量评定分为“合格、中、良、优”四个等级。（　　）

3. 钢筋拉伸试验测定断后伸长率时，应使用分辨率优于0.1mm的量具，准确到±0.25mm。（　　）

4. 锚具经过200万次循环荷载的疲劳试验后，钢绞线因锚具夹持作用发生疲劳破坏的面积不应大于原试样总面积的2%。（　　）

5. 预应力混凝土桥梁使用的塑料波纹管力学性能试验要求环刚度不小于5kN/m^2。（　　）

6. 模数式伸缩缝防水性能试验，要求注水48h无渗漏。（　　）

7. 采用超声回弹综合法检测混凝土的抗压强度,根据全国统一测强曲线计算时,适用于抗压强度在 10 ~ 60MPa 范围内的混凝土。 ( )

8. 采用钻芯法检测批量混凝土构件的抗压强度,标准芯样试件的最小样本量不宜少于 15 个,小直径芯样试件的最小样本量应适当增加。 ( )

9. 混凝土内部缺陷与钢结构内部缺陷的超声检测原理类似,采用的超声检测仪是通用的。 ( )

10. 轻型圆锥动力触探试验一般用于贯入深度小于 4m 的黏性土、黏性土组成的素填土和粉土。 ( )

11. 对于软土地区桩长为 50m 的基桩,采用低应变反射波法检测桩身完整性比超声法效果更好。 ( )

12. 依据《公路工程基桩动测技术规程》(JTG/T F81-01—2004),采用低应变反射波法检测混凝土灌注桩桩身完整性,若待检桩直径为 1.5m,则至少应布置两个传感器测点。 ( )

13. 采用超声法检测灌注桩的混凝土质量时,预埋的声测管不宜选用强度较高的金属管。 ( )

14. 桥梁技术状况评定属一般评定。 ( )

15. 桥梁技术状况评定中,将箱形拱桥上的桥面板划归为次要部件。 ( )

16. 对某简支梁桥进行经常检查时发现一块空心板的缺损达到三类,应立即安排定期检查。 ( )

17. 钢筋混凝土梁桥静载试验,跨中受拉区主要应变测点应布设在下缘混凝土表面上。 ( )

18. 在用公路桥梁静载试验的荷载效率应取 0.85 ~ 1.05。 ( )

19. 桥梁荷载试验的主要应变、挠度测点的布设应能控制主体结构的最大应力和最大挠度。 ( )

20. 索结构桥荷载试验,通常采用振动法测定索的索力。 ( )

21. 对圬工桥梁进行承载力检算评定,无须计入承载能力恶化系数。 ( )

22. 隧道拱墙衬砌混凝土浇筑时,基础、拱、墙可分多次浇筑完成。 ( )

23. 隧道开挖初期数据变化较大,测点应及时埋设,要求在距开挖面 5m 范围内、开挖后 48h 内埋设,支护后 2h 内读取初始读数。 ( )

24. 隧道超前地质预报中的地震波反射法主要用于地下水的探测预报。 ( )

25. 超前地质钻探是利用钻机在隧道开挖面钻探获取地质信息的一种超前地质预报方法,预报时一般采用冲击钻。 ( )

26. 采用激光断面仪测量隧道开挖轮廓线,激光断面仪必须布置在隧道轴线上。 ( )

27. 采用超前锚杆进行隧道围岩稳定处治时,纵向两排之间水平搭接长度应不小于 1m。 ( )

28. 双滤膜法检测隧道内空气中氡气浓度是一种绝对测氡法。 ( )

29. 水银压差计可以检测隧道内空气的相对静压。 ( )

30. 公路隧道应在逐段对土建结构各分项技术状况进行评定的基础上,再进行土建结构技术状况评定。 ( )

三、多项选择题(共20题,每题2分,共40分。下列各题的备选项中,至少有两个符合题意,选项全部正确得满分,选项部分正确按比例得分,出现错误选项该题不得分)

1. 公路工程的质量检验评定中,质量保证资料应包括(　　)等。
   A. 原材料、半成品和成品质量检验结果
   B. 材料配合比、拌和加工控制检验和试验数据
   C. 地基处理、隐蔽工程施工记录和桥梁、隧道施工监控资料
   D. 质量控制指标的试验记录和质量检验汇总
2. 钢绞线的产品标记包括(　　)。
   A. 结构代号　　B. 公称直径
   C. 强度级别　　D. 标准长度
   E. 标准号
3. 下列属于球型支座力学性能试验检测项目的有(　　)。
   A. 竖向承载能力　　B. 水平承载能力
   C. 转角　　D. 摩擦系数
4. 土工布宽条拉伸试验的检测指标有(　　)。
   A. 拉伸强度　　B. 最大负荷下的伸长率
   C. 特定伸长率下的拉伸力　　D. 应力松弛性能
5. 超声法可用于(　　)等的试验检测。
   A. 基桩完整性检测　　B. 节段施工箱梁混凝土接缝质量检测
   C. 混凝土裂缝深度检测　　D. 混凝土匀质性检测
6. 关于混凝土中氯离子含量的测定试验,下列操作正确的有(　　)。
   A. 取粉孔可以与碳化深度测量孔合并使用
   B. 钻孔取粉应分孔收集,即每个孔的粉末收集在一个袋中
   C. 不同测区的测孔,但相同深度的粉末可收集在一个袋中
   D. 钻孔取粉应分层收集,同一测区、不同测孔、相同深度的粉末可收集在一个袋中
   E. 每一测区取粉的钻孔数量不少于3个
7. 目前可用于钢结构焊缝无损探伤的方法有(　　)。
   A. 超声法　　B. 射线法
   C. 磁粉探伤　　D. 渗透检测
   E. 雷达检测
8. 采用低应变反射波法检测混凝土灌注桩完整性,以下相关操作正确的有(　　)。
   A. 当桩径大于1000mm时,应布置4个测振传感器
   B. 传感器安装在桩顶中心部位
   C. 激振点位于桩顶中心部位
   D. 激振点位于桩顶1/2半径处
9. 基桩竖向静载试验所采用的千斤顶加载反力装置形式主要有(　　)。
   A. 锚桩横梁反力装置　　B. 压重平台反力装置

C. 锚桩压重联合反力装置　　D. 试桩压重联合反力装置

10. 下列属于水泥混凝土桥面铺装评定指标的有(　　)。

A. 变形　　B. 泛油　　C. 裂缝　　D. 破损

11. 按照公路桥涵养护规范规定,桥梁检查分为(　　)。

A. 经常检查　　B. 定期检查　　C. 特殊检查　　D. 不定期检查

12. 电阻应变仪测量电桥(惠斯顿电桥)的主要功能和作用包括(　　)。

A. 通过桥路组合满足不同测试需求

B. 将微小的电阻变化转换成电压信号

C. 将应变信号转换为电阻变化

D. 通过合适的桥路组合达到温度补偿目的

13. 桥梁静载试验,如最大挠度预估值为 10mm,则应选用(　　)进行挠度测试。

A. 普通连通管　　B. 电阻式位移计

C. 全站仪　　D. 精密水准仪

14. 桥梁结构实际承载能力的评定方法包括(　　)。

A. 根据桥梁设计图纸进行承载力验算

B. 桥梁定期检查

C. 基于技术状况检测的检算评定

D. 桥梁荷载试验

15. 隧道混凝土衬砌背后空洞可采用(　　)等方法进行检测。

A. 冲击钻打孔量测法　　B. 钻孔取芯量测法

C. 激光断面仪法　　D. 地质雷达法

E. 超声法

16. 采用地质雷达检测混凝土衬砌质量时,下列操作正确的有(　　)。

A. 必须保持天线与被测衬砌表面密贴

B. 天线应移动平衡、速度均匀,移动速度宜为 3 ~ 5km/h

C. 当分段测量时,相邻测量段接头重复长度不应小于 0.5m

D. 应边检测、边注意浏览实时回波图像,对有较大可疑的反射异常应记录和复查

17. 隧道监控量测中洞内外观察包含(　　)。

A. 掌子面观察　　B. 支护状态观察

C. 施工状态观察　　D. 洞外地表观察

18. 可用于施工隧道内空气中瓦斯浓度检测的设备有(　　)。

A. 催化型瓦斯测量仪　　B. 光干涉检定器

C. 检知管　　D. 红外线传感器

19. 隧道路面照度检测分为(　　)等测试区段。

A. 洞口段　　B. 出口段

C. 中间段　　D. 过渡段

20. 隧道渗漏水的水质检测内容主要包括(　　)。

A. 温度检测　　B. 浑浊程度

C. pH 值　　D. 水样检测

E. 冻结检查

四、综合题(从6道大题中选答5道大题,每道大题10分,共50分。下列各题的备选项中,有一个或一个以上符合题意,选项全部正确得满分,选项部分正确按比例得分,出现错误选项该题不得分)

1. 关于混凝土棱柱体抗压弹性模量试验,请回答下列问题。

(1)试验用到的仪器设备包括(　　)。

A. 万能试验机　　B. 百分表

C. 千分表　　D. 微变形测量仪固定支架

(2)每组试件数量为(　　)根。

A. 3　　B. 4　　C. 5　　D. 6

(3)标准试件尺寸为(　　)。

A. 100mm×100mm×300mm　　B. 150mm×150mm×300mm

C. 100mm×100mm×200mm　　D. 200mm×200mm×400mm

(4)下列关于仪器设备安装及调试,表述正确的有(　　)。

A. 微变形测量仪应安装在试件两侧的中线上并对称于试件两侧

B. 加荷至基准应力0.5MPa对应的初始荷载 F_0,持荷60s后在30s内记录两侧变形测量仪的读数

C. 以0.6MPa/s±0.4MPa/s的速率连续均匀加荷至1/3轴心抗压强 f_{cp} 对应的荷载值 F_a,持荷60s后在30s内记录两侧变形测量仪的读数

D. 两侧变形测量读数与均值之差应在15%以内,否则应重新调整试件位置

(5)下列关于试验过程的相关操作,表述正确的有(　　)。

A. 正式试验前需预压,预压在初始荷载值 F_0 及 $1/3f_{cp}$ 荷载值 F_a 处均持荷60s

B. 预压的循环次数至少为两次

C. 完成最后一次预压后,即刻加荷至 F_a 并记录变形量测数据

D. 紧接C选项步骤,卸载并卸除微变形测量仪,试验结束

2. 某在用4×20m预应力混凝土简支梁桥,上部结构空心板采用预制、吊装施工,每跨有7片空心板,经调查所有空心板的生产工艺、强度等级、原材料、配合比、养护工艺均相同,龄期相近。在一次特殊检查时,采用回弹法进行了混凝土强度检测,请回答以下相关问题。

(1)关于上部空心板构件的回弹抽检数量,下列叙述正确的有(　　)。

A. 采用批量检测方式,随机抽检20%

B. 按单个构件检测的方式,每跨选取2片

C. 抽检空心板数量应不少于10个

D. 因该桥空心板数量较多,根据规范抽检数量可适当减少,但不得少于5个

(2)下列关于回弹仪率定的叙述,正确的有(　　)。

A. 回弹仪在每次检测的前后,都要用钢砧进行率定

B. 在标准钢砧上,回弹仪的率定平均值应为 80 ±2

C. 钢砧为硬度恒定的标准物质,平时妥善保管,无须送检

D. 率定时,回弹仪的弹击方向应尽量与待检混凝土测区的弹击方向一致

(3)关于回弹测区,下列叙述错误的有(　　)。

A. 测区面积不宜大于 $0.04m^2$

B. 回弹测区宜优选在空心板浇筑侧面,不能满足时也可布置在空心板底面

C. 如测区混凝土表面有较多蜂窝、麻面,回弹前应用高强度等级砂浆修补

D. 回弹测区应集中在跨中受力较大的区域

(4)关于碳化深度测试,以下叙述正确的有(　　)。

A. 碳化深度测点数不应少于抽检构件数量的 30%

B. 当测区碳化深度极差大于 2mm 时,应在构件的每个测区分别测量碳化深度

C. 酚酞酒精试剂滴到未碳化的混凝土表面会变为紫红色

D. 某测点碳化深度的 3 次读数均为 0.25mm,则该测点碳化深度值取 0.25mm

(5)关于回弹法的数据处理,以下叙述哪些是正确的(　　)。

A. 非水平方向弹击时对回弹值需进行角度修正,向上弹击时的修正值为负值

B. 测区位于浇筑顶面或底面时对回弹值需进行浇筑面修正,浇筑底面的修正值为负值

C. 经过修正后的回弹值单位是 MPa,即为混凝土强度

D. 每个测区应记录 16 个回弹值,取均值作为该测区的平均回弹值

3. 采用超声透射波法检测某桥梁工程基础桩身的完整性,已知待检桩为混凝土灌注桩,直径为 1.6m,桩长 30.0m,请回答下列问题。

(1)下列关于试验前准备工作的相关表述,正确的有(　　)。

A. 疏通声测管,用清水灌满声测管

B. 在桩顶测量相应声测管外壁间净距

C. 采用标定法确定仪器系统延迟时间

D. 必须待混凝土强度达到设计强度后,方可进场检测

(2)应选用的检测设备包括(　　)。

A. 基桩动测仪　　B. 超声波孔壁测试仪

C. 非金属超声波检测仪　　D. 径向振动换能器

(3)按照《公路工程基桩动测技术规程》(JTG/T F81-01—2004)规定,一根桩应设(　　)个测试剖面。

A. 4　　B. 5　　C. 6　　D. 8

(4)现场测试时,可根据超声波波速对混凝土强度进行评价,若实测声速为 2500m/s,则该桩的混凝土强度可评价为(　　)。

A. 好　　B. 较好　　C. 差　　D. 非常差

(5)对现场实测数据进行分析判断时,下列表述中正确的有(　　)。

A. 若声速值和波幅在 20m 深度处急剧下降,则应判定该处为断桩

B. 若声速值和波幅在 20m 深度处急剧下降,则应判定该处为混凝土强度不足

C. 若声速值和波幅在 1m 深度处缓慢下降,则应判定该处为断桩

D. 若声速值和波幅在 1m 深度处缓慢下降,则应判定桩身混凝土强度不足

4. 依据下图的测量电桥(惠斯顿电桥),采用电阻应变片测量一根轴向受拉钢筋的纵向应变,μ 为钢筋的泊松比,试回答以下问题。

(1) 电阻应变仪测量电桥的主要功能和作用包括(　　)。

A. 将被测应变转换为电阻变化

B. 通过合适的桥路组合提高测试灵敏度

C. 将电阻变化转换成便于测量的电压信号

D. 通过合适的桥路组合达到温度补偿目的

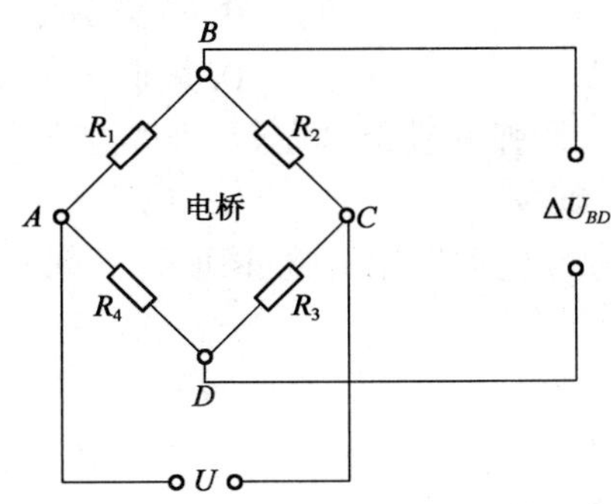

应变仪测量电桥

(2) 用于钢筋应变检测,可选用(　　)传感器。

A. 标距 5mm 电阻应变片　　B. 弓形应变计

C. 百分表引伸计　　D. 振弦式应变计

(3) 两个规格相同电阻应变片,采用下图所示布片方式(两个应变片均纵向布置),则应变示值为纵向应变的(　　)倍。

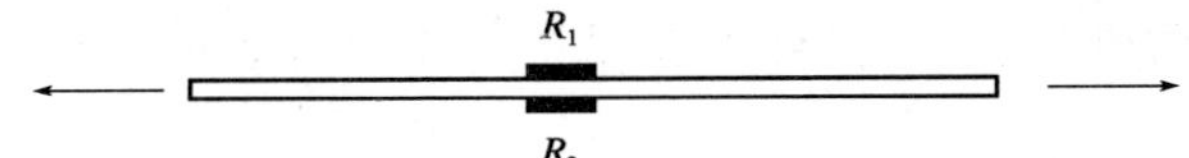

A. 1　　B. 2　　C. $1+\mu$　　D. 0

(4) 两个规格相同电阻应变片,将第(3)小题的 R_2 调整为横向布置,则应变示值为纵向应变的(　　)倍。

A. 1　　B. 2　　C. $1+\mu$　　D. $1-\mu$

(5) 采用第(4)小题组桥方式,测得的应变示值为 130×10^{-6},则钢筋实际纵向应变为(　　)。钢筋的泊松比 $\mu=0.3$。

A. 80×10^{-6}　　B. 100×10^{-6}　　C. 130×10^{-6}　　D. 169×10^{-6}

5. 喷射混凝土支护是锚喷衬砌支护的重要形式,喷射混凝土质量检测对保证隧道衬砌安全至关重要。请回答以下问题。

(1) 从喷射混凝土施工技术和施工管理方面分析,影响喷射混凝土厚度的因素主要有(　　)。

A. 水灰比　　B. 爆破效果

C. 回弹率　　D. 喷射参数

(2)喷射混凝土抗压强度试验检查试件的制作方法包括(　　)。

A. 喷大板切割法　　B. 凿方切割法

C. 喷模法　　D. 拔出法

(3)凿孔检查喷射混凝土厚度时,每(　　)检查一个断面,每个断面从拱顶中线起每隔3m 凿孔检查 1 点。

A. 5m　　B. 10m　　C. 15m　　D. 20m

(4)喷射混凝土竣(交)工验收时实测项目包括(　　)。

A. 喷射混凝土强度　　B. 喷层厚度

C. 喷层与围岩接触状况　　D. 墙面平整度

(5)喷射混凝土施工过程中,回弹率应予以控制,边墙处不应大于(　　)。

A. 15%　　B. 20%　　C. 25%　　D. 30%

6. 对隧道工程防水混凝土进行抗渗性能试验,请回答下列问题。

(1)隧道防水混凝土结构应满足(　　)。

A. 裂缝宽度不大于 0.3mm

B. 裂缝不贯通

C. 迎水面主钢筋保护层厚度不应小于 40mm

D. 衬砌厚度不应小于 30cm

(2)防水混凝土抗渗性试验每组试件数量为(　　)个。

A. 3　　B. 4　　C. 5　　D. 6

(3)混凝土抗渗试验所需要的仪器设备包括(　　)。

A. 混凝土渗透仪　　B. 成型试模

C. 螺旋加压器　　D. 密封材料

(4)防水混凝土抗渗性试验,当试件中有(　　)个试件表面发现渗水,记下此时的水压力,即可停止试验。

A. 2　　B. 3　　C. 4　　D. 5

(5)若第(4)小题中试验记录的试件渗水时水压力为 1.1MPa,则该组试件的混凝土抗渗等级为(　　)。

A. P10　　B. P11　　C. P12　　D. P15

模拟试题三

说明：1. 本模拟试题设置单选题30道、判断题30道、多选题20道、综合题6道，总计150分；模拟自测时间为150分钟。

2. 本模拟试题仅供考生进行考前自测使用。

一、单项选择题（共30题，每题1分，共30分）

1. 桥梁工程质量评定中，防护工程被划归为（　　）工程。

A. 单位　B. 分部　C. 分项　D. 分段

2. 混凝土立方体抗压强度试验中，混凝土强度等级为C50时的加荷速度应为（　　）。

A. 0.1 ~ 0.3MPa/s　B. 0.3 ~ 0.5MPa/s

C. 0.5 ~ 0.8MPa/s　D. 1.0 ~ 1.5MPa/s

3. 耐寒型盆式橡胶活动支座的摩擦系数（加5201硅脂润滑后）应不大于（　　）。

A. 0.03　B. 0.04　C. 0.05　D. 0.06

4. 下列不适用于桥梁伸缩装置尺寸检测的测量器具的是（　　）。

A. 皮尺　B. 游标卡尺　C. 钢直尺　D. 水准仪

5. 隧道用土工织物拉伸强度试验，预张拉力应取最大负荷的（　　）。

A. 1%　B. 2%　C. 5%　D. 10%

6. 采用超声回弹综合法检测混凝土强度，需完成的测试内容包括（　　）。

A. 回弹值和碳化深度　B. 声波波幅和回弹值

C. 声时值、回弹值和碳化深度　D. 声时值和回弹值

7. 钻芯法检测混凝土抗压强度的标准芯样试件要求其公称直径为（　　），且不宜小于集料最大粒径的（　　）；也可采用小直径芯样试件，但其公称直径不宜小于（　　），且不得小于集料最大粒径的（　　）。

A. 70mm；4倍；50mm；3倍　B. 100mm；3倍；70mm；2倍

C. 100mm；3倍；50mm；2倍　D. 70mm；3倍；50mm；2倍

8. 酒精酚酞试剂喷洒在已碳化的混凝土表面，其颜色应为（　　）。

A. 紫色　B. 蓝色　C. 黑色　D. 不变色

9.（　　）不适用于钢结构焊缝的无损探伤。

A. 超声波法　B. 磁粉检测法

C. 射线法　D. 电阻率法

10. 地基在荷载作用下达到破坏状态的过程，不包括以下哪个阶段（　　）。

A. 压密阶段　B. 剪切阶段

C. 挤出阶段　D. 破坏阶段

11.(　　)不适用于混凝土灌注桩桩身完整性的检测。

A. 低应变反射波法　　B. 声波透射法

C. 钻芯法　　D. 电容法

12. 采用超声透射波法对桩径为1.6m的灌注桩进行完整性检测,应埋设声测管的数量为(　　)。

A. 1根　　B. 2根　　C. 3根　　D. 4根

13. 当桥梁总体技术状况等级达到(　　)时,应进行中修,酌情进行交通管制。

A. 二类　　B. 三类　　C. 四类　　D. 五类

14. 在进行公路桥梁技术状况评定时,将桥梁结构的部件分为两大类,分别为(　　)。

A. 受力部件和非受力部件　　B. 主要部件和次要部件

C. 上部结构部件和下部结构部件　　D. 完好部件和破损部件

15.(　　)不属于桥梁特殊检查的范畴。

A. 荷载试验　　B. 桥梁技术状况评定

C. 灾后应急检查　　D. 专门检查

16. 用电阻应变片测量混凝土桥梁结构的表面应变,应选用(　　)标距规格。

A. 2~5mm　　B. 5~10mm　　C. 10~60mm　　D. 80~100mm

17.(　　)适用于桥隧施工过程的应力(应变)监测。

A. 电阻应变计　　B. 振弦式应变计

C. 电测位移计　　D. 千分表

18. 关于利用连通管测试桥梁挠度的相关表述,错误的是(　　)。

A. 利用"水平平面上的静止液体的压强相同"的原理制成

B. 适用大跨径桥梁静挠度测量

C. 不适用于桥梁动挠度测量

D. 普通连通管测试精度优于精密水准仪

19. 整体式结构桥梁静载试验,一个测试截面的挠度测点不应少于(　　)。

A. 1　　B. 2　　C. 3　　D. 5

20. 桥梁结构实际承载力的评定方法包括荷载试验和(　　)两种形式。

A. 技术状况检测

B. 桥梁的承载力检算

C. 在技术状况检测基础上的承载力检算

D. 根据定期检查获取的资料进行承载力评定

21. 公路隧道施工质量评定中,洞身开挖每(　　)作为一个分部工程。

A. 50m　　B. 100m　　C. 200m　　D. 300m

22. 隧道开挖质量主要是控制超欠挖,拱脚、墙脚以上(　　)范围内严禁欠挖。

A. 0.5m　　B. 1.0m　　C. 1.5m　　D. 2.0m

23. 隧道施工的喷射混凝土应由两侧拱脚向上对称喷射,并将钢架覆盖,临空一侧的喷射混凝土保护层厚度不应小于(　　)。

A. 10mm　　B. 20mm　　C. 40mm　　D. 50mm

24. 隧道监控量测中，为了判断开挖后围岩的松动区、强度下降区以及弹性区的范围，确定围岩位移随深度变化的关系和判断锚杆长度是否适宜，以便确定合理的锚杆长度，有必要对(　　)进行监控量测。

A. 围岩压力　　B. 围岩内部位移

C. 围岩弹性波速　　D. 爆破振动

25. 根据地质状况的不同，地震波反射法的预报距离为 100 ~ 150m，前后两次预报的重叠距离不宜小于(　　)。

A. 5m　　B. 8m

C. 10m　　D. 20m

26. 隧道施工防水处理用塑料止水带的接头形式应采用(　　)。

A. 搭接或对接　　B. 搭接或复合接

C. 复合接或对接　　D. 以上方法均不能采用

27. 采用超前管棚进行围岩稳定处治时，纵向两组管棚间水平搭接长度应不小于(　　)。

A. 1m　　B. 2m

C. 2.5m　　D. 3m

28. 特殊情况下，施工人员必须进入一氧化碳浓度达到 $100mg/m^3$ 的隧道工作面时，其工作时间不得超过(　　)。

A. 20min　　B. 30min　　C. 40min　　D. 60min

29. 当隧道内烟尘浓度达到(　　)时，应采取交通管制措施。

A. $0.006m^{-1}$　　B. $0.008m^{-1}$

C. $0.010m^{-1}$　　D. $0.012m^{-1}$

30. 某二级公路隧道长度为 1380m，年平均日交通量为 4000pcu/d，按照《公路隧道养护技术规范》(JTG H12—2015)的相关规定，该隧道的养护等级为(　　)。

A. 一级　　B. 二级

C. 三级　　D. 四级

二、判断题(共 30 题，每题 1 分，共 30 分)

1. 工程质量评定按先分项工程、再分段工程、再单位工程这一顺序，逐级进行质量等级评定。(　　)

2. 桥隧工程质量评定中，涉及结构安全、使用功能的重要实测项目为关键项目。(　　)

3. 水泥混凝土的受压弹性模量取轴心抗压强度 1/4 时对应的弹性模量。(　　)

4. 锚具静载锚固性能试验组装时的初应力最小可取钢绞线抗拉强度标准值的 1%。(　　)

5. 板式橡胶支座抗压弹性模量试验，3 个试件的实测单项结果和算术平均值之间的偏差不应大于算术平均值的 3%，否则该试样应重新复核试验一次。(　　)

6. 预应力混凝土用金属波纹圆管抗渗漏性能试验的试样长度取 $5d$(d 为圆管内径)且不应小于 300mm。(　　)

7. 隧道防水卷材低温弯折性能试验,2 块试样中若有 1 块试件不符合标准规定,则需加倍抽取样本,全部合格后才能判断合格。 (   )

8. 在使用钢筋探测仪进行混凝土内部钢筋探测前,应将探头远离金属物质进行调零。 (   )

9. 通常混凝土电阻率越大,说明钢筋锈蚀发展速率越快。 (   )

10. 超声法不适用于混凝土表面损伤的检测。 (   )

11. 钢结构防腐涂层附着力的测试方法中,划格法适用于厚度不超过 250μm 的涂层,划叉法不受涂层厚度的限制。 (   )

12. 桥梁地基浅层平板荷载试验,在荷载-沉降关系曲线中,土体压力与变形呈线性关系的阶段为压密阶段。 (   )

13. 在桥梁工程中采用低应变反射波法检测桩身完整性时,若要检查桩身微小的缺陷,应使锤击振源产生主频较低的激励信号。 (   )

14. 受检桩直径小于 1.2m 时,不适合采用钻芯法检测桩身完整性。 (   )

15. 桥梁定期检查的技术状况等级为 4 类桥时,管理部门应及时安排进行专门检查。 (   )

16. 对梁式桥进行技术状况评定时,对支座的评定应包括支座垫石状况。 (   )

17. 桥梁静载试验中用于混凝土裂缝宽度检测的仪器,其分辨力应优于 0.2mm。 (   )

18. 中小跨径桥梁静载试验,电子水准仪的测试精度优于全站仪。 (   )

19. 简支梁桥静载试验中,可采用应变花测定支点附近截面的最大主拉应力。 (   )

20. 结构自振频率是桥梁重要的动力响应参数。 (   )

21. 桥梁结构的承载能力检算应针对结构主要控制截面、薄弱部位和出现严重缺损部位。 (   )

22. 并行布置的两隧道间的净距较小,两洞结构彼此产生有害影响的隧道称为小净距隧道。 (   )

23. 钢架安装基底高程不足时,不得用石块、碎石砌垫,应设置钢板或采用强度等级不低于 C20 的混凝土垫块。 (   )

24. 隧道检测项目中,锚杆抗拔力是锚杆材料、加工及锚固质量的综合反映,因此,锚杆抗拔力试验可以完全反映锚杆的安装质量。 (   )

25. 隧道监控量测的选测项目是通过对围岩及支护结构的受力、内力、应变以及围岩内部位移等进行监测,以把握围岩的稳定性和支护效果,是必测项目的扩展和补充。 (   )

26. 地质雷达探测主要用于岩溶探测,不可用于断层破碎带、软弱夹层等不均匀地质体的探测。 (   )

27. 隧道防水混凝土抗渗等级分为设计抗渗等级、试验抗渗等级、检验抗渗等级,检验抗渗等级不得低于设计抗渗等级。 (   )

28. 超前小导管施工质量检查中,孔位允许偏差为 ±100mm。 (   )

29. 采用滤膜法检测隧道内粉尘浓度时,采样器进风口要迎着风流,距地面高度为 2.0m 左右。 (   )

30. 隧道内烟雾浓度检测断面间距不宜大于 500m。 (   )

三、多项选择题(共20题,每题2分,共40分。下列各题的备选项中,至少有两个符合题意,选项全部正确得满分,选项部分正确按比例得分,出现错误选项该题不得分)

1. 分项工程在满足(　　)规定后,方可进行实测项目检验评定。

A. 基本要求　　B. 分项工程完工后30d

C. 无外观质量限制缺陷　　D. 质量保证资料真实齐全

2. 影响石料抗压强度的因素有(　　)。

A. 含水率　　B. 石材结构

C. 石料成色　　D. 石材高径比

3. 盆式支座竖向承载能力试验力学性能要求包括(　　)。

A. 在竖向设计承载力作用下支座压缩变形不大于支座总高度的1%

B. 在竖向设计承载力作用下支座压缩变形不大于支座总高度的2%

C. 在竖向设计承载力作用下盆环上口径向变形不大于盆环外径的0.5%

D. 卸载后,支座残余变形小于设计荷载下相应变形的5%

4. 下列属于金属波纹管力学性能试验检测项目的包括(　　)。

A. 环刚度　　B. 径向刚度

C. 抗冲击性能　　D. 抗渗漏性能

5. 采用超声回弹综合法检测混凝土强度,超声测试的方式有(　　)。

A. 钻孔测试　　B. 对测法　　C. 角测法　　D. 单面平测法

6. 在进行混凝土内部钢筋位置及保护层测定时,以下操作正确的有(　　)。

A. 探头长轴方向应尽量与被测钢筋的方向垂直

B. 测量时应尽量避开钢筋交叉的位置

C. 探头长轴方向应尽量与被测钢筋的方向平行

D. 探头在混凝土表面的移动方向与被测钢筋方向应尽量垂直

7. 公路桥涵地基的岩土分类包括(　　)等。

A. 岩石　　B. 碎石土

C. 砂土　　D. 特殊性岩土

E. 黏性土

8. 采用跨孔透射法检测基桩完整性的测试方式包括(　　)。

A. 对测　　B. 斜测

C. 扇形测　　D. 平测

9. 下列桥梁中属于大桥的是(　　)。

A. 5×20m 简支梁桥　　B. 150m 跨径拱桥

C. 50m 跨径简支T梁桥　　D. 10联3×30m 连续梁桥

10. 在进行桥梁技术状况评定时,梁式桥主要部件包括(　　)。

A. 上部承重构件　　B. 上部一般构件

C. 支座　　D. 桥面铺装

11. 交(竣)工桥梁荷载试验中,下列静力荷载效率取值符合要求的有(　　)。

A. 0.80　　B. 0.90　　C. 1.00　　D. 1.10

12. 下列仪器中,可用于混凝土结构裂缝宽度测量的包括(　　)。

A. 分辨力为 1mm 的钢直尺　　B. 读数显微镜(刻度放大镜)

C. 超声波检测仪　　D. 千分表跨缝安装

13. 跨径 20m 的钢结构简支桥静载试验,应选用(　　)等仪器。

A. 3mm 标距应变片和静态应变仪　　B. 卫星定位系统

C. 200mm 标距应变片和静态应变仪　　D. 电测位移计或电子水准仪

14.《公路桥梁承载能力检测评定规程》(JTG/T J21—2011)规定,在用桥梁有下列(　　)情况之一时,应进行承载能力检测评定。

A. 使用 10 年以上的桥梁　　B. 遭受重大自然灾害或意外事件的桥梁

C. 拟提高荷载等级的桥梁　　D. 技术状况等级为 3、4、5 类的桥梁

15. 采用钻爆法进行隧道开挖时,开挖方法包括(　　)等。

A. 全断面法　　B. 台阶法

C. 双侧壁导坑法　　D. 破碎机法

16. 隧道施工时,喷射混凝土厚度是发挥喷射混凝土支护作用的重要保障,规范规定喷射混凝土厚度须满足(　　)。

A. 检查点平均厚度≥设计厚度

B. 60% 的检查点厚度≥设计厚度

C. 检查点最小厚度≥设计厚度的 50%,且≥50mm

D. 检查点最小厚度≥设计厚度的 60%

17. 隧道监控量测的必测项目包括(　　)等。

A. 洞内外观察　　B. 拱顶下沉

C. 洞内围岩内部位移　　D. 周边收敛

18. 隧道排水系统管道可采用打孔的方式进行透水、排水的是(　　)。

A. 横向导水管　　B. 环向排水盲管

C. 纵向排水盲管　　D. 深埋水沟

19. 施工隧道内的空气中氡气含量检测的方法众多,其中属于瞬时采样方式的有(　　)。

A. 电离室法　　B. 气球法

C. 扩散静电法　　D. 闪烁室法

20. 运营隧道通风检测的内容包括(　　)。

A. 一氧化碳检测　　B. 烟雾浓度检测

C. 风压检测　　D. 风速检测

四、综合题(从 6 道大题中选答 5 道大题,每道大题 10 分,共 50 分。下列各题的备选项中,有一个或一个以上符合题意,选项全部正确得满分,选项部分正确按比例得分,出现错误选项该题不得分)

1. 对热轧带肋钢筋 HRB335 进行拉伸试验,钢筋规格型号为Φ20mm × 400mm。请回答下

列问题：

(1)钢筋应按批进行检查和验收，每批钢筋由(　　)的钢筋组成。

A. 同一规格　　B. 同一重量

C. 同一炉罐号　　D. 同一牌号

(2)通过钢筋拉伸试验可以获得以下哪些力学性能参数指标(　　)。

A. 屈服强度　　B. 抗拉强度

C. 伸长率　　D. 弯曲指标

(3)钢筋拉伸试的验试验速率控制方法有(　　)。

A. 应变速率控制　　B. 应力速率控制

C. 应力、应变综合速率控制　　D. 时间-位移控制

(4)钢筋拉伸试验的一组试样数量应为(　　)根。

A. 1　　B. 2　　C. 3　　D. 5

(5)已知钢筋实测最大力值为160.925kN，则抗拉强度(数据修约为整数)为(　　)。

A. 511MPa　　B. 512MPa　　C. 513MPa　　D. 514MPa

2. 对某钢筋混凝土桥梁进行材质状况无损检测，请回答以下相关问题。

(1)采用回弹法进行了混凝土强度检测，关于回弹仪率定的叙述，正确的是(　　)。

A. 标准钢砧的洛氏硬度 HRC 应为 80 ±2

B. 在标准钢砧上，回弹仪的率定平均值应为 80 ±2

C. 回弹仪在每次检测的前后，都要用钢砧进行率定

D. 率定时，回弹仪的弹击方向应尽量与待检混凝土测区的弹击方向一致

(2)回弹测试后进行了碳化深度检测，以下叙述正确的是(　　)。

A. 碳化深度的测点数不应少于构件测区数的 30%

B. 测试碳化深度所用的酚酞酒精指示剂浓度为 1% ~2%

C. 每个测孔测量 3 次，读数精确到 0.25mm

D. 取多次测试的平均值作为碳化深度结果，精确到 0.5mm

(3)混凝土中氯离子含量的测定方法主要有(　　)。

A. 反射波法　　B. 滴定条法

C. 实验室化学分析法　　D. 超声法

(4)混凝土中氯离子含量测定，关于测区数量及钻孔数量的叙述错误的是(　　)。

A. 每一被测构件的测区数量不宜少于 3 个

B. 每一被测构件的测区数量不宜少于 5 个

C. 每一测区取粉的钻孔数量不宜少于 3 个

D. 每一测区取粉的钻孔数量不宜少于 5 个

(5)关于混凝土中钢筋锈蚀电位的检测方法，叙述正确的是(　　)。

A. 采用四电极法检测钢筋锈蚀电位

B. 采用半电池电位法检测钢筋锈蚀电位

C. 当同一测区内相邻测点的读数超过 150mV 时，应减小测点间距

D. 每一测区一般不少于 20 个测点

3. 采用锚桩横梁反力装置对桥梁基桩进行单桩竖向承载力试验,已知受检桩直径为1.2m,请回答下列问题。

(1)试验加载装置由(　　)等组成。

A. 千斤顶　　B. 反力梁　　C. 锚杆　　D. 锚桩

(2)可选用的沉降观测设备包括(　　)。

A. 百分表　　B. 电子位移计　　C. 千分表　　D. 光学水准仪

(3)若现场采用慢速维持荷载法加载,加载分级不宜少于(　　)级。

A. 6　　B. 8　　C. 10　　D. 12

(4)基准桩与试桩的中心距应不小于(　　)。

A. 2.4m　　B. 3.2m　　C. 4.0m　　D. 4.8m

(5)当出现(　　)情形时,可终止试验加载。

A. 总位移≥40mm,本级荷载沉降量≥前一级沉降量的 5 倍

B. 总位移≥40mm,本级荷载沉降量≥前一级沉降量的 3 倍

C. 总位移≥40mm,本级荷载持荷 12h 未达到稳定标准

D. 总位移≥40mm,本级荷载持荷 24h 未达到稳定标准

4. 针对某 3×50m 预应力混凝土连续梁桥动载试验,试回答下列问题。

(1)拟测定该桥的自振(动力)特性参数,可选用的仪器包括(　　)。

A. 电阻应变片　　B. 磁电式速度传感器

C. 压电式加速度传感器　　D. 精密水准仪

(2)自振特性参数包括(　　)。

A. 动挠度　　B. 自振频率　　C. 阻尼　　D. 振型

(3)如该桥桥下净空高 50m,且位于河道上,要测定冲击系数(动力增大系数),可选用(　　)。

A. 弓形应变计和动态应变仪

B. 电阻式电测位移计和动态应变仪

C. 电阻应变片和动态应变仪

D. 压电加速度计和电荷放大器

(4)可用于自振特性测定的激励方法包括(　　)。

A. 自由振动法　　B. 应力回波法

C. 行车振动激励法　　D. 环境随机振动激励

(5)已知行车试验某测点的最大动应变为 125×10^{-6},最大静挠度为 100×10^{-6},动力试验荷载效率为 1.00,则实测冲击系数为(　　)。

A. 0.25　　B. 0.80　　C. 1.00　　D. 1.25

5. 对隧道混凝土衬砌施工质量进行检测。请回答以下相关问题。

(1)隧道混凝土衬砌质量检测的内容包括(　　)。

A. 混凝土强度　　B. 混凝土衬砌厚度

C. 衬砌背后空洞　　D. 墙面平整度

(2)采用激光断面仪测量混凝土衬砌厚度时,需满足以下哪些条件(　　)。

A. 衬砌浇筑前已有初期支护内轮廓线的实测结果

B. 初期支护内轮廓线与二次模筑混凝土衬砌内轮廓线的测量结果在同一坐标系中比较

C. 衬砌背后不存在空洞

D. 混凝土衬砌表面不能有明显渗漏水

(3)下列混凝土衬砌质量检查项目中,(　　)可用地质雷达进行检测。

A. 混凝土衬砌厚度　　B. 混凝土衬砌的强度

C. 衬砌混凝土背后密实性　　D. 隧道衬砌内部钢筋

(4)隧道施工过程中采用地质雷达进行隧道混凝土衬砌厚度及内部状况检测时,下列关于测线布置的描述,正确的有(　　)。

A. 测线布置应以纵向布置为主,环向布置为辅

B. 测线布置应以环向布置为主,纵向布置为辅

C. 单洞两车道隧道纵向测线应分别在隧道的拱顶、左右拱腰、左右边墙共布置 5 条测线

D. 单洞两车道隧道测线应分别在隧道的拱顶、左右拱腰共布置 3 条测线

(5)混凝土衬砌结构背后缺陷检测方法有(　　)。

A. 钻孔取芯量测法　　B. 激光断面仪法

C. 冲击钻打孔量测法　　D. 地质雷达法

6. 依据《公路隧道养护技术规范》(JTG H12—2015)对某高速公路隧道进行定期检查,请回答以下问题。

(1)公路隧道根据(　　)划分为三个养护等级。

A. 公路等级　　B. 隧道长度　　C. 交通量大小　　D. 隧道宽度

(2)若该隧道的养护等级为二级,则定期检查的频率一般为(　　)。

A. 1 次/年　　B. 1 次/2 年　　C. 1 次/3 年　　D. 1 次/5 年

(3)可用于隧道衬砌裂缝宽度检测的设备有(　　)。

A. 裂缝观测仪　　B. 塞尺　　C. 读数显微镜　　D. 钢卷尺

(4)对衬砌裂缝进行检测,现场应记录的信息有(　　)。

A. 长度　　B. 宽度　　C. 位置　　D. 方向

(5)关于隧道定期检查方法,表述正确的有(　　)。

A. 定期检查需配备必要的检查工具或设备,进行目测或量测检查

B. 检查时,应尽量靠近结构,依次检查各个结构部位

C. 对于衬砌背后的空洞,可用地质雷达进行检测

D. 隧道净空断面变化一般采用精密水准仪进行检测

模拟试题四

说明:1. 本模拟试题设置单选题30道、判断题30道、多选题20道、综合题6道,总计150分;模拟自测时间为150分钟。

2. 本模拟试题仅供考生进行考前自测使用。

一、单项选择题(共30题,每题1分,共30分)

1. 分项工程的实测项目检验中,机电工程的合格率应达到(　　)。

A. 85%　　B. 90%　　C. 95%　　D. 100%

2. 评定为不合格的分项工程,经返工、加固、补强或调测,满足(　　)要求后,可重新进行检验评定。

A. 设计　　B. 监理　　C. 业主　　D. 施工

3. 混凝土立方体抗压强度试件尺寸为200mm×200mm×200mm,则抗压强度试验结果的尺寸修正系数为(　　)。

A. 0.90　　B. 0.95　　C. 1.05　　D. 1.10

4. 预应力混凝土用钢绞线的应力松弛性能试验,试样的环境温度应保持在(　　)。

A. 20℃ ±2℃　　B. 20℃ ±5℃

C. 10 ~35℃　　D. 23℃ ±5℃

5. 累年最冷月份平均气温低于或等于-10℃地区的中桥,其表层石料在含水饱和状态下经-15℃的冻融循环(　　)次后,石料应无明显损伤,其强度不低于试验前的0.75倍。

A. 50次　　B. 40次　　C. 35次　　D. 25次

6. 锚具疲劳荷载性能试验的循环周期为(　　)次。

A. 50万　　B. 100万　　C. 200万　　D. 250万

7. 混凝土中氯离子的主要危害是(　　)。

A. 降低混凝土的强度　　B. 降低混凝土的弹性模量

C. 加速混凝土的碳化　　D. 诱发或加速钢筋的锈蚀

8. 进行混凝土碳化深度测试时,每测区应布置(　　)个测孔。

A. 1　　B. 2　　C. 3　　D. 4

9. 超声检测仪测量声时一般以(　　)为单位。

A. s　　B. ms　　C. μs　　D. min

10. 基桩成孔质量检测中,不适用于基桩孔径检测的是(　　)。

A. 钢筋笼检测　　B. 伞形孔径仪检测

C. 声波法检测　　D. 垂球法

11. 采用低应变反射波法检测混凝土灌注桩的桩身完整性时,如待检桩的桩径为1.20m,

则测振传感器的布置数量不应少于(　　)点。

A. 1　　B. 2　　C. 3　　D. 4

12. 采用超声法对基桩完整性进行检测,所用的径向振动换能器应在(　)水压下能够正常工作。

A. 0.5MPa　　B. 1.0MPa　　C. 2.0MPa　　D. 3.0MPa

13. 采用锚桩横梁反力装置进行基桩竖向静载试验时,要求锚桩上拔量不大于(　　)。

A. 10mm　　B. 15mm　　C. 20mm　　D. 30mm

14. 当桥梁的主要构件有大的缺损、严重影响桥梁使用功能,或影响承载能力,不能保证正常使用时,桥梁总体技术状况等级为(　　)。

A. 2 类　　B. 3 类　　C. 4 类　　D. 5 类

15. 桥梁技术状况评定中,桥梁组成部分的最小单元是(　　)。

A. 构件　　B. 部件　　C. 结构　　D. 材料

16. 桥梁静载试验,检测仪器的精度应优于预估,测试值的(　　)。

A. 5%　　B. 7.5%　　C. 10%　　D. 20%

17. 混凝土拱桥拱顶最大正弯矩加载工况,拱顶截面的主要应变测点应布置在主拱圈的(　　)。

A. 上缘　　B. 下缘　　C. 侧面　　D. 轴线处

18. 斜拉桥静载试验,(　　)适用塔顶纵向位移检测。

A. 百分表　　B. 精密水准仪　　C. 全站仪　　D. 连通管

19. 桥梁混凝土构件表面的长期应力(应变)监测,应选用(　　)。

A. 80mm 电阻应变片　　B. 5mm 电阻应变片

C. 大标距应变花　　D. 振弦式应变计

20. 对经过加固的桥梁检测评定其承载能力,应按(　　)的荷载等级进行评定。

A. 原设计荷载　　B. 加固设计时采用的荷载

C. 按加固设计的荷载标准降低一级　　D. 按原设计荷载提高一级

21. 按照隧道长度进行分类,下列属于中隧道的是(　　)。

A. 200m　　B. 500m　　C. 1000m　　D. 3000m

22. 采用激光断面仪检测隧道二次衬砌轮廓线,检测断面间距为一般取(　　)。

A. 5m　　B. 8m　　C. 10m　　D. 20m

23. 采用地质雷达检查混凝土衬砌厚度时,每(　　)检查一个断面。

A. 20m　　B. 30m　　C. 40m　　D. 50m

24. Ⅲ级围岩隧道监控量测必测项目的断面布设间距宜为(　　)。

A. 15 ~ 30m　　B. 5 ~ 10m　　C. 30 ~ 50m　　D. 10 ~ 15m

25. 隧道防水混凝土施工时的抗渗等级应比设计要求提高(　　)。

A. 0.1MPa　　B. 0.2MPa　　C. 0.5MPa　　D. 1.0MPa

26. 隧道注浆材料中,化学浆液黏度测定的恒温水温控要求为(　　)。

A. 20℃ ±1℃　　B. 25℃ ±1℃

C. 20℃ ±2℃　　D. 25℃ ±2℃

27.《公路隧道施工技术规范》(JTG F60—2009)规定,隧道开挖断面瓦斯浓度大于(　　)时,所有人必须撤至安全地点。

A. 0.5%　　B. 1.0%　　C. 1.2%　　D. 1.5%

28. 双向交通隧道内的风速不应大于(　　)。

A. 3m/s　　B. 5m/s　　C. 7m/s　　D. 8m/s

29. 隧道经常性检查结论以定性判断为主,对各个项目的结果判定不包括(　　)。

A. 情况正常　　B. 一般异常

C. 严重异常　　D. 情况危急

30. 对于一级养护的公路隧道,经常性检查的频率应为(　　)。

A. 1 次/月　　B. 1 次/2 月　　C. 1 次/季度　　D. 1 次/年

二、判断题(共 30 题,每题 1 分,共 30 分)

1. 单位工程中,分部工程根据施工工序、工艺或材料等进行划分。(　　)

2. 分项工程质量检验中,外观质量和质量保证资料完整性作为减分因素进行考虑。(　　)

3. 桥梁工程用石料的单轴抗压强度试验试件尺寸为边长 75mm 的立方体试件。(　　)

4. 混凝土原材料砂的细度模数为 3.0,则该砂为中砂。(　　)

5. 对没有明显屈服现象的钢材,通常取塑性延伸率为 0.2% 所对应的应力作为规定塑性延伸强度。(　　)

6. 混凝土标准养护室,养护室温度应控制在 20℃ ±5℃,相对湿度为 95% 以上。(　　)

7. 盆式橡胶支座在竖向设计承载力作用下,盆环上口径向变形不得大于盆环外径的 0.5%。(　　)

8. 对同一混凝土构件,浇筑顶面的回弹值比浇筑侧面的回弹值大。(　　)

9. 钻芯法检测混凝土强度,芯样试件的高径比应在 0.95 ~1.05 范围内。(　　)

10. 采用半电池电位法检测钢筋锈蚀,在同一测点,用相同参考电极重复两次测得的电位差值应小于 10mV,否则应检查系统的各个环节。(　　)

11. 混凝土碳化深度检测时,开凿测孔后,应使用清水将孔洞中的粉末和碎屑清洗干净后再喷涂指示剂。(　　)

12. 钻孔灌注桩成孔的泥浆黏度可采用含砂率计测定。(　　)

13. 低应变反射波法检测混凝土灌注桩的桩身完整性,传感器应安装在距桩中心 1/2 ~2/3 半径处,且距离桩的主筋不宜小于 50mm。(　　)

14. 超声法检测基桩完整性,在对同一根桩的检测过程中,声波发射电压应保持不变。(　　)

15. 采用慢速维持荷载法进行基桩竖向静载试验,若该试验为施工过程中的检验性试验,则荷载应加至设计荷载的 2 倍为止。(　　)

16. 桥梁技术状况评定中,当桥梁无某一部件(无须设置)时,该部件的技术状况按标度 1 取值。(　　)

17. 依据《公路桥梁技术状况评定标准》(JTG/T H21—2011)进行桥梁技术状况评价时，翼墙、耳墙应作为调制构造物中的构件。 (　　)

18. 桥梁静载试验，钢筋混凝土受拉构件的应变测点应布置在纵向主筋上。 (　　)

19. 混凝土桥梁的平面应力测试分析，可采用由多个单轴电阻应变片组成的应变花进行检测。 (　　)

20. 钢弦(振弦)应变计是通过测定振弦的振幅，再根据振幅与应变的标定关系来换算应变值。 (　　)

21. 环境随机振动法是桥梁动力特性测定的常用激励方法。 (　　)

22. 对于多跨或多孔桥梁的承载能力检算评定，应对所有桥跨或桥孔分别进行评定。 (　　)

23. 按岩体基本质量指标 BQ 值可将隧道围岩分为 6 级。 (　　)

24. 钻爆法是目前我国公路隧道最常用的开挖掘进方式。 (　　)

25. 隧道超前钻探常采用冲击钻探法，该方法速度快、效率高，同时还可以获取芯样，进行地质状况鉴定。 (　　)

26. 红外探测法利用红外辐射原理，可定量探测前方出水量的大小。 (　　)

27. 隧道防水混凝土抗渗试件为上底直径 165mm、下底直径 185mm、高为 150mm 的圆台体。 (　　)

28. 目前普遍采用滤膜测尘法检测隧道粉尘浓度，该方法属于密度法。 (　　)

29. 检测隧道中间段路面平均照度，横排照度测点由中间向两边对称布置，分别位于路中心、路缘点和侧墙 1.5m 处。 (　　)

30. 隧道渗漏水检测可分为简易检测和水质检测两类。 (　　)

三、多项选择题(共 20 题，每题 2 分，共 40 分。下列各题的备选项中，至少有两个符合题意，选项全部正确得满分，选项部分正确按比例得分，出现错误选项该题不得分)

1. 依据《公路工程质量检验评定标准　第一册　土建工程》(JTG F80/1—2017)，钻孔灌注桩的实测关键项目包括(　　)。

A. 混凝土强度　　B. 孔深　　C. 桩身完整性　　D. 桩位

2. 石料抗冻性试验测试项目包括(　　)。

A. 抗压强度　　B. 冻融系数

C. 抗折强度　　D. 质量损失率

3. 混凝土试模主要检查技术指标包括(　　)。

A. 试模内表面平整度　　B. 内表面和上口面粗糙度

C. 组装后内部尺寸误差　　D. 组装后相邻面夹角

4. 锚具试验的抽样，同一组批指的是(　　)等。

A. 同一种产品　　B. 同一批原材料

C. 同一种工艺　　D. 一次投料生产的产品

5. 钻芯法的混凝土芯样试件内不宜含有钢筋，如不能避免时，应符合以下要求(　　)。

A. 标准芯样试件,每个试件内直径小于 10mm 的钢筋不得多于 2 根

B. 公称直径小于 100mm 的芯样,每个试件内最多只允许有 1 根直径小于 10mm 的钢筋

C. 芯样试件内的钢筋应与芯样的轴线基本垂直并离开断面 10mm 以上

D. 芯样试件内的钢筋应与芯样的轴线基本平行

6. 下列哪些情形不适合采用半电池电位法检测钢筋锈蚀(　　)。

A. 处于盐雾中的混凝土结构　　B. 混凝土表面锈蚀胀裂、层离

C. 混凝土表面有涂料　　D. 混凝土接近饱水状态

7. (　　)适用于钢结构防腐涂层附着力的现场试验检测。

A. 条分法　　B. 划格法

C. 滴定条法　　D. 划叉法

8. 当深层平板荷载试验出现下列(　　)情况之一时,即可终止加载。

A. 承载板周围的土体有明显侧向挤出或发生裂纹

B. 在某一级荷载下,12h 内沉降速率不能达到稳定标准

C. 沉降量急剧增大,P-S 曲线出现陡降段,且沉降量与承压板直径之比大于 0.04

D. 本级荷载的沉降量大于前级荷载沉降的 5 倍

9. 圆锥动力触探试验成果时,需对实测的触探杆锤击数进行修正,其修正的内容包括(　　)。

A. 触探杆长度的修正　　B. 地下水影响的修正

C. 落锤高度的修正　　D. 侧壁摩擦影响的修正

10. 当桥梁出现下列(　　)情况时应进行特殊检查。

A. 桥梁技术状况为四类

B. 超重车辆通行可能损伤结构

C. 拟通过加固提高桥梁的荷载等级

D. 桥梁遭受洪水冲刷,基础受损严重

11. 按照桥梁技术状况评定标准,钢筋混凝土箱板拱桥主拱圈的评定指标包括(　　)。

A. 蜂窝、麻面　　B. 拱脚位移

C. 侧墙变形、位移　　D. 钢筋锈蚀

12. 预应力桥梁静载试验,采用电阻应变片电测结构应变,操作方法正确的有(　　)。

A. 用标距为 80mm 的应变片

B. 应变片布置在混凝土表面上

C. 进行恰当的温度补偿

D. 凿开保护层,应变片布置在混凝土内部钢筋上

13. 采用振动法测定斜拉桥索力,索力计算需要测定和确定的参数包括(　　)。

A. 仪器的灵敏系数　　B. 自振频率的阶数

C. 自振频率值　　D. 拉索的伸长量

14. 桥梁的承载能力检算系数 Z_1 根据(　　)的检测结果来确定。

A. 结构自振频率　　B. 材质强度

C. 结构或构件缺损状况　　D. 荷载试验校验系数

15. 公路隧道检测技术涉及面广,内容多,其中包括( )等。

A. 开挖断面检测　　B. 衬砌结构强度检测

C. 施工监控量测　　D. 超前地质预报

E. 材料检测

16. 超前地质预报按预报长度划分为( )。

A. 特长距离预报:预报 200m 以上

B. 长距离预报:预报长度 100m 以上

C. 中长距离预报:预报长度 30 ~ 100m

D. 短距离预报:预报长度 30m 以内

17. 隧道围岩注浆材料的主要性能指标有( )。

A. 黏度　　B. 渗透能力　　C. 渗透系数　　D. 抗压强度

18. 采用滤膜法对施工隧道内总粉尘浓度进行检测,若采样方式为定点采样,可采用直径为( )的滤膜。

A. 37mm　　B. 40mm　　C. 50mm　　D. 75mm

19. 下列检测设备可用于检测隧道内空气绝对静压的有( )。

A. 水银气压计　　B. 空气盒气压计

C. U 型压差计　　D. 单管倾斜压差计

E. 补偿式微压计

20. 公路隧道土建结构专项检查中,材质检查项目包括( )。

A. 衬砌强度　　B. 衬砌表面病害

C. 混凝土碳化深度　　D. 钢筋锈蚀

E. 裂缝检测

四、综合题(从 6 道大题中选答 5 道大题,每道大题 10 分,共 50 分。下列各题的备选项中,有一个或一个以上符合题意,选项全部正确得满分,选项部分正确按比例得分,出现错误选项该题不得分)

1. 针对隧道用防水卷材的试验检测,请回答下列问题。

(1)合成高分子防水卷材验收批量为( )m^2。

A. 1000　　B. 5000　　C. 10000　　D. 20000

(2)高分子防水卷材试样截取前的状态调整标准环境为( )。

A. 温度 20℃ ±2℃　　B. 温度 23℃ ±2℃

C. 相对湿度为 60% ±15%　　D. 相对湿度为 65% ±5%

(3)关于防水卷材拉伸性能试验,表述正确的是( )。

A. 拉伸性能试验在标准环境下进行,应测量两标距线的初始长度 L_0

B. 试验机的拉伸速度为 250mm/min ±50mm/min

C. 用测厚仪测量标距区内标线及中间 3 点的厚度,取平均值作为试样厚度 d

D. 若试样断裂在标距外,则该批试件为不合格

(4)试样拉伸试验结果如下表所示,则断裂伸长率为(　　)。

试样拉伸试验结果表

横向试样	1	2	3	4	5
试样断裂瞬间标距线间的长度(mm)	76	81	89	73	83
纵向试样	1	2	3	4	5
试样断裂瞬间标距线间的长度(mm)	77	79	83	85	76

注:试样标距线间初始有效长度为25.8mm。

A. 断裂伸长率为:横向311%,纵向310%

B. 断裂伸长率为:横向212%,纵向210%

C. 断裂伸长率为311%

D. 断裂伸长率为211%

(5)关于防水卷材性能检测结果评判,下列描述正确的是(　　)。

A. 若尺寸允许偏差不合格,则应在该批产品中随机另抽2卷重新检验

B. 对于拉伸性能试验,同一方向试件的算术平均值分别达到标准规定,则判为合格

C. 对于不透水性试验,若有一个试件不符合标准规定则为不合格

D. 各项理化性能检测结果中若仅有一项不符合标准规定,允许在该批次产品中随机另取一卷进行单项复测

2. 采用超声法对某混凝土结构物进行内部缺陷无损检测,请回答以下问题。

(1)采用超声平面测试法检测混凝土内部缺陷,下列叙述正确的是(　　)。

A. 平面测试法可以检测两次浇筑混凝土结合面的质量

B. 平面测试法包括:对测法、斜测法和单面平测法

C. 单面平测法只需要一个换能器

D. 平面测试法应选用厚度振动式换能器

(2)采用超声钻孔测试法检测混凝土内部缺陷,下列叙述错误的是(　　)。

A. 钻孔测试法不包括孔中斜测法

B. 钻孔测试法不适用于混凝土内部空洞检测

C. 钻孔测试法应选用厚度振动式换能器

D. 孔中平测法是将一对换能器置于同一钻孔中,以一定高度差同步移动进行测试

(3)关于超声检测时测距的测量,以下正确的操作是(　　)。

A. 当采用钻孔平测时,量取T、R换能器的钻孔或预埋管中心的距离作为测距

B. 当采用平面对测时,量取T、R换能器辐射面之间的距离作为测距

C. 当采用单面平测时,量取T、R换能器内边缘之间的距离作为测距

D. 当采用钻孔平测时,量取T、R换能器的中心距离作为测距

(4)采用超声法检测混凝土内部缺陷,以下关于超声仪零声时t_0的叙述正确的是(　　)。

A. 使用厚度振动式换能器时,可采用标准声时棒测定零声时t_0

B. 使用径向振动式换能器时,可采用标准声时棒测定零声时t_0

C. 使用厚度振动式换能器时,可采用T、R换能器直接耦合的方式测定零声时t_0

D. 由仪器、换能器及其电缆传输等原因产生的声时延迟称为零声时t_0

(5)采用数字式超声仪检测混凝土内部缺陷,测试记录的结果包括(　　)。

A. 声时　　B. 波幅　　C. 主频　　D. 波形

3. 采用浅层平板荷载试验进行地基承载力和变形模量检测,实测荷载-沉降关系曲线见下图,请回答以下问题。

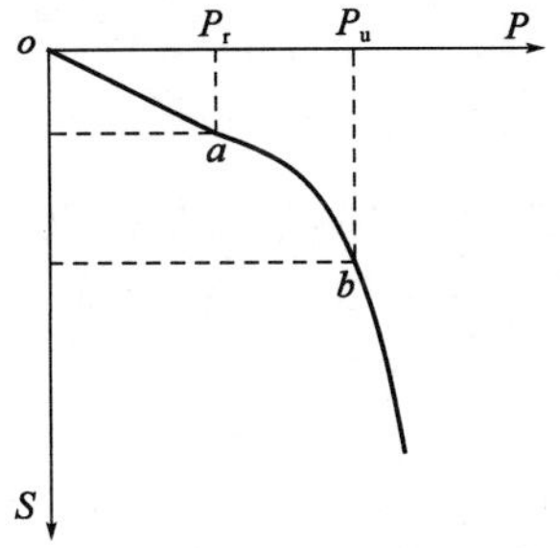

实测荷载-沉降关系曲线图

(1)荷载板可选面积为(　　)的方板。

A. $900cm^2$　　B. $2500cm^2$　　C. $3000cm^2$　　D. $5000cm^2$

(2)试验装置由(　　)等组成。

A. 稳压加荷装置　　B. 反力装置　　C. 沉降观测装置　　D. 应力观测装置

(3)试验过程的相关操作,表述正确的有(　　)。

A. 试坑宽度取承压板边长的 2 ~3 倍

B. 荷载分级不应少于 8 级,第一级荷载包括设备重力

C. 承压板沉降可采用精度为 0.01mm 的电测位移计测量

D. 本级荷载的沉降量大于前一级荷载沉降量的 5 倍时,可终止加载

(4)实测荷载-沉降关系曲线中,ab 段代表(　　)。

A. 压密阶段　　B. 剪切阶段　　C. 变形阶段　　D. 初始阶段

(5)试验获取的 P-S 曲线等资料不仅可计算地基土的变形模量,还可以得到(　　)。

A. 地基土的承载力基本容许值　　B. 地基土的最大承载力

C. 地基土的容许承载力　　D. 地基土的抗剪强度

4. 针对某 30m 跨径预应力混凝土简支梁桥静载试验,请回答下述问题。

(1)可用于该桥检测的仪器包括(　　)。

A. 标距 80mm 电阻应变片　　B. 电测位移计或精密电子水准仪

C. 刻度放大镜(读数显微镜)　　D. 分辨率为 1″的全站仪

(2)如采用电阻应变片检测应变,贴片过程中相关操作正确的有(　　)。

A. 测点定位准确,贴片部位平整干燥

B. 温度补偿片可粘贴在桥面混凝土防撞栏杆上

C. 应变片的绝缘电阻应满足要求

D. 贴片完成后马上即可进行加载试验

(3)如采用电阻应变片进行检测,以下表述正确的有(　　)。

A. 采用1/4组桥方式

B. 采用半桥组桥方式

C. 试验前应进行应变数据稳定性观测

D. 调零结果的数据越接近零且越稳定,则测试效果越好

(4)以下哪些现象属异常情形或不正确的操作方法(　　)。

A. 试验加载期间,应变测点被太阳照射

B. 荷载作用下,某测点拉应变值为 2000×10^{-6}

C. 空载状态下,挠度多次测试结果的数据很接近

D. 卸载后,加载车停放在桥台挠度测站附近

(5)关于混凝土裂缝观测,表述不正确的有(　　)。

A. 宽度测试分辨率应优于0.1mm

B. 只需观测和记录裂缝宽度数据

C. 分级加载过程中,裂缝无需观测

D. 梁体出现宽为0.1mm的竖向裂缝,应视为异常现象

5. 某隧道采用全断面法开挖,在初期支护后对拱顶下沉进行量测,基点测桩布置在已施作仰拱且稳定的路基上,测量通视条件好,无须转站。采用精密水准仪进行拱顶下沉测量,测量时基点塔尺采用正立(塔尺刻度值从下往上增大),测点处的塔尺采用倒立(塔尺刻度值从下往上减小)。下表是某测点(拱顶轴线处)的前6次量测数据,每天测量一次;假定基点稳定无变形,且忽略测量误差,请回答以下问题。

测次	基点后视塔尺读数(mm)	测点塔尺读数(mm)
1	1520.50	2300.00
2	1518.55	2298.80
3	1499.64	2316.25
4	1504.75	2310.61
5	1508.50	2306.53
6	1505.33	2309.49

(1)拱顶下沉测点应在开挖后24h之内,距离开挖断面(　　)范围内埋设。

A. 0.5m　　B. 1m　　C. 2m　　D. 3m

(2)为保证观测精度,基点测桩应布置在通视条件好、地基稳定无变形的坚硬岩石或构造物上,一般要求距离被测断面(　　)以外。

A. 50m　　B. 20m　　C. 10m　　D. 5m

(3)第2次量测相对首次测量的拱顶下沉量为(　　)。

A. -1.95mm　　B. 1.95mm　　C. 3.15mm　　D. -3.15mm

(4)第6次量测后拱顶累计下沉量为(　　)。

A. -5.68mm　　B. 5.68mm　　C. -3.75mm　　D. 3.75mm

(5)对前6次测量数据进行分析处理,其结果表明,被测点在本阶段的下沉变形特征为(　　)。

A. 位移速率逐渐变小,被测点变形状态正常

B. 位移速率基本不变,无稳定趋势

C. 位移速率增大,处于不稳定状态

D. 现有数据规律性较差,无法判断

6. 锚杆支护是隧道初期支护的重要形式,请回答下列关于锚杆试验检测和质量检查的问题。

(1)对于杆体材料为钢材的锚杆,其断后伸长率不应小于(　　)。

A. 10%　　B. 14%　　C. 15%　　D. 16%

(2)锚杆长度应不小于设计长度,锚杆插入孔内的长度不得短于设计长度的(　　)。

A. 80%　　B. 85%　　C. 90%　　D. 95%

(3)下列关于锚杆抗拔力检测和合格判定的相关表述,正确的有(　　)。

A. 检测数量为锚杆数的 2% 且每次不少于 3 根

B. 同组锚杆抗拔力的平均值应不小于设计值

C. 单根锚杆的抗拔力不得低于设计值的 90%

D. 测试值极差不大于平均值的 10%

(4)下列关于锚杆抗拔力测试的表述,正确的有(　　)。

A. 锚杆外露长度不够时,需对受检锚杆做加长处理,可采用连接套筒接长,连接抗拉强度应能承受 100% 杆体极限抗拉力

B. 测试前应用砂浆将试验锚杆口部抹平,或用楔形调节块调整,使千斤顶作用方向与锚杆方向一致

C. 锚杆抗拔力试验时,如无特殊需要,可不做破坏性试验,拉拔至极限拉力即停止加载

D. 锚杆的安设质量只根据锚杆抗拔力进行评价

(5)以下关于锚杆施工质量检查的相关要求,正确的有(　　)。

A. 锚杆材质检查时应首先检测其抗弯强度

B. 锚杆孔位安装允许偏差为 ±150mm

C. 锚杆孔深允许偏差为 ±100mm

D. 锚杆垫板与岩面之间应无间隙

参考答案及解析

模拟试题一

一、单项选择题

1.【答案】B

【解析】工程质量检验评分是以分项工程为基本单元,采用合格率制进行评定。

2.【答案】C

3.【答案】C

【解析】混凝土立方体抗压强度标准试件的尺寸为150mm×150mm×150mm;选项B、D不是标准试件,试验结果需进行尺寸修正;选项A为石材抗压强度的试件尺寸。

4.【答案】D

5.【答案】D

【解析】用6根刻痕钢丝和1根光圆中心钢丝捻制的钢绞线的代号为1×7Ⅰ;选项C表示用7根钢丝捻制的标准型钢绞线;选项A、B方式的代号不存在。

6.【答案】D

7.【答案】D

8.【答案】C

9.【答案】C

10.【答案】A

【解析】目前,大部分钢筋探测仪一般均可显示两种数据,一种是用于指示探测到金属物质的反馈信号值,距钢筋越近或钢筋直径越大,该信号值越大;另一种是钢筋保护层示值,离钢筋越近,该值越小。依据两种信号值均可判断钢筋位置,因检测人员的操作习惯而异。本题所指的是第一种信号。

11.【答案】A

【解析】选项A,混凝土内部钢筋锈蚀情况采用钢筋锈蚀仪检测;选项B、C、D均可使用非金属超声波探测仪进行检测。

12.【答案】D

【解析】浅层平板荷载试验承压板的沉降采用百分表或电测位移计测量,其精度不应低于0.01mm。

13.【答案】D

【解析】钻孔灌注桩采用泥浆护壁时,应对泥浆的相对密度、黏度、静切力、含砂率、胶体率、失水率、泥皮厚度和酸碱度8项指标进行检测,含泥率不属于泥浆性能指标。

14.【答案】A

【解析】《公路工程基桩动测技术规程》(JTG/T F81-01—2004)规定,混凝土灌注桩、混凝土预制桩的激振点宜在桩顶中心部位;预应力混凝土管桩的激振点和传感器安装点与桩中心连线的夹角不应小于45°。

15.【答案】B

16.【答案】D

【解析】进行基桩静载试验时,为安置沉降测点和仪表,试桩顶部露出试坑地面高度不宜小于600mm,试坑地面宜与桩承台底设计高程一致。

17.【答案】C

18.【答案】A

【解析】百分表引伸计的分辨率太低(标距为200mm时,对应的分辨率为50×10^{-6}),其测试精度无法满足要求。适用桥梁静应变测试的仪器众多,其原理和适用性各有差异,包括电阻应变片、弓形应变计、振弦式应变计、钢筋应力计等,见下图。为便于选用和掌握各仪器的基本特性,作如下分类说明:

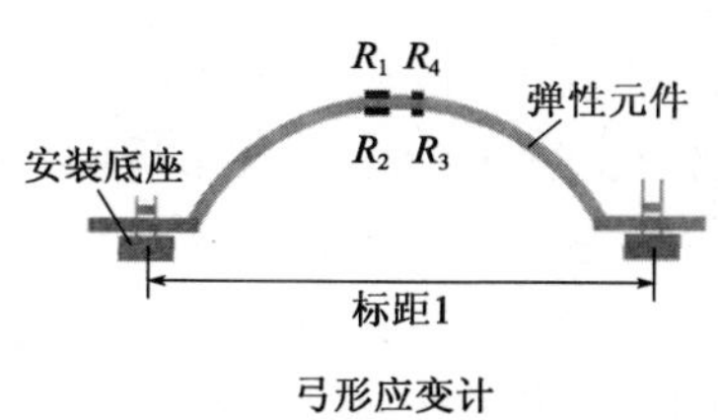

弓形应变计

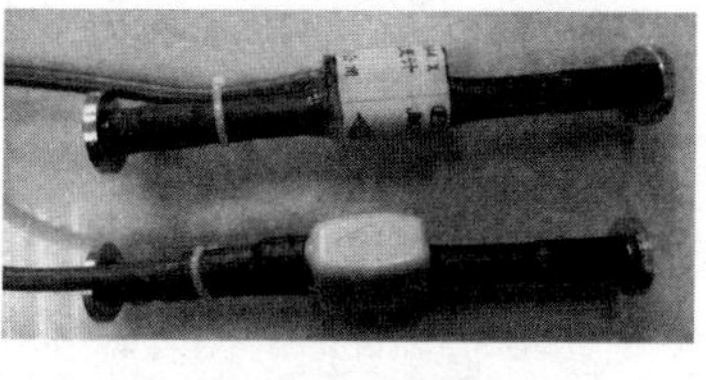
预埋式振弦应变计

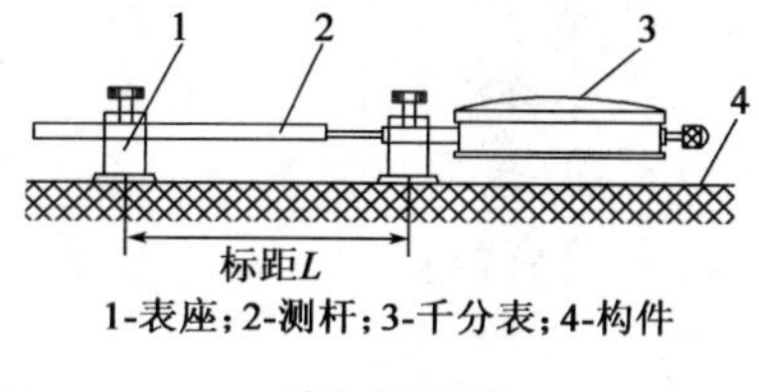

千分表引伸计

部分应变测试传感器

(1)电阻应变片:其原理是依据电阻应变效应将结构应变转换为应变片的电阻变化。应变片规格众多,长标距(80～100mm)可用于混凝土表面应变检测,短标距(3～6mm)可用于钢结构和混凝土内部钢筋应变检测;此类仪器受温度变化影响较大,不适用桥隧施工监测等长期观测,也不能重复使用。电阻应变片电测的相关知识(应变片选用、组桥方式、布片方案,应变仪和测量电桥等)是历年考试的高频高点,分值占比大,应引起高度重视。

(2)弓形应变计:在弓形弹性体上布置应变片(多为全桥),通过弹性体应变与结构应变的标定关系进行结构检测。弓形应变计可重复使用,故也称工具式应变计,只能用于表面应变检测,此类传感器灵敏度高、稳定性相对较好。

(3)钢筋应力(应变)计:事先将电阻应变片粘贴在钢筋上再埋入混凝土进行混凝土内部应力(应变)检测,其原理和特性与电阻应变片类似,此类仪器同样易受温度变化的影响,不适合长期检测。

(4)振弦式应力(应变)计:传感器内有一根被张紧的钢丝,结构受力变形使得张丝的张力发生变化,而张力与振弦的横向振动频率相关,根据频率与应变的标定关系即可得结构的应力(应变)数据。此类传感器安装方式有混凝土内部预埋和表面安装两种,稳定性较好,在桥隧施工监测等长期观测中应用十分广泛。要特别注意此类仪器不能用于动测。

(5)光纤传感器:一种新型传感器,规格众多,主要用于桥梁运营期间的应变和温度监测,可在混凝土表面安装,也可在混凝土内部预埋(混凝土或钢筋应变监测),稳定性较好。

(6)千分表引伸计:在一定测试区域(标距 L)安装千分表测定结构变形(ΔL),计算得到应变值($\varepsilon = \Delta L/L$),该测试方法只能用于表面安装,大标距千分表引伸计可用于混凝土开裂后的应变检测。此类仪器采用人工读数,分辨力较低,实桥上应用较少。

19.【答案】C

【解析】根据应变定义:$\varepsilon = \Delta L/L$,式中,L 为标距,该装置的应变分辨力为 $0.001/200 = 5 \times 10^{-6}$。

20.【答案】B

【解析】振弦式应变计的主要元件为一个张紧的钢丝(振弦),该类传感器是利用振弦的振动频率与振弦张力(张力又与应变有关,张力越大,应变增量越大)的相关性,现场测定频率值,通过频率-应变的标定关系换算应变。测试中仪器提供脉冲信号激励振弦振动,振动稳定后测量频率值(多周期平均),每个数据的测定时间(即采样周期)为数百毫秒以上。而对于常规桥型动态数据采集,采样频率通常取 200 ~ 500Hz,即采样周期为 2 ~ 5ms,显然振弦式应变计的动态响应速度远不能满足要求。电阻应变片是动应变测定的常用传感器,压电加速度传感器、磁电式速度传感器则是桥梁振动的常用检测仪器。

21.【答案】D

【解析】根据桥梁状况的检查与检测结果,考虑对桥梁工作状态、性能会产生影响的各方面因素,需确定多个分项检算系数,引入修正极限状态设计表达式,由修正后的作用效应和抗力效应对桥梁承载能力作出评定。分项检算系数主要包括:反映桥梁总体技术状况的承载力检算系数 Z_1 或 Z_2;考虑结构有效截面折减的截面折减系数 ξ_c 和 ξ_s;考虑结构耐久性影响因素的承载能力恶化系数 ξ_e;反映实际通行汽车荷载变异的活载影响系数 ξ_q。

22.【答案】B

【解析】《公路隧道设计规范》(JTG D70—2004)按隧道长度的不同,将隧道分为短隧道($L \leqslant 500$m)、中隧道($500\text{m} < L \leqslant 1$km)、长隧道($1\text{km} < L \leqslant 3$km)、特长隧道($>3$km)四类。

23.【答案】C

24.【答案】C

25.【答案】A

【解析】隧道衬砌混凝土完成后应对隧道整体情况进行检测,隧道总体实测项目及控制指标应符合下表规定。

隧道总体实测项目

项次	检测项目	规定值或允许偏差	检查方法和频率
1	行车道宽度(mm)	±10	尺量或断面仪法:曲线每 20m、直线每 40m 检查 1 个断面
2	内轮廓宽度(mm)	不小于设计值	
3	内轮廓高度(mm)	不小于设计值	激光测距仪或断面仪法:曲线每 20m、直线每 40m 检查 1 个断面,每个断面测拱顶和两侧拱腰共 3 点
4	隧道偏位(mm)	20	全站仪:曲线每 20m、直线每 40m 检查 1 处
5	边坡或仰坡坡度	不大于设计值	尺量:每洞口检查 10 处

26.【答案】B

【解析】地质雷达法为短距离超前地质预报法,在一般地段预报距离宜控制在 30m 以内，连续预报时前后两次重叠长度宜在5m以上。

27.【答案】C

【解析】《公路隧道设计规范》(JTG D70—2004)规定，二次衬砌混凝土的抗渗等级在有冻害及最冷月份平均气温低于-15℃的地区不低于P8，其余地区不低于P6。

28.【答案】C

【解析】围岩自稳定能力弱、开挖后拱部易出现塌方的地段应采用超前管棚。

29.【答案】D

【解析】采用固定式硫化氢检测仪检测隧道内空气中硫化氢气体浓度时，检测仪的探头一般安装在离现场硫化氢气体易泄漏或聚积地点1m范围内；当硫化氢气体泄漏时，检测仪探头可快速检测到硫化氢气体，将检测数据快速传送到控制室，并发出警报信息。

30.【答案】B

【解析】隧道土建结构技术状况评分详见下表。

土建结构技术状况评定分类界限值表

技术状况评分	土建结构技术状况评定分类				
	1类	2类	3类	4类	5类
JGCI	≥85	≥70，<85	≥55，<70	≥40，<55	<40

二、判断题

1.【答案】√

【解析】特大斜拉桥、悬索桥应划分为多个单位工程，分别为塔及辅助、过渡墩(每个)，锚碇(每个)，上部结构制作与防护，上部结构浇筑和安装，桥面系、附属工程及桥梁总体等。

2.【答案】√

3.【答案】√

4.【答案】×

【解析】钢筋断后伸长率为试样拉伸断裂后的残余伸长量与原始标距之比(以百分比表示)，它是表示钢材变形性能、塑性变形能力的重要指标。

5.【答案】√

6.【答案】×

【解析】球型支座在竖向设计承载力作用下的竖向压缩变形不应大于支座总高度的1%。

7.【答案】√

8.【答案】×

【解析】每一测区取粉的钻孔数量不少于3个，取粉孔允许与碳化深度测量孔合并使用；钻孔取粉应分层收集，同一测区、不同测孔、相同深度的粉末可收集在一个袋中；不同测区的测孔，相同深度的粉末不应混合在一起。

9.【答案】×

【解析】为使钢筋锈蚀仪的铜/硫酸铜电极与混凝土表面良好接触，一般在水中加涂适量液态洗涤剂对测区混凝土表面进行润湿,以减小接触电阻。

10.【答案】√

【解析】钢筋具有较好的透声性,会在测试区域内形成超声波另一传播路径("声短路"),影响混凝土缺陷的测试结果。为尽量减小此影响,规范中提出了上述要求。

11.【答案】√

12.【答案】√

13.【答案】√

14.【答案】×

【解析】采用钻孔取芯法检测混凝土灌注桩桩身质量时,钻孔垂直度偏差一般不得大于0.5%。若钻孔偏差控制不当,会对桩身及内部钢筋造成不必要的损伤,降低桩基的承载能力,工程实践中应严格控制钻孔的垂直度。

15.【答案】√

【解析】试验加载方法的选择应依据试验目的确定,在进行基桩水平静推试验时,对于承受反复水平荷载的基桩,采用单向多循环加卸载方法;对于长期承受水平荷载的基桩,采用单循环加载方法。

16.【答案】×

【解析】公路桥梁的特殊检查技术要求较高,应委托具有相应资质和能力的单位承担。

17.【答案】√

【解析】根据此类仪器的原理($\varepsilon=\Delta L/\mathrm{L}$),安装标距 L 不同,千分表最小刻度值(0.001mm)所对应的最小被测物理量也不同,标距越大,分辨力越高,可检出更小的被测物理量。

18.【答案】×

【解析】电阻应变片粘贴完毕后,应待黏合胶固化且检查贴片质量(绝缘电阻、是否开路短路、必要的调试等)后,方可进行防护处理。应变片粘贴大致按照以下程序进行:放样及打磨清洗→粘贴→贴片质量检查→连接测试导线→联机调试→重新粘贴有问题的测点→防护处理。

电阻应变片电测的相关知识(应变片选用、组桥方式、布片方案、贴片操作,应变仪和测量电桥等)是历年考试的高频高点,分值占比大,应引起高度重视。

19.【答案】×

【解析】《公路桥梁荷载试验规程》(JTG/T J21-01—2015)规定,桥梁静载试验一般分3~5级加载。采用分级加载的目的有两方面:一是通过加载分级测定结构应变、挠度等响应与荷载的相关性,以说明结构是否处于弹性阶段;二是保证结构安全,对于旧桥,特别是旧危桥和技术状况不明的桥梁,应增加荷载分级级数。

20.【答案】√

【解析】磁电式速度传感器基于电磁感应原理制成,传感器输出的感应电势与振动速度成正比,此类仪器与压电加速度计在桥梁振动试验中应用十分广泛。伺服式加速度计也适用桥梁振动检测,但价格昂贵,实际应用较少。

21.【答案】×

【解析】在用桥梁的承载能力评定,可依据技术状况检测结果通过检算方式作出评定,该方法引入多个分项检算系数,其中如恶化系数、截面折减系数、承载力检算系数等的规范取值是依据大量在用桥梁的统计资料和实践经验总结得出,因此《公路桥梁承载能力检测评定规程》(JTG/T J21—2011)明确规定,该规程仅适用于钢-混凝土组(混)合桥梁以外的在用公路桥梁的承载能力检测评定。新建桥梁可通过荷载试验的方式评定其实际承载能力。

22.【答案】√

【解析】当分项工程的检验记录完整、实测项目合格、外观质量满足要求时,该分项工程评定为合格,否则为不合格。喷射混凝土是属于隧道洞身衬砌的一部分,每200m洞身衬砌划分为一个分部工程。洞身衬砌包括喷射混凝土、锚杆、钢筋网、钢架、仰拱、仰拱回填、衬砌钢筋、混凝土衬砌、超前锚杆、超前小导管、管棚等分项工程。喷射混凝土强度是所属分项工程(喷射混凝土)的关键实测项目,合格率不得低于90%。

23.【答案】×

【解析】钻爆法开挖时,主要开挖方法有全断面法、台阶法、弧形导坑留核心土法、双侧壁导坑法、中隔壁法及交叉中隔壁法等。

(1)全断面法可用于Ⅰ~Ⅲ级围岩双车道及以下跨度的隧道开挖。Ⅳ级围岩的两车道隧道和Ⅲ级围岩三车道及以上的大跨度隧道在有机械设备保证和良好的施工管理时,也可采用。

(2)台阶法可用于Ⅲ~Ⅳ级围岩双车道及以下跨度的隧道开挖。Ⅴ级围岩的两车道及以下跨度的隧道在采用了有效的预加固措施后,也可采用。

(3)弧形导坑法可用于Ⅳ~Ⅴ级围岩或一般土质隧道。

(4)中隔壁法或交叉中隔壁法适用于Ⅴ级围岩、浅埋、大跨、地表沉降需严格控制的情况。

(5)双侧壁导坑法适用于Ⅴ级围岩、浅埋、大跨及地表沉降要求严格的情况。

24.【答案】×

【解析】相邻钢架之间距离误差不应超过±50mm。

25.【答案】×

【解析】隧道周边收敛采用收敛计进行测量,而杆式多点位移计用于围岩内部位移测量。

26.【答案】×

【解析】防水板焊缝可采用充气法检查。将5号注射针与压力表相接,用打气筒充气,当压力表达到0.25MPa时,保持15min,压力下降在10%以内,焊缝质量合格。

27.【答案】√

【解析】隧道注浆应根据使用目的选择适宜的注浆材料,以围岩为目的的注浆宜采用强度高、耐久性好的单液浆;以堵水为目的的注浆宜采用凝固时间短、强度较高的双液浆或其他化学浆液。

28.【答案】√

【解析】煤系地层经常富含瓦斯,其地质破碎地带、地质变化地带、煤线地带、裂隙发育的砂岩、泥岩及页岩地带均为瓦斯可能渗出的地点,应布置瓦斯浓度测点,保障施工安全,可采用人工监测与自动监测相结合的方法进行监测。

29.【答案】 ×

【解析】 新建公路隧道应在交付1年后首次进行定期检查。

30.【答案】 √

三、多项选择题

1.【答案】 ABCD

【解析】 分项工程质量检验内容包括:基本要求检查,实测项目(合格率),外观质量,质量保证资料四个方面。《公路工程质量检验评定标准 第一册 土建工程》(JTG F80/1—2017)还规定,只有在原材料、半成品、成品及施工控制要点等符合基本要求的规定,且无外观质量限制缺陷且质量保证资料齐全时,方可进行分项工程的检验评定。

2.【答案】 AC

【解析】 混凝土构件的主要力学性能指标包括立方体抗压强度、棱柱体轴心抗压强度、抗压弹性模量、抗弯拉强度、劈裂抗拉强度等。

3.【答案】 ABCD

【解析】 按照现行国家标准《预应力混凝土用钢棒》(GB/T 5223.3)的规定,预应力混凝土用钢棒是低合金钢热轧圆盘条经过冷加工后(或不经过冷加工)淬火和回火所得到,按表面形状分为:光圆、螺旋槽、螺旋肋和带肋钢棒。

4.【答案】 ABCD

【解析】 板式橡胶支座产品标记由名称代号、型式代号、外形尺寸、橡胶种类四部分组成。这里需要注意交通行业标准与国家标准对于产品标记的差异。

5.【答案】 ABC

【解析】 选项D错误,混凝土内部空洞的检测一般采用平面对测法、钻孔或预埋管测法。

6.【答案】 ABCD

【解析】 金属超声探伤所采用的耦合剂应选用适当的液体或糊状物,应具有良好的透声性好和适宜流动性,不对检测对象和检测人员有损伤,检测后易清理。一般常用的耦合剂有:水、水玻璃、化学浆糊、甘油、机油等,耦合剂中可加入适量的润湿剂或活性剂以改善耦合性能。

7.【答案】 ACD

8.【答案】 CD

9.【答案】 ABDE

【解析】 对于混凝土灌注桩桩身完整性检测,较为常用的方法是低应变反射波法和声波透射法。若经上述两种方法检测后,对桩身完整性仍存在疑虑时,可用钻芯取样法进行验证。钻芯取样法可以检测桩长、桩身混凝土强度、桩底沉渣厚度、鉴别桩底岩土性状等,检测成果直观可靠,能够准确地判定桩身完整性类别。高应变动力试桩法实测的冲击波作用下的加速度与应变信号,经基桩动测仪软件处理后,输出力和速度时程曲线,不仅可以用于分析基桩承载力,还可以用于判断桩身完整性。基桩静载试验用于检测桩基的承载力,不能用于检测桩身完整性。

10.【答案】ACD

【解析】混凝土桩的声测管应选择透声性好、便于安装和费用较低的材料。考虑到混凝土的水化热作用及施工过程中受外力作用较大，容易造成声测管变形、断裂，影响换能器上、下管道的通畅，因此应选用强度较高的金属管为宜。对于声测管的埋设要求，除 A、C、D 选项所述外，还要求声测管内径比换能器外径大 15mm；桩径不大于 1500mm 埋设 3 根管，桩径大于 1500mm 埋设 4 根管；声测管的管口应高于桩顶 100～300mm 等。

11.【答案】BCD

【解析】桥梁荷载试验影响仪器性能发挥的因素众多，在量程、精度满足要求的基础上，还应考虑仪器的环境适用能力、抗干扰能力、可靠性、便携性等因素。仪器价格越昂贵，往往比较笨重且对工作环境要求更加苛刻，在现场复杂环境条件下，效果不一定好。

12.【答案】ABCD

【解析】桥梁动载试验的内容包括自振特性（即动力特性）测定和动力响应测定两个方面。其中自振特性参数包括自振频率、阻尼和振型，激励方法包括衰减自由振动法、强迫振动法（即共振法）、环境随机振动法（即脉动法）；动力响应试验测定参数包括动挠度、动应变、加速度、冲击系数（由动挠度或动应变算得）等，试验加载方法包括行车试验（主要内容，必做项目）、有障碍行车试验、制动试验等。

13.【答案】AC

【解析】承载力检算评定时，需分别检算结构或构件在承载能力极限状态下的强度、稳定性和正常使用极限状态下的刚度、抗裂性。

14.【答案】ABCD

【解析】隧道结构是由围岩、锚喷衬砌、模筑混凝土衬砌、仰拱衬砌、仰拱充填、防水层、排水盲管、深埋水沟、路侧边沟、路面结构、电缆沟及盖板组成。这里容易遗漏的为围岩、仰拱充填、排水盲管、路侧边沟和盖板。

15.【答案】ABC

【解析】极坐标法通常采用激光断面仪，激光断面仪采用激光测距的原理，属于非接触式测量法。

16.【答案】AC

【解析】地质调查法包括地表补充地质调查和隧道内地质素描。

17.【答案】AB

【解析】隧道止水带类型按设置位置分为：中埋式止水带、背贴式止水带。按形状分为：平板型止水带、变形型止水带等。此外，一些新式的止水带，如可排水止水带、可注浆止水带等在工程实践中也取得良好效果。

18.【答案】ACD

【解析】注浆效果检查的方法有通常有以下 3 种：

(1)分析法。分析注浆记录，查看每个孔的注浆压力、注浆量是否达到设计要求以及注浆过程中漏浆、跑浆情况，从而以浆液注入量估算浆液扩散半径，分析是否与设计相符。

(2)检查孔法。用地质钻机按设计孔位和角度钻检查孔，提取岩芯进行鉴定。同时测定检查孔的吸水量(漏水量)、单孔、全段应小于20L/(min·m)。

(3)物探无损检测法。用地质雷达、声波探测仪等物探仪器对注浆前后岩体声速、波速、振幅及衰减系数等进行无损探测,以判断注浆效果。

注浆效果如未达到设计要求,应补充钻孔再注浆。

19.【答案】BCD

【解析】国家、行业标准规定的硫化氢测定方法是亚甲基蓝比色法,该方法的原理是用碱性锌氨络合盐溶液吸收一定体积的气体,使其中的硫化氢形成稳定络合物,然后在硫酸溶液中硫化氢与对氨基-N,N-二甲基苯胺溶液和三氯化铁溶液作用,生成亚甲基蓝,根据颜色深浅进行分光光度测定,该方法所有设备器材较多,测定时间较长,也不能立即显示测定结果。

用检知管法测定硫化氢气体浓度的方法原理是将吸附醋酸铅和氯化钡的硅胶装入细玻璃管内,抽取100mL含硫化氢的气体,在60s内注入,形成褐色硫化铅,根据硅胶柱变色的长度与标准尺比较,求得硫化氢体积分数,此方法具有简便、快捷、便于携带和灵敏度高等特点。

醋酸铅试纸法检测硫化氢气体浓度的方法原理是通过醋酸铅试纸与硫化氢反应生成褐色硫化铅,与标准比色板对比求得硫化氢体积分数,此法适用于大体积硫化氢测量,是一种定性和半定量方法。

滤膜法用于检测隧道内空气中粉尘浓度。

本题满足题意的选项为B、C、D选项。

20.【答案】ABCDE

【解析】隧道土建结构定期检查分项共计9类,除5个选项内容外,还包括检修道,排水系统,内装饰和标志、标线、轮廓标。

四、综合题

1.【答案】(1)AC (2)ABCD (3)BC (4)BCD (5)B

【解析】(1)锚具的静载锚固性能试验需同时满足荷载效率$\eta_a \geq 0.95$和实测极限拉力时的总应变$\varepsilon_{apu} \geq 2.0\%$的要求。

(2)静载锚固性能试验、周期荷载试验用设备,一般由加载千斤顶、荷载传感器、承力台座、液压油泵源及控制系统组成。

(3)加载速率为100MPa/min;以预应力钢绞线抗拉强度标准值的20%、40%、60%、80%,分4级等速加载;加载至钢绞线抗拉强度标准值的80%后,持荷1h;持荷1h时后用低于100MPa/min的加载速率缓慢加载至试验破坏。

(4)试验过程中应观测锚具的变形。在静载锚固性能满足后,夹片允许出现微裂和纵向断裂,不允许出现横向、斜向断裂及碎断;预应力筋达到极限破断时,锚板不允许出现过大塑性变形,锚板中心残余变形不应出现明显挠度;夹片回缩Δb比预应力筋应力为$0.8f_{ptk}$时成倍增加,表明已失去可靠的锚固性能。

(5)每个组装件的试验结果均应满足力学性能要求,不得进行平均。如果有一个试件不符合要求,应另取双倍数量重做试验,如仍有一个试件不合格,则该批产品不合格。

2.【答案】(1)AD　(2)ABC　(3)BCD　(4)BCD　(5)AB

【解析】(1)采用超声回弹综合法检测混凝土强度,全国统一测强曲线的适用条件包括:人工或一般机械搅拌的混凝土或泵送混凝土、自然养护、龄期7~2000d、抗压强度为10~70MPa。应注意与回弹法适用条件的区别。

(2)选项D错误,相邻两测区的间距不宜大于2m。

(3)选项A错误,超声测试时在混凝土表面需涂抹耦合剂,如先完成超声测试则混凝土表面残留的耦合剂会影响回弹测值的准确性。选项B正确,超声回弹综合法分别测定回弹值和声速值,将其指数函数相乘来换算混凝土强度,一般而言混凝土碳化会导致回弹值增大、声速值减小,因此对最终换算结果的影响不明显,采用超声回弹综合法可不必测试碳化深度。

(4)钻芯法标准芯样试件要求其公称直径为100mm且不宜小于集料最大粒径的3倍;也可采用小直径芯样试件,但其公称直径不宜小于70mm,且不得小于集料最大粒径的2倍。采用钻芯法检测批量构件和单个构件的混凝土抗压强度时,对芯样数量及数据处理的要求不同。批量检测时,芯样数量应根据检测批的容量确定,标准芯样的最小样本量不宜少于15个,小直径芯样的最小样本量应适当增加,按数理统计的方法确定混凝土强度的推定值;检测单个构件时,有效芯样数量不应少于3个,构件尺寸较小时不得少于2个,按有效芯样混凝土强度的最小值确定混凝土强度的推定值。

(5)选项C、D错误。用游标卡尺在芯样中部相互垂直的两个位置测量,取均值作为芯样试件的直径;试件的高径比H/d在0.95~1.05范围以外,或芯样有裂缝或其他较大缺陷时,测试数据无效(即无效芯样)。

3.【答案】(1)ABC　(2)ACD　(3)ABC　(4)B　(5)ACD

【解析】(1)在进行桥梁技术状况评定时,先要进行结构的层次划分,再进行分层评定。构件是组成桥梁结构的最小单元,如一块梁板、一个桥墩等;同类构件统称为一类部件,如梁板、桥墩等;多个部件组合后成为结构,如上部承重构件(全部主梁空心板)、上部一般构件(全部铰缝)、支座组成上部结构。因此选项A、B、C正确。选项D错误,支座划归上部结构进行评定。

(2)根据桥梁各部件的重要程度,又分为主要部件和次要部件。铰缝属于次要部件,其余选项A、C、D都属于主要部件。

(3)选项A、B、C均为板式橡胶支座的评定指标,选项D属于盆式支座的评定指标。

(4)略。

(5)《公路桥梁养护规范》规定,对于不同技术状况的桥梁分别采取不同的养护措施:四类桥梁需进行大修或改造,及时进行交通管制,如限载、限速通过,当缺损严重时关闭交通;五类桥梁需要进行改建或重建,及时关闭交通。因此选项B错误。

4.【答案】(1)ABCD　(2)D　(3)ABC　(4)AC　(5)AD

【解析】(1)结构应力(应变)检测方法众多,其原理和适用性各有差异。本桥试验目的是多方面的,结合前述相关内容的介绍(模拟试题一,单选第18题)可知,A、B、C、D选项均为可选仪器,能满足不同情形的测试要求。除4个选项外,千分表引伸计可用于荷载试验混凝土表面应变检测;光纤传感器可用荷载试验和后期运营的应变测试。

(2)千分表引伸计、弓形应变计只能用于表面安装，B、C选项错误；电阻应变片可制成钢筋应力(应变)计进行预埋，但此类传感器受温度变化影响较大，不适用施工过程的长期观测。

(3)竣工荷载试验为短期观测，选择合适的试验加载时段(夜间、阴天)，通过合适的温度补偿可将温度变化的影响尽可能地降低，A、B选项正确；弓形应变计采用4个应变片组成全桥接法，具有较好的温度补偿效果，稳定性较好，C选项正确；预应力混凝土结构一般不允许破坏混凝土保护层，因此D选项错误。

(4)开裂部位附近的混凝土已退出(或相当程度退出)受力，因此B选项错误；超声法可测定混凝土裂缝深度，但不能用于结构应变检测。对于开裂部分应力测试，可采用以下两种方法：

①凿开混凝土保护层，将小标距应变片布置在受拉钢筋上。这里需要说明的是，预应力构件一般不允许破坏混凝土保护层，但本案例中测试部位已经开裂，可视具体情况，在不影响结构受力的前提下，采用该方法。

②采用大标距应变计(如千分表应变计，标距不宜小于50cm)布置在混凝土表面上，测定受拉区混凝土(含裂缝)的平均应变。

(5)限于电阻应变片受温度变化影响大、稳定性不佳的缺陷，该类传感器一般不适用长期应力监测，B、C选项错误；光纤传感器和振弦式应变计稳定性较好，前者常用于桥梁长期运营应力监测，后者则是桥梁施工阶段应力监测的最常用传感器。

5.【答案】(1)ACD　(2)ABCD　(3)ABCD　(4)ACD　(5)BCD

【解析】(1)根据收到的电磁波传播时间、幅度与波形资料推断介质的结构，即可求得反射界面的深度。

(2)地质雷达使用前均应进行介电常数的标定，4个选项均为介电常数标定方法。

(3)采用雷达检测混凝土衬砌质量的影响因素众多，包括渗水、电缆、铁架、预埋管件等，因此在检测过程中，应随时记录可能对测量产生电磁影响的物体及其位置。

(4)施工过程中质量检测时，两车道隧道一般在拱顶、左右拱腰、左右边墙布置5条纵向测线，单洞三车道应在隧道拱腰部位增加两条测线，遇到支护(衬砌)有缺陷的地方应加密测线。当遇特殊地段或条件不允许时，可采用点测，测点间距不宜大于200mm，且测线每5～10m应有里程标记。雷达检测过程中应保持天线与被测物表面密贴，天线移动速度均匀，移动速度宜为3～5km/h。

(5)正确连接雷达是现场步骤，不属于数据处理。

6.【答案】(1)C　(2)CD　(3)C　(4)AB　(5)C

【解析】(1)空气动压的计算公式为：$h_v = 0.5\rho v^2$，式中，h_v为空气动压，ρ为测点处单位体积空气质量，v为风速值。将题中数据代入计算公式，可知选项C正确。需注意计算时单位符号的转化。

(2)该隧道为单洞双向交通隧道，《公路隧道通风设计细则》(JTG/T D70/2-02—2014)规定，单向交通隧道风速不宜大于10m/s，特殊情况可取12m/s，单洞双向交通隧道风速不应大于8m/s，人车混用隧道风速不应大于7m/s。

(3)隧道内风速检测，可选的设备有风速表、热电式风速仪、皮托管和压差计，其中，皮托管和压差计还可用于风机风筒内的高风速检测,而风速表、热电式风速仪不能用于风机风筒内的高风速检测。

(4)对各通风段的风速值进行检测时,每通风段宜检测3个断面以上。

(5)根据隧道长度的不同,在对隧道中间段路面的平均照度进行检测时,测区的总长度可占隧道总长度的5% ~10%。已知该隧道长度为1800m,则其中间段路面的平均照度的测区长度宜为90~180m。

模拟试题二

一、单项选择题

1.【答案】B

【解析】分项工程采用合格率评定法,即按规定的方法和频率对相应检查项目进行检验,由检查项目的观测点(组)数的合格率评定其是否符合要求;分项工程所属的检查项目均满足合格率要求且符合其他相关规定,分项工程才能评定为合格。实测项目合格判定的规定为:

(1)检查项目分关键项目(涉及结构安全和使用功能的)和一般项目;

(2)关键项目的合格率不应低于95%(机电工程为100%);

(3)一般项目的合格率不应低于80%;

(4)有极值规定的检查项目,任一单个检测值不得突破规定极值。

2.【答案】D

【解析】规范规定石料的单轴抗压强度试验,试件为边长70mm ±2mm的立方体试件,为每组试件共6个。

3.【答案】D

【解析】钢绞线应力松弛性能试验,初始负荷与公称最大力的比值不同,应力松弛率的要求也有差异,详见下表。

钢绞线应力松弛性能要求

初始负荷相当于公称最大力的百分数(%)	1000h后应力松弛率(%)
60	1.0
70	2.5
80	4.5

4.【答案】B

【解析】锚具、夹片、连接器的标记由产品代号、预应力钢绞线直径、预应力钢绞线根数三部分组成。依据《公路桥梁预应力钢绞线用锚具、夹具和连接器》(JT/T 329—2010)规定,预应力钢绞线的扁锚张拉端锚具,钢绞线直径为15.2mm,锚固根数为5根,标记为YMB15-5。

5.【答案】B

【解析】支座转角试验在承载板四角对称安置四只位移传感器,转角试验结果根据各传感器实测值计算。各种转角下,支座边缘最大、最小变形值计算公式:

$$\Delta_{max} = \Delta_2 + \Delta_\theta$$
$$\Delta_{min} = \Delta_2 - \Delta_\theta$$

式中:Δ_2——垂直承压力和转动共同影响下的试样中心处产生的压缩变形值(mm);

Δ_θ——实测转角产生的变形值(mm)。

根据所测各种转角下支座边缘最小变形值来判定实测转角正切值是否符合标准,当$\Delta_{min} \geq 0$时,支座不脱空;当$\Delta_{min} < 0$时,支座脱空。

6.【答案】B

7.【答案】B

【解析】试样的停放与试验条件要求为:试样需在标准温度为23℃±5℃的试验室内停放24h,并在该标准温度内进行试验。

8.【答案】D

【解析】芯样试件宜在与被检结构或构件混凝土湿度基本一致的条件下进行抗压试验,如结构工作条件比较干燥,试件应以干燥状态进行试验,受压前应在室内自然干燥3d;如结构工作条件比较潮湿,试件应以潮湿状态进行试验,受压前应在20℃±5℃的清水中浸泡40~48h。

9.【答案】D

【解析】一般采用半电池电位法(也称电化学法)测定混凝土内部的钢筋锈蚀电位,通过测定钢筋/混凝土半电池电极与在混凝土表面的铜/硫酸铜参考电极之间电位差的大小,来评定混凝土中钢筋的锈蚀活化程度。

10.【答案】B

【解析】超声法检测混凝土内部缺陷与表层损伤的方法总体上可分为两类:第一类为用厚度振动式换能器(也称平面换能器)进行平面测试;第二类为采用径向振动式换能器进行钻孔测试。

11.【答案】C

【解析】在灌注桩的施工过程中,能否确保基桩的竖直度,是衡量基桩能否有效地发挥作用的一个关键因素。对于钻孔桩,要求倾斜度不超过桩长的1%,挖孔桩不超过桩长的0.5%。

12.【答案】C

【解析】根据低应变反射波法现场检测数据对桩身完整性进行判断时,一般以时域分析为主、频域分析为辅,时域分析与频域分析相互验证。

13.【答案】C

【解析】基桩静载试验的加载方法包括贯入速率法、循环加卸载法、终极荷载长时间维持法(慢速维持荷载法、快速维持荷载法)等,通常采用慢速维持荷载法。

14.【答案】C

【解析】按照《公路桥梁技术状况评定标准》(JTG/T H21—2011),桥梁总体技术状况分5个等级,1~5类桥的得分界限分别为[95~100]、[80~95)、[60~80),[40~60)、[0~40)。主要部件、次要部件的评定标度分为1~5级和1~4级。

15.【答案】B

【解析】《公路桥梁技术状况评定标准》(JTG/T H21—2011)规定,公路桥梁技术状况评定应采用分层综合评定与5类桥梁单项控制指标相结合的方法,先对桥梁各构件进行评定,然后对桥梁各部件进行评定,再对桥面系、上部结构和下部结构分别进行评定,最后进行桥梁总体技术状况的评定。

16.【答案】C

【解析】桥梁定期检查的周期根据技术状况确定,最长不得超过3年;新建桥梁交付使用一年后进行第一次全面检查;临时桥梁每年检查不少于一次。

17.【答案】C

【解析】主拉应力测定属结构平面应力问题的测试分析,采用应变花检测。应变花有多种形式,一个应变花上布置有2~4个敏感丝栅,可测定几个方向的应变值,通过计算得到主拉应力和剪力等数据。而单轴(单向)应变片用于构件正应力检测,如简支梁桥跨中下缘处的应变。

18.【答案】D

【解析】《公路桥梁承载能力检测评定规程》(JTG/T J21—2011)规定:线形测点应按跨径等分布置,横断面设上、下游和桥轴线三条测线。中小跨径桥梁,单跨不宜小于5个截面;大跨桥梁,单跨不宜小于9个截面。可见,中小跨径桥梁单跨线形至少应该划分为4等分(两支点、$L/4$、$L/2$、$3L/4$),大跨桥梁单跨至少应该划分为8等分(即9个截面)。

线形通常采用全站仪进行测量,通过将实测数据与新桥理想线形比较,可揭示桥梁是否存在因基础沉降、混凝土开裂、收缩徐变、预应力损失等因素所引起的结构异常变位。

另外还应注意,桥梁结构纵向线形测量应按二等测量要求进行闭合水准测量。

19.【答案】B

【解析】汽车通过桥梁所产生的动力增大效应采用冲击系数来度量,该参数应通过实测动挠度计算得到,现场条件受限无法测定动挠度时,也可通过动应变计算得到。

20.【答案】D

【解析】结构检算时,计算所需的恒载状况、几何线形、结构尺寸、材质强度等技术参数应优先依据实际调查和检测结果确定,设计资料、竣工资料与桥梁现状可能存在偏差,因此现场调查、检测的工作极为重要也必不可少。对资料齐全的桥梁,应根据实测结果对模型的边界条件、初始状态等进行修正;对于缺失资料的桥梁,可参考同年代类似桥梁的设计资料、标准定型图并结合实测结果进行检算。

21.【答案】C

【解析】《公路工程质量检验评定标准　第一册　土建工程》(JTG F80/1—2017)规定的混凝土衬砌厚度检测方法有两种,尺量时每20m检查一个断面,每个断面测5点;采用地质雷达检测时,沿隧道纵向分别在拱顶、两侧拱腰、两侧边墙连续测试共5条测线,每20m检查1个断面,每个断面测5点。

需要注意区别的是,喷射混凝土厚度的检查也是采用凿孔和地质雷达两种方法,但检测的频率有差异。凿孔法每10m检查一个断面,每个断面从拱顶中线起每3m测1点;采用地质雷达检测时,沿隧道纵向分别在拱顶、两侧拱腰、两侧边墙连续测试共5条测线,每10m检查1个断面,每个断面测5点。

22.【答案】C

【解析】《公路工程质量检验评定标准　第一册　土建工程》(JTG F80/1—2017)规定,蜂窝、麻面面积不应超过总面积0.5%,深度不应超过10mm。另外还应注意规范对衬砌裂缝宽度的限值规定,钢筋混凝土结构缝宽不得超过0.2mm,混凝土结构缝宽不得超过0.4mm。

23.【答案】C

【解析】地质雷达天线可采用不同频率的天线组合,低频天线探测距离长、分辨率低,高频天线探测距离短、分辨率强。对于探测深度≤1.3m的混凝土结构,宜采用400~600MHz天线;900MHz天线探测深度<0.5m;对于探测深度为1.3~15m的混凝土结构,宜采用100MHz和200MHz天线。

24.【答案】C

【解析】隧道浅埋、下穿建筑物地段应在隧道开挖前布设地表沉降观测点。地表沉降观测点和隧道内测点应布置在同一断面里程。地表沉降测点纵向间距应按下表要求布置。

地表沉降测点纵向间距

隧道埋深与开挖宽度、高度	纵向测点间距(m)
$2B < H_0 \leq 2(B+H)$	15~30
$B < H_0 \leq 2B$	10~15
$H_0 \leq B$	5~10

注:H_0为隧道埋深;H为隧道开挖高度;B为隧道开挖宽度。

25.【答案】C

26.【答案】B

【解析】水泥-水玻璃双液浆属于水泥浆,水玻璃浆、聚氨酯类浆、丙烯酸盐浆都属于化学浆液。

27.【答案】B

【解析】滤膜测尘法检测隧道空气中的粉尘浓度,采样时间宜为15min。值得注意的是要根据隧道内预估粉尘浓度和采样时间适时更换滤膜,防止滤膜采样量过载,导致试验失败。

28.【答案】B

【解析】纵向照度曲线反映洞口段沿隧道中线照度的变化规律,现场测试时,第一测点可设在距洞口10m处,之后向内每米设一测点,测点深入中间段10m。用便携式照度仪测试各点照度,并以隧道路面中线为横轴,以照度为纵轴绘制隧道纵向照度变化曲线。

29.【答案】B

【解析】隧道定期检查的频率宜根据隧道技术状况确定,宜每年检查1次,最长不得超过3年1次。当经常检查中发现重要结构分项技术状况评定状况值为3或4时,应立即开展一次定期检查。

30.【答案】A

【解析】隧道总体技术状况评定时各分项权重按照公路级别的差异进行区分,见下表所示。

隧道总体技术状况评分权重值

项　目	权　重　(%)	
	高速公路、一级公路	二级公路及二级以下公路
土建结构	60	70
机电设施	35	25
其他工程设施	5	5

二、判断题

1.【答案】√

【解析】小桥及符合小桥标准的通道、人行天桥、渡槽，以及涵洞、通道被划归为路基工程中，作为路基工程的分部工程；合同段中，具有独立施工条件的大桥、中桥、互通式立交应划分为单位工程；特大斜拉桥、悬索桥应划分为多个单位工程。

2.【答案】×

【解析】桥隧工程质量评定分合格与不合格两个等级，采用逐级评定制，且只有当所属各分项/分部/单位工程全部合格，该分部/单位/建设项目(合同段)工程才能评为合格。

3.【答案】√

4.【答案】×

【解析】规范规定，锚具的疲劳性能试验，试验经过200万次循环荷载后，锚具零件不应发生疲劳破坏；钢绞线因锚具夹持作用发生疲劳破坏的面积不应大于原试样总面积的5%。

5.【答案】×

【解析】预应力混凝土桥梁用塑料波纹管力学性能试验要求环刚度不小于$6kN/m^2$。

6.【答案】×

【解析】模数式伸缩缝和异型钢单缝式伸缩缝的防水性能试验，均要求注水24h无渗漏。

7.【答案】×

【解析】超声回弹综合法适用于自然养护7～2000d、抗压强度为10～70MPa的混凝土，而回弹法统一测强曲线适用于自然养护14～1000d、抗压强度为10～60MPa的混凝土。

8.【答案】√

9.【答案】×

【解析】用于检测混凝土内部缺陷的是非金属超声检测仪，用于检测钢结构内部缺陷的是金属超声检测仪。由于混凝土和钢材的材料组成、病害特征等差异较大，因此两种仪器在超声波能量、频率、探头类型、数据分析处理方式等方面均有很大不同，仪器不能通用。

10.【答案】√

【解析】轻型圆锥动力触探试验一般用于贯入深度小于4m的黏性土、黏性土组成的素填土和粉土。可用于施工验槽、地基检验和地基处理效果的检测。

重型圆锥动力触探试验一般适用于砂土、中密以下的碎石土和极软岩。

超重型圆锥动力触探试验一般适用于较密实的碎石土、极软岩和软岩。

11.【答案】×

【解析】对于软土地区的超长桩,长径比很大,桩身阻抗与持力层阻抗匹配好,反射波法常测不到桩底反射信号,因此测试效果不佳。此类情形采用超声法可靠性更高。

12.【答案】×

【解析】《公路工程基桩动测技术规程》(JTG/T F81-01—2004)规定,对于混凝土灌注桩,当桩径不大于1000mm时,不宜少于2个测点;当桩径大于1000mm时,不宜少于4个测点。

13.【答案】×

【解析】采用超声法检测灌注桩的混凝土质量时,对声测管的要求为:声测管应选择透声性好、便于安装和费用较低的材料。考虑到混凝土的水化热作用及施工过程中受外力作用较大,容易使声测管变形、断裂,影响换能器上、下管道的畅通,以选用强度较高的金属管为宜。

14.【答案】√

【解析】桥梁评定分一般评定和适应性评定。

一般评定:依据定期检查资料,对各部件技术状况作出综合评定,确定技术状况等级,提出养护措施;

适应性评定:依据定期及特殊检查资料,结合试验与结构受力分析,评定实际承载能力、通行能力、抗洪能力,提出养护、改造方案。

15.【答案】×

【解析】拱桥的主要部件包括:主拱圈、拱上结构、桥面板、桥墩、桥台和基础。

16.【答案】√

【解析】经常检查时发现重要构件(部件)的缺损达到三类及以上时,应立即安排定期检查。

17.【答案】×

【解析】钢筋混凝土结构是允许带裂缝工作的构件,受拉区因开裂退出工作后主要由钢筋受力,通常是在测试区域凿除局部钢筋保护层,在钢筋上布置测点,试验结束后及时修补钢筋保护层。全预应力和部分预应力A类构件,因结构是全截面参与受力,应将应变测点布置在混凝土表面上,而不得损伤梁体。另外还应注意,因钢筋应力计需事先预埋,振弦式应变计、弓形应变计需较大的安装空间及存在钢筋应变传递可靠性等问题,也不适用于内部钢筋应变的检测。

18.【答案】×

【解析】《公路桥梁荷载试验规程》(JTG/T J21-01—2015)规定,在用(旧桥)桥梁静力荷载效率取0.95~1.05,交(竣)工验收取0.85~1.05。

19.【答案】√

20.【答案】√

【解析】索力测试是斜拉桥、吊桥等荷载试验及施工监测的重要测试内容。振动法索力测试操作方便、速度快,测试精度较高,应用十分广泛。振动法索力测试是根据索力与索的自振频率(即固有频率)的相关性计算得到。

21.【答案】√

【解析】承载能力恶化系数主要是反映配筋混凝土结构因缺损、钢筋锈蚀等造成的质量状况衰退和结构耐久性降低。对圬工桥梁而言不存在钢筋锈蚀等造成的不利影响，只考虑截面损伤、风化造成的有效截面折减，因此其分项检算系数包括承载力检算系数、截面折减系数和活载影响修正系数，而不包含承载能力恶化系数和钢筋截面折减系数。

22.【答案】×

【解析】拱墙衬砌混凝土浇筑时，基础、拱、墙应一次连续浇筑，不得先浇筑基础和矮边墙。

23.【答案】×

【解析】隧道开挖初期数据变化较大，测点应及时埋设，要求在距开挖面2m范围内、开挖后24h内埋设，支护后2h内读取初始读数。

24.【答案】×

【解析】地震波反射法主要用于地层界线、地质构造、不良地质体范围等的超前预报。

25.【答案】√

【解析】超期地质钻探可采用冲击钻和回转取芯钻，二者应视不同地质情况合理搭配使用，提高预报准确率和钻探速度，减少占用开挖工作面的时间。

(1)一般地段采用冲击钻。冲击钻不能取芯，但可通过冲击器的响声、钻速及其变化、岩粉、卡钻情况、钻杆震动情况、冲洗液的颜色及流量变化等粗略探明岩性、岩石强度、岩体完整程度、溶洞、暗河及地下水发育情况等。

(2)复杂地质地段采用回转取芯钻。回转取芯钻获得岩芯鉴定准确可靠，地层变化里程可准确确定，一般只在特殊地层、特殊目的地段、需要精确判定的情况下使用，比如煤层取芯及试验、溶洞及断层破碎带物质成分的鉴定、岩土强度试验取芯等。

26.【答案】×

【解析】隧道激光断面仪进行断面检测具有任意点检测的优势，检测时虽然无固定检测位置的要求，但为了便于后期数据处理，一般要求：条件允许情况下，检测点应放在隧道轴线上(保证等角自动测量时候各测点间距相等)；现场条件受限，不能在隧道轴线放置检测点时，可以偏离隧道轴线布置检测点，但是应记录下实际高程和与轴线偏位值，并适当加密检测点(避免被检断面远离检测点一侧的测点间距过大)；直线隧道且检测点距离较短情况下，可以用相邻测量断面的轴线检测点来定确定测量断面与隧道轴线垂直的方向，但是曲线隧道和偏离隧道轴线放点的情况下，须事先放出法向点。

27.【答案】√

28.【答案】√

【解析】氡气的检测方法很多，其采样方式主要分为瞬时采样、连续采样和累积采样，属于瞬时采样的方法有电离室法、闪烁室法、双滤膜法和气球法，其中双滤膜法是一种绝对测氡方法。

29.【答案】×

【解析】水银压差计是用于检测隧道内空气绝对静压的仪器。

30.【答案】√

三、多项选择题

1.【答案】ABCD

【解析】质量保证资料除4个选项所述内容外,还包括"施工过程非正常情况记录以及其对工程质量影响的分析资料、对质量事故的处理补救达到设计要求的证明文件"两方面的资料。

2.【答案】ABCE

【解析】钢绞线的产品标记包括:结构代号、公称直径、强度级别、标准号。

3.【答案】ABD

【解析】球型支座力学性能试验检测项目包括:竖向承载能力、水平承载能力、支座实测转动力矩、摩擦系数。转角属于盆式支座的力学性能检测项目。

4.【答案】ABC

【解析】土工布宽条拉伸试验常用的试验指标有拉伸强度、最大负荷下的伸长率和特定伸长率下的拉伸力。

5.【答案】ABCD

【解析】除4个选项所述内容外,非金属超声仪还可用于混凝土强度检测(超声-回弹综合法)、混凝土表层损伤检测、新旧混凝土结合面质量检测、混凝土内部空洞和不密实区域检测等;金属超声仪可用于钢材和焊缝质量的检测。

6.【答案】ADE

【解析】氯离子含量测定试验,应注意混凝土粉末取样的相关要求:①分层收集,对每一深度应使用一个新的塑料袋收集粉末;②同一测区不同孔相同深度的粉末可收集在一个塑料袋中,质量不少于25g;③不同测区的测孔即使相同深度的粉末也不应混合在一起。

7.【答案】ABCD

8.【答案】AC

【解析】采用低应变反射波法检测基桩完整性,桩径不大于1000mm时,测振传感器不宜少于2个测点,桩径大于1000mm时,不宜少于4个测点;测振传感器安装于桩的1/2~2/3半径处;锤击点应位于桩中心处,这样激振引起的表面波从桩侧来回反射产生的干扰信号最小;而规定的测点数随被检桩直径的增大而增多,这是为避免由于桩顶材料不均匀而产生的不利影响及桩身存在局部缺陷时可能出现漏检等问题。因此A、C选项正确。

9.【答案】ABC

【解析】基桩竖向静载试验一般采用油压千斤顶加载,加载的反力装置可根据现场条件选用,主要有锚桩横梁反力装置、压重平台反力装置和锚桩压重联合反力装置三种形式,要求反力装置所提供的反力相对最大加载量有一定的安全储备,一般为1.2~1.5倍。

10.【答案】CD

【解析】变形、泛油属于沥青混凝土桥面铺装的评定指标。

11.【答案】ABC

【解析】桥梁检查针对不同的检查目的、检查范围和检查周期分为经常检查、定期检查和特殊检查,其中,特殊检查又分为专门检查和应急检查。

12.【答案】ABD

【解析】电阻应变仪测量电桥的功能除 A、B、D 选项外，还可通过合适的桥路组合提高灵敏度。将被测应变转换为电阻变化是电阻应变片的作用，而非测量电桥的功能。

13.【答案】BD

【解析】普通连通管(毫米刻度)分辨率为 1mm，测试精度无法满足要求；即便是高精度全站仪，受限于测试方法和诸多难以避免的误差因素(如测距精度、测角精度、照准精度、读数精度、系统误差等)，难以满足小变位测试的精度要求。全站仪适用大跨桥梁挠度、索塔偏位、主体结构线形等的测量。

电阻应变式位移计和精密光学水准仪(配测微器)、精密电子水准仪等的分辨率至少可达到 0.1mm，适合中 - 小跨径挠度测试。

14.【答案】CD

【解析】C 选项所述方法仅适用于在用桥梁的承载力评定，需先完成桥梁技术状况检测，在此基础上确定分项检算系数修正荷载效应和抗力效应后，再进行承载力评定；荷载试验适用于在用桥梁和新建桥梁的承载力评定。选项 A 错误，承载能力评定是针对桥梁当前的实际病害、缺损状况进行检算评价，而非设计图复核审查；选项 B 错误，通过桥梁定期检查所做的技术状况评定不等同于承载能力评定。

15.【答案】ABD

【解析】激光断面仪的工作原理决定了其不可对衬砌背后的状况进行判断；非金属超声仪需两个测面分别放置发射和接收换能器，隧道衬砌只有一个测试面，因此超声法也不可行。

16.【答案】ABD

【解析】采用地质雷达检测混凝土衬砌质量，当分段测量时，相邻测量段接头重复长度不应小于 1m。

17.【答案】ABCD

【解析】洞内外观察属于监控量测必测项目，包括洞内掌子面观察、隧道已施工区间的支护状态及施工状态、洞外地表及周边建筑变形观察。

18.【答案】AB

【解析】选项 A、B 均为瓦斯浓度的现场检测设备；检知管用于一氧化碳气体浓度和硫化氢气体浓度检测；红外线传感器用于一氧化碳气体浓度检测。

19.【答案】AC

【解析】隧道路面照度检测是隧道照明检测的基本内容之一，根据区段的不同，隧道照度检测分为洞口段和中间段两个区段。

20.【答案】ACD

【解析】隧道渗漏水检测可分为简易检测和水质检测两类。简易检测包括：位置、范围、漏水状态和漏水流量检查、浑浊程度、pH 值、冻结检查；漏水水质检测主要包括：温度检测、pH 值及水质检测、水样检测等。

四、综合题

1.【答案】(1)ACD (2)D (3)B (4)ABC (5)AB

【解析】(1)混凝土棱柱体抗压弹性模量试验中用到的仪器设备包括压力试验机或万能试验机、微变形测量仪、微变形测量仪固定支架、钢尺,其中微变形测量仪可用千分表或分辨率不低于0.001mm的其他仪表,而百分表的分辨率为0.01mm不满足试验要求。

(2)混凝土棱柱体抗压弹性模量试验,每组试件为6根,其中3根用于测定轴心抗压强度,提供弹性模量试验的加荷标准,另外3根则作弹性模量测定试验。

(3)混凝土棱柱体抗压弹性模量试验的标准试件尺寸为150mm×150mm×300mm。200mm×200mm×400mm、100mm×100mm×300mm为非标准试件,相应的抗压强度试验结果应分别乘上1.05和0.95的尺寸修正系数。

(4)在混凝土棱柱体抗压弹性模量试验仪器安装及调试过程中,需注意以下事项:

①微变形测量仪应安装在试件两侧的中线上并对称于试件两侧;

②调整试件位置时,应加荷至基准应力为0.5 MPa对应的初始荷载值F_0,保持恒载60s并在以后的30s内记录两侧变形测量仪的读数,立即以0.6 MPa/s±0.4 MPa/s的加荷速率连续均匀加荷至1/3轴心抗压强f_{cp}对应的荷载值F_a,保持恒载60s并在以后的30s内记录两侧变形测量仪的读数;

③变形测量的读数与均值相差应在20%以内,否则应重新对中试件并重复②的步骤,如果无法使差值降低到20%以内,则此次试验无效。

(5)在正式试验过程中需注意以下事项:

①正式试验前需进行预压,预压在初始荷载值F_0及1/3轴心抗压强f_{cp}对应的荷载值F_a处持荷时间均为60s,至少进行两次预压循环;

②在完成最后一次预压后,保持60s的初始荷载值F_0,在后续的30s内记录两侧变形测量仪的读数,再用同样的加荷速度加荷至荷载值F_a,保持60s恒载,并在后续的30s内记录两侧变形测量仪的读数;

③荷载值F_a的读数完毕后,卸除变形测量仪,以同样的速度加荷至破坏,记录下破坏极限荷载F(N)。

2.【答案】(1)C (2)AB (3)CD (4)BC (5)AB

【解析】(1)根据题述,该桥空心板数量满足批量检测的条件,应随机抽检不少于总数30%且不少于10个构件进行回弹检测;选项D,规范规定当检验批构件总数大于30个时,抽检构件数量可适当调整,但不得少于国标规定的最少数量,本题中空心板数量未达到此条件。

(2)选项A、B正确;选项C错误,钢砧的钢芯硬度和表面状态可能会随着弹击次数的增加而改变,因此钢砧也应送检或校准,周期为2年;选项D错误,率定方向为竖直向下弹击。

(3)选项C、D叙述错误,各回弹测区应大致均匀分布,使实测回弹值具有代表性,选择测区时应避开有蜂窝、麻面的部位,更不能用砂浆修补。

(4)选项A错误,碳化深度测点数不应少于构件测区数量的30%,而非抽检构件数量的

30%;选项 D 错误,每个测点碳化读数 3 次,精确至 0.25mm,该测点碳化深度值取 3 次读数的平均值,精确至 0.5mm,该测点碳化深度值应为 0.5mm。

(5)略。

3.【答案】(1)ABC　(2)CD　(3)C　(4)C　(5)AD

【解析】(1)选项 D 错误,混凝土龄期满 14d 以后,混凝土强度达到设计强度的 70%、且不低于 15MPa 时,也可进场检测。

(2)略。

(3)待检桩直径为 1.6m,按照《公路工程基桩动测技术规程》(JTG/T F81-01—2004)应埋设 4 根声测管,为全面评判桩身完整性,尽量减少检测盲区,应设 6 个测试剖面,如下图所示,针对均匀布置的 4 个声测管(编号为 1# ~4#),布设 1# -2#、1# -3#、1# -4#、2# -3#、2# -4#、3# -4#剖面,共 6 个。

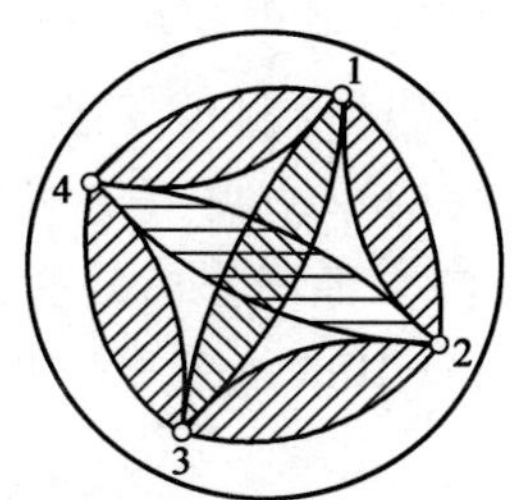

声测管布置图

(4)混凝土强度与声速关系详见下表。

混凝土强度与声速关系参考表

声速(m/s)	>4500	4500 ~ 3500	3500 ~ 3000	3000 ~ 2000	<2000
强度定性评价	好	较好	可疑	差	非常差

(5)采用超声透射波法检测桩身完整性时,根据声学参数的变化判断桩身的缺陷,若声速和波幅在桩顶处缓慢下降,可判断为混凝土强度不足;若声速和波幅在桩身处急剧下降、突变,则可判断突变处为断桩。根据声学参数的变化判断桩身的缺陷的方法还有很多,限于篇幅,此处不作详细介绍。

4.【答案】(1)BCD　(2)A　(3)D　(4)C　(5)B

【解析】(1)被测应变(机械量)到电量(电阻变化)之间的转换是电阻应变片的主要作用,而非测量电桥的功能,A 选项错误。

(2)弓形应变计、振弦式应变计需通过安装脚座安装在钢筋上进行检测,安装部位需打磨平整,这样会使钢筋截面被削弱,另外振弦式应变计本身具有一定刚度,会参与钢筋受力。这两方面的因素都会导致试验结果的不真实,因此 B、D 选项错误;百分表引伸计分辨率太低,无法满足要求。

(3)根据测量电桥的输出特性:$\Delta U_{BD}=\frac{1}{4}U\left(\frac{\Delta R_1}{R_1}-\frac{\Delta R_2}{R_2}+\frac{\Delta R_3}{R_3}-\frac{\Delta R_4}{R_4}\right)=\frac{1}{4}UK(\varepsilon_1-\varepsilon_2+\varepsilon_3-\varepsilon_4)$,一个全桥接法的测点,应变仪的示值为:$\varepsilon_{示值}=\varepsilon_1-\varepsilon_2+\varepsilon_3-\varepsilon_4$。本题采用半桥接法,两个应变片为纵向布置,钢筋轴向受拉时 $\varepsilon_1=\varepsilon_2$。

(4)将 R_2 调整为横向布置,根据材料力学知识,纵、横向应变的关系为 $\frac{\varepsilon_{横}}{\varepsilon_{纵}}=\frac{\varepsilon_2}{\varepsilon_1}=-\mu$,即 $\varepsilon_2=-\mu\varepsilon_1$,此时应变仪示值为 $\varepsilon_{示}=\varepsilon_1-\varepsilon_2=(1+\mu)\varepsilon_1$。

类似的,如采用全桥接法,布片方式如下图所示(R_1、R_3 纵向布置,R_2、R_4 横向布置),则应变仪示值为 $\varepsilon_{示}=\varepsilon_1-\varepsilon_2+\varepsilon_3-\varepsilon_4=2(1+\mu)\varepsilon_1$。

R_1 R_2

R_3 R_4

(5)钢筋纵向应变实测值 $\varepsilon_{纵}=\varepsilon_{示}/(1+\mu)=100\times10^{-6}$。

5.【答案】(1)BCD (2)ABC (3)B (4)ABC (5)A

【解析】(1)从喷射混凝土施工技术和施工管理方面分析,影响喷射混凝土厚度的因素主要有:爆破效果、回弹率、施工控制措施和喷射参数。

(2)喷射混凝土抗压强度试验检查试件的制作方法包括喷大板切割法、凿方切割法、喷模法、钻芯法;拔出法是属于现场检测方法的一种,不是检查试件的制作方法。

(3)凿孔检查喷射混凝土厚度时,宜在混凝土喷后8h以内,用电钻、风钻钻孔检查,发现厚度不够时可及时补喷。凿孔检查时,每10m检查一个断面,每个断面从拱顶中线起每隔3m凿孔检查1点。

(4)《公路工程质量检验评定标准 第一册 土建工程》(JTG F80/1—2017)规定喷射混凝土实测项目为喷射混凝土强度(关键项目)、喷层厚度(一般项目)、喷层与围岩接触状况(关键项目)。墙面平整度属于模筑衬砌混凝土实测项目。

(5)《岩土锚杆与喷射混凝土支护工程技术规范》(GB 50086—2015)规定,回弹率应予以控制,拱部不应大于25%,边墙不应大于15%。

6.【答案】(1)BD (2)D (3)ABCD (4)B (5)A

【解析】(1)裂缝宽度不大于0.2mm,并不贯通;迎水面主钢筋保护层厚度不应小于50mm;衬砌厚度不应小于30cm。

(2)《公路隧道施工技术规范》(JTG F60—2009)规定,对于采用防水混凝土的衬砌,每200m需要做一组(6个)抗渗试件。

(3)混凝土抗渗试验所需要的仪器设备包括:混凝土渗透仪 、成型试模、螺旋加压器、烘箱、电炉、铁锅、密封材料等。

(4)防水混凝土抗渗性试验,水压从0.1MPa开始,每隔8h增加水压0.1MPa,并随时观察试件端面渗水情况,当6个试件中有3个试件表面发现渗水,记下此时的水压力,即可停止试验。

当加压至设计抗渗等级规定压力,经8h后第3个试件仍不渗水,表明混凝土已满足设计要求,也可停止试验。如果在试验过程中,水从试件周边渗出,则说明密封不好,要重新密封。

(5)混凝土的抗渗等级以每组6个试件中有4个未发现有渗水现象时的最大水压力表示,抗渗等级按下式计算:

$$P=10H-1$$

式中:P——混凝土抗渗等级;

H——6 个试件中有 3 个试件渗水时的水压力(MPa)。

由上式计算可知,该组试件的混凝土抗渗等级为 P10。

模拟试题三

一、单项选择题

1.【答案】B

【解析】一般桥梁的分部工程包括:基础及下部构造(1~3 墩台),上部构造预制与安装(1~3 跨),上部构造现场浇筑(1~3 跨),桥面系和附属工程及桥梁总体,防护工程,引道工程。特大斜拉桥、悬索桥可划分为多个单位工程,相应的分部工程划分与前述有差异。

2.【答案】C

【解析】混凝土立方体抗压强度试验中强度等级与加荷速度的关系为:混凝土强度等级小于 C30 的加荷速度为 0.3~0.5MPa/s,强度等级大于 C30、小于 C60 时的加荷速度为 0.5~0.8MPa/s,强度等级大于 C60 的加荷速度为 0.8~1.0MPa/s。

3.【答案】D

【解析】盆式橡胶支座摩擦系数(加 5201 硅脂润滑后)试验规定,常温型活动支座的摩擦系数应不大于 0.03,耐寒型活动支座的摩擦系数应不大于 0.06。

4.【答案】A

【解析】桥梁伸缩装置尺寸检测时用到的测量器具包括钢直尺、游标卡尺、平整度仪、水准仪等。皮尺的测量误差太大,不能满足测试精度要求。

5.【答案】A

6.【答案】D

【解析】超声回弹综合法通过测定混凝土的声时值(用于计算声速)和回弹值,推定混凝土的抗压强度。混凝土表面碳化会增大混凝土表面的硬度,使回弹值变大,因此回弹法需要测定碳化深度;超声回弹综合法分别测定回弹值和声速值,将其指数函数相乘来换算混凝土强度,一般而言混凝土碳化会导致回弹值增大、声速值减小,因此对最终换算结果的影响不明显,采用超声回弹综合法可不必测试碳化深度。

7.【答案】B

8.【答案】D

【解析】混凝土碳化就是混凝土中的碱性物质 $Ca(OH)_2$ 与空气中的 CO_2 发生化学反应后生成碳酸盐和水等中性物质。酒精酚酞试剂作为无色的酸碱指示剂,遇到碱性物质变为紫红色,遇到酸性或中性物质不变色,因此正确答案为 D。

9.【答案】D

【解析】目前钢结构焊缝无损探伤的测方法主要有:超声波法、射线法、磁粉检测法和渗透检测法。电阻率法用于测定混凝土电阻率,进行混凝土中钢筋锈蚀发展速度的评估。

10.【答案】C

【解析】地基在荷载作用下达到破坏状态的过程分为三个阶段:压密阶段、剪切阶段和破坏阶段,不包含挤出阶段。

11.【答案】D

【解析】钻孔灌注桩桩身完整性检测主要有低应变反射波法、声波透射法和钻探取芯法三种。低应变反射波法具有操作简单、检测速度快、成本低等特点,可检测桩身缺陷及位置、判定桩身完整性类别、估计桩身混凝土强度、核对桩长、但检测深度有限,在桩基工程质量普查中应用广泛。声波透射法需在基桩混凝土浇筑前预埋声测管,测试操作较复杂,可检测灌注桩桩身缺陷及其位置,能较可靠地判定桩身完整性,应用十分广泛。经上述两种方法检测后,若对桩身缺陷仍存在疑虑,可用钻芯法进行验证。电容法用于检测桩底沉淀厚度。

12.【答案】D

【解析】《公路工程基桩动测技术规程》(JTG/T F81-01—2004)规定,当桩径不大于1500mm时,埋设3根声测管,当桩径大于1500mm时,应埋设4根声测管。

13.【答案】B

【解析】《公路桥涵养护规范》规定,对于不同技术状况的桥梁分别采取不同的养护措施。一类桥梁进行正常养护;二类桥梁需进行小修;三类桥梁需进行中修,酌情进行交通管制;四类桥梁需进行大修或改造,及时进行交通管制,如限载、限速通过,当缺损严重时关闭交通;五类桥梁需要进行改建或重建,及时关闭交通。

14.【答案】B

15.【答案】B

16.【答案】D

【解析】混凝土为非匀质材料,如采用小标距(即敏感丝栅长度)应变片,受混凝土粗集料、气孔等随机分布的影响,难以保证测试精度。因此,对于混凝土等非匀质材料,应采用大标距应变片,要求标距$L \geq 4 \sim 5$倍最大集料直径,通常选用80~100mm的标距规格。钢材等匀质材料可选用3~6mm标距。

17.【答案】B

【解析】桥隧施工监测观测周期长,对应变计的可靠性、稳定性和抗干扰要求高。应变片存在难以克服的由温度变化、潮湿环境等引起的测试误差,对于长期监测,此缺点就尤其明显。C、D选项为位移测量仪器。

振弦式应变计(即钢弦式应变计)利用传感器内部张丝的张力(张力与应变相关)与振弦横向振动频率的相关性,通过应变与频率的标定关系换算应变,稳定性和可靠性较好,在桥隧工程施工监测中应用十分广泛,应高度重视。

18.【答案】D

【解析】普通连通管配合毫米刻度钢卷尺,可采用人工测读,分辨力低,通常用于挠度量值较大的测试场合;连通管内液位随高程变化的调整是一个缓慢的过程,其动态响应速度很慢,不适用动挠度测量;配测微器的光学精密水准的分辨力为0.1mm,电子水准仪的分辨力可达0.01mm,分辨率和精度均优于普通连通管。

19.【答案】C

【解析】桥梁结构的横断面可为分整体式和装配式两大类。静载试验中,挠度测点的横向布置应能充分反映桥梁横向变形的分布特征，整体式截面不宜少于3个（如果桥梁较宽，应适当增加测点），多梁式（即装配式）截面应逐片梁布置。

20.【答案】C

【解析】桥梁结构实际承载力评定方法有两种。①荷载试验评定：适用于在用桥梁和新建桥梁的承载力评定；②技术状况检测基础上的承载力检算评定：适用在用桥梁。

21.【答案】C

【解析】《公路工程质量检验评定标准　第一册　土建工程》（JTG F80/1—2017）规定，公路隧道每座或每合同段为单位工程，分部工程分别为总体及装饰装修（每座或每合同段）、洞口工程（每个洞口）、洞身开挖（200m）、洞身衬砌（200m）、防排水（200m）、路面（1～3km路段）、辅助通道（200m）。

22.【答案】B

23.【答案】B

【解析】钢架的喷射混凝土保护层厚度应满足：外侧（钢架与围岩之间）≥40mm，内侧（临空一侧）≥20mm。

24.【答案】B

25.【答案】C

26.【答案】A

【解析】根据止水带材质和止水部位可采用不同的接头方法，对于橡胶止水带，其接头形式应采用搭接或复合接；对于塑料止水带，其接头形式应采用搭接或对接。

27.【答案】D

【解析】采用超前管棚进行围岩稳定处治时，纵向两组管棚间应有不少于3.0m的水平搭接长度。

28.【答案】B

29.【答案】D

【解析】隧道内烟尘设计浓度应满足下列要求：

（1）采用显色指数33≤Ra≤60、相关色温2000～3000K的钠光源等光源时，烟尘设计浓度*K*应按下表取值；采用显色指数Ra≥65、相关色温3300～6000K的荧光灯、LED灯等光源时，烟尘设计浓度*K*宜按设计速度相应提高一级取值。

烟尘设计浓度 *K*

车速 v(km/h)	≥90	$60 \leq v < 90$	$50 \leq v < 60$	$30 \leq v < 50$	$10 \leq v < 30$	养护维修
$K(m^{-1})$	0.0050	0.0070	0.0075	0.0090	0.0120	0.0030

（2）当烟尘设计浓度达到0.012m^{-1}时，应采取交通管制措施。

（3）交通阻滞或双洞单向交通临时改为单洞双向交通时，洞内烟尘浓度不应大于0.012m^{-1}。

30.【答案】C

【解析】二级公路隧道养护等级划分详见下表。

二级及二级以下公路隧道养护等级分级表

年平均日交通量(pcu/d)	隧道长度(m)			
	$L>3000$	$1000<L\leqslant3000$	$500<L\leqslant1000$	$L\leqslant500$
≥10001	一级	二级	二级	三级
5001~10000	二级	二级	三级	三级
≤5000	二级	三级	二级	三级

二、判断题

1.【答案】 ×

【解析】工程质量评定按先分项工程、再分部工程、再单位工程这一顺序,逐级进行质量等级评定。

2.【答案】 √

3.【答案】 ×

【解析】水泥混凝土的受压弹性模量取轴心抗压强度1/3时对应的弹性模量。

4.【答案】 ×

【解析】在锚具静载锚固试验中,为使每根钢绞线受力均匀,初应力应为钢绞线抗拉强度标准值的5%~10%。

5.【答案】 √

6.【答案】 √

7.【答案】 ×

【解析】隧道防水卷材低温弯折性能试验,2块试样中若有1块试件不符合标准规定则不合格。

8.【答案】 √

【解析】钢筋探测仪在每次测试前都需要调零,目的是测量环境周围的磁场强度,并以此为基准进行混凝土内部的钢筋探测。调零时探头应远离磁性物质、金属物质,并且在检测过程中,应经常检查零点状态。

9.【答案】 ×

【解析】混凝土的电阻率反映其导电性。混凝土电阻率越小,若钢筋已发生锈蚀,则锈蚀发展速度越快,扩散能力越强;反之则发展速度慢,扩散能力弱。

10.【答案】 ×

【解析】冻害、高温或化学腐蚀会引起混凝土表面损伤,可采用超声法的单面平测法或逐层穿透法检测损伤层的厚度。

11.【答案】 √

12.【答案】 √

【解析】进行现场浅层平板荷载试验时,地基土在荷载作用下达到破坏状态的过程,分为压密阶段、剪切阶段和破坏阶段。压密阶段土体压力与变形呈线性关系,土体处于弹性平衡状态;剪切阶段土体荷载与变形不再呈线性关系,其沉降的增长率随荷载的增大而增大。

13.【答案】 ×

【解析】当锤击振源产生的激励信号主频较低时，其波长较大。当波长大于缺陷尺寸时，由于波的绕射作用，桩身微小缺陷很难识别；若要识别桩身微小缺陷，应使锤击振源产生主频高、波长小的激励信号。

14.【答案】 ×

【解析】受检桩直径不小于800mm、长径比不大于30且桩身混凝土强度等级不低于C10时，适合采用钻芯法检测桩身完整性。

15.【答案】 √

【解析】桥梁特殊检查分为专门检查和应急检查，当出现以下四种情形之一时，应进行专门检查：

(1)定期检查中难以判明桥梁的损坏原因及程度；

(2)桥梁技术状况为4类或5类；

(3)拟通过加固手段提高桥梁的荷载等级；

(4)条件许可时，特殊重要的桥梁在正常使用期间可周期性进行荷载试验。

应急检查则是在桥梁遭受自然灾害或交通事故等后，为查明桥梁的受损状况所进行的详细检查和鉴定，为对突发事件的应急处理。

16.【答案】 ×

【解析】支座垫石应划归到墩柱盖梁和桥台台帽参与技术状况评定。

17.【答案】 ×

【解析】0.2mm的分辨力远不能满足测试精度的要求。目前常用的读数显微镜（刻度放大镜）、智能裂缝测宽仪的分辨力大多为0.01mm，这也是《公路桥梁荷载试验规程》（JTG/T J21-01—2015）对裂缝宽度检测的分辨率要求。此外，还应注意不同结构形式对裂缝宽度的限值，如钢筋混凝土旧桥主筋附近的缝宽不得超过0.25mm、预应力混凝土结构不允许出现横向和竖向裂缝、纵向裂缝不得超过0.20mm等。

18.【答案】 √

【解析】电子水准仪是电子技术与精密光学技术相结合的新型精密水准仪，分辨力可达0.01mm，精度较高。全站仪是通过测量被测对象的斜距、竖角、水平角来换算挠度，受限于测试方法和诸多难以避免的误差因素，即便是高精度全站仪（如0.5″级），对于绝对位移只有几毫米的中小跨径挠度测量，仍存在较大的相对误差。全站仪的优势是测距远和便于进行空间变位测量等，因此一般用于大跨桥梁挠度、索塔偏位、主体结构线形、桥隧施工过程变形监测等用途。

19.【答案】 √

【解析】《公路桥梁荷载试验规程》（JTG/T J21-01—2015）将简支梁桥支点附近最大剪力作为附加工况，最大主拉应力为该工况的主要检测参数，属结构平面应力问题的测试分析，采用应变花进行检测。

20.【答案】 ×

【解析】动力响应是指结构在动荷载作用下的动挠度、动应变、振动加速度、冲击系数等响应。自振频率、阻尼、振型反映结构的固有特性，属于动力（自振）特性参数，与外荷载无关,由结构体系、刚度、质量分布、材料特性等决定。

21.【答案】√

22.【答案】√

23.【答案】√

【解析】钢架安装基本要求包括:

(1)钢架之间应采用纵向钢筋连接,安装基础应牢固;

(2)钢架安装基底高程不足时,不得用石块、碎石砌垫,应设置钢板或采用强度等级不低于 C20 的混凝土垫块;

(3)钢架应紧靠初喷面;

(4)连接钢板与钢架应焊接牢固,焊缝饱满密实;钢架节段之间通过钢板应用螺栓连接或焊接牢固。

24.【答案】×

【解析】锚杆抗拔力试验不能检测出锚杆砂浆的密实度和锚杆锚固长度,理论上在硬岩岩体中,只要锚固的水泥砂浆长度大于杆体直径的40倍,即使拉拔至钢筋颈缩,锚杆也不会丧失锚固力。因此,锚杆的安装质量仅根据锚杆的抗拔力来检验是不全面的。

25.【答案】√

26.【答案】×

【解析】地质雷达探测主要用于岩溶探测,亦可用于断层破碎带、软弱夹层等不均匀地质体的探测,只是断层破碎带、软弱夹层等不均匀地质体更多地采用探测距离较长的弹性波反射法来探测。

27.【答案】√

28.【答案】×

【解析】超前小导管施工质量检查实测项目包括长度、孔位、钻孔深度、孔径。其中孔位允许偏差为 ±50mm,检查频率为总数的 10%。

29.【答案】×

【解析】采用滤膜法检测隧道内粉尘浓度时,采样器进风口要迎着风流,距地面高度为 1.3~1.5m。

30.【答案】×

【解析】对隧道内烟雾浓度进行检测时,每通风段检测 3 个以上断面,断面间距不宜大于 1000m。

三、多项选择题

1.【答案】ACD

2.【答案】ABD

【解析】石料的抗压强度受一系列因素的影响和控制,如料石的矿物组成和结构、含水率、试件尺寸等。

3.【答案】BD

【解析】盆式支座在竖向设计承载力作用下,支座压缩变形不大于支座总高度的 2%,

盆环上口径向变形不大于盆环外径的0.05%，荷载-竖向变形/环径向变形呈线性关系，且卸载残余变形小于设计荷载下相应变形的5%，因此选项A、C错误。

4.【答案】BD

【解析】金属波纹管力学性能试验检测项目包括径向刚度、抗渗漏性能。环刚度、抗冲击性能属于塑料波纹管的力学性能检测项目。

5.【答案】BCD

【解析】超声测强宜优先采用对测或角测法，当不具备对测或角测条件时可采用单面平测法。

6.【答案】BCD

7.【答案】ABCDE

【解析】《公路桥涵地基与基础设计规范》(JTG D63—2007)将公路桥涵地基的岩土分为岩石、碎石土、砂土、粉土、黏性土和特殊性岩土六类。

8.【答案】ABC

【解析】采用跨孔透射法检测基桩桩身完整性，其测试方式分为对测、斜测、扇形测三种方法，此三种方法结合波形进行综合分析，可查明桩身存在的缺陷性质和范围大小。另外还应注意以下细节：

(1)对测时，测点间距不宜大于250mm，两探头同步升降，积累相对高差不得大于20mm；

(2)同一根桩检测过程中，声波发射电压幅值保持不变；

(3)在对测中发现的异常部位，应采用水平加密、等差同步(斜测)或扇形测等方式进行细测，查明桩身混凝土缺陷的位置及严重程度。

9.【答案】ABCD

【解析】《公路桥涵设计通用规范》(JTG D60—2015)将特大桥、大桥、中桥、小桥、涵洞按单孔跨径或多孔跨径总长分类，如下表所示。

桥梁涵洞分类

桥涵分类	多孔跨径总长 L(m)	单孔跨径 L_k(m)
特大桥	$L>1000$	$L_k>150$
大桥	$100\leqslant L\leqslant 1000$	$40\leqslant L_k\leqslant 150$
中桥	$30<L<100$	$20\leqslant L_k<40$
小桥	$8\leqslant L\leqslant 30$	$5\leqslant L_k<20$
涵洞	—	$L_k<5$

注：1. 单孔跨径是指标准跨径；

2. 梁、板式桥的多孔跨径总长为多孔标准跨径的总长，拱式桥为两岸桥台内起拱线之间的距离，其他形式桥梁为桥面系行车道长度；

3. 管涵及箱涵不论管径或跨径大小、孔数多少，均称为涵洞；

4. 标准跨径：梁式桥、板式桥以两桥墩中线之间桥中心线长度或桥墩中线与桥台台背前缘线之间桥中心线长度为准；拱式桥和涵洞以净跨径为准。

10.【答案】AC

【解析】梁式桥的主要部件包括：上部承重构件、支座、桥墩、桥台和基础。

11.【答案】BC

【解析】根据《公路桥梁荷载试验规程》(JTG/T J21-01—2015)规定,在用(旧桥)桥梁静力荷载效率取0.95~1.05,交(竣)工验收取0.85~1.05。

12.【答案】BD

【解析】相关检测规程规定,裂缝宽度测试分辨率应达到0.01mm,C选项不适用。常用裂缝宽度检测仪器有刻度放大镜、智能裂缝测宽仪等,千分表等高分辨位移计采用跨缝安装可测定荷载作用下的裂缝宽度增量。裂缝尺(带系列宽度线条的纸片)采用比对的方式人工判读,随机误差大,分辨力低,无法满足测试精度要求。另外还应注意,超声法可用于混凝土裂缝深度的检测,但不能用于宽度的检测。

13.【答案】AD

【解析】对于匀质材料,应采用小标距应变片,200mm标距应变片贴片难度大,况且市场上也无如此大标距规格的应变片,C选项错误;卫星定位系统可用于结构变位观测,但分辨力远远无法满足中小桥梁挠度检测的要求。

14.【答案】BC

【解析】根据《公路桥梁承载能力检测评定规程》(JTG/T J21—2011)的规定,对于①技术状况为4、5类的桥梁,②拟通过加固手段提高荷载等级的桥梁,③需通行特殊重型车辆的桥梁(注:考试教材第357页此条有误),④遭受自然灾害、意外事件的桥梁,应进行承载能力评定。因此正确答案为B、C。

15.【答案】ABC

【解析】隧道开挖方法应根据围岩级别、隧道长度、隧道跨度、工期要求、机械设备等诸多因素确定,钻爆法(挖掘、爆破)是常用的方法。采用钻爆法时,开挖方式包括全断面法、台阶法、双侧壁导坑法、中隔壁法、弧形导坑预留核心土法等。破碎机法采用硬岩破碎机进行开挖,不属于钻爆法。

16.【答案】ABD

【解析】选项C,对于检查点最小厚度≥设计厚度的50%且≥50mm为原检评标准的要求,《公路工程质量检验评定标准　第一册　土建工程》(JTG F80/1—2017)将此要求修改为检查点最小厚度≥设计厚度的60%。

此处应注意区分对喷射混凝土厚度和混凝土衬砌厚度要求的差异,对衬砌厚度的要求为:90%的检查点厚度≥设计厚度,且检查点最小厚度≥设计厚度的50%。

17.【答案】ABD

【解析】隧道监控量测的必测项目除A、B、D选项外,还有地表下沉项目。洞内围岩内部位移属选测项目。

18.【答案】BCD

【解析】隧道工程的排水系统组成包括环向排水管、纵向排水管、横向导水管、深埋水沟、路侧边沟;横向导水管是连接衬砌背后的纵向排水盲管与深埋水沟或边沟的封闭管,不允许管内水渗出。其余排水管道均可以采用打孔的方式进行透水、排水。

19.【答案】ABD

【解析】氡气的检测方法很多,其采样方式主要分为瞬时采样、连续采样和累积采样,属于瞬时采样的方法有电离室法、闪烁室法、双滤膜法和气球法；属于连续采样的方法有闪烁室连续监测仪法、自动双滤膜法、扩散静电法和流气式电离室法；属于累积采样的方法有固体径迹探测器法、热释光剂量计法、活性炭被动吸附法和驻极体测氡法。

20.【答案】ABCD

四、综合题

1.【答案】(1)ACD　(2)ABC　(3)AB　(4)B　(5)B

【解析】(1)钢筋应按批进行检查和验收，每批钢筋由同一牌号、同一炉罐号、同一规格的钢筋组成。

(2)钢筋的屈服强度、抗拉强度、最大力总伸长率、断后伸长率等力学性能可通过拉伸试验获得，弯曲性能属于钢筋的工艺性能，通过弯曲试验获得。

(3)钢筋拉伸试验的试验速率可以根据要求、条件等，选择采用应变速率控制(方法A)或应力速率控制(方法B)。

(4)钢筋拉伸试验的取样数量为一组2根。

(5)该钢筋抗拉强度试验结果为：$\frac{F}{A}=\frac{160.925}{3.14\times20\times20/4}\times1000=512.5\text{MPa}$。根据题意，应将结果修约为整数，依据数字修约规则：拟舍弃数字的最左一位数字为5，且其后无数字或皆为0时，若所保留的末位数字为奇数(1,3,5,7,9)则进一，若所保留的末位数字为偶数(0,2,4,6,8)则舍去。

2.【答案】(1)BC　(2)ABCD　(3)BC　(4)BD　(5)BCD

【解析】(1)略。

(2)略。

(3)测定氯离子含量比较简便的方法有两种：实验室化学分析法和滴定条法，其中滴定条法可在现场完成测定。

(4)见《公路桥梁承载能力检测评定规程》(JTG/T J21—2011)第5.5条的相关规定。每一被测构件的测区数量不宜少于3个，每一测区取粉的钻孔数量不宜少于3个，取粉孔可以与碳化深度测量孔合并使用。当钢筋锈蚀电位评定标度为1、2时，可不进行氯离子含量检测。

(5)采用半电池电位法检测钢筋锈蚀电位，检测前在测区内先划分测试网格，依据被测构件尺寸的大小，网格间距宜划分为100mm×100mm~500mm×500mm，网格节点即为电位测点，一般不宜少于20个测点。当同一测区内相邻测点的读数超过150mV时，应减小测点间距。

3.【答案】(1)ABD　(2)AB　(3)C　(4)C　(5)AD

【解析】(1)锚桩横梁反力装置由千斤顶、主反力梁、次梁和锚桩组成，锚桩一般采用4根，如入土较浅或土质松软时，可增至6根。应对加载反力装置的全部构件进行强度和变形验算，使其在最大试验荷载的作用下，避免产生过大的变形，并有足够的安全储备。每根锚桩的钢筋笼要沿桩身通长配置，还应对锚桩抗拔力进行验算，并监测锚桩上拔量。一般情况下，锚桩的上拔量不大于15mm。

(2)沉降由安装在基准梁与桩身间的大量程百分表或电子位移计测量，测量误差要求不大于0.1%FS,分辨率不低于0.01mm;虽然千分表的分辨率较高,但其量程较小,不适用;光学水准仪的分辨率不满足要求。

(3)慢速维持荷载法加载分级:加荷分级不宜少于10级,每级加载为最大加载量或预估极限承载力的1/15~1/10;当桩的下端埋入巨粒土、粗粒土以及坚硬的黏质土中时,第一级可按2倍分级加荷;最大加载量不应小于设计荷载的2倍。

(4)《公路桥涵施工技术规范》(JTG/T F50—2011)对锚桩横梁反力装置的要求为:当试桩直径 $D \leqslant 800$mm 时,基准桩中心与试桩中心的距离应 $\geqslant 4D$;当试桩直径 $D > 800$mm 时,基准桩中心与试桩中心的距离不宜小于4.0m。

(5)《公路桥涵施工技术规范》(JTG/T F50—2011)规定单桩竖向抗压极限承载力试验终止条件如下:

①总位移量大于或等于40mm,本级荷载沉降量大于或等于前一级荷载下沉降量的5倍;

②总位移量大于或等于40mm,本级荷载加上后24h尚未达到相对稳定标准;

③巨粒土、砂类土、坚硬黏质土中,总下沉量小于40mm,但荷载已大于或等于设计荷载×设计规定的安全系数;

④对于施工过程中的检验性试验,如果桩的总沉降量不超过40mm,且最后一级加载引起的沉降不超过前一级加载引起的沉降的5倍,一般应继续加到桩的2倍设计荷载为止。

4.【答案】(1)BC (2)BCD (3)AC (4)AD (5)A

【解析】(1)动载试验中,电阻常应变片用于动应变检测,但其分辨率和信号质量无法满足自振参数测定的要求要求;精密水准仪用于静位移测定。

(2)动挠度是动力响应测定参数。

(3)《公路桥梁荷载试验规程》(JTG/T J21-01—2015)规定,应优先通过测定动挠度时程信号来计算冲击系数,现场条件受限无法测定动挠度时,可通过测定动应变计算得到。电测位移计需通过支架(不动参考点)安装才能进行检测,根据给定的试验条件,B选项显然不可行;压电加速度计获取的是与加速度成正比的信号,无法计算冲击系数。

(4)C选项为动力响应试验激励方法。自振特性测定激励方法除A、D选项外,还有共振法(即强迫振动法),但在实桥上应用很少。

(5)根据规定,冲击系数为 $\mu_{\mathrm{f}} = \varphi - 1 = \frac{f_{\mathrm{dmax}}}{f_{\mathrm{jmax}}}$,式中 φ 为动力增大系数(动态增量)。通过动应变计算冲击系数的方法与前述类似,为 $\mu_{\varepsilon} = \varphi - 1 = \frac{\varepsilon_{\mathrm{dmax}}}{\varepsilon_{\mathrm{jmax}}} - 1 = \frac{125}{100} - 1 = 0.25$。

5.【答案】(1)ABCD (2)ABC (3)ACD (4)AC (5)ACD

【解析】(1)模筑混凝土衬砌的质量检验指标除对原材料进行检测外,还包括衬砌模板、混凝土强度、混凝土衬砌结构厚度、衬砌钢筋、衬砌背后空洞、外观及整体几何尺寸等。

(2)采用激光断面仪测量混凝土衬砌厚度的前提是衬砌浇筑前已有初期支护内轮廓线的实测结果,初期支护内轮廓线的实测结果与二次模筑混凝土衬砌内轮廓线的测试结果在同一坐标系中的同一断面位置进行比较,衬砌背后不存在空洞或间隙。

(3)地质雷达可用于混凝土衬砌厚度,衬砌混凝土背后密实性,混凝土内部钢架、钢筋、预埋件等检查,不能用于混凝土强度检查。

(4)采用地质雷达检测衬砌厚度及内部状况时,现场检查应符合下列规定。隧道施工阶段检测时,测线布置以纵向布置为主,横向布置为辅。单洞两车道隧道应分别在拱顶、左右拱腰、左右边墙布置共5条测线,单洞三车道应在隧道拱腰部位增加两条测线,遇到支护(衬砌)有缺陷的地方应加密测线。交工验收阶段检测时,测线布置以纵向布置为主,横向布置为辅。单洞两车道隧道应分别在拱顶、左右拱腰共布置3条测线,单洞三车道应在隧道拱腰部位增加两条测线,遇到支护(衬砌)有缺陷的地方应加密测线。每5~10m测线应有一个里程标记。

(5)激光断面仪主要用于检测隧道开挖断面、初期支护断面和二次衬砌断面,评价隧道开挖质量和判断支护(衬砌)断面是否侵入限界。

6.【答案】(1)ABC　(2)B　(3)ABC　(4)ABCD　(5)ABC

【解析】(1)《公路隧道养护技术规范》(JTG H12—2015)提出了公路隧道分级养护理念,根据公路等级、隧道长度和交通量大小,分为三个养护等级,并根据隧道养护等级对我国隧道结构检测、分级标准及技术状况评定方法进行了规范。隧道宽度不属于养护等级划分标准,D选项错误。

(2)一般情形下,《公路隧道养护技术规范》(JTG H12—2015)规定的公路隧道定期检查频率为:一级养护等级隧道为1次/年,二级为1次/2年,三级为1次/3年。应注意的是,当经常性检查中发现某分项技术状况评定值为3或4时,应立即开展一次定期检查;新建隧道应在交付使用后1年后进行首次定期检查。

(3)裂缝观测仪是一种新型裂缝宽度测试仪器,由探头(摄像头)、带刻度的液晶显示屏等组成,放大倍数50倍,最小刻度值0.02mm,量程为1mm。此类仪器可将裂缝放大后成像在带刻度的液晶屏上,操作简单、读数精度较高、人为影响因素较小。

塞尺由不同厚度的钢片(0.05~1.0mm)组成,将不同厚度的钢片进行组合塞进裂缝处即可测得缝宽。

读数显微镜利用显微镜光学系统对分划板的分度进行放大、细分后再进行读数,由目镜、放大镜、刻度板、测微旋钮、游丝等组成,通过测微旋钮可以调节游丝的水平位置,并显示调节距离。仪器的放大倍数为10~20倍,量程为0~6mm,分辨率为0.01mm。该仪器测读结果受人为因素影响较大,测读时需要布置观测平台和照明等附属设施。

钢卷尺测试精度太低,不能用于裂缝宽度检测。

(4)对于隧道衬砌裂缝,在定期检查时应对其位置、方向、长度和宽度等信息进行记录,若裂缝宽度超过规范限值,还应对其深度进行测试。现场检查中应将裂缝信息记录在展开分布图上,便于后期分析评判。

(5)对隧道进行定期检查时,需要配备必要的检查工具或设备,进行目测或量测检查。检查时,要尽量靠近结构,依次检查各个结构部位。地质雷达不仅可检测衬砌背后空洞,还可检查衬砌内部钢筋和钢拱架的设置及分布情况等。隧道净空断面变化应采用激光断面仪进行检测,若无此设备也可采用高精度免棱镜全站仪检测,但此时应配合使用水准仪进行放线、定位;精密水准仪无法单独完成隧道断面检测。

模拟试题四

一、单项选择题

1.【答案】D

2.【答案】A

3.【答案】C

4.【答案】A

【解析】预应力混凝土用钢绞线的应力松弛试验应参照现行《预应力混凝土用钢材试验方法》(GB/T 21839)的有关规定执行,试样的环境温度应保持在20℃±2℃。

5.【答案】A

【解析】石料物理几何尺寸要求中规定,累年最冷月份平均气温低于或等于-10℃地区的大、中桥,所用石料抗冻性指标为50次。

6.【答案】C

7.【答案】D

【解析】混凝土拌制过程中混入的氯离子和在使用环境中侵入的氯离子直径小、活性大,很容易穿透混凝土钝化膜。当氯离子含量尤其是水溶性氯离子含量超过一定浓度时,就容易诱发或加速混凝土中钢筋的锈蚀,影响结构耐久性。

8.【答案】C

9.【答案】C

10.【答案】D

【解析】目前用于基桩孔径和垂直度检测的方法包括钢筋笼检测、伞形孔径仪检测、声波法检测三种,它们都可同时检测孔径和垂直度。垂球法用于检测桩底沉淀厚度。

11.【答案】D

【解析】《公路工程基桩动测技术规程》(JTG/T F81-01—2004)规定,当采用低应变反射波法检测混凝土灌注桩桩身完整性时,其测振传感器的布置数量应根据桩径大小确定。当桩径小于或等于1000mm时,不宜少于2个测点;当桩径大于1000mm时,不宜少于4个测点。传感器宜安装在距桩中心1/2~2/3半径处,且与桩的主筋距离应大于50mm。

12.【答案】B

【解析】《公路工程基桩动测技术规程》(JTG/T F81-01—2004)规定,对用于声波透射法的径向振动换能器(即探头),在1MPa水压下能正常工作;《建筑基桩检测技术规范》(JGJ 106—2014)则规定,径向振动换能器水密性满足1MPa水压不渗水。

13.【答案】B

14.【答案】C

【解析】桥梁总体技术状况等级所对应的类别如下表所示。

桥梁总体技术状况评定等级

评定等级	桥梁技术状况描述
1 类	全新状态,功能完好
2 类	有轻微缺损,对桥梁使用功能无影响
3 类	有中等缺损,尚能维持正常使用功能
4 类	主要构件有大的缺损,严重影响桥梁使用功能;或影响承载能力,不能保证正常使用
5 类	主要构件存在严重缺损,不能正常使用,危及桥梁安全,桥梁处于危险状态

15.【答案】A

16.【答案】A

【解析】《公路桥梁荷载试验规程》(JTG/T J21-01—2015)规定,仪器的精度应优于预估测试值的5%。

17.【答案】B

【解析】拱桥拱顶负弯矩较小,最大正弯矩是主要考察工况。正弯矩工况(下缘受拉、上缘受压,负弯矩则相反)作用下,主要应变测点应布置在拉应力最大的下缘处。混凝土桥梁荷载主要考察部位就是最大拉应力部位的受力。

18.【答案】C

19.【答案】D

【解析】A、B、C 均以电阻应变片作为测试元件,此类仪器基于电阻应变效应制成,即结构变形引起应变片敏感丝栅长度和横断面面积变化,应变片的电阻值也随之发生变化($\Delta R/R = K\varepsilon$)。由此类传感器的转换原理可知,温度变化同样也会引起其电阻值的变化(应变片材料的温度效应、温度变化引起的线膨胀等因素所致),从而产生虚假误差信号,故不适用长期观测。D 选项正确。

20.【答案】B

21.【答案】C

【解析】《公路隧道设计规范》(JTG D70—2004)按隧道长度的不同,将隧道分为短隧道($L \leqslant 500$m)、中隧道(500m $< L \leqslant$ 1km)、长隧道(1km $< L \leqslant$ 3km)、特长隧道(>3km)四类。

22.【答案】D

【解析】采用隧道激光断面仪对隧道断面检测时,一般情况下,开挖检测断面为 20m 一个,初期支护检测断面为 10m 一个,二次衬砌检测断面为 20m 一个。

23.【答案】A

【解析】《公路工程质量检验评定标准　第一册　土建工程》(JTG F80/1—2017)混凝土衬砌厚度检测方法分为两种,尺量时每 20m 检查一个断面,每个断面测 5 点;采用地质雷达检测时,沿隧道纵向分别在拱顶、两侧拱腰、两侧边墙共连续测试 5 条测线,每 20m 检查 1 个断面,每个断面测 5 点。

24.【答案】C

【解析】针对隧道量测监控必测项目的测试断面布设,《铁路隧道监控量测技术规程》(Q/CR 9218—2015)规定Ⅲ级围岩布设间距为 30 ~ 50m;Ⅳ级围岩布设间距为 10 ~ 30m;

Ⅴ～Ⅵ级围岩布设间距为5～10m。

25.【答案】B

【解析】试验抗渗等级是用于确定防水混凝土施工配合比时测定的抗渗等级,最终的抗渗等级要在设计抗渗等级的基础上提高0.2MPa。

26.【答案】B

27.【答案】D

【解析】《公路隧道施工技术规范》(JTG F60—2009)规定,瓦斯隧道装药爆破时,爆破地点20m内风流中瓦斯浓度必须小于1.0%;总回风道风流中瓦斯浓度必须小于0.75%。开挖断面瓦斯浓度大于1.5%时,所有人员必须撤离至安全地点。

28.【答案】D

【解析】《公路隧道通风设计细则》(JTG/T D70/2-02—2014)规定,单向交通隧道内风速不宜大于10m/s,特殊情况可取12m/s;双向交通隧道内风速不宜大于8m/s;人车混用隧道内风速不宜大于7m/s。

29.【答案】D

【解析】隧道经常性检查结论以定性判断为主,对各个项目的判定结果分为情况正常、一般异常和严重异常三种情况。发现隧道存在一般异常情况时,应进行监视、观测或进一步检查;发现隧道存在严重异常情况时,应采取措施进行处治,若对其产生原因及详细情况不明确时,还应做定期检查或专项检查。

30.【答案】A

【解析】《公路隧道养护技术规范》(JTG H12—2015)规定,对一级、二级、三级养护隧道,经常性检查频率分别为1次/月、1次/2月和1次/季度,当某一分项技术状况评定值为3或4时,或在极端天气后发现异常情况时,应提高经常性检查频率。

这里应注意区分经常性检查与定期检查频率的差异,对一、二、三级养护等级的隧道,定期检查频率分别为1次/年、1次/2年和1次/3年。

二、判断题

1.【答案】×

【解析】在一个单位工程中,分部工程应根据路段长度、结构部位及施工特点等进行划分,分项工程则是按施工工序、工艺或材料划等进行划分。

2.【答案】×

【解析】《公路工程质量检验评定标准 第一册 土建工程》(JTG F80/1—2017)对外观质量和质量保证资料的完整性提出了更高的要求,只有在外观质量未突破限制缺陷且质量保证资料齐全时,方可进行分项工程的检验评定,已废止的JTG F80/1—2004是将这两个因素作为减分条件。

3.【答案】×

【解析】桥梁工程用石料的单轴抗压强度试验,采用立方体试件的边长为70mm±2mm。

4.【答案】√

【解析】混凝土原材料砂按细度模数分类：细砂细度模数为1.6~2.2，中砂细度模数为2.3~3.0，粗砂细度模数为3.1~3.7。

5.【答案】√

【解析】在常温条件下，对没有明显屈服现象的钢材标准试样进行拉伸试验，由于没有明显的屈服现象，可以取对应于某一规定塑性延伸率对应的应力作为规定塑性延伸长度，作为这类钢材的强度指标。通常取塑性延伸率为0.2%所对应的应力作为规定塑性延伸强度，即$R_{p0.2}$。

6.【答案】×

【解析】在混凝土试件的养护中，将完好试件放入标准养护室进行养护，养护室温度20℃±2℃，相对湿度为95%以上，且试件应放在铁架或木架上，间距至少为10~20mm，试件表面应保持一层水膜，并避免直接用水冲洗。

7.【答案】×

【解析】盆式橡胶支座竖向承载力试验，在竖向设计承载力作用下，盆环上口径向变形不得大于盆环外径的0.05%。

8.【答案】×

【解析】由于混凝土集料在凝固前具有流动性，相对于浇筑侧面来说，浇筑底面硬度较高的粗集料含量多，而浇筑顶面则相反，导致混凝土成型后浇筑底面回弹值偏大、浇筑顶面回弹值偏小。因此回弹测试面为顶、底面时，需对回弹值进行修正，即浇筑面修正。

9.【答案】√

【解析】芯样抗压试件的高度和直径之比（高径比H/d）宜为1.00，当试件的实际高径比小于0.95或大于1.05时，相应的测试数据无效。

10.【答案】√

【解析】采用半电池电位法检测钢筋锈蚀，对测试系统稳定性的要求包括：在同一测点，用相同参考电极重复两次测得的电位差值应小于10mV；在同一测点，用不同参考电极重复两次测得的电位差值应小于20mV。

11.【答案】×

【解析】碳化深度测孔中的碎屑、粉末应用毛刷等工具清除，但不得用水清洗，否则孔洞中残留的水分会改变酚酞酒精指示剂的浓度，而且清水也可能非中性，从而影响测试结果。

12.【答案】×

【解析】泥浆的黏度应采用标准漏斗黏度计测定，含砂率计用于测定泥浆的含砂率。

13.【答案】√

【解析】《公路工程基桩动测技术规程》（JTG/T F81-01—2004）对传感器安装作如下规定：传感器安装可采用石膏、黄油、橡皮泥等耦合剂，黏结应牢固，并与桩顶面垂直；对于混凝土灌注桩，传感器宜安装在距桩中心1/2~2/3半径处，且距离桩的主筋不宜小于50mm。

14.【答案】√

【解析】超声法检测时，在声波发射电压不变的情况下，接收波幅（接收能量）衰减是混凝土内部存在缺陷的重要判据之一。为统一评判标准，在同一根桩的检测过程中，声波发射电压须保持不变。超声法基桩完整性检测与混凝土缺陷检测的原理相同，都是在相同条件下

(如声波发射电压相同、探测距离相同等),通过比较有缺陷部位与完好部位声学参数的相对变化来判定缺陷。用于比较判定的声学参数有4个:声时、振幅(接收波形首波高度)、接收频率、波形。超声波穿透有缺陷部位时声学参数的变化规律为:声时增大(声速降低)、振幅(波幅)降低、接收频率降低、波形畸变。

15.【答案】√

16.【答案】×

【解析】根据《公路桥梁技术状况评定标准》(JTG/T H21—2011),当桥梁结构没有设某部件时,应将该部件的权值按各部件的权值重新分配给该结构的其他部件,缺失部件不纳入评定。

17.【答案】×

【解析】调制构造物是指为引导和改变水流方向,减缓水流对桥位附近河床、河岸的冲刷而修建的水工构造物。翼墙、耳墙以及调制构造物都属于下部结构的部件之一。

18.【答案】√

【解析】钢筋混凝土结构是允许带裂缝工作的构件,受拉区因开裂退出工作后主要由钢筋受力,因此应将应力(应变)测点布置在受拉主筋上。

19.【答案】√

【解析】应变花有多种形式,一个应变花上布置有2~4个敏感丝栅,可测定几个方向的应变值,通过计算得到主拉应力和剪力等数据。受制作工艺等因素的限制,目前市场上缺少适合混凝土构件试验的大标距应变花,因此通常采用3~4个标距为80~100mm的单轴应变片来组成应变花。

20.【答案】×

【解析】振弦应变计是通过测定振弦的自振频率,根据频率与应变的标定关系来换算应变值(或应力 $\sigma = E\varepsilon$)。与该类传感器配套的测读仪器是频率测定仪,直接获取的数据是频率值。

21.【答案】√

【解析】桥梁自振特性(即动力特性)测定的激励方法包括衰减自由振动法、强迫振动法(即共振法)和环境随机振动法(也称脉动法或不测力法)三种,其中共振法在实桥上很少应用,而环境随机振动法是振型识别较为有效且最为常用的方法。

22.【答案】×

【解析】多跨或多孔桥梁,对所有桥跨或桥孔进行承载力评定是不经济和不必要的。对相同结构形式、类似技术状况的桥跨可选择具有代表性的桥跨进行评定,对不同结构形式或不同技术状况的桥跨应选择最不利的桥跨进行评定。

23.【答案】√

24.【答案】√

25.【答案】×

【解析】冲击钻法应用广泛,但不能获取芯样。回旋取芯钻探法可获取芯样,但速度慢,一般只用于特殊地层和特殊地段。

26.【答案】×

【解析】红外探测法是利用红外辐射原理,通过探测和分析局部地温异常变化等现象,判断前方是否存在水体及水体的方位,但不能定量提供出水量大小等数据。红外探测法有效预报距离宜在30m以内,连续预报时前后两次重叠长度宜在5m以内。

27.【答案】×

【解析】依据《普通混凝土长期性能和耐久性能试验方法标准》(GB/T 50082—2009)相关规定,混凝土抗渗试件形状为圆台体,尺寸为上底直径175mm,下底直径185mm,高为150mm。

28.【答案】×

【解析】滤膜测尘法是通过精确测量滤膜在采样前后的质量变化进而计算空气中的粉尘浓度,该方法属于质量法。

29.【答案】×

【解析】中间段路面的平均照度是隧道照明设计的重要指标,视隧道长度不同,测区总长度可占隧道总长度的5%～10%;各测区基本段路面平均照度的测点布置为:纵向取灯具间距这一长度均匀布置10个点;横排由中央向两边对称布置,分别位于路中心、行车道中线、路缘点、侧墙2m处。

30.【答案】√

【解析】隧道渗漏水检测可分为简易检测和水质检测两类。简易检测包括:位置、范围、漏水状态和漏水流量检查、浑浊程度、pH值、冻结检查;漏水水质检测主要包括:温度检测、pH值及水质检测和水样检测等。

三、多项选择题

1.【答案】ABC

【解析】钻孔灌注桩实测关键项目为A、B、C选项内容,一般项目为桩位、孔径、钻孔倾斜度、沉淀厚度四项。

2.【答案】BD

3.【答案】ABCD

4.【答案】ABCD

【解析】规范规定同一种产品、同一批原材料、同一种工艺、一次投料生产的产品为一组批。对于锚具试验,有关组批与抽样还需注意:

(1)每个抽检组批不得超过2000件(套);

(2)硬度检验时抽取3%～5%,静载锚固性能、周期荷载试验、疲劳试验、辅助性试验时各抽取三个组装件的用量。

5.【答案】ABC

6.【答案】ABD

【解析】根据半电池电位法的测试原理分析,正确答案为A、B、D。选项B混凝土表面锈蚀胀裂、脱空或层离时,因不能形成良好的电流回路,会导致测试结果异常;选项D,混凝土内部接近饱水状态,由于水的导电性,混凝土与钢筋之间的半电池已近似短路,因此无法准确测量其电位;选项C,测区混凝土表面的绝缘涂料,在测试前打磨清除后可采用半电池电位法检测钢筋锈蚀。

7.【答案】BD

【解析】目前对钢结构防腐涂层附着力的现场检测一般采用划格法或划叉法,如现场工作条件较好,可使用拉开法进行测试。

8.【答案】CD

【解析】A 选项为浅层平板荷载试验终止加载的判据;B 选项错误,正确的应为 24h 内沉降速率不能达到稳定标准。

9.【答案】ABD

【解析】对圆锥动力触探试验成果进行整理分析时,需要对实测锤击数进行修正,其修正的内容包括:触探杆长度的修正、侧壁摩擦影响的修正和地下水影响的修正。值得注意的是,对于砂土和松散~中密的圆砾、卵石,触探深度在 1~15m 范围内时,一般不考虑侧壁摩擦的影响。

10.【答案】ABCD

【解析】特殊检查分为专门检查和应急检查。在以下情况下应做专门检查:

(1)定期检查中难以判明损坏原因及程度的桥梁;

(2)桥梁技术状况为 4、5 类者;

(3)拟通过加固手段提高荷载等级的桥梁;

(4)条件许可时,特殊重要的桥梁在正常使用期间可周期性进行荷载试验。

桥梁遭受洪水、流水、滑坡、地震、风灾、漂浮物或船舶撞击,因超重通行或其他异常情况影响造成损害时,应进行应急检查。

11.【答案】ABD

【解析】选项 C 错误,侧墙变形、位移属于拱上结构的检查、评定指标。

12.【答案】ABC

【解析】对于预应力结构,混凝土全截面参与受力,因此除特殊情况外,不允许破坏混凝土保护层在钢筋上布置应变测点,而应直接布置在混凝土表面上。与之相反的钢筋混凝土结构是带裂缝工作的构件,受拉区混凝土因开裂退出工作,此时受拉区主筋的应力(应变)是性能评价的最重要数据。

13.【答案】BC

【解析】根据振动法测试索力原理,在拉索横向抗弯刚度可忽略时,索力按公式 $T=4WL^2f_n^2/n^2$ 得到,可知实测索力(N)与自振频率 f_n(Hz)、频率阶数 n、拉索索长 L(m)、拉索线密度 W(kg/m)相关,前两项在现场测定,后两项一般通过设计图纸获取。

14.【答案】ABC

【解析】承载能力检算系数 Z_1 体现了桥梁的总体技术状况对结构承载力的直接影响,根据结构或构件缺损状况、材质强度和结构自振频率三项内容的现场检测结果来确定,三者的权重分别为 0.4、0.3、0.3。

15.【答案】ABCDE

【解析】公路隧道检测技术主要内容包括材料检测、开挖断面检测、初期支护检测(包括辅助措施检查、临时支撑检测)、衬砌结构强度检测、结构几何尺寸检测、外观质量检测、衬砌背后的空洞及密实检测、防排水检测、围岩松动检测、围岩预加固检测、施工监控量测、超前地质预报、施工环境检测等。

16.【答案】BCD

【解析】《铁路隧道超前地质预报技术规程》(Q/CR 9217—2015)规定,超前地质预报按预报长度划分为:长距离预报(100m 以上)、中长距离预报(30～100m)及短距离预报(小于30m)。《公路隧道施工技术细则》(JTG/T F60—2009)中,超前地质预报按长度划分与前述规范有差异,以《铁路隧道超前地质预报技术规程》(Q/CR 9217—2015)为准。

17.【答案】ABCD

【解析】注浆材料的主要性能指标有:黏度、渗透能力、凝胶时间、渗透系数和抗压强度。

18.【答案】BD

【解析】滤膜法检测施工隧道内空气中粉尘浓度时,可安装直径为 40mm 或 75mm 的滤膜用于定点采样;可安装直径≤37mm 的滤膜用于个体采样。

19.【答案】AB

【解析】隧道内空气压力分为绝对静压和相对静压,水银气压计与空气盒气压计用于测定绝对静压,U 型压差计、单管倾斜压差计和补偿式微压计用于测定相对静压。

20.【答案】ABCD

【解析】裂缝检测不属于材质检测,属于专项检测。

四、综合题

1.【答案】(1)C　(2)BC　(3)AB　(4)B　(5)BCD

【解析】(1)依据《氯化聚乙烯防水卷材》(GB 12953—2003)相关规定,合成高分子防水卷材同类型的 $10000m^2$ 为一批,不足 $10000m^2$ 也可作为一批。

(2)防水卷材试样截取前,应在温度 23℃ ±2℃、相对湿度 60% ±15% 的标准环境下进行状态调整,时间不小于 24h。

(3)拉伸性能试验在标准环境下进行,在标距区内,用测厚仪测量标距标线及中间 3 点的厚度,取中值作为试样厚度 d,精确到 0.1mm;若试样断裂在标距外,则该试样作废,另取试样重做。

(4)断裂伸长率(%)按下式计算:

$$E = \frac{100(L_1 - L_0)}{L_0}$$

式中:E——试样的断裂伸长率(%);

L_0——试样标距线间初始有效长度(mm);

L_1——试样断裂瞬间标距线间的长度(mm)。

分别计算并报告 5 块试样纵向和横向的算数平均值,精确到 1%。由上式计算可知,断裂伸长率为:横向 212%,纵向 210%。

(5)对于防水卷材性能检测结果评判有以下规定:

防水卷材的外观质量、尺寸允许偏差均合格,可判定为合格;若存在不合格,则在该批产品中随机另抽3卷重新检验,全部达到标准则判定其外观质量、尺寸允许偏差合格,若仍有不符合标准规定的即判该批次产品不合格。

对于拉伸性能、热处理尺寸变化率、剪切状态下的黏合性以同一方向试件的算术平均值分别达到标准规定,即判该项合格。

对于低温弯折、抗穿孔性、不透水性所有试件都符合标准规定,判该项合格,若有一个试件不符合标准规定则为不合格。

各项理化性能检测结果仅有一项不符合标准规定,允许在该批次产品中随机另取一卷进行单项复测,合格则判该批次产品理化性能合格,否则判该批次产品理化性能不合格。

2.【答案】(1)ABD (2)ABC (3)BC (4)ACD (5)ABCD

【解析】(1)略。

(2)选项A、B、C的叙述错误。钻孔测试法包括:孔中对测、孔中斜测和孔中平测;对大体积混凝土结构的内部空洞,可采用钻孔或预埋管法检测;钻孔测试法采用径向振动式换能器。

(3)略。

(4)略。

(5)略。

3.【答案】(1)BD (2)ABC (3)BCD (4)B (5)A

【解析】(1)浅层平板荷载试验承压方板可选规格有50cm×50cm($2500cm^2$)和70.7cm×70.7cm($5000cm^2$)两种,B、D选项正确。

(2)浅层平板荷载试验设备由稳压加荷装置、反力装置和沉降观测装置三部分组成;试验中需测定荷载和沉降变形(大量程百分表或电测位移计)等数据,无须进行应力观测,D选项错误。

(3)试验基坑的宽度不应小于承压板边长的3倍,选项A错误。

(4)图中*oa*段曲线表示的是压密阶段;*ab*段曲线表示的是剪切阶段;*bc*段曲线表示的是破坏阶段。

(5)利用现场绘制的*P-S*曲线等资料,可以计算地基土的承载力基本容许值和土的变形模量。

4.【答案】(1)ABC (2)AC (3)BCD (4)ABD (5)ABC

【解析】(1)混凝土为非匀质材料,应变片标距应不小于4~5倍的最大粗集料粒径;刻度放大镜用于裂缝观测;电测位移计或精密电子水准仪是中小跨径桥梁常用的挠度检测仪器。

(2)温度补偿片与工作片应处于相同的温度场,补偿片粘贴在桥面防撞栏杆上显然无法达到应有的效果;贴片完成后还需待黏合胶和防护层完全固化后才能进行试验。

(3)实桥结构应变测试多采用半桥接法,采用1/4桥无法实现温度补偿,影响测试效果;《公路桥梁荷载试验规程》(JTG/T J21-01—2015)规定,正式试验前应进行不少于15min的稳定性观测;调零结果的数据越接近零且越稳定,说明相同状态下多次测试结果重复性好。

(4)应变片电测受温度影响大,被太阳照射会严重影响测试效果;荷载作用下,测点拉应变值达到2000×10^{-6}(换算拉应力近70MPa),是一个完全异常的数据,很可能测点部位已经开裂;卸载后,加载车停放在桥台挠度测站附近,此时车辆自重及振动等会引起测站(基点)的变形,从而影响测试精度。

(5)《公路桥梁荷载试验规程》(JTG/T J21-01—2015)规定,裂缝宽度测试分辨率应达到0.01mm;除了裂缝宽度观测外,还需观测和记录裂缝长度、形态、分布走向及判断裂缝性质;分级加载过程中均应观测和记录裂缝,以便随时掌握结构的状态。预应力桥梁梁体不允许出现竖向和横向裂缝,D选项所述情形,应视为异常现象。

5.【答案】(1)C　(2)B　(3)D　(4)A　(5)A

【解析】(1)拱顶下沉测点应在开挖后24h之内,距离开挖断面2m范围内埋设,并在下一循环开挖或爆破前读取初始数据。

(2)基点测桩应布置在通视条件好、地基稳定无变形的坚硬岩石或构造物上,一般要求距离被测断面20m以外,洞内基点可布置在已完成的衬砌边墙或基础上。

(3)根据精密水准仪的测量原理和给定的条件,将测点高程与基点高程进行比较,通过计算高差即可获得拱顶下沉量,第2次量测相对首次测量的拱顶下沉量为:$\Delta h_{2-1}=(2298.80+1518.55)-(2300.00+1520.50)=-3.15\text{mm}$。

(4)与前述方法相同,第6次高程与初次高程之差:$\Delta h_{6-1}=(2309.49+1505.33)-(2300.00+1520.50)=-5.68\text{mm}$。

(5)量测数据处理结果表明,被测点每天下沉变化量随时间逐步减少(第二天至第六天的变化量分别为3.15mm、1.46mm、0.53mm、0.33mm、0.21mm),位移速率逐渐变小,因此可判断被测点变形状态正常。

6.【答案】(1)D　(2)D　(3)BC　(4)ABC　(5)BD

【解析】(1)对于杆体材料为钢材的锚杆,其断后伸长率不应小于16%。

(2)《公路工程质量检验评定标准　第一册　土建工程》(JTG F80/1—2017)规定锚杆长度应不小于设计长度,锚杆插入孔内的长度不得短于设计长度的95%。

(3)锚杆抗拔力检测标准为:检测数量为锚杆数的1%且每次不少于3根;同组锚杆抗拔力的平均值应不小于设计值;单根锚杆的抗拔力不得低于设计值的90%。

(4)锚杆外露长度不够时,需对受检锚杆做加长处理,可采用连接套筒接长,连接抗拉强度应能承受100%杆体极限抗拉力;锚杆抗拔力试验时,如无特殊需要,可不做破坏性试验,拉拔至设计拉力即停止加载;锚杆安装质量除检测锚杆抗拔力外,还应对锚固密实度进行检测。

(5)锚杆材质检查时应首先检测其抗拉强度;锚杆孔位和孔深允许偏差分别为±150mm和±50mm,检测方法均是采用尺量,按总数10%进行抽查;锚杆外观质量应符合要求,锚杆垫板与岩面间应无间隙。

第四部分　交 通 工 程

模拟试题一

说明:1. 本模拟试题设置单选题 30 道、判断题 30 道、多选题 20 道、综合题 7 道,总计 150 分;模拟自测时间为 150 分钟。

2. 本模拟试题仅供考生进行考前自测使用。

一、单项选择题(共 30 题,每题 1 分,共 30 分)

1. 道路服务水平最好的级别为(　　)。

A. 1 级　　B. 3 级　　C. 4 级　　D. 6 级

2. 粗细和长度相同的一根铜导线和一根铝导线串联在同一电路中,则(　　)。

A. 两根导线上的电流一定相等

B. 两根导线的电阻一定相等

C. 铜导线上的电流大于铝导线上的电流

D. 铜导线上的电压大于铝导线上的电压

3. 光源色温超过 5300K 时(　　)。

A. 光色偏红　　B. 光色偏黄　　C. 光色偏绿　　D. 光色偏蓝

4. 两个相同阻值的电阻 R,并连接到电压为 220V 的电源上,则流过两电阻 R 的总电流为(　　)。

A. 220/2　　B. $220/(2R)$　　C. $220/R$　　D. $220\times 2/R$

5. JT/T ×××—××××为(　　)。

A. 交通运输部强制性行业标准

B. 交通运输部推荐性行业标准

C. 交通运输部推荐性标准

D. 交通运输部强制性标准

6. 在验收型抽样中,抽样方案通常用(　　)。

A. 一次抽样方案　　B. 二次抽样方案

C. 三次抽样方案　　D. 多次抽样方案

7. 交变盐雾试验是一种综合盐雾试验,它主要用于(　　)。

A. 空腔型的整机产品　　B. 线型金属产品

C. 电子产品　　D. 平板状产品

8. IP 防护等级组成的数字有(　　)。

A. 1 个　　B. 2 个　　C. 3 个　　D. 4 个

9. 基底为铜铝等良导体防腐涂层厚度检测所用仪器一般是(　　)。

A. 电涡流测厚仪　　B. 磁性测厚仪

C. 超声波测厚仪　　D. 射线测厚仪

10. 标志的颜色有红、绿、蓝、荧光黄等(　　)颜色。

A. 9 种　　B. 10 种　　C. 11 种　　D. 12 种

11. 可用于永久性交通标志的反光膜类型为(　　)。

A. Ⅰ～Ⅱ类反光膜　　B. Ⅰ～Ⅲ类反光膜

C. Ⅰ～Ⅳ类反光膜　　D. Ⅰ～Ⅴ类反光膜

12. 网状线标线为何种颜色(　　)。

A. 橙色　　B. 蓝色　　C. 黄色　　D. 白色

13. 折射率为 $1.20 < RI < 1.50$ 的玻璃珠是(　　)。

A. 低折射率玻璃珠　　B. 中折射率玻璃珠

C. 高折射率玻璃珠　　D. 折射率不合格玻璃珠

14. 中央分隔带的波形梁护栏和混凝土护栏的防护等级为(　　)。

A. Bm、Am、SBm、SAm、SSm 五级

B. Cm、Bm、Am、SBm、SAm、SSm 六级

C. Bm、Am、SBm、SAm、SSm、HBm 六级

D. Bm、Am、SBm、SAm、SSm、HBm、HAm 七级

15. 三波形梁板 RTB03-2(钢管立柱或 H 型钢立柱用板)尺寸为(　　)。

A. 4320×506×85×3(4)　　B. 3320×506×85×3(4)

C. 2320×506×85×3(4)　　D. 1520×506×85×3(4)

16. 防落物网的防雷接地电阻应小于(　　)。

A. 1Ω　　B. 4Ω　　C. 10Ω　　D. 30Ω

17. 防眩板通用理化性能之一的抗冲击性能要求冲击试验后,以冲击点为圆心,半径区域外,试样板体无开裂、剥离等破坏现象。其半径为(　　)。

A. 6mm　　B. 8mm　　C. 10mm　　D. 12mm

18. 突起路标红色逆反射器的颜色系数为(　　)。

A. 0.1　　B. 0.2　　C. 0.3　　D. 0.5

19. 附着式圆形轮廓标其逆反射材料的圆半径 R 为(　　)。

A. 40mm±1mm　　B. 45mm±1mm　　C. 50mm±1mm　　D. 55mm±1mm

20. 规格 32/26 硅芯管绕盘前、后的不圆度允差(%)分别为(　　)。

A. ≤1,≤2　　B. ≤2,≤3　　C. ≤3,≤4　　D. ≤3,≤5

21. 交通安全设施一般项目的合格率不小于(　　)。

A. 70%　　B. 75%　　C. 80%　　D. 85%

22. 环形线圈车辆检测器(安装到位后)平均车速精度允许误差为(　　)。

A. ±(1~2)%　　B. ±2%　　C. ±3%　　D. ±5%

23. 闭路电视监视系统实测项目亮度非线性的标准值为(　　)。

A. ≤1%　　B. ≤2%　　C. ≤3%　　D. ≤5%

24. 高速公路通信系统的主要通信方式为(　　)。

A. 有线通信　　B. 无线通信　　C. 移动通信　　D. 可视电话

25. 我国新建的交通通信专网传输制式绝大多采用(　　)。

A. PDH　　B. SDH　　C. PCM　　D. ATK

26. 从收费效率和车辆缴费延误的角度考虑,最合适的收费制式是(　　)。

A. 均一式　　B. 开放式　　C. 封闭式　　D. 半封闭

27. 汽车号牌视频自动识别系统能适应检测的车辆速度值为(　　)。

A. 0~50km/h　　B. 0~80km/h　　C. 0~120km/h　　D. 0~150km/h

28. 部分设备离供电点较远, 而彼此却相距很近且容量均较小时, 可采用(　　)。

A. 链式配电　　B. 放射式配电　　C. 树干式配电　　D. 以上方式均可

29. 照明装置在使用一定周期后,在规定表面上的平均照度或平均亮度与该装置在相同条件下新装时在规定表面上所得到的平均照度或平均亮度之比,称为(　　)。

A. 平均亮度　　B. 亮度总均匀度

C. 维持值　　D. 维护系数

30. 检验环境检测设备的误码率应采用(　　)。

A. 接地电阻测量仪　　B. 500V 兆欧表

C. 经纬仪　　D. 数据传输测试仪

二、判断题(共 30 题,每题 1 分,共 30 分)

1. 产品质量是指产品反映实体满足明确和隐含需要的能力和特性的总和。(　　)

2. 因远大于眼睛可适应的照明而引起烦恼、不适或丧失视觉的感觉称眩光。(　　)

3. 机电工程实测关键项目合格率不得低于 90%。(　　)

4. 产品标准的规范性技术要素有名称、术语、质量特性要求。(　　)

5. 分部工程所属任一分项工程不合格,则该分部工程为不合格。(　　)

6. 通常每个检验批应由同型号、同等级、同种类(尺寸、特性、成分等),且生产工艺、条件和时间基本相同的单位产品组成。(　　)

7. 车载设备耐机械振动试验时,9~150Hz 时按加速度控制,加速度为 $20m/s^2$。(　　)

8. IP 第一位特征数字为 5 或 6 时要做喷水试验。(　　)

9. 对确定的放电点进行静电放电抗扰度试验,试验电压为 2kV。至少施加 10 次单次放电,放电之间间隔至少 1s。产品的各种动作、功能及运行逻辑应正常。(　　)

10. 交通标志的抱箍、紧固件等小型构件,其镀锌量不低于 $350g/m^2$。(　　)

11. Ⅶ类反光膜通常为微棱镜型结构,柔性材质,使用寿命一般为 10 年。(　　)

12. 雨夜黄色反光标线连续降雨时初始逆反射亮度系数应大于 $75mcd \cdot lx^{-1} \cdot m^{-2}$。(　　)

13. 路面标线涂料按自身属性可分为溶剂型、热熔型、双组份、水性四种。（　　）

14. 常温溶剂型路面标线涂料其固体含量多在60% ~70%之间。（　　）

15. 两波形梁钢护栏由波形梁板、端头、拼接螺栓、连接螺栓、防阻块、托架、横隔梁等构件组成。（　　）

16. 隔离栅有钢板网、焊接片网、焊接卷网、编织片网、编织卷网、刺钢丝网等类型。（　　）

17. 隔离栅双涂层中,加工成型后的钢板、钢管、钢带热浸镀锌层附着量≥270g/m^2。（　　）

18. 突起路标分为A类(A1、A2、A3)和B类,A类为逆反射型, B类为非逆反射型, A3类突起路标发光强度系数最高。（　　）

19. 附着式轮廓标在安装中,应使逆反射材料表面与道路行车方向保持平行。（　　）

20. 公路通信管道主要有高密度聚乙烯硅芯塑料管、双壁波纹管、公路用玻璃纤维增强塑料管道、公路用玻璃纤维增强塑料管箱、梅花管、水泥管、镀锌钢管等。（　　）

21. 交通安全设施按20km或标段划分单位工程, 而下属标志、标线、突起路标、轮廓标均按10km路段划分分部工程, 下面再按路段细分分项工程。（　　）

22. 光缆布线信道分为OF-300、OF-500和OF-2000三个等级,各等级支持的应用长度应分别不小于300m、500m及2000m。（　　）

23. 同步脉冲幅度用电视信号发生器发送95%彩条信号,用视频测试仪检测。（　　）

24. 我国高速公路通信系统大多采用专用数据通信网。（　　）

25. 数据电路就是数据链路。（　　）

26. 收费系统一般采用三级收费管理模式。（　　）

27. 入口车道实测项目为33个,出口车道实测项目为40个。（　　）

28. 公路变配电设计一般按二级用户配置。（　　）

29. 公路照明应满足亮度、照度、眩光限制和视觉诱导性4项主要指标。（　　）

30. 隧道环境传感器与风机、照明、消防、报警、诱导、可变标志、控制计算机有联动功能。（　　）

三、多项选择题(共20题,每题2分,共40分。下列各题的备选项中,至少有两个符合题意,选项全部正确得满分,选项部分正确按比例得分,出现错误选项该题不得分)

1. 下列视效率为零的光是(　　)。

A. 320nm　　B. 515nm　　C. 810nm　　D. 1320nm

2. 感应雷主要危害形态为(　　)。

A. 产生强大的感应电流或高压　　B. 使地电位上升

C. 静电场增加　　D. 能量巨大

3. 标准包含的要义为(　　)。

A. 获得最佳秩序　　B. 各方协商一致

C. 重复使用的规范文件　　D. 公认的权威机构批准发布

4. 用指针式万用表测量未知电阻时(　　)。

A. 不可以带电测量电阻　　B. 不可以带电切换量程

C. 应先放在欧姆挡的大量程上　　D. 应先放在欧姆挡的小量程上

5. 盐雾试验所用的温度传感器是(　　)。

A. 银铜合金　　B. 铂电阻　　C. 热电偶　　D. 铬电阻

6. IP 代码是指电气设备外壳的防护能力为(　　)。

A. 防止人体接近壳内危险部件

B. 防止固体异物进入壳内设备

C. 防止漏电

D. 防止由于水进入壳内对设备造成有害影响

7. 标志板样品需要经历的环境试验有(　　)。

A. 耐盐雾腐蚀性能试验　　B. 耐高低温性能试验

C. 耐候性能试验　　D. 耐酸雨试验

8. Ⅰ类反光膜逆反射系数 R_A 值表中,每个观测角对应的入射角有(　　)。

A. -4°　　B. 1°　　C. 15°　　D. 30°

9. 道路交通标线相关技术要求、质量要求和评定标准的依据主要包括(　　)。

A.《道路交通标志和标线》(GB 5768—2009)

B.《道路交通标线质量要求和检测方法》(GB/T 16311—2009)

C.《公路工程质量检验评定标准　第一册　土建工程》(JTG F80/1—2004)

D.《道路交通标线》(GB 57768—2012)

10. 液态的路面标线涂料有(　　)。

A. 溶剂型　　B. 热熔型　　C. 水性　　D. 双组份

11. 两波形梁板截面可分为(　　)。

A. DB01 ~ DB03　　B. DB01 ~ DB05

C. BB01 ~ BB03　　D. BB01 ~ BB05

12. 双涂层构件试验性能比涂塑层构件试验性能多出的项目为(　　)。

A. 镀层均匀性　　B. 镀层附着性能

C. 涂塑层抗弯曲性能　　D. 涂塑层耐湿热性能

13. 防眩板结构尺寸的公差应符合下列规定(　　)。

A. 高度 H 的允许偏差为(+0.5,0)mm

B. 宽度 w 的允许偏差为 ±1mm

C. 钢板厚度允许偏差为 ±0.3mm

D. 固定螺孔直径允许偏差为(+0.5,0)mm

14. 波形梁钢护栏工程质量检验评定实测关键项目有(　　)。

A. 波形梁板基底金属厚度

B. 立柱基底金属厚度

C. 横梁中心高度

D. 镀(涂)层厚度

15. 车辆检测器安装质量检验项目主要包括(　　)。

A. 交通量计数精度　　B. 传输性能
C. 视认距离　　D. 安装位置与安装质量

16. 通信系统的系统功能为（　　）。
A. 完成各单位点对点的语音、传真、图像和数据的传输
B. 实现管理中心和下属各单位一点对多点的同时通信
C. 与上级业务管理部门和外界的通信
D. 系统自检功能

17. 收费车道安装手动栏杆，栏杆和车道信号灯二者的动作必须联动（　　）。
A. 栏杆开启时红灯亮　　B. 栏杆关闭时红灯亮
C. 栏杆开启时绿灯亮　　D. 栏杆关闭时绿灯亮

18. 电能的质量指标有（　　）。
A. 电压　　B. 频率　　C. 可靠性　　D. 功率

19. 照明设施实测项目中，要测试照度及均匀度的场所有路段直线段、路段弯道段和（　　）。
A. 大桥桥梁段　　B. 立交桥面段　　C. 收费广场　　D. 收费天棚

20. 火灾报警系统模拟点火试验的材料和设备（　　）。
A. 火盆：面积$(0.632\times0.632)m^2$，火盆高度不小于150mm
B. 燃油：3L 92号以上汽油
C. 便携式风速仪，精度不小于0.1m/s
D. 便携式时钟：精度不小于0.1s

四、综合题（从7道大题中选答5道大题，每道大题10分，共50分。下列各题的备选项中，有一个或一个以上符合题意，选项全部正确得满分，选项部分正确按比例得分，出现错误选项该题不得分）

1. 试回答下列防腐涂层厚度检测的相关问题。

（1）不论基底为铁磁材料、良导体或是塑料等绝缘体，都能检测涂层厚度的检测仪是（　　）。
A. 磁性涂层测厚仪　　B. 电涡流涂层测厚仪
C. 超声波测厚仪　　D. 多普勒测厚仪

（2）测厚仪必须是经计量检定合格且在有效期内可正常使用的仪器，其有效期为（　　）。
A. 6个月　　B. 1年　　C. 18个月　　D. 2年

（3）涂层测厚仪检测前要校准，校准方法为（　　）。
A. 仪器自动校准　　B. 通过自检程序校准
C. 激光校准　　D. 用探头测量校准试块校准

（4）常用的测厚仪及其测厚范围为（　　）。
A. 磁性涂层测厚仪（1200μm）
B. 电涡流涂层测厚仪（3000μm）

C.超声波测厚仪(50000μm)

D.红外测厚仪(200000μm)

(5)机电设备镀锌层厚度不得低于(　　)。

A.50μm　　B.65μm　　C.85μm　　D.100μm

2.试回答电气强度试验相关问题。

(1)电气强度测试仪器(耐压测试仪)的精度为(　　)。

A.0.5 级　　B.1.0 级　　C.1.5 级　　D.2.0 级

(2)试验前的准备工作有(　　)。

A.确认断开设备电源开关,将被测设备的并联电容器、浪涌保护器等附件折开

B.确认耐压测试仪电源未接通且其升压旋钮已调至最小,将测试仪接地端子可靠接入安全地

C.将耐压测试仪输出接地与被测设备的 PE 端子可靠连接

D.将耐压测试仪输出高压测试棒闭路

(3)预备测试过程中(　　)。

A.耐压测试仪通电,设置漏电流大小(通常 5mA),设置计时器 1min

B.启动计时器

C.缓慢调节升压旋钮,使耐压测试仪输出电压为 50Hz、有效值 1500V 正弦交流电压

D.计时器回零,调节升压旋钮,使耐压测试仪输出电压为 0

(4)测试过程中(　　)。

A.将耐压测试仪输出高压测试棒接至被测设备的电源接线 L 端,升压至有效值 1500V 并启动计时器,观察设备应无火花、闪络和击穿现象,漏电电流不大于 5mA;历时 1min

B.若不通过则试验终止,该试险产品电气强度不合格

C.若通过,则高压测试棒接至被测设备的电源接线 PE 端,重复 A 选项步骤

D.测试完耐压测试仪输出电压回零

(5)测试后处理(　　)。

A.断开耐压测试仪电源

B.卸下高压棒及断开测试仪与被测设备的其他连线

C.恢复被测设备所做改动

D.对所试验进行记录并签字

3.试回答玻璃珠技术要求的相关问题。

(1)玻璃珠技术要求有(　　)。

A.外观要求、粒径分布　　B.成圆率、密度

C.折射率、耐水性　　D.磁性颗粒含量、防水涂层要求

(2)外观要求有(　　)。

A.玻璃珠为无色松散球状

B.玻璃珠清洁无明显杂物

C.显微镜或投影仪下,玻璃珠为无色透明的球体,光洁圆整

D. 显微镜或投影仪下,玻璃珠内无明显气泡或杂质

(3)成圆率的技术要求有(　　)。

A. 有缺陷的玻璃珠、杂质等的质量应小于玻璃珠总质量的 20%

B. 玻璃珠成圆率不小于 80%

C. 其中粒径在 850 ~ 600μm 范围内玻璃珠的成圆率不应小于 70%

D. 其中粒径在 950 ~ 550μm 范围内玻璃珠的成圆率不应小于 80%

(4)耐水性的技术要求有(　　)。

A. 在沸腾的水浴中加热后,玻璃珠表面不应呈现发雾现象

B. 对 1 号和 2 号玻璃珠,中和所用 0.01mol/L 盐酸应在 10mL 以下

C. 对 3 号玻璃珠,中和所用 0.01mol/L 盐酸应在 15mL 以下

D. 对 3 号玻璃珠,中和所用 0.01mol/L 盐酸应在 20mL 以下

(5)磁性颗粒含量的技术要求有(　　)。

A. 玻璃珠中磁性颗粒的含量不得大于 0.05%

B. 玻璃珠中磁性颗粒的含量不得大于 0.1%

C. 玻璃珠中磁性颗粒的含量不得大于 0.2%

D. 玻璃珠中磁性颗粒的含量不得大于 0.3%

4. 试回答波形梁护栏相关问题。

(1) 三波形梁钢护栏的组成构件有三波形梁板、立柱、过渡板、加强横梁、连接件及(　　)。

A. 波形梁背板　　B. 端头　　C. 防阻块　　D. 横隔梁

(2)两波形梁板可分为标准板和调节板两类, 下列型号为调节板的有(　　)。

A. DB01　　B. DB02　　C. BB01　　D. BB02

(3)三波形梁钢护栏中配钢管立柱或 H 型钢立柱的板型有(　　)。

A. RTB01-1　　B. RTB01-2　　C. RTB02-1　　D. RTB02-2

(4)波形梁护栏的材料要求为(　　)。

A. 波形梁板、立柱、端头、防阻块、托架、横隔梁、加强板等所用基底金属材质应为 Q235 牌号碳素结构钢

B. 连接螺栓、螺母、垫圈、横梁垫片等所用基底金属材质为碳素结构钢,其力学性能的主要考核指标为抗拉强度不小于 355MPa

C. 拼接螺栓连接副应为高强度拼接螺栓,其螺栓、螺母垫圈应选用优质碳素结构钢或合金结构钢

D. 高强度拼接螺栓连接副螺杆公称直径为 16mm,拼接螺栓连接副的整体抗拉荷载不小于 133kN

(5)波形梁护栏的防腐处理要求为(　　)。

A. 护栏的所有构件均应进行防腐处理,其防腐层要求应符合 GB/T 18226 的规定

B. 对于圆管立柱产品,其内壁防腐质量要求可略低于外壁防腐质量要求

C. 采用热浸镀锌时,镀层的平均厚度与最小厚度之差应不低于平均厚度的 25%,最大厚度与平均厚度之差应不低于平均厚度的 40%

D. 采用热浸镀锌铝合金时,镀层的平均厚度与最小厚度之差应不低于平均厚度的20%,最大厚度与平均厚度之差应不低于平均厚度的30%

5. 试回答下列道路交通标线工程质量检验评定问题。

(1)《公路工程质量检验评定标准　第一册　土建工程》(JTG F80/1—2017)中,交通标线应符合的基本要求为(　　)。

A. 交通标线施划前路面应清洁、干燥、无起灰

B. 交通标线涂料应符合现行《路面标线涂料》(JT/T 280)和《路面标线用玻璃珠》(GB/T 24722)的规定

C. 交通标线的颜色形状和位置应符合现行《道路交通标志和标线》(GB 5768)的规定,并满足设计要求

D. 反光标线玻璃珠应撒布均匀,施划后标线无起泡、剥落

(2)标线实测项目有标线线段长度、标线宽度、标线厚度、标线横向偏移和(　　)。

A. 标线纵向间距　　B. 标线逆反射亮度系数

C. 标线脱落面积　　D. 抗滑值(BPN)

(3)标线实测项目的关键项目有(　　)。

A. 标线厚度　　B. 抗滑值(BPN)

C. 标线逆反射亮度系数　　D. 标线脱落面积

(4)《公路工程质量检验评定标准　第一册　土建工程》(JTG F80/1—2017)新增的检测项目为(　　)。

A. 标线厚度　　B. 抗滑值(BPN)

C. 标线逆反射亮度系数　　D. 标线脱落面积

(5)标线厚度的测试仪器和频率为(　　)。

A. 标线厚度测试仪　　B. 卡尺

C. 每 1km 测 3 处,每处测 6 点　　D. 每 1km 测 3 处,每处测 9 点

6. 试回答环形线圈车辆检测器的技术要求。

(1)环形线圈车辆检测器测试结果的处理(　　)。

A. 一般对可重复的客观测试项目进行 3 次测试,取算术平均值作为测试结果

B. 给出测试结果的测量不确定度

C. 主观测试项目,测试人员应不少于 2 人

D. 测试结果分为合格、不合格两级

(2)环行线圈车辆检测器结构技术要求有(　　)。

A. 产品结构应简单、牢靠

B. 安装连接件应具有足够强度

C. 满足使用要求

D. 活动零件应灵活,无卡滞、明显变形、凹凸不平等缺陷

(3)环行线圈车辆检测器外观质量技术要求有(　　)。

A. 外壳上不应有凹坑、划伤、变形和裂缝

B. 涂层应平整、均匀、颜色一致、无起泡和龟裂等缺陷

C. 满足使用要求

D. 机身上的铭牌、标志、文字符号等应清晰、牢固、端正，不易脱落

(4)环行线圈车辆检测器功能技术要求有( )。

A. 交通信息采集功能和自检功能

B. 逻辑识别线路功能和本地操作与维护功能

C. 灵敏度调整功能

D. 数据通信接口使用 11 针 RS485 阴性插座

(5)环行线圈车辆检测器性能技术要求有( )。

A. 车速相对误差小于 3%

B. 车流量相对误差不大于 2%

C. 输入端通过 20Ω 以上的外部电阻接地，检测器应能正常工作

D. 感应线圈的电感在 50 ~ 700μH 之间时，检测器应能正常工作

7. 试回答收费中心设备及软件检测的相关问题。

(1)收费中心设备及软件检测的基本要求有( )。

A. 收费中心设备数量符合要求，部件完整

B. 设备安装到位并已连通，处于正常工作状态，并进行了严格测试和联调

C. 分项工程自检和系统联调记录等资料齐全

D. 设备及附(备)件清单、有效的设备检验合格报告或证书等资料齐全

(2)电气安全方面的关键实测项目及技术指标有( )。

A. 设备强电端子对机壳绝缘电阻(≥50mΩ)

B. 控制柜安全接地电阻(≤4Ω)

C. 收费中心联合接地电阻(≤4Ω)

D. 机柜防雷接地电阻(≤10Ω)

(3)与收费数据处理有关的功能实测项目和技术指标有( )。

A. 与收费站的数据传输功能　　B. 费率表、车型分类参数的设置与变更

C. 数据完整性测试　　D. 通行费拆分

(4)与图像有关的实测项目和技术指标有( )。

A. 图像稽查功能

B. 对各站及车道 CCTV 图像切换及控制功能

C. 与监控中心计算机通信功能

D. 报警录像功能

(5)其他实测项目和技术指标还有( )。

A. 系统时间设定功能　　B. 报表统计管理及打印功能

C. 双机热备份功能　　D. 通行卡管理功能

模拟试题二

说明:1. 本模拟试题设置单选题30道、判断题30道、多选题20道、综合题7道,总计150分;模拟自测时间为150分钟。

2. 本模拟试题仅供考生进行考前自测使用。

一、单项选择题(共30题,每题1分,共30分)

1. 公路的技术等级划分为(　　)。

A. 1、2、3、4、5级　　B. 高速、一、二、三级

C. 高速、一、二、三、四级　　D. 高速、一、二、三、四、五级

2. 交流系统中与接地中性线对应的母线颜色为(　　)。

A. 红色　　B. 黄色　　C. 绿色　　D. 黑色

3. 可见光也是一种电磁波,其波长范围为 (　　)。

A. 780 ~ 2500nm　　B. 2500 ~ 15000nm　　C. 380 ~ 780nm　　D. 120 ~ 380nm

4. 软件可用下列公式表示(　　)。

A. 软件 = 程序 + 数字 + 文档　　B. 软件 = 程序 + 数据 + 文档

C. 软件 = 程序 + 数值 + 文档　　D. 软件 = 程序 + 算法 + 文档

5. 三极管作开关元件时,应工作在(　　)。

A. 放大区　　B. 截止区　　C. 饱和区　　D. 截止区和饱和区

6. 采用 GB/T 2828.1—2012 工地检验时,要求(　　)。

A. AQL≤3.0,一般检验水平Ⅰ　　B. AQL≤4.0,一般检验水平Ⅰ

C. AQL≤3.0,一般检验水平Ⅱ　　D. AQL≤4.0,一般检验水平Ⅱ

7. 盐雾试验结果的常用表述方法有:腐蚀物的外观特征、按腐蚀百分比、按腐蚀率、按经验划分和(　　)。

A. 按质量增减　　B. 盐雾沉降率

C. 钠盐分析法　　D. 气体色相

8. 对25.251按0.1修约为(　　)。

A. 25.1　　B. 25.2　　C. 25.3　　D. 25.4

9. 公路机电设备的镀锌层厚度不得低于(　　)。

A. 50μm　　B. 65μm　　C. 85μm　　D. 100μm

10. 正等边三角形标志用于(　　)。

A. 警告标志　　B. 禁令和指示标志

C. 指路标志　　D. "减速让行"禁令标志

11. 反光膜耐高低温性能试验,低温时的温度和持续时间为(　　)。

A. −25℃ ±3℃,保持48h B. −30℃ ±3℃,保持48h

C. −35℃ ±3℃,保持72h D. −40℃ ±3℃,保持72h

12. 标线最薄的是溶剂型涂料标线和水性涂料标线,其湿膜厚度为(　　)。

A. 0.2~0.5mm B. 0.3~0.6mm C. 0.3~0.8mm D. 0.4~1.0mm

13. 贝克线用来测试玻璃珠的(　　)。

A. 折射率 B. 密度 C. 耐水性 D. 成圆率

14. 公路安全护栏按其在公路中的纵向位置设置,可分为桥梁护栏和(　　)。

A. 路基护栏 B. 路侧护栏 C. 中央分隔带护栏 D. 刚性护栏

15. 波形梁标准板DB01尺寸为(　　)。

A. 4320×310×85×3(4) B. 3820×310×85×3(4)

C. 3320×310×85×3(4) D. 2820×310×85×3(4)

16. 4.0mm<ϕ≤7.5mm隔离栅钢丝Ⅱ级单面平均镀锌层附着量为(　　)。

A. 110g/m^2 B. 230g/m^2 C. 290g/m^2 D. 350g/m^2

17. 玻璃钢防眩板氧指数(阻燃性能)的技术要求为(　　)。

A. ≥20% B. ≥23% C. ≥26% D. ≥29%

18. 观测角0.2°、水平入射角0°时,A1类白色突起路标的发光强度系数最小值为(　　)。

A. 380mcd·lx^{-1} B. 480mcd·lx^{-1}

C. 580mcd·lx^{-1} D. 680mcd·lx^{-1}

19. 轮廓标表面色黑色的亮度因数为(　　)。

A. ≤0.01 B. ≤0.02 C. ≤0.03 D. ≤0.05

20. 规格63/54硅芯管的壁厚及允差分别为(　　)。

A. 3.5mm,(+0.3mm,0) B. 4.0mm,(+0.3mm,0)

C. 4.5mm,(+0.4mm,0) D. 5.0mm,(+0.4mm,0)

21. 工程质量检验评定以分项工程为单元,采用(　　)。

A. 5分制 B. 100分制

C. 甲、乙、丙、丁分级制 D. 合格率

22. 车辆检测器的接地电阻要求为(　　)。

A. ≤4Ω B. ≤5Ω C. ≤8Ω D. ≤10Ω

23. 闭路电视监视系统的视频电平的标准值为(　　)。

A. 300mV±30mV B. 500mV±30mV

C. 700mV±30mV D. 900mV±30mV

24. 半双工信道适应领域是(　　)。

A. 电视 B. 广播 C. 对讲机 D. 移动电话

25. 高速公路通信系统基本的主干线传输方式应优先选用(　　)。

A. 光纤通信 B. 微波通信 C. 卫星通信 D. 数字通信

26. 高速公路收费系统一般检测流程是(　　)。

A. 收费车道、收费站、收费分中心 B. 收费车道、收费分中心、收费站

C. 收费站、收费分中心、收费车道 D. 收费站、收费车道、收费分中心

27. 收费天棚信号灯的色度测量仪器为(　　)。

A. 亮度计　　B. 色度计　　C. 色品坐标计　　D. 分光计

28. 公路沿线建筑物和设施一般属于(　　)。

A. 一类防雷　　B. 二类防雷　　C. 三类防雷　　D. 四类防雷

29. 车流密度较大、视距条件较差、公路自身条件复杂的照明路段适用的照明级别为(　　)。

A. 一级　　B. 二级　　C. 三级　　D. 四级

30. 平均亮度与平均照度间的换算系数宜实测确定;无实测条件时,黑色沥青路面可取15 lx/(cd · m^{-2}),水泥混凝土路面可取(　　)lx/(cd · m^{-2})。

A. 5　　B. 10　　C. 15　　D. 20

二、判断题(共 30 题,每题 1 分,共 30 分)

1. 评定为不合格的分项工程返工后,重新评分值时按其复评分值的 90% 计算。(　　)

2. 入射光方向变化较大时,反射光仍从接近入射光的反方向返回称逆反射。(　　)

3. 户外设备做振动试验时,2 ~ 9Hz 按位移控制,位移幅值 3.5mm;9 ~ 150Hz 按加速度控制,加速度为 20m/s^2。(　　)

4. 正弦电压 $u(t) = 141\sin(314t + 60°)v$,则该正弦电压的频率为 0.02s。(　　)

5. 防直击雷装置包括接闪器、引下线和接地体。(　　)

6 超声波测厚仪检测前要校准。校准方法为用校准试块校准。(　　)

7. 监督检验等级代表了监督检验的严格程度,分第一监督检验等级和第二监督检验等级。(　　)

8. 锌铬涂层(达克罗)和粉末镀锌涂层适用于螺栓、螺母等紧固件及小型钢构件的防腐。(　　)

9. 室外机电设备产品应采取防雨、防尘措施,外壳的防护等级按 GB 4208 的规定应不低于 IP45 级。(　　)

10. 指路标志、禁令、指示标志套用于无边框的白色底板上,为必须遵守标志。(　　)

11. 反光膜白天的色度性能指标有色品坐标和亮度因数。(　　)

12. 突起振动标线的突起部分高度为 3 ~ 7mm;若有基线,基线的厚度为 1 ~ 2mm。(　　)

13. 水性路面标线涂料不粘胎干燥时间小于 5min。(　　)

14. 双组份路面标线涂料干膜厚度一般控制在 0.4 ~ 2.5mm 之间。(　　)

15. 公路安全护栏根据碰撞后的变形程度,可分为刚性护栏、半刚性护栏、柔性护栏。(　　)

16. 隔离栅由网片、立柱、斜撑、门柱、连接件等组成。(　　)

17. 防眩板通用理化性能有抗风荷载、抗变形量和抗冲击性能。(　　)

18. 半强角是发光强度为最大发光强度光轴方向一半时,观测轴与最大发光强度光轴的夹角。(　　)

19. 轮廓标柱体经耐盐雾腐蚀试验后,不应有变色、扭曲、损伤或被侵蚀的痕迹。(　　)

20. 硅芯管外壁硬度≥69。（　）

21. 防眩设施工程验收实测项目有安装高度（允许偏差 ±10mm，每公里测 10 处）、防眩板设置间距（允许偏差 ±10mm，每公里测 10 处）、竖直度（允许偏差 ±5mm/m，每公里测 5 处）、防眩网网孔尺寸（满足设计要求，每公里测 10 处，每处测 3 孔）。（　）

22. 视频通道传输参数色度/亮度时延差标准值为≤100ns，如太大会使彩色套色不准，在水平方向上出现彩色镶边。（　）

23. 近端串音衰减比是指来自同一信道内主串线对的近端串音衰减与被串线对的插入损耗之间的差值，单位为 dB。（　）

24. 量化脉冲调制是一个模拟信号变成数字信号的过程。（　）

25. 通信网的基本构成要素是终端设备、传输链路、转接交换设备及接入部分。（　）

26. 汽车号牌视频自动识别系统的识别率不小于 97%，识别分析的平均总耗时（自触发信号发出开始到系统给出车辆号牌识别结论为止）不大于 600ms。（　）

27. 站级收费系统是一个小的独立中心，当与上级通信故障或上级计算机出现故障时，应能全部代替上级计算机的功能。（　）

28. 高速公路配电系统的后备电源为蓄电池、备用发电机和不间断电源（UPS）。（　）

29. 公路照明质量宜优先符合亮度要求。（　）

30. 隧道设备的数据传输性能要求为 24h 观察时间内失步现象不大于 1 次。（　）

三、多项选择题（共 20 题，每题 2 分，共 40 分。下列各题的备选项中，至少有两个符合题意，选项全部正确得满分，选项部分正确按比例得分，出现错误选项该题不得分）

1. 彩色光的基本参数有（　）。

A. 明亮度　B. 色差　C. 饱和度　D. 色调

2. 下列说法正确的是（　）。

A. 三相负载做星形连接时，必须有中性线

B. 三相负载做星形连接时，线电流必等于相电流

C. 三相负载做星形连接时，线电压必为相电压的$\sqrt{3}$倍

D. 若电动机每相绕组的额定电压为 220V，当对称三相电源的线电压为 380V 时，电动机绕组应接成星形才能正常工作

3. 质量概念可以分为（　）。

A. 符合性质量概念　B. 适用性的质量概念

C. 效益性质量概念　D. 广义质量概念

4. 锌铬涂层（达克罗）和粉末镀锌涂层适用于（　）等紧固件及小型钢构件的防腐。

A. 拼接螺栓　B. 连接螺栓

C. 两波形梁板　D. 三波形梁板

5. 接地电阻测试仪的接线端子名称及其地钎测试时的位置为（　）。

A. C_2，P_2 接被测接地极

B. C_1，辅助电位极，其地钎离被测接地极 20m

C. P_1,辅助电位极,其地钎离被测接地极 40m

D. 几个接地钎尽量在一条直线上

6. 绝缘电阻测试要点(　　)。

A. 兆欧表测试精度 1.0 级,输出电压 500V

B. 测试前断开设备电源箱空气开关及防雷模块

C. 将兆欧表黑表笔接设备 PE 端,红表笔接设备相线,打开兆欧表,待稳定后读数

D. 测试完关闭兆欧表

7. 标志装箱时,应随箱附有(　　)。

A. 产品质量等级检验合格证　　B. 产品使用说明

C. 各种材质、牌号、状态　　D. 反光膜等级

8. 反光膜耐溶剂性能试验中,将试样分别浸没在(　　)。

A. 汽油中 10min　　B. 汽油中 20min

C. 乙醇中 1min　　D. 乙醇中 5min

9. 标线厚度最小值超过 0.5mm 的标线类型有(　　)。

A. 热熔反光型和热熔普通型涂料标线

B. 热熔突起振动标线

C. 双组份涂料标线

D. 预成形标线带标线

10. 2 号玻璃珠粒径 S(μm)范围及所占百分比有(　　)。

A. $S<150$,0% ~5%　　B. $150<S<300$,5% ~50%

C. $300<S<600$,5% ~90%　　D. $S>600$,5% ~10%

11. 波形梁钢护栏板外观质量要求有(　　)。

A. 冷弯黑色构件表面应无裂纹、气泡、折叠、夹杂和端面分层等缺陷

B. 表面缺陷可用修磨方法清理,其整形深度不大于公称厚度的 5%

C. 切断面及安装孔应无卷沿、飞边和严重毛刺

D. 镀层表面应光洁、色泽一致

12. 太阳能突起路标密封性能试验要点为(　　)。

A. 将试样平放入温度 50℃ ±3℃、深度 200mm ±10mm 的水中浸泡 15min 后

B. 立即将试样取出立即放入 5℃ ±3℃、深度 200mm ±10mm 的水中再浸泡 15min

C. 以上 A、B 为一个循环,上述试验共进行 6 次循环

D. 试验结束后立即用 4 倍放大镜进行检查

13. 轮廓标工程质量检验评定的非关键实测项目为(　　)。

A. 安装角度　　B. 反射器中心高度

C. 柱式轮廓标竖直度　　D. 光、色度性能

14. 标志板实测项目有板面反光膜逆反射系数、标志板下缘至路面的净空高度、立柱竖直度、标志基础尺寸和(　　)。

A. 标志立柱的内边缘距土路肩边缘线距离

B. 金属构件涂层厚度

C. 基础混凝土强度

D. 基础顶面平整度

15. 道路环境检测的项目有(　　)

A. 路面湿度　　B. 能见度

C. 相对湿度　　D. 路面冰冻

16. 组建公路专用通信系统的线材有(　　)。

A. 单模光纤　　B. 无屏双绞线

C. 50Ω 同轴电缆　　D. 75Ω 同轴电缆

17. 入口车道设备实测项目包括(　　)。

A. 天棚信号灯　　B. 收费金额显示

C. 环形线圈电感量　　D. 自动栏杆

18. 公路交流供电系统设备主要包括(　　)。

A. 变压器　　B. 配电屏

C. 柴油发电机　　D. 交流自动切换设备

19. 在质量检验评定中,高杆灯的实测项目包括(　　)。

A. 高杆灯灯盘升降功能测试

B. 亮度传感器与照明器的联动功能

C. 自动手动方式控制全部或部分光源开闭

D. 定时控制功能

20. 隧道环境检测传感器主要类别有(　　)。

A. CO 传感器　　B. 烟雾传感器

C. 照度传感器　　D. 风向风速传感器

四、综合题(从 7 道大题中选答 5 道大题,每道大题 10 分,共 50 分。下列各题的备选项中,有一个或一个以上符合题意,选项全部正确得满分,选项部分正确按比例得分,出现错误选项该题不得分)

1. 试回答抽样检验一般规定的相关问题。

(1)抽样检验可分为(　　)两大类。

A. 计批检验　　B. 计数检验　　C. 计量检验　　D. 综合检验

(2)按照检验目的和检验实施主体,将公路交通安全设施抽样检验分为(　　)。

A. 工厂验收　　B. 工地抽验　　C. 监理抽验　　D. 监督抽查

(3)公路交通安全设施有缺陷的产品分为(　　)。

A. A 类,主要质量特性不符合产品技术标准要求

B. B 类,外观有较明显缺陷,其他质量特性符合产品技术标准的要求

C. C 类,外观有轻微缺陷,其他质量特性符合产品技术标准的要求

D. D 类,外观无缺陷,其他个别质量特性基本符合产品技术标准的要求

(4)对于 A 类缺陷产品(　　)。

A. 无条件拒收

B. 经订货方同意后,修复后予以降级使用

C. 经订货方同意后,修复后予以降价使用

D. 经订货方同意后,修复后一般予以接收

(5)抽样标准的选用(　　)。

A. 在工厂验收时,采用 GB/T 2828.1—2012,并规定 AQL = 1.0

B. 在工地抽验时,采用 GB/T 2828.1—2012,并规定 AQL = 4.0

C. 检验中供货方不能提供批的质量信息时,应作孤立批处理,按《计数抽样检验程序 第2部分:按极限质量水平(LQ)检索的孤立批检验抽样方案》(GB/T 2828.2—2008)的规定执行

D. 对路面标线涂料和玻璃珠等散粒料或液体进行检验时,按《色漆、清漆和色漆与清漆用原材料取样》(GB/T 3186—2006)规定执行

2. 外壳类型为第二种类型(外壳内气压与周围大气压力相同)的设备,IP 防护第一位特征数字为 5 和 6 的防尘试验,试回答下列相关问题。

(1)试验设备有(　　)。

A. 密闭防尘试验箱　　B. 粉末循环泵

C. 金属方孔筛　　D. 鼓风机(300L/min)

(2)金属方孔筛的规格为(　　)。

A. 筛孔尺寸 75μm　　B. 筛孔尺寸 100μm

C. 金属丝直径 50μm　　D. 金属丝直径 75μm

(3)滑石粉用量为(　　)。

A. $1kg/m^3$　　B. $2kg/m^3$

C. $3kg/m^3$　　D. $4kg/m^3$

(4)被试设备放入试验箱内(　　)。

A. 按正常工作位置放置

B. 按最大接受粉尘位置放置

C. 设备在正常情况下开启的泄水孔在试验期间保持开启

D. 设备在正常情况下开启的泄水孔在试验期间保持关闭

(5)被试件按正常工作位置放入试验箱,开启粉末循环泵,不停地扬尘,试验后机壳内无明显灰尘沉积,即认为试验合格。试验时间为(　　)。

A. 8h　　B. 12h　　C. 16h　　D. 24h

3. 试回答标志板检测相关问题。

(1)交通标志结构尺寸要求有(　　)。

A. 标志板的外形尺寸允许偏差为 ±5mm

B. 采用铝合金板制作标志底板时,其厚度不应小于 2.0mm

C. 采用挤压成型的铝合金型材制作标志底板时,型材宽度一般不小于 30cm

D. 使用薄钢板制作标志底板时,其厚度不应小于 1.0mm

(2)标志立柱材料及构造要求有(　　)。

A. 钢管、型钢或八角形钢柱

B. 铝合金型材、钢筋混凝土柱或木柱

C. 立柱为钢构件时，顶部应加避雷针

D. 标志板与立柱的连接采用抱箍夹紧式或钢带捆扎式

(3)反光型标志板的面膜拼接应符合以下(　　)要求。

A. 面膜应尽可能减少拼接

B. 当粘贴面膜无法避免接缝时接缝以搭接为主，且应为上搭下，重叠部分不应小于5mm

C. 当需要丝网印刷时，可采用平接，其间隙不应超过2mm

D. 距标志板边缘5cm之内，不得有贯通的拼接缝

(4)标志板面色度性能有(　　)。

A. 普通材料色色品坐标

B. 普通材料色亮度因素

C. 反光型标志板夜间色色品坐标

D. 逆反射材料色亮度因素

(5)标志板面与标志底板的附着性能要求有(　　)。

A. 反光膜及黑膜在5min后的剥离长度不应大于20mm

B. 反光膜及黑膜在5min后的剥离长度不应大于30mm

C. 涂料对标志底板的附着性能应达到GB/T 1720中三级以上的要求

D. 涂料对标志底板的附着性能应达到GB/T 1720中四级以上的要求

4. 试回答波形梁护栏技术检验的相关问题。

(1) 波形梁钢护栏的型式检验项目有外观质量、外形尺寸、材料要求、防腐层厚度、防腐层附着量及(　　)。

A. 防腐层均匀性　　B. 防腐层附着性

C. 耐盐雾性能　　D. 耐候性能

(2)波形梁钢护栏的出厂检验项目必检项目有外观质量、外形尺寸、防腐层厚度及(　　)。

A. 防腐层附着量　　B. 防腐层均匀性

C. 防腐层附着性　　D. 耐盐雾性能

(3)型式检验的样品应在生产线终端随机抽取(　　)。

A. 3件　　B. 4件　　C. 5件　　D. 6件

(4)型式检验为每年进行1次，如有下列(　　)情况之一时，也应进行型式检验。

A. 正式生产过程中如原材料、半成品、工艺有较大改变，可能影响产品性能时

B. 产品停产后准备恢复生产时

C. 出厂检验结果与上次型式检验有较大差异时

D. 订货方提出型式检验时

(5)型式检验判定规则为(　　)。

A. 如有任一项指标不符合本标准要求时，则需重新抽取双倍试样，对该项指标进行复验

B. 复验结果仍然不合格时,则判定该次型式检验为不合格

C. 复验结果仍然不合格(仅一项)时,则需重新抽取 4 倍试样,对该项指标进行再复验

D. 再复验结果仍然不合格时,则判定该次型式检验为不合格

5. 试回答隔离栅 4 种网型结构尺寸相关问题。

(1)焊接网片网(P)的结构尺寸为网面高度、钢丝直径、网面长度及(　　)。

A. 网孔横向宽度　　B. 横丝波高

C. 网孔纵向长度　　D. 网面不平度

(2)焊接网卷网(变孔网)的结构尺寸为网孔横向宽度、对应纵向网孔数量、网孔纵向长度及(　　)。

A. 纵丝及中间横丝直径　　B. 边缘横丝直径

C. 整卷长度　　D. 横丝波高

(3)刺钢丝网的结构尺寸为钢丝直径、刺距及(　　)。

A. 刺长　　B. 捻数

C. 刺线缠绕股线圈数、每结刺数　　D. 捆重、每捆接头数

(4)编织网的结构尺寸为钢丝直径、网孔尺寸及 (　　)。

A. 网面长度　　B. 网面宽度

C. 网孔纵向对角线长度　　D. 网孔横向对角线宽度

(5)钢板网的结构尺寸为网面宽度、网面长度及(　　)。

A. 短节距　　B. 长节距

C. 丝梗宽度　　D. 钢板厚度

6. 试回答视频传输通道主要指标相关问题。

(1)色度/亮度时延差对图像质量的影响(　　)。

A. 标准值≤150ns

B. 此值反映系统群延时频率特性不平坦,中频滤波器带宽不够

C. 此值偏大导致色度信号与亮度信号不能同时到达显示端,出现彩色套色不准,在水平方向出现彩色镶边

D. 在通道输入端用标准信号发生器发送 2T 信号,输出端采用视频测试仪测量

(2)微分增益对图像质量的影响(　　)。

A. 标准值≤10%

B. 此值反映不同亮度电平下的色度幅度变化,绝对值越小越好

C. 此值偏大影响彩色效果,色彩依背景明暗不同而产生浓淡变化

D. 在通道输入端用标准信号发生器发送五阶梯信号,输出端用视频测试仪测量

(3)微分相位对图像质量的影响(　　)。

A. 标准值≤10°

B. 此值反映图像亮度信号幅度变化引起色度信号相位的失真,绝对值越小越好

C. 此值偏大影响彩色效果,色彩依背景明暗不同而产生偏色

D. 在通道输入端用标准信号发生器发送 2T 信号,输出端用视频测试仪测量

(4)幅频特性对图像质量的影响(　　)。

A. 标准值5.8MHz 带宽内 ±2dB

B. 该参数是评价一个系统在指定带宽内对不同频率信号的响应能力，理想情况为5.8MHz带宽内频带为一矩形

C. 当高频段衰减偏大时，图像边缘不清晰

D. 在通道输入端用标准信号发生器发送 $\sin x/x$ 信号，输出端用视频测试仪测量

(5)视频信杂比对图像质量的影响(　　)。

A. 标准值≥46dB

B. 指亮度信号幅度的标称值与随机杂波幅度有效值之比，此值越大越好

C. 此值偏低图像会出现雪花点状干扰、彩色闪烁会更明显

D. 在通道输入端用标准信号发生器发送多波群信号，输出端用视频测试仪测量

7. 试回答公路光纤数字传输系统工程安装质量及检验评定标准相关问题。

(1)检验评定基本要求为(　　)。

A. 光纤数字传输系统通信机房应整洁

B. 光纤数字传输系统所有设备(包括机架、槽道、列柜及成端用光电缆)的配置、数量、型号规格符合设计要求，部件完整

C. 通信机房的防雷、水暖、供电、通信电源、空调通风、照明等辅助设施安装调试完毕

D. 光纤数字传输系统所有设备安装调试完毕，系统处于正常运转工作状态

(2)资料验收包括(　　)。

A. 隐蔽工程验收记录　　B. 分项工程自检记录

C. 设备进场到货验收记录　　D. 有效的设备检验合格报告或证书

(3)资料不全时减分情况有(　　)。

A. 分项工程的施工资料和图表残缺，缺乏最基本的数据，不予检验与评定

B. 分项工程的施工资料和图表残缺，或有伪造涂改者，不予检验与评定

C. 资料不全者应予减分，视情况每款减1～3分

D. 资料不全者应予减分，视情况每款减0.1～1分

(4)外观鉴定条款有(　　)。

A. 槽道、机架(包括子架、DDF、ODF)及设备布局合理、安装稳固；机架横竖端正、排列整齐；拼装螺钉紧固、余留长度一致

B. 设备安装后表面光泽一致、无划伤、无刻痕、无剥落、无锈蚀；部件标识正确、清楚

C. 电缆及光纤连接线路由位置正确，布放整齐符合施工工艺要求

D. 光纤连接线在槽道内保护措施得当；分线正确、编扎排列整洁、工艺符合要求；在光配线架上路由走向正确、标识清楚、布放工艺符合要求

(5)外观鉴定条款还有(　　)。

A. 数字配线架上跳线的规格程式符合要求、路由走向正确、标识清楚、布放工艺符合规范要求

B. 同轴电缆的成端余留长度统一、芯线焊接及端头处理得当、符合工艺要求

C. 数字配线架、光纤配线架内布线整齐、美观；绑扎牢固、成端符合规范要求

D. 编号标识清楚；设备连接用连接线、跳线(纤)符合设计要求，长度规整统一

模拟试题三

说明:1. 本模拟试题设置单选题30道、判断题30道、多选题20道、综合题7道,总计150分;模拟自测时间为150分钟。

2. 本模拟试题仅供考生进行考前自测使用。

一、单项选择题(共30题,每题1分,共30分)

1. 交通工程学研究的对象是人、车、路及(　　)。

A. 交通环　　B. 空气质量　　C. 交通特性　　D. 道路规划

2. 下列哪种光源要用相关色温来表征其色度(　　)。

A. 白炽灯　　B. 日光灯　　C. 碘钨灯　　D. 卤钨灯

3. 发光强度的单位是(　　)。

A. 坎德拉(cd)　　B. 流明(lm)　　C. 勒克斯(lx)　　D. 尼特(nt)

4. 下列硬件部件中,不属于中央处理器CPU中控制器的部件是(　　)。

A. 时序部件和微操作形成部件　　B. 程序计数器

C. 外设接口部件　　D. 指令寄存器和指令译码器

5. 下列不属于产品标准规范性技术要素的是(　　)。

A. 标识标准　　B. 术语　　C. 质量特性　　D. 试验方法

6. 采用《公路交通安全设施质量检验抽样方法》(GB/T 2828.11—2008)检验时,其监督总体数量不大于(　　)。

A. 150　　B. 200　　C. 250　　D. 300

7. 户外设备做振动试验,在2~9Hz扫频时期位移幅值为(　　)。

A. 2mm　　B. 3.5mm　　C. 5mm　　D. 6.5mm

8. 随机变量 x 在 $-3s$ 到 $3s$ 区间出现的概率为(　　)。

A. 99.38%　　B. 99.53%%　　C. 99.58%　　D. 99.73%

9. 涂层测厚仪检测前要校准,校准方法为(　　)。

A. 仪器自动校准　　B. 通过自检程序校准

C. 激光校准　　D. 用探头测量校准试块校准

10. 标志板面普通材料色绿色的亮度因数要求(　　)。

A. ≥0.06　　B. ≥0.12　　C. ≥0.18　　D. ≥0.24

11. 反光膜防粘纸可剥离性能试验时,所压重物的质量为(　　)。

A. 3000g ±30g　　B. 3300g ±33g

C. 6600g ±66g　　D. 6600g ±33g

12. 正常使用期间的反光标线,白色反光标线的逆反射亮度系数不应低于(　　)。

A. $50mcd \cdot m^{-2} \cdot lx^{-1}$　　B. $60mcd \cdot m^{-2} \cdot lx^{-1}$

C. $70mcd \cdot m^{-2} \cdot lx^{-1}$　　D. $80mcd \cdot m^{-2} \cdot lx^{-1}$

13. 水性涂料产品存放时温度不得低于(　　)。

A. -5℃　　B. -3℃　　C. 0℃　　D. 3℃

14. 公路安全护栏碰撞能量的最高值为(　　)。

A. 520kJ　　B. 640kJ　　C. 760kJ　　D. 880kJ

15. 波形梁钢护栏的连接螺栓、螺母等用材为碳素结构钢,其抗拉强度不小于(　　)。

A. 275MPa　　B. 325MPa　　C. 375MPa　　D. 425MPa

16. 双涂层构件时,钢管、钢板、钢带加工成型镀锌后涂塑(聚乙烯)层厚度为(　　)。

A. >0.25mm　　B. >0.30mm　　C. >0.35mm　　D. >0.40mm

17. 直线路段遮光角 $\beta = \tan^{-1}(b/L)$,式中 b 为(　　)。

A. 防眩板宽度　　B. 防眩板间距

C. 防眩板高度　　D. 防眩板厚度

18. 观测角 0.2、水平入射角 0°时,Ⅲ类白色太阳能突起路标的发光强度值为(　　)。

A. ≥450mcd　　B. ≥480mcd　　C. ≥520mcd　　D. ≥550mcd

19. 附着式轮廓标的铝合金支架、底板,其最小实测厚度应不小于(　　)。

A. 1.5mm　　B. 2.0mm　　C. 2.5mm　　D. 3.0mm

20. 硅芯管内壁静态摩擦系数(平板法,对 PE-HD 标准试棒)为(　　)。

A. <0.10　　B. <0.15　　C. <0.20　　D. <0.25

21. 工程质量检验评分单元为(　　)。

A. 单位工程　　B. 分部工程　　C. 分项工程　　D. 合同段

22. 公路能见度测试仪的测量误差范围为(　　)。

A. ±3%　　B. ±5%　　C. ±8%　　D. ±10%

23. 一般视频同轴电缆的允许传输距离为(　　)。

A. ≤500m　　B. ≤300m　　C. ≤200m　　D. ≤100m

24. 串行通信适于的传输距离为(　　)。

A. 100m 内　　B. 500m 内　　C. 1000m 内　　D. 长距离传输

25. 光纤数字传输系统 2m 电口的比特误差比率 BER 标准值为(　　)。

A. $\leq 1 \times 10^{-9}$　　B. $\leq 1 \times 10^{-10}$

C. $\leq 1 \times 10^{-11}$　　D. $\leq 1 \times 10^{-12}$

26. 收费电动栏杆臂应贴敷的反光膜为(　　)。

A. 红白相间　　B. 黄黑相间　　C. 蓝白相间　　D. 红黄相间

27. 目前,我国高速公路收费系统主要使用的通行券为(　　)。

A. 纸质磁性券　　B. 纸质二维条形码券

C. 非接触 IC 卡　　D. 磁卡

28. 发电机组控制柜安装后的绝缘电阻要求(　　)。

A. ≥2MΩ　　B. ≥10MΩ　　C. ≥50MΩ　　D. ≥100MΩ

29. 灯杆直立安装完成后,应用经纬仪对灯杆垂直度进行检验,其垂直度为(　　)。

A. ≤3mm/m　　B. ≤4mm/m　　C. ≤5mm/m　　D. ≤6mm/m

30. 采用显色指数 Ra > 65、相关色温 3300 ~ 6000K 的荧光灯、LED 灯等光源时，车速 60km/h≤v < 90km/h 时的烟尘设计浓度上限为(　　)。

A. $0.0055m^{-1}$　　B. $0.0060m^{-1}$　　C. $0.0065m^{-1}$　　D. $0.0070m^{-1}$

二、判断题(共 30 题,每题 1 分,共 30 分)

1. 公路本质安全包括以下要素:明确性、主动性和宽容性。(　　)

2. 某点在给定方向的亮度因数等于该方向的亮度与相同条件下全反射或漫反射的漫射体的亮度之比。(　　)

3. 在 PLZOA 或 LPZOB 与 LPZ1 区交界处,从室外引来线路上安装的浪涌保护器,其标称放电电流 I_n 不宜小于 10/350μs、10kA。(　　)

4. 电路中有电压必有电流。(　　)

5. 二极管、三极管、场效应管是常用的开关元件。(　　)

6. 评价材料的老化主要通过两种方法:户外暴晒和人工加速老化。(　　)

7. 评定为不合格的分项工程,经加固、补强或返工、调测,满足设计要求后,可以重新进行检验评定。(　　)

8. 机电产品的电源接线端子与机壳的绝缘电阻应不小于 50MΩ。(　　)

9. 对机电设备进行辐射电磁场抗扰度试验时,对其四个侧面分别在发射天线垂直极化和水平极化位置进行试验,发射场强为 8V/m。产品的各种动作、功能及运行逻辑应正常。(　　)

10. 用于技术等级较高的道路时,标志底板宜采用牌号为 3004 的铝合金板材。(　　)

11. 耐候性能试验后,Ⅰ类反光膜逆反射系数 R_A 值不应低于规范值的 80%。(　　)

12. 按标线用途可分为:非反光标线、反光标线、突起振动标线、防滑标线、雨夜标线、其他标线。(　　)

13. 中折射率玻璃珠的折射率 RI 为:$1.70 < RI < 1.90$。(　　)

14. 双组份路面标线涂料不粘胎干燥时间小于 35min。(　　)

15. 我国目前尚没有 HA 级波形梁护栏产品。(　　)

16. 刺钢丝网的主要参数为捻数、刺矩、刺长和钢丝直径(防腐处理后的钢丝直径)。(　　)

17. 防眩板热固性涂料单涂层厚度为 0.076 ~ 0.150mm。(　　)

18. 太阳能突起路标按能见度条件分为Ⅰ型(适用于无照明道路)、Ⅱ型(适用于有照明道路)、Ⅲ型(适用于多雾天气的道路)。(　　)

19. 在行车道右侧应安装含白色逆反射材料的轮廓标。(　　)

20. 硅芯管环刚度分别为:32/26、34/28、40/33 规格 ≥ $50kN/m^2$;46/38、50/41 规格 ≥ $40kN/m^2$;63/54 规格 ≥ $35kN/m^2$。(　　)

21. 交通安全设施按 20km 或标段划分单位工程,防眩设施、隔离栅、防落物网按 5 ~ 10km 路段划分分部工程,下属再划分防眩板、防眩网、隔离栅、防落物网分项工程。(　　)

22. 多模光纤接头衰耗应小于 0.1dB。(　　)

23. 可变车道控制标志发光单元(红、绿色)色度坐标的判定按 GB 148871 的规定。
( )

24. 无线电广播和电视广播是单工传送的例子。 ( )

25. SDH 继承和更新了 PDH。 ( )

26. 断电数据完整性测试为任意流程时关闭车道控制器电源,加电后车道工作状态正常,数据无丢失。 ( )

27. 非接触式 IC 卡收发卡机滞卡率小于 1/40000。 ( )

28. 公路用户与公用电网的界面为低压配电柜配电回路断路器出线端。 ( )

29. 影响人眼睛对眩光感觉强弱的因素是光源的强度。 ( )

30. 隧道射流风机的轴线应垂直于隧道的轴线。 ( )

三、多项选择题(共 20 题,每题 2 分,共 40 分。下列各题的备选项中,至少有两个符合题意,选项全部正确得满分,选项部分正确按比例得分,出现错误选项该题不得分)

1. 交通调查包括( )。
A. 交通量调查　　B. 车速调查
C. 车流密度调查　　D. 延误调查

2. 负反馈对放大电路的影响是( )。
A. 降低放大倍数　　B. 增大输入电阻
C. 减小输出电阻　　D. 扩展放大电路通频带

3. 安全设施质量特性主要有( )。
A. 外观质量　　B. 材料要求
C. 防腐涂层质量　　D. 光、色度性能

4. 循环盐雾试验的试验设备有( )。
A. 氧气瓶　　B. 盐雾箱
C. 喷雾器　　D. 湿热箱

5. 电气强度测试要点有( )。
A. 1.0 级耐压测试仪
B. 耐压测试仪零线接待测设备机壳,其相线接待测设备相线接线端
C. 喷雾耐压测试仪输出 50Hz、1500V 正弦交流电
D. 历时 1min,应无火花闪络或击穿现象,漏电电流不大于 5mA 则试验通过;否则不合格

6. 收费设施(分部工程)含有下列分项工程( )。
A. 入口车道设备、出口车道设备　　B. 收费站设备及软件
C. 闭路电视监视系统　　D. 收费系统计算机网络

7. 标志板面(非反光型)需检测的色度性能指标有( )。
A. 色品坐标　　B. 亮度因数
C. 反射系数　　D. 眩光系数

8. 反光膜耐盐雾腐蚀性能试验中盐溶液及温度条件为(　　)。

A. 5.0% ±0.1%(质量比)的盐溶液且在盐雾试验箱内连续雾化

B. 10.0% ±0.1%(质量比)的盐溶液且在盐雾试验箱内连续雾化

C. 箱内温度保持35℃ ±2℃

D. 箱内温度保持50℃ ±2℃

9. GB 5768—2009 中规定,实线段和间隔的长度分别为2m 和2m 及(　　)。

A. 2m 和4m　　B. 4m 和4m　　C. 4m 和6m　　D. 6m 和9m

10. 1 号玻璃珠宜用作(　　)。

A. 溶剂型标线涂料的面撒玻璃珠

B. 热熔型标线涂料的面撒玻璃珠

C. 双组份标线涂料的面撒玻璃珠

D. 水性标线涂料的面撒玻璃珠

11. 波形梁护栏板热浸镀锌的锌锭应为(　　)。

A. Zn99.95　　B. Zn99.99　　C. Zn99.995　　D. Zn99.999

12. 轮廓标耐候性能试验时间为(　　)。

A. 自然暴露试验:2 年

B. 自然暴露试验:3 年

C. 人工气候加速老化试验:1200h

D. 累积辐射能量达到 $4.32 \times 10^6 kJ/m^2$

13. 硅芯管的色条一般沿硅芯管外壁均布4 组,且(　　)。

A. 每组1 ~2 条

B. 同组色条宽度2mm ±0.5mm

C. 间距2.0mm ±0.5mm

D. 厚度0.1 ~0.3mm

14. 轮廓标工程验收实测非关键项目有(　　)。

A. 安装角度　　B. 反射器中心高度

C. 柱式轮廓标竖直度　　D. 反射体色度光度指标

15. 高速公路可变信息标志主要有(　　)。

A. 可变情报板　　B. 可变限速板

C. 车道控制标志板　　D. 费额显示板

16. 公路光纤通信的主要设备有(　　)。

A. 光发射端机　　B. 光接收端机

C. 光中继器　　D. 光解码器

17. 收费系统软件特性表现为(　　)。

A. 准确性　　B. 安全可靠性

C. 不确定性　　D. 可扩充性

18. 高速公路电力线路的结构有(　　)。

A. 地面线路　　B. 架空线路

C. 地埋电缆线路　　D. 光缆线路

19. 公路照明光源要求有(　　)。

A. 公路照明光源的选择应综合考虑光效、使用寿命和显色性等因素

B. 常规路段照明宜采用高压汞灯,不应采用白炽灯

C. 对显色性有较高要求的设施及场所可采用一般显色指数较高的光源

D. 公路照明也可采用能够符合公路照明要求的新型光源,如 LED 光源、无极灯等

20. 隧道通风控制系统的组成部件有监控中心、计算机、风机控制柜、区域控制器和(　　)。

A. 光亮度检测器　　B. 一氧化碳检测器

C. 能见度检测器　　D. 风向风速检测器

四、综合题(从7道大题中选答5道大题,每道大题10分,共50分。下列各题的备选项中,有一个或一个以上符合题意,选项全部正确得满分,选项部分正确按比例得分,出现错误选项该题不得分)

1. 试回答以下关于机械振动与冲击试验的相关问题。

(1)机械振动和冲击试验的目的是(　　)。

A. 用来确定电工电子产品的机械薄弱环节或性能下降情况

B. 运用试验资料结合有关规范来决定样品是否可以接收

C. 确定样品的结构完好性和研究其动态特性

D. 根据经受试验中各种严酷等级的能力来划分元器件的等级

(2)振动台按其工作原理可以分为(　　)。

A. 机械振动台　　B. 电动振动台

C. 液压振动台　　D. 气压振动台

(3)振动试验的严酷等级由以下参数共同确定(　　)。

A. 环境温度　　B. 频率范围

C. 振动幅值　　D. 耐久试验的持续时间

(4)户外设备做振动试验时,2Hz→9Hz→150Hz→9Hz→2Hz 为一个循环,扫描速率为每分钟一个倍频程,共经历20个循环。其振幅控制为(　　)。

A. 2～9Hz 按位移控制,位移幅值 2mm,9～150Hz 按加速度控制,加速度为 $5m/s^2$

B. 2～9Hz 按位移控制,位移幅值 3.5mm,9～150Hz 按加速度控制,加速度为 $10m/s^2$

C. 2～9Hz 按位移控制,位移幅值 5mm,9～150Hz 按加速度控制,加速度为 $15m/s^2$

D. 2～9Hz 按位移控制,位移幅值 6.5mm,9～150Hz 按加速度控制,加速度为 $20m/s^2$

(5)车载设备做振动试验除频率上限不同外,其他试验参数与户外设备相同。其频率上限为(　　)。

A. 200Hz　　B. 300Hz　　C. 400Hz　　D. 500Hz

2. 试回答电磁兼容的相关问题。

(1)电磁骚扰种类有(　　)。

A. 电磁干扰　　B. 传导骚扰

C. 辐射骚扰　　D. 静电放电

(2)电磁兼容性 EMC 是指(　　)。

A. 设备或系统在其电磁环境中能正常工作

B. 设备或系统工作时不产生传导骚扰

C. 设备或系统工作时不产生辐射骚扰

D. 设备向外释放的电磁能量应在允许的范围内

(3)静电放电抗扰度要求有(　　)。

A. 对所确定的放电点(操作人员正常使用设备时可能接触的表面)采用接触放电

B. 试验电压为 2kV,至少施加 10 次单次放电

C. 放电间隔时间至少 1s

D. 产品的各种动作、功能及运行逻辑应正常

(4)辐射电磁场抗扰度要求有(　　)。

A. 对正常运行的设备四个侧面分别在发射天线垂直极化位置进行试验

B. 对正常运行的设备四个侧面分别在发射天线水平极化位置进行试验

C. 发射场强为 5V/m

D. 产品的各种动作、功能及运行逻辑应正常

(5)电快速瞬变脉冲群抗扰度要求有(　　)。

A. 将 2kV 试验电压通过耦合/去耦网络施加到供电电源端口和保护接地上

B. 将 1kV 试验电压通过耦合/去耦网络施加到输入输出信号和控制端口上

C. 施加试验电压 5 次

D. 每次持续时间不少于 1min

3. 拟对某批Ⅲ类白色反光膜做耐候性能试验,请回答相关问题。

(1)自然暴露或人工加速老化后,反光膜应无明显的(　　)。

A. 裂缝、皱折　　B. 刻痕、凹陷

C. 气泡、侵蚀、剥离　　D. 粉化或变形

(2)耐候性能试验后,反光膜任何一边出现的收缩均不得超过(　　)。

A. 0.5mm　　B. 0.6mm　　C. 0.8mm　　D. 1.0mm

(3)耐候性能试验后,逆反射系数、色品坐标及亮度因数的测试角为(　　)。

A. 观测角为 0.1°,入射角为 −4°、15°和 30°

B. 观测角为 0.2°,入射角为 −4°、15°和 30°

C. 观测角为 0.5°,入射角为 −4°、15°和 30°

D. 观测角为 1.0°,入射角为 −4°、15°和 30°

(4)试验前,反光膜的逆反射系数标准 $R_A = 210\text{cd} \cdot \text{lx}^{-1} \cdot \text{m}^{-2}$(观测角 0.2°,入射角 15°),试验后的 R_A'(观测角 0.2°,入射角 15°)应为多少才合格(　　)。

A. $105\text{cd} \cdot \text{lx}^{-1} \cdot \text{m}^{-2}$　　B. $137\text{cd} \cdot \text{lx}^{-1} \cdot \text{m}^{-2}$

C. $168\text{cd} \cdot \text{lx}^{-1} \cdot \text{m}^{-2}$　　D. $189\text{cd} \cdot \text{lx}^{-1} \cdot \text{m}^{-2}$

(5)测得色品坐标 $X = 0.285$, $Y = 0.320$;亮度因数为 0.28,该膜是否合格(　　)。

注：有效白色区域的四个角点坐标为 P_1(0.350,0.360)；P_2(0.305,0.315)；P_3(0.295,0.320)；P_4(0.340,0.370)；规范要求亮度因素≥0.27。

A. 色品坐标不合格　　B. 色品坐标合格

C. 亮度因数不合格　　D. 亮度因数合格

4. 试回答突起路标检验项目的相关问题。

(1)突起路标型式检验项目为(　　)。

A. 外观质量、结构尺寸、色度性能、逆反射性能

B. 整体抗冲击性能、逆反射器抗冲击性能、抗压荷载、纵向弯曲强度

C. 耐磨损性能、耐温度循环性能、碎裂后状态、金属反射膜附着性能

D. 耐盐雾腐蚀性能、耐候性能、标识和包装

(2)突起路标出厂检验必检项目为(　　)。

A. 外观质量、结构尺寸　　B. 逆反射性能、抗压荷载

C. 碎裂后状态　　D. 标识和包装

(3)突起路标出厂检验不检项目为(　　)。

A. 色度性能　　B. 耐候性能

C. 标识和包装　　D. 耐磨损性能

(4)突起路标出厂检验选检项目为(　　)。

A. 色度性能、整体抗冲击性能

B. 逆反射器抗冲击性能、纵向弯曲强度

C. 耐磨损性能、耐温度循环性能

D. 金属反射膜附着性能、耐盐雾腐蚀性能

(5)A3 类突起路标才做的检验项目为(　　)。

A. 碎裂后状态　　B. 纵向弯曲强度

C. 耐磨损性能　　D. 金属反射膜附着性能

5. 试回答轮廓标工程质量检验评定标准的相关问题。

(1)轮廓标工程质量检验评定的基本要求为(　　)。

A. 轮廓标产品应符合《轮廓标》(JT/T 388)的规定

B. 柱式轮廓标的基础混凝土强度、基础尺寸应符合设计要求

C. 轮廓标的布设应符合设计要求并符合施工技术规范规定

D. 柱式轮廓标安装牢固，色度性能、光度性能应满足设计要求

(2)轮廓标工程质量检验评定的实测项目为(　　)。

A. 安装角度　　B. 反射器中心高度

C. 柱式轮廓标竖直度　　D. 光、色度性能

(3)轮廓标工程质量检验评定的非关键实测项目为(　　)。

A. 安装角度　　B. 反射器中心高度

C. 柱式轮廓标竖直度　　D. 光、色度性能

(4)轮廓标工程质量检验评定实测项目使用设备为(　　)。

A. 卡尺、直尺　　B. 花杆、十字架

C. 卷尺、万能角尺　　D. 照度计、逆反射系数测试仪

(5)反射器中心高度的允许误差和抽查频率为(　　)。

A. ±10mm,抽查3%　　B. ±20mm,抽查5%

C. ±30mm,抽查10%　　D. ±40mm,抽查15%

6. 试回答LED可变信息标志型式检验和出厂检验的相关问题。

(1)LED可变信息标志型式检验项目有:材料要求、结构尺寸、外观质量、色度性能、视认性能、功能要求、通信接口与规程、绝缘电阻、电气强度、连接电阻、电源适应性、防护性能、结构稳定性、耐低温性能、耐高温性能、耐湿热性能、耐温度交变性能、耐机械振动性能和(　　)。

A. 耐化学品腐蚀性能　　B. 耐盐雾腐蚀性能

C. 耐候性能　　D. 可靠性

(2)LED可变信息标志型式检验抽样方案为(　　)。

A. 按《公路交通安全设施质量检验抽样方法》(JT/T 495—2014)中5.1、5.2抽样

B. 按《公路交通安全设施质量检验抽样方法》(JT/T 495—2014)中5.3、5.4抽样

C. 随机抽取1个完整的标志产品

D. 随机抽取3个完整的标志产品

(3)LED可变信息标志型式检验判据为(　　)。

A. 电气安全性能不合格时,该次型式检验为不合格

B. 色度性能不合格时,该次型式检验为不合格

C. 耐盐雾腐蚀性能性能不合格时,该次型式检验为不合格

D. 若其他项出现不合格,在同批产品中加倍取样,对不合格项进行检验,若仍不合格则该次检验不合格

(4)LED可变信息标志出厂非检验项目有:防护性能、结构稳定性、耐低温性能、耐高温性能、耐湿热性能、耐温度交变性能和(　　)。

A. 耐化学品腐蚀性能　　B. 耐盐雾腐蚀性能

C. 耐候性能　　D. 可靠性

(5)LED可变信息标志出厂检验抽样规则和判据(　　)。

A. 批量不大于3台的产品,由产品生产企业质量检验部门按《高速公路LED可变信息标志》(GB/T 23828—2009)表4规定,逐台进行检验,检验合格后签发合格证,方可出厂

B. 对于批量大于3台的产品,出厂检验样品应从生产线终端随机抽取不少于30%的样品,但不少于3台

C. 若3台全部合格则整个检验批合格,该批允许出厂;若有一台不合格,则需对整个批进行逐台检验,剔除不合格品

D. 出厂检验中,剔除的不合格品允许返修,返修后重新对不合格项进行检验,但返修次数不应超过3次

7. 某段沥青路面高速公路刚刚竣工验收,需测定照明参数,试回答以下问题。

(1)测试平均照度最小维持值时,维护系数应取(　　)。

A. 0.6　　B. 0.65　　C. 0.7　　D. 0.75

(2)若路面平均亮度最小维持值为 2.0cd/m^2,则平均亮度检测值应为(　　)。

A. 2.5cd/m^2　　B. 2.86cd/m^2　　C. 3.1cd/m^2　　D. 3.3cd/m^2

(3)若路面平均照度最小维持值为 30 lx,则平均照度检测值应为(　　)。

A. 40.0 lx　　B. 42.9 lx　　C. 46.2 lx　　D. 50.0 lx

(4)该路段应选用灯具形式为(　　)。

A. 截光型灯具　　B. 半截光型灯具

C. 抛物面型灯具　　D. 漫反射型灯具

(5)该路段应采用的光源为(　　)。

A. 高压钠灯　　B. 低压钠灯

C. 无极灯　　D. LED 灯

模拟试题四

说明:1. 本模拟试题设置单选题30道、判断题30道、多选题20道、综合题7道,总计150分;模拟自测时间为150分钟。

2. 本模拟试题仅供考生进行考前自测使用。

一、单项选择题(共30题,每题1分,共30分)

1. 表征交通流的参数有交通量、车速和(　　)。

A. 车头时距　　B. 车流密度

C. 瞬时速度　　D. 车辆间距

2. 人眼中光谱视效率最大的光波长为(　　)。

A. 455nm　　B. 555nm　　C. 655nm　　D. 755nm

3. 人工模拟盐雾试验包括中性盐雾试验、醋酸盐雾试验、铜盐加速醋酸盐雾试验和(　　)。

A. 高温湿热试验　　B. 静电效应试验

C. 酸性盐雾试验　　D. 交变盐雾试验

4. 1 库仑/秒为(　　)。

A. 1Ω(电阻)　　B. 1W(功率)　　C. 1V(电压)　　D. 1A(电流)

5.《公路工程质量检验评定标准　第一册　土建工程》(JTG F80/1—2017)3.2.4 规定:本标准规定的检查方法为标准方法,采用其他高效检测方法应经(　　)。

A. 专家组确认　　B. 比对确认

C. 主管部门确认　　D. 总监确认

6. 采用《计数抽样检验程序　第11部分:小总体声称质量水平的评定程序》(GB/T 2828.11—2008)工厂检验时,其监督质量水平为(　　)。

A. DQL = 1.0　　B. DQL = 2.0　　C. DQL = 3.0　　D. DQL = 4.0

7. 车载设备做振动试验,频率上限为(　　)。

A. 200Hz　　B. 300Hz　　C. 400Hz　　D. 500Hz

8. 低温试验方法的分类中 A_e 表征试件为(　　)。

A. 普通样品　　B. 非散热样品

C. 散热样品　　D. 散热样品,试验时样品通电

9. 检测电气强度的耐压试验仪要求的工作电压和测试精度分别为(　　)。

A. 1000V,0.5级　　B. 1500V,0.5级　　C. 1000V,1.0级　　D. 1500V,1.0级

10. 标志板面油墨与反光膜的附着性能试验的印刷方法为(　　)。

A. 丝网印刷　　B. 浸墨印刷

C. 刻板印刷　　D. 激光印刷

11. 耐候性能试验后，Ⅳ反光膜逆反射系数 R_A 值不应低于(　　)。

A. 规范值的 50%　　B. 规范值的 65%

C. 规范值的 80%　　D. 规范值的 90%

12. 防滑标线的抗滑值应不小于(　　)。

A. 35BPN　　B. 40BPN　　C. 45BPN　　D. 50BPN

13. 遮盖率试验所用白色底板的亮度因数不低于(　　)。

A. 65%　　B. 70%　　C. 75%　　D. 80%

14. 路侧缆索护栏的防护等级分为(　　)。

A. C、B、A 三级　　B. C、B、A、S 四级

C. C、B、A、S、HB 五级　　D. C、B、A、S、HB、HA 六级

15. 三波形梁板 RTB01-2(钢管立柱或 H 型钢立柱用板)的尺寸为(　　)。

A. 4320 × 506 × 85 × 3(4)　　B. 3320 × 506 × 85 × 3(4)

C. 2320 × 506 × 85 × 3(4)　　D. 1520 × 506 × 85 × 3(4)

16. Psh-2 型端角燕尾立柱直径尺寸为(　　)。

A. ϕ = 38mm　　B. ϕ = 48mm　　C. ϕ = 60mm　　D. ϕ = 76mm

17. 玻璃钢防眩板密度的技术要求为(　　)。

A. ≥1.0g/cm^3　　B. ≥1.3g/cm^3　　C. ≥1.5g/cm^3　　D. ≥1.9g/cm^3

18. 突起路标和太阳能突起路标抽样方法为当批量大于 10000 只(小于 25000 只)时，随机抽取(　　)。

A. 26 只　　B. 40 只　　C. 46 只　　D. 50 只

19. 附着式轮廓标用合成树脂类材料做支架或底板时，其抗弯强度应不低于(　　)。

A. 30MPa　　B. 35MPa　　C. 40MPa　　D. 45MPa

20. 耐液压性能：取两段长度不小于 250mm 的完整硅芯管试样，按 A 型密封方式对试样端头进行密封后缓慢注水，试样无明显鼓胀、无渗漏、不破裂为合格。试验条件为(　　)。

A. 水温(20 ± 2)℃，30s 内达到 1MPa 的压力后保持 10min

B. 水温(20 ± 2)℃，1min 内达到 2MPa 的压力后保持 15min

C. 水温(20 ± 2)℃，90s 内达到 3MPa 的压力后保持 20min

D. 水温(20 ± 2)℃，2min 内达到 4MPa 的压力后保持 25min

21. 交通安全设施关键项目的合格率不小于(　　)。

A. 70%　　B. 75%　　C. 85%　　D. 95%

22. 当车辆检测器中的环形线圈置于钢筋混凝土上时，线圈至钢筋至少为(　　)。

A. 50mm　　B. 55mm　　C. 60mm　　D. 65mm

23. 可变标志的动态视认距离为(　　)。

A. 60km/h，≥300m　　B. 80km/h，≥300m

C. 100km/h，≥250m　　D. 120km/h，≥300m

24. 基带传输是指(　　)。

A. 按照数字信号原有的波形在信道上直接传输

B. 按照数字信号的基波在信道上直接传输

C. 按照数字信号的奇次谐波在信道上直接传输

D. 按照数字信号的偶次谐波在信道上直接传输

25.《公路工程质量检验评定标准　第二分册　机电工程》(JTG F80/2—2004)中,数字程控交换系统工作电压的规定值应为(　　)。

A. 40V　　B. -57V ~ 40V　　C. 57V　　D. -40V ~ -57V

26. 安装到位后,电动栏杆强电端子对机壳绝缘电阻为(　　)。

A. ≥30MΩ　　B. ≥50Ω　　C. ≥60MΩ　　D. ≥100MΩ

27. ETC 系统中,与车载单元 OBU 通信完成收费交易的是(　　)。

A. 车道天线　　B. 路测设备控制

C. 车道控制器　　D. 路侧单元 RSU

28. 蓄电池充电装置的直流输出电压一般应(　　)。

A. 等于额定电压　　B. 小于额定电压

C. 高于额定电压 5%　　D. 无严格要求

29. 照明设备控制装置的接地电阻为(　　)。

A. ≤1Ω　　B. ≤4Ω　　C. ≤8Ω　　D. ≤10Ω

30. 火灾报警系统采用共用接地装置时, 接地电阻值应不大于(　　)。

A. 1Ω　　B. 4Ω　　C. 8Ω　　D. 10Ω

二、判断题(共 30 题,每题 1 分,共 30 分)

1. 道路六级服务水平是最舒适的。(　　)

2. 用电压表电流表测负载的电压电流,当负载电流较大时,电压表应直接和负载并联测电压;当负载电流较小时,电压表应并连接在电流表与负载回路间测电压。(　　)

3. 单支避雷针在地面上的保护半径 $r = 1.8h/p$(式中,h 为避雷针高度,p 为高度影响系数)。(　　)

4. 组合逻辑电路任意时刻的稳定输出只由该时刻的输入信号取值组合决定,而与原电路状态无关。(　　)

5. 串联电路中,流过各电阻上的电流都是相等的。(　　)

6. 人工加速老化试验所用的仪器设备有人工加速老化试验箱、黑板温度计、拉力机、冰箱和恒温玻璃水槽。(　　)

7. 涂装质量好坏,最后都要体现在涂膜好坏上,所以涂装后的质量检测主要是对涂膜性能的检测。(　　)

8. 机电产品应设安全保护接地端子,接地端子与机壳的连接电阻应小于 0.1Ω。(　　)

9. 室外流化床浸塑复合涂层宜选用静电喷涂聚酯涂层、流化床浸塑涂层;聚乙烯(PE)高分子涂料宜适用于室内金属钢构件防腐。(　　)

10. 标志板下缘至路面净空高度用经纬仪、全站仪或尺测量,每块板测 3 点。(　　)

11. 反光膜夜间的色度性能指标只有色品坐标。(　　)

12. 黄色立面反光标志干燥时，初始逆反射亮度系数应大于 350mcd · m^{-2} · lx^{-1}。（　　）

13. 溶剂型、热熔型、双组份、水性四种均有的性能检验有密度、耐碱性、耐水性、耐磨性、色度性能、不粘胎干燥时间、流动度等。（　　）

14. 水性路面标线涂料固体含量高、VOC 含量低、对玻璃珠有很好的附着力、反光效果好、涂膜耐磨和抗滑性能好、重涂简单、施工效率高。（　　）

15. 波形梁钢护栏的技术要求有外观质量、外形尺寸、材料要求、防腐层厚度、防腐层附着量、防腐层均匀性、防腐层附着性、耐盐雾性能共 8 项。（　　）

16. 对于焊接网片网，焊点脱落数应小于焊点总数的 5%。（　　）

17. 钢质金属防眩板板体厚度的允许偏差为 ±0.3mm。（　　）

18. A2 类突起路标由工程塑料或金属等材料基体和定向透镜逆反射器组成。（　　）

19. 轮廓标可分为埋设于地面上的柱式轮廓标和附着于构造物上的附着式轮廓标。

（　　）

20. 硅芯管外/内径规格有 32/26、34/28、40/33、46/38、50/41、65/56。（　　）

21. 突起路标工程验收实测项目有安装角度（允许偏差 ±5°，抽查 10%）、纵向间距（允许偏差 ±50mm，抽查 10%）、横向偏位（允许偏差 ±30mm，抽查 10%）。（　　）

22. 光缆、电缆的绝缘电阻随长度的增加而变小。（　　）

23. 可变标志实测项目显示屏平均亮度为 ≥6000cd/m^2。（　　）

24. 频分多路复用多用于模拟通信。（　　）

25. 并行通信时数据的各个位同时传送，可以字或字节为单位同时并行进行。（　　）

26. 车道车辆检测器计数精度偏差规定为 ≤0.1%，实测方法为人工记数核对，要大于 1500 辆，或借助录像带核对历史记录。（　　）

27. 电动栏杆起落总时间规定为 ≤4.0s，实测方法为用秒表测 10 次，取平均时间。

（　　）

28. 配电系统的安全接地电阻要求 ≤4Ω。（　　）

29. 公路一级和二级照明的环境比（SR）均为 0.5。（　　）

30. 中间段照明与洞外亮度有关。（　　）

三、多项选择题（共 20 题，每题 2 分，共 40 分。下列各题的备选项中，至少有两个符合题意，选项全部正确得满分，选项部分正确按比例得分，出现错误选项该题不得分）

1. 当光入射到实际的材料表面时会产生（　　）。

A. 漫反射　　B. 镜面反射　　C. 临界反射　　D. 折射

2. 代码 IP68 表示该电气设备外壳的防护能力为（　　）。

A. 防尘 6 级，防水 8 级

B. 防尘 8 级，防水 6 级

C. 可防强烈喷水；直径 2.5mm 的试具不得进入壳内

D. 可防持续潜水影响（可长期潜水）；直径 1.0mm 的试具不得进入壳内

3. 组批原则为通常每个检验批产品应（　　）。

A. 同型号　　B. 同种类(尺寸、特性、成分等)

C. 同等级　　D. 生产工艺、条件和时间基本相同

4. 复合涂层厚度测试方法有(　　)。

A. 显微镜法　　B. 脱层法　　C. 换算法　　D. 钻孔法

5. 交通安全设施含有的分部工程有里程碑和百米桩、标志、标线、突起路标、隔离栅和(　　)。

A. 轮廓标　　B. 护栏

C. 防眩设施、防落网　　D. 避险车道

6. 交通安全设施分项工程中,关键项目的依据为(　　)。

A. 对结构安全起决定性作用

B. 对耐久性起决定性作用

C. 对主要使用功能起决定性作用

D. 对环境起决定性作用

7. 交通标志形状有正等边三角形、圆形、倒等边三角形及(　　)。

A. 八角形　　B. 叉形　　C. 方形　　D. 扇形

8. 抗冲击性能试验是将反光膜试样反光面朝上,水平放置在仪器钢板上,(　　)。

A. 在试样上方 250mm 处

B. 在试样上方 500mm 处

C. 用一个质量为 450.0g ±4.5g 的实心钢球自由落下,冲击试样

D. 用一个质量为 900.0g ±9.0g 的实心钢球自由落下,冲击试样

9. 道路交通标线按标线用途,可分为非反光标线、反光标线和(　　)。

A. 突起振动标线　　B. 防滑标线

C. 雨夜标线　　D. 其他标线

10. 标线用玻璃珠的技术要求有(　　)。

A. 外观要求、粒径分布　　B. 成圆率、密度

C. 折射率、耐水性　　D. 磁性颗粒含量和防水涂层要求

11. 两波形梁钢护栏由两波形梁板、立柱、连接件及(　　)构件组成。

A. 波形梁背板　　B. 端头　　C. 防阻块　　D. 横隔梁

12. 涂塑层性能评价项目有(　　)。

A. 外观质量、均匀性

B. 附着性能、抗弯曲性能、耐冲击性能

C. 耐盐雾腐蚀性能、耐湿热性能

D. 耐化学药品性能、耐候性能、耐低温脆化性

13. 硅芯管复原率试验要点为(　　)。

A. 垂直方向加压至外径变形量为原外径的 50%

B. 立即卸荷

C. 试样不破裂、不分层

D. 5min 内外径能自然恢复到原来的 75% 以上

14. 交通安全设施按 20km 或标段划分单位工程，下属按 5 ~ 10km 路段划分分部工程的为(　　)。

A. 标志、标线　　B. 突起路标

C. 轮廓标　　D. 里程碑和百米桩

15. 监控中心的接地有(　　)。

A. 工作接地(≤4Ω)　　B. 安全接地(≤4Ω)

C. 防雷接地(≤10Ω)　　D. 联合接地(≤1Ω)

16. 光纤通信系统的质量指标主要有(　　)。

A. 误码率　　B. 抖动　　C. 漂移特性　　D. 可靠性

17. 出口车道设备用实际操作方法检测的项目有(　　)。

A. 脚踏报警　　B. 出口正常处理流程

C. 换卡车处理流程　　D. 入出口车型不符处理流程

18. 公路机电系统的应急电源主要有(　　)。

A. 蓄电池装置　　B. UPS　　C. 柴油发电机　　D. 市电

19. 公路照明灯具应选择(　　)。

A. 截光型灯具　　B. 半截光型灯具

C. 抛物面型灯具　　D. 漫反射型灯具

20. 隧道交通监控中心为交通控制提供控制手段的设备有(　　)。

A. 隧道交通信号灯　　B. 车道控制信号灯

C. 可变信息板　　D. 紧急广播系统

四、综合题(从 7 道大题中选答 5 道大题，每道大题 10 分，共 50 分。下列各题的备选项中，有一个或一个以上符合题意，选项全部正确得满分，选项部分正确按比例得分，出现错误选项该题不得分)

1. 试回答下列交通安全设施工程质量检测评定方面的相关问题。

(1) 分项工程合格的条件为(　　)。

A. 评分≥75 分　　B. 评分≥80 分

C. 合格率≥75%　　D. 合格率≥80%

(2) 分项工程验收时的相关要求有(　　)。

A. 关键项目检测合格率为 100%，否则必须进行返工处理

B. 实测项目的任一单个检测值突破了规定极限值则该实测项目为不合格

C. 外观质量应进行全面检查，并满足规定要求，否则该检查项目为不合格

D. 原材料配比基础等七类质量保证资料齐全

(3) 不合格分项工程的处理方法有(　　)。

A. 经加固、补强满足设计要求　　B. 经返工调测满足设计要求

C. 复评分数大于 95 分为合格　　D. 满足设计要求后重新进行检验评定

(4) 分部工程质量评定要求有(　　)。

A. 所属各分项工程全部合格,则该分部工程评为合格

B. 所属任一分项工程不合格,则该分部工程为不合格

C. 所含分项工程和实测项目应合格

D. 所属有两项(或以上)非关键分项工程不合格,则该分部工程为不合格

(5)某交通安全设施单位工程各分部工程合格率均满足要求(一般项目大于80%,关键项目大于95%),仅有一分项工程外观质量不满足要求,该单位工程评定为(　　)。

A. 不合格　　B. 整改后重新评定

C. 合格,但不能评优　　D. 合格,但要整改

2. 试回答关于公路交通工程钢构件防腐技术条件的相关问题。

(1)热镀防腐的方法使被镀钢构件浸入熔融的金属镀液中在表面形成涂层,这是因为二者之间发生(　　)。

A. 溶解　　B. 化学反应　　C. 扩散　　D. 固化

(2)热浸镀锌铝合金浸塑复合涂层的工艺流程有(　　)。

A. 热浸镀锌铝合金工艺　　B. 喷涂工艺

C. 流化床工艺　　D. 静电涂装工艺

(3)达克罗的工艺流程有(　　)。

A. 浸涂工艺　　B. 刷涂工艺　　C. 喷涂工艺　　D. 烘烤工艺

(4)环氧锌基聚酯复合涂层的工艺流程有(　　)。

A. 抛丸工艺　　B. 喷丸工艺

C. 粉末涂料工艺　　D. 静电涂装工艺

(5)粉末镀锌涂层的形成利用了(　　)。

A. 机械设备　　B. 化学物质作用

C. 冲击介质作用　　D. 气流吹拂作用

3. 试回答各种涂料性能检测的相关问题。

(1)溶剂型涂料的性能有(　　)。

A. 容器中状态、黏度、密度、施工性能

B. 加热稳定性、涂膜外观、不粘胎干燥时间

C. 遮盖率、色度性能、耐磨性、耐水性

D. 耐碱性、附着性、柔韧性、固体含量

(2)热熔型涂料的性能有(　　)。

A. 密度、软化点、涂膜外观、不粘胎干燥时间

B. 色度性能、抗压强度、耐磨性

C. 耐水性、耐碱性、玻璃珠含量、流动度

D. 涂层低温抗裂性、加热稳定性、人工加速耐候性

(3)双组份涂料的性能有(　　)。

A. 容器中状态、密度、施工性能、涂膜外观

B. 不粘胎干燥时间、色度性能、耐磨性

C. 耐水性、耐碱性、附着性、柔韧性

D. 玻璃珠含量、人工加速耐候性

(4)水性涂料的性能有(　　)。

A. 黏度、密度、施工性能、漆膜外观

B. 不粘胎干燥时间、遮盖率、色度性能

C. 耐磨性、耐水性、耐碱性、冻融稳定性

D. 早期耐水性、附着性、固体含量

(5)四种涂料均有的性能有(　　)。

A. 密度、涂膜外观　　B. 不粘胎干燥时间

C. 色度性能　　D. 耐磨性、耐水性、耐碱性

4. 试回答隔离栅工程质量检验评定标准的相关问题。

(1)隔离栅工程质量检验评定的基本要求为(　　)。

A. 隔离栅产品应符合现行《隔离栅》(JT/T 374)的规定,绿篱隔离栅和防落物网应满足设计要求

B. 立柱混凝土基础满足设计要求;防落物网网孔应均匀,结构牢固,围封严实

C. 各构件的安装应满足设计要求并符合施工技术规范的规定

D. 隔离栅起终点端头围封应满足设计要求

(2)隔离栅工程质量检验评定的实测项目为高度、立柱中距和(　　)。

A. 刺钢丝的中心垂度　　B. 混凝土基础强度

C. 立柱竖直度　　D. 立柱埋置深度

(3)隔离栅工程质量检验评定的非关键实测项目为(　　)。

A. 镀(涂)层厚度　　B. 网面平整度

C. 立柱埋置深度　　D. 混凝土基础强度

(4)隔离栅工程质量检验评定的实测项目所用仪器为(　　)。

A. 钢卷尺　　B. 直尺、垂线

C. 测厚仪　　D. 200t 材料试验机

(5)《公路工程质量检验评定标准　第一册　土建工程》(JTG F80/1—2017)中去掉的隔离栅工程质量检验评定的关键项目为(　　)。

A. 镀(涂)层厚度　　B. 网面平整度

C. 立柱埋置深度　　D. 混凝土强度

5. 试回答下列道路交通标线工程质量检验评定相关问题。

(1)《公路工程质量检验评定标准　第一册　土建工程》(JTG F80/1—2017)中,交通标线应符合的基本要求为(　　)。

A. 交通标线施划前路面应清洁、干燥、无起灰

B. 交通标线涂料应符合现行《路面标线涂料》(JT/T 280)和《路面标线用玻璃珠》(GB/T 24722)的规定

C. 交通标线的颜色形状和位置应符合现行《道路交通标志和标线》(GB 5768)的规定并满足设计要求

D. 反光标线玻璃珠应撒布均匀,施划后标线无起泡、剥落

(2)标线实测项目有标线线段长度、标线宽度、标线厚度、标线横向偏移和(　　)。

A. 标线纵向间距　　B. 标线逆反射亮度系数

C. 标线脱落面积　　D. 抗滑值(BPN)

(3)标线实测项目的关键项目有(　　)。

A. 标线厚度　　B. 抗滑值(BPN)

C. 标线逆反射亮度系数　　D. 标线脱落面积

(4)《公路工程质量检验评定标准　第一册　土建工程》(JTG F80/1—2017)新增的检测项目为(　　)。

A. 标线厚度　　B. 抗滑值(BPN)

C. 标线逆反射亮度系数　　D. 标线脱落面积

(5)标线厚度的测试仪器和频率为(　　)。

A. 标线厚度测试仪　　B. 卡尺

C. 每 1km 测 3 处,每处测 6 点　　D. 每 1km 测 3 处,每处测 9 点

6. 试回答下列光纤数字传输系统的相关问题。

(1)基带传输的特点为(　　)。

A. 把二进制信号中能量最集中的(含直流)基本频率带(简称基带信号)直接在信道中传输

B. 该信号不经过调制和解调过程,但一般会编码

C. 整个信道只传输一种信号

D. 该种传输信道利用率高

(2)频带传输的特点为(　　)。

A. 将基带信号进行载波、调制和解调的传输过程

B. 频带传输适于计算机远距离通信

C. 一个信道可同时传输多路频带(经调制过的)不同的信号

D. 传输过程中将基带信号进行调制和解调的装置称为调制解调器

(3)光纤数字传输系统由下列(　　)组成。

A. 光发射机　　B. 光接收机

C. 中继器、光纤连接器　　D. 光纤

(4)光发射机(光源)的特点为(　　)。

A. 由光源、驱动器和调制器组成

B. 用电信号对光源发出的光波进行调制成为已调光波

C. 已调光波再取样离散、解调、编码

D. 光信号耦合到光纤进行传输

(5)光接收机(光检测器)的特点为(　　)。

A. 是实现光/电转换的设备

B. 由光检测器、解调器、放大器组成

C. 将光纤传输来的光信号经光检测器接收、解调、放大成为电信号

D. 上述电信号再经 D/A 转换供终端设备调用

7. 试简述中心(站)内低压配电设备检测主要技术指标。

(1)基本要求有(　　)。

A. 电源设备数量、型号规格符合设计要求,设备、列架排列整齐、有序,标志清楚、牢固

B. 所有电缆接头按规范进行开剥、焊接、镀锡、绑扎、密封和热塑封合防潮处理

C. 电源室等通过了通电测试,工作、安全、防雷等接地连接可靠

D. 隐蔽等工程验收记录、设备及附(备)件清单、有效的设备检验合格证书等资料齐全

(2)室内设备、列架的绝缘电阻的测量仪器为(　　)。

A. 300V 兆欧表　　B. 500V 兆欧表

C. 300 型交流电桥　　D. 500 型交流电桥

(3)发电机组供电切换对机电系统影响的检查方法为(　　)。

A. 机组并网测试　　B. 机组容量测试

C. 实际操作　　D. 查有效的历史记录

(4)电源室接地装置的技术要求为(　　)。

A. 接地体的材质和尺寸符合设计要求

B. 安装位置及埋深符合设计要求

C. 接地体引入线与接地体的连接以及防腐处理等符合设计要求

D. 应通过有资质部门的检测

(5)发电机组的实测项目有(　　)。

A. 发电机组控制柜接地电阻和绝缘电阻测试

B. 发电机组启动及启动时间、相序、容量测试

C. 发电机组输出电压稳定性及机组供电切换对机电系统的影响测试

D. 发电机组和电网并网测试

参考答案及解析

模拟试题一

一、单项选择题

1.【答案】A

【解析】《公路工程技术标准》(JTG B01—2014)。

2.【答案】A

【解析】串联电路电流相同。

3.【答案】D

【解析】色温如以3000K为参考点,色温往下降光源颜色逐渐变红,色温往上升光源颜色逐渐变蓝。

4.【答案】D

【解析】$I=U/R$,两个相同阻值的电阻R并联等效电阻为$R/2$。

5.【答案】B

【解析】加了"T"为交通运输部推荐性行业标准。

6.【答案】A

【解析】《公路交通安全设施质量检验抽样方法》(JT/T 495—2014)。

7.【答案】A

【解析】交变盐雾试验实际上是中性盐雾试验加恒定湿热试验。它主要用于空腔型的整机产品。通过潮态环境的渗透,使盐雾腐蚀不但在产品表面产生,也在产品内部产生。是将产品在盐雾和湿热两种环境条件下交替转换,最后考核整机产品电性能和机械性能有无变化。

8.【答案】B

【解析】IPXX防护等级是由两个数字所组成,第1个数字表示电器防尘、防止外物侵入的等级,第2个数字表示电器防湿气、防水侵入的密闭程度,数字越大表示其防护等级越高。

9.【答案】A

【解析】电涡流测厚仪(0.1μm)只用于铜铝等良导体基底的涂层测厚,磁性测厚仪(0.1μm)只用于铁磁基底的涂层测厚,超声波测厚仪(1μm)可用于铁磁基底、铜铝等良导体基底及非金属基底的涂层测厚。

10.【答案】C

【解析】《道路交通标志和标线　第2部分:道路交通标志》(GB 5768.2—2009)3.4。

11.【答案】D

【解析】《道路交通反光膜》(GB/T 18833—2012)4.2。

12.【答案】C

【解析】《道路交通标志和标线　第3部分:道路交通标线》(GB 5768.3—2009)5.10。

13.【答案】D

【解析】《路面标线用玻璃珠》(GB/T 24722—2009)4.1.2。

14.【答案】D

【解析】《公路交通安全设施设计细则》(JTG/T D81—2017)6.2。

15.【答案】C

【解析】《波形梁钢护栏　第2部分:三波形梁钢护栏》(GB/T 31439.2—2015)3.3.1。

16.【答案】C

【解析】《公路交通安全设施设计规范》(JTG D81—2017)9.2.1。

17.【答案】A

【解析】《防眩板》(GB/T 24718—2009)4.2。

18.【答案】B

【解析】《突起路标》(GB/T 24725—2009)5.4。

19.【答案】C

【解析】《轮廓标》(GB/T 24970—2010)图5。

20.【答案】B

【解析】《高密度聚乙烯硅芯管》(GB/T 24456—2009)5.2.1。

21.【答案】C

【解析】《公路工程质量检验评定标准　第一册　土建工程》(JTG F80/1—2017)3.2.5。

22.【答案】D

【解析】《公路工程质量检验评定标准　第二册　机电工程》(JTG F80/2—2004)2.1.2。

23.【答案】D

【解析】《公路工程质量检验评定标准　第二册　机电工程》(JTG F80/2—2004)2.3.2。

24.【答案】A

【解析】从网络运行的经济性、稳定性、可靠性等因素考虑,用有线通信网络为佳。

25.【答案】B

【解析】SDH也称同步数字体系,是一整套传送网的国际标准。

26.【答案】A

【解析】A选项,在每一个入口的匝道处收费,管进不管出,最切题意。

27.【答案】C

【解析】能适应高速公路最高时速时的车牌识别。

28.【答案】A

【解析】链式配电一般每一回路链接不宜超过5台,其容量总和不宜超过10kW。

29.【答案】D

【解析】《公路照明技术条件》(GB/T 24969—2010)3.8。

30.【答案】D

【解析】误码率是数据传输的重要指标。

二、判断题

1.【答案】√

【解析】容易忽略“隐含需要的能力和特性”。

2.【答案】√

【解析】眩光的定义。

3.【答案】×

【解析】机电工程实测关键项目合格率要求达到100%。

4.【答案】×

【解析】漏掉了“试验方法等”。

5.【答案】√

【解析】分部工程所属分项工程全部合格,该分部工程合格。

6.【答案】√

【解析】《公路交通安全设施质量检验抽样方法》(JT/T 495—2014)4.5.6。

7.【答案】√

【解析】注意机房内设备和外场设备,其加速度为10m/s^2。《公路机电系统设备通用技术要求及检测方法》(JT/T 817—2011)4.4.3。

8.【答案】×

【解析】要做防尘试验。《外壳防护等级(IP代码)》(GB/T 4208—2017)。

9.【答案】×

【解析】试验电压为4kV。《公路机电系统设备通用技术要求及检测方法》(JT/T 817—2011)4.11.2。

10.【答案】√

【解析】《道路交通标志板及支撑件》(GB/T 23827—2009)5.3。

11.【答案】×

【解析】《道路交通反光膜》(GB/T 18833—2012)4.2。

12.【答案】√

【解析】《公路工程质量检验评定标准　第一册　土建工程》(JTG F80/1—2017)11.3.2。

13.【答案】√

【解析】《路面标线涂料》(JT/T 280—2004)4。

14.【答案】√

【解析】普通型固体含量≥60%,反光型固体含量≥65%。《路面标线涂料》(JT/T 280—2004)5.1。

15.【答案】×

【解析】漏掉:立柱。《波形梁钢护栏　第1部分:两波形梁钢护栏》(GB/T 31439.1—2015)3.2.1。

16.【答案】√

【解析】《隔离栅》(GB/T 26941.1—2011)3.2.1。

17.【答案】√

【解析】《隔离栅》(GB/T 26941.1—2011)4.2.4。

18.【答案】×

【解析】A1类发光强度系数最高。《突起路标》(GB/T 24725—2009)5.4。

19.【答案】×

【解析】逆反射材料表面与道路行车方向垂直。《轮廓标》(GB/T 24970—2010)5.2.1。

20.【答案】√

【解析】公路通信管道中,水泥管、镀锌钢管近几年已不多见,取而代之的是塑料管。

21.【答案】×

【解析】按5~10km路段划分分部工程。《公路工程质量检验评定标准　第一册　土建工程》(JTG F80/1—2017)附表A。

22.【答案】√

【解析】《综合布线系统电气特性通用测试方法》(YD/T 1013—2013)4。

23.【答案】×

【解析】75%彩条信号。《公路工程质量检验评定标准　第二册　机电工程》(JTG F80/2—2004)3.2.4。

24.【答案】√

【解析】架设专网一次性投入较大,但运行费用较低,且专网专用,稳定、可靠、安全。

25.【答案】×

【解析】数据电路是指物理层中光缆、电缆和设备的电气连接。而数据通信是在机与机之间进行的数据交换,因此必须对传输过程按一定的规程进行控制,以便使双方能协调可靠地工作。所以数据电路加上传输控制规程,才是数据链路。

26.【答案】√

【解析】收费系统一般由收费车道系统、收费站管理系统和收费中心管理系统三级构成。

27.【答案】√

【解析】《公路工程质量检验评定标准　第二册　机电工程》(JTG F80/2—2004)4.1、4.2。

28.【答案】×

【解析】一般工业民用建筑属于三级负荷。

29.【答案】√

【解析】《公路照明技术条件》(GB/T 24969—2010)5.1。

30.【答案】√

【解析】《公路工程质量检验评定标准　第二册　机电工程》(JTG F80/2—2004)7。

三、多项选择题

1.【答案】ACD

【解析】可见光为 380 ~ 780nm 范围。

2.【答案】ABC

【解析】能量巨大不是危害的形态而是原因。

3.【答案】ABCD

【解析】简称标准四要素。

4.【答案】ABC

【解析】A 选项,带电测量一是测不准,二是可能损坏表;B 选项的情况同 A 选项;C 选项,先放在大量程上有利保护表;D 选项,因量程小可能测量时对表针产生冲击,应先放在欧姆挡的大量程上。

5.【答案】BC

【解析】银铜易氧化不宜用作温度传感器。铬的热电阻率不大。

6.【答案】ABD

【解析】IP 代码代表了防异物进入和防水进入,漏电是异物与水进入后可能产生的后果。

7.【答案】ABC

【解析】《道路交通标志板及支撑件》(GB/T 23827—2009)。

8.【答案】ACD

【解析】《道路交通反光膜》(GB/T 18833—2012)5.3.1。

9.【答案】AB

【解析】C 选项已作废,新标准为《公路工程质量检验评定标准　第一册　土建工程》(JTG F80/1—2017)。D 选项是凑数的。

10.【答案】ACD

【解析】《路面标线涂料》(JT/T 280—2004)4。

11.【答案】BD

【解析】《波形梁钢护栏　第 1 部分:两波形梁钢护栏》(GB/T 31439.1—2015)3.3.2。

12.【答案】AB

【解析】《隔离栅》(GB/T 26941.1—2011)4.2。

13.【答案】ACD

【解析】宽度 w 的允许偏差为 ±2mm。《防眩板》(GB/T 24718—2009)4.2。

14.【答案】ABC

【解析】《公路工程质量检验评定标准　第一册　土建工程》(JTG F80/1—2017)11.4.2。

15.【答案】ABD

【解析】视认距离属可变标志系统。

16.【答案】ABCD

【解析】简言之,具有传输语音、传真、图像、数据和系统状态自动测试功能。

17.【答案】BC

【解析】《公路工程质量检验评定标准　第二册　机电工程》(JTG F80/2—2004)4.2.2。

18.【答案】ABC

【解析】功率不属电能的质量指标,而是电能的计量指标。

19.【答案】ABCD

【解析】《公路工程质量检验评定标准　第二册　机电工程》(JTG F80/2—2004)6.0.2。

20.【答案】ACD

【解析】B 选项,应为 3L 90 号以上汽油。《公路隧道火灾报警系统技术条件》(JT/T 610—2004)附录 A1。

四、综合题

1.【答案】(1)C　(2)B　(3)D　(4)ABC　(5)C

【解析】(1)磁性涂层测厚仪只能测铁磁材料为基底的涂层厚度,电涡流涂层测厚仪只能测良导体为基底的涂层厚度,超声波测厚仪能测基底为铁磁材料、良导体或是塑料等绝缘体涂层厚度,多普勒原理一般做雷达。此题中多普勒测厚仪是凑数的。

(2)《中华人民共和国计量法实施细则》。

(3)涂层测厚仪检测前,必须用探头测量校准试块自校。

(4)红外测厚仪是凑数的。

(5)《公路工程质量检验评定标准　第二册　机电工程》(JTG F80/2—2004)6.0.2。

2.【答案】(1)B　(2)ABC　(3)ABCD　(4)ABD　(5)ABCD

【解析】(1)《公路机电系统设备通用技术要求及检测方法》(JT/T 817—2011)4.8.3。

(2)D 选项,应为"高压测试棒开路"。

(3)《公路机电系统设备通用技术要求及检测方法》(JT/T 817—2011)4.8.3。

(4)C 选项,应为"接至被测设备的电源接线 N 端"。《公路机电系统设备通用技术要求及检测方法》(JT/T 817—2011)4.8.3。

(5)《耐压测试仪说明书》。

3.【答案】(1)ABCD　(2)ABCD　(3)ABC　(4)ABC　(5)B

【解析】(1)《路面标线用玻璃珠》(GB/T 24722—2009)5。

(2)《路面标线用玻璃珠》(GB/T 24722—2009)5.1。

(3)《路面标线用玻璃珠》(GB/T 24722—2009)5.3。

(4)《路面标线用玻璃珠》(GB/T 24722—2009)5.6。

(5)《路面标线用玻璃珠》(GB/T 24722—2009)5.7。

4.【答案】(1)ABCD　(2)BD　(3)BD　(4)ACD　(5)ABC

【解析】(1)《波形梁钢护栏 第2部分:三波形梁钢护栏》(GB/T 31439.2—2015)3.2。

(2)《波形梁钢护栏 第1部分:两波形梁钢护栏》(GB/T 31439.1—2015)3.2.2。

(3)《波形梁钢护栏 第2部分:三波形梁钢护栏》(GB/T 31439.2—2015)3.3.1。

(4) B选项,抗拉强度不小于375MPa。《波形梁钢护栏 第1部分:两波形梁钢护栏》(GB/T 31439.1—2015)4.3。

(5) D选项应和C选项一样。《波形梁钢护栏 第1部分:两波形梁钢护栏》(GB/T 31439.1—2015)4.5。

5.【答案】(1)ACD (2)ABD (3)AC (4)B (5)ABC

【解析】(1)B选项漏掉了《路面防滑涂料》(JT/T 712)。《公路工程质量检验评定标准 第一册 土建工程》(JTG F80/1—2017)11.3.1。

(2)~(5)《公路工程质量检验评定标准 第一册 土建工程》(JTG F80/1—2017)11.3.2。

6.【答案】(1)ABD (2)ABCD (3)ABD (4)ABC (5)ABD

【解析】(1)C选项,主观测试项目,测试人员应不少于3人。

(2)《环形线圈车辆检测器》(GB/T 26942—2011)。

(3)《环形线圈车辆检测器》(GB/T 26942—2011)。

(4)数据通信接口使用9针RS232C阴性插座和RJ-45以太网接口。

(5)C选项,应为"20kΩ以上的外部电阻接地"。《环形线圈车辆检测器》(GB/T 26942—2011)。注意此处车速相对误差小于3%,而《公路工程质量检验评定标准 第二册 机电工程》(JTG F80/2—2004)规定为±5%。

7.【答案】(1)BCD (2)AC (3)ABCD (4)ABC (5)ABCD

【解析】(1)A选项,应为"数量、型号符合要求"。《公路工程质量检验评定标准 第二册 机电工程》(JTG F80/2—2004)4.4.2。

(2)《公路工程质量检验评定标准 第二册 机电工程》(JTG F80/2—2004)4.4.2。

(3)《公路工程质量检验评定标准 第二册 机电工程》(JTG F80/2—2004)4.4.2。

(4)报警录像功能为收费站实测项目。

(5)《公路工程质量检验评定标准 第二册 机电工程》(JTG F80/2—2004)4.4.2。

模拟试题二

一、单项选择题

1.【答案】C

【解析】《公路工程技术标准》(JTG B01—2014)。

2.【答案】D

【解析】三相交流母线颜色分别为:A相母线为黄色,B相母线为绿色,C相母线为红色,接地中性线为黑色,不接地中性线为白色。

3.【答案】C

【解析】可见光(或人眼能接受到的光)为 380~780nm 的电磁波。

4.【答案】B

【解析】软件=程序+数据+文档中的数据,既有数字之意又有数据库等含义。

5.【答案】D

【解析】开状态的三极管工作在饱和区,关状态的三极管工作在截止区。

6.【答案】B

【解析】《公路交通安全设施质量检验抽样方法》(JT/T 495—2014)。

7.【答案】A

【解析】盐雾试验结果的表述有很多种方法,常用的表述方法为腐蚀物的外观特征、按腐蚀百分比、按腐蚀率、按质量增减和按经验划分。

8.【答案】C

【解析】应直接修约至 25.3,而不应 25.251→25.25→25.2。

9.【答案】C

【解析】《公路工程质量检验评定标准 第二册 机电工程》(JTG F80/2—2004)6.0.2。

10.【答案】A

【解析】《道路交通标志和标线 第 2 部分:道路交通标志》(GB 5768.2—2009)3.5。

11.【答案】D

【解析】《道路交通反光膜》(GB/T 18833—2012)6.14。

12.【答案】C

【解析】《道路交通标线质量要求和检测方法》(GB/T 16311—2009)5.4.1。

13.【答案】A

【解析】《路面标线用玻璃珠》(GB/T 24722—2009)4.1.2。

14.【答案】A

【解析】注意是按其在公路中的纵向位置设置划分。

15.【答案】A

【解析】《波形梁钢护栏 第 1 部分:两波形梁钢护栏》(GB/T 31439.1—2015)3.2.2。

16.【答案】C

【解析】《隔离栅》(GB/T 26941.1—2011)4.2.1.1。

17.【答案】C

【解析】《防眩板》(GB/T 24718—2009)4.2。

18.【答案】C

【解析】《突起路标》(GB/T 24725—2009)5.3.1。

19.【答案】C

【解析】《轮廓标》(GB/T 2 4970—2010)6.3.1。

20.【答案】D

【解析】《高密度聚乙烯硅芯管》(GB/T 24456—2009)5.2.1。

21.【答案】D

【解析】《公路工程质量检验评定标准　第一册　土建工程》(JTG F80/1—2017)3.2.4。

22.【答案】A

【解析】《公路工程质量检验评定标准　第二册　机电工程》(JTG F80/2—2004)2.1.2。

23.【答案】C

【解析】《公路工程质量检验评定标准　第二册　机电工程》(JTG F80/2—2004)3.3.4。

24.【答案】C

【解析】信道中不能“会车”。

25.【答案】A

【解析】光纤通信容量大、传输距离远;无中继传输距离可达上百公里;信号干扰小、保密性好;抗电磁干扰、传输质量佳;尺寸小、质量轻,便于铺设和运输;材料来源丰富,节约铜;无辐射,难于窃听;适应性强,寿命长。几乎全球的主干线传输方式都选光纤。

26.【答案】A

【解析】选项A从下往上一级一级条理清楚;或是从上往下也行,但选项B是底层到顶层至中层;选项C是中层到顶层至底层;选项D是中层至底层至顶层,有点“上蹿下跳”的意思。

27.【答案】B

【解析】色度测量仪器为色度计,而通常不叫色品坐标计。

28.【答案】C

【解析】一般工业民用建筑属于三类防雷。

29.【答案】A

【解析】《公路照明技术条件》(GB/T 24969—2010)5.2。

30.【答案】B

【解析】《公路隧道照明设计细则》(JTG/T D70/2-01—2014)3.0.9。

二、判断题

1.【答案】×

【解析】《公路工程质量检验评定标准　第一册　土建工程》(JTG F80/1—2017)已改。

2.【答案】√

【解析】逆反射体的定义。

3.【答案】×

【解析】加速度为 $10m/s^2$。《公路机电系统设备通用技术要求及检测方法》(JT/T 817—2011)4.4.2。

4.【答案】×

【解析】频率 $f=\omega/(2\pi)=314/(2\pi)=50Hz$;0.02s 为其周期。

5.【答案】√

【解析】三者构成防直击雷系统。

6.【答案】√

【解析】超声波测试仪检测前,必须用探头测量校准试块自校。

7.【答案】√

【解析】《公路交通安全设施质量检验抽样方法》(JT/T 495—2014)3.38。

8.【答案】√

【解析】《公路交通工程钢构件防腐技术条件》(GB/T 18226—2015)5.3。

9.【答案】×

【解析】不低于 IP55 级。《公路机电系统设备通用技术要求及检测方法》(JT/T 817—2011)4.9。

10.【答案】√

【解析】《道路交通标志和标线　第 2 部分:道路交通标志》(GB 5768.2—2009)5.40。

11.【答案】√

【解析】《道路交通反光膜》(GB/T 18833—2012)5.4.1。

12.【答案】√

【解析】《道路交通标线质量要求和检测方法》(GB/T 16311—2009)5.4.2。

13.【答案】×

【解析】水性涂料普通型≤15min,反光型≤10min。《路面标线涂料》(JT/T 280—2004)5。

14.【答案】√

【解析】《道路交通标线质量要求和检测方法》(GB/T 16311—2009)5.4.1。

15.【答案】√

【解析】混凝土护栏为刚性护栏、波形梁钢护栏为半刚性护栏、缆索护栏为柔性护栏。

16.【答案】√

【解析】《隔离栅》(GB/T 26941.1—2011)3.1。

17.【答案】√

【解析】《防眩板》(GB/T 24718—2009)4.2。

18.【答案】√

【解析】《太阳能突起路标》(GB/T 19813—2005)3.12。

19.【答案】√

【解析】《轮廓标》(GB/T 24970—2010)6.2.1.1。

20.【答案】×

【解析】外壁硬度≥59。《高密度聚乙烯硅芯管》(GB/T 24456—2009)5.3。

21.【答案】√

【解析】无反射体色度光度指标符合相关要求。《公路工程质量检验评定标准　第一册　土建工程》(JTG F80/1—2017)11.9.2。

22.【答案】√

【解析】色度信号与亮度信号时间不同步,水平方向上出现彩色镶边。

23.【答案】√

【解析】《综合布线系统电气特性通用测试方法》(YD/T 1013—2013)4。

24.【答案】√

【解析】量化脉冲调制就是把一个时间连续、取值连续的模拟信号变换成时间离散、取值离散的数字信号后,在数字信道中传输。

25.【答案】√

【解析】终端设备是通信网中的源点和终点,它除对应于信源和信宿之外,还包括一部分变换和反变换装置。传输链路是网络节点的连接媒介,也是信息和信号的传输通路。

26.【答案】×

【解析】不大于800ms。《汽车号牌视频自动识别系统》(JT/T 604—2011)。

27.【答案】×

【解析】当与上级通信故障或上级计算机出现故障时,站级收费系统维持本级和下级系统(车道计算机)的正常运行,并将相关数据存储好,一旦和上级计算机链接,则迅速将要上传的和要接收的数据及时处理。

28.【答案】√

【解析】不要漏掉蓄电池,它既是通信系统的工作电源,又是其备用电源。

29.【答案】√

【解析】《公路照明技术条件》(GB/T 24969—2010)5.3.2。

30.【答案】√

【解析】《公路工程质量检验评定标准　第二册　机电工程》(JTG F80/2—2004)7.11.2。

三、多项选择题

1.【答案】ACD

【解析】色差属于色度性能。

2.【答案】BD

【解析】三相对称负载做星形连接时不需要中性线;三相不对称负载做星形连接且无中性线时,线电压不一定为相电压的$\sqrt{3}$倍。

3.【答案】ABD

【解析】效益性和质量没有内在联系。

4.【答案】AB

【解析】《公路交通工程钢构件防腐技术条件》(GB/T 18226—2015)5.3。

5.【答案】AD

【解析】P_1,辅助电位极,其地钎离被测接地极20m;C_1,辅助电位极,其地钎离被测接地极40m。

6.【答案】ABC

【解析】D选项应为:测试完关闭兆欧表,并将设备调整到正常工作状态。

7.【答案】ABCD

【解析】《道路交通标志板及支撑件》(GB/T 23827—2009)8.3。

8.【答案】AC

【解析】《道路交通反光膜》(GB/T 18833—2012)6.12。

9.【答案】AB

【解析】《道路交通标线质量要求和检测方法》(GB/T 16311—2009)5.4.1。

10.【答案】ABC

【解析】D选项,所占百分比为0%。《路面标线涂料》(JT/T 280—2004)4。

11.【答案】AC

【解析】B选项,表面缺陷可用修磨方法清理,其整形深度不大于公称厚度的10%。《波形梁钢护栏　第1部分:两波形梁钢护栏》(GB/T 31439.1—2015)4.1。

12.【答案】ABD

【解析】共进行4次循环。《太阳能突起路标》(GB/T 19813—2005)6.11。

13.【答案】ABC

【解析】《公路工程质量检验评定标准　第一册　土建工程》(JTG F80/1—2017)11.8.2。

14.【答案】AD

【解析】金属构件涂层厚度和基础混凝土强度两项实测项目在JTG F80/1—2004中有,但在JTG F80/1—2017的11.2.2中取消了。

15.【答案】AD

【解析】道路环境检测由路面状态检测器完成。

16.【答案】ABC

【解析】A、B选项一般都较熟悉,会选50Ω同轴电缆主要用于基带信号传输,传输带宽为1~20MHz,总线型以太网就是使用50Ω同轴电缆,在以太网中,50Ω细同轴电缆的最大传输距离为185m,粗同轴电缆可达1000m。75Ω同轴电缆常用于CATV网,故称为CATV电缆,传输带宽可达1GHz,目前常用CATV电缆的传输带宽为750MHz。故D选项不选。

17.【答案】ACD

【解析】入口车道无费额显示器,其余都选。

18.【答案】ABCD

【解析】A、B、C、D选项是交流供电系统最主要的设备,缺一不可。

19.【答案】ABCD

【解析】《公路工程质量检验评定标准　第二册　机电工程》(JTG F80/2—2004)6.0.2。

20.【答案】ABCD

【解析】《公路工程质量检验评定标准　第二册　机电工程》(JTG F80/2—2004)7.5.2。

四、综合题

1.【答案】(1)BC (2)ABD (3)ABC (4)A (5)ABCD

【解析】(1)《公路交通安全设施质量检验抽样方法》(JT/T 495—2014)P5。

(2)工地抽验已包含了监理抽验。《公路交通安全设施质量检验抽样方法》(JT/T 495—2014)4.2。

(3)《公路交通安全设施质量检验抽样方法》(JT/T 495—2014)4.4。

(4)《公路交通安全设施质量检验抽样方法》(JT/T 495—2014)4.4。

(5)A、B选项适用于一般检验批检验抽样;C选项适用于孤立批检验抽样;D选项适用于路面标线涂料和玻璃珠等散粒料或液体检验抽样。

2.【答案】(1)ABC (2)AC (3)B (4)AC (5)A

【解析】(1)不需要鼓风机。

(2)《外壳防护等级(IP代码)》(GB/T 4208—2017)。

(3)滑石粉应选符合人体健康与安全的各项规定,采用金属方孔筛滤过,用量为2kg/m^3,且使用次数不得超过20次。

(4)《外壳防护等级(IP代码)》(GB/T 4208—2017)。

(5)如是第一种类型设备(设备工作时壳内气压低于周围气压)做试验,除上述过程外,试验时要对壳内抽真空,抽气速度每小时不超过60倍外壳容积,但压差不得超过2kPa(20mbar)。

3.【答案】(1)ACD (2)ABD (3)ABD (4)ABCD (5)AC

【解析】(1)B选项,其厚度不应小于1.5mm。《道路交通标志板及支撑件》(GB/T 23827—2009)5.1。

(2)C选项,顶部应加盖柱帽。《道路交通标志板及支撑件》(GB/T 23827—2009)5.1。

(3)其间隙不应超过1mm。《道路交通标志板及支撑件》(GB/T 23827—2009)5.2.4。

(4)《道路交通标志板及支撑件》(GB/T 23827—2009)5.5。

(5)《道路交通标志板及支撑件》(GB/T 23827—2009)5.11。

4.【答案】(1)ABC (2)BC (3)A (4)ABC (5)AB

【解析】(1)《波形梁钢护栏 第1部分:两波形梁钢护栏》(GB/T 31439.1—2015)6.1.1。

(2)《波形梁钢护栏 第1部分:两波形梁钢护栏》(GB/T 31439.1—2015)6.1.1。

(3)《波形梁钢护栏 第2部分:三波形梁钢护栏》(GB/T 31439.2—2015)6.1.2。

(4)国家质量监督机构提出,型式检验时,如有任一项指标不符合本标准要求时,则需重新抽取双倍试样,对该项指标进行复验;复验结果仍然不合格时,则判定该次型式检验为不合格。《波形梁钢护栏 第1部分:两波形梁钢护栏》(GB/T 31439.1—2015)4.3。

(5)C选项和D选项为多余。《波形梁钢护栏 第1部分:两波形梁钢护栏》(GB/T 31439.1—2015)6.1.4。

5.【答案】(1)AC (2)AB (3)B (4)AB (5)ABCD

【解析】(1)《焊接网》(GB/T 26941.3—2011)4.3。

(2)《焊接网》(GB/T 26941.3—2011)4.4。

(3)《刺钢丝网》(GB/T 26941.4—2011)4.1。

(4)《编织网》(GB/T 26941.5—2011)4。

(5)《钢板网》(GB/T 26941.6—2011)4。

6.【答案】(1)BCD　(2)ABC　(3)ABC　(4)ABCD　(5)BCD

【解析】(1)标准值≤100ns。《公路工程质量检验评定标准　第二册　机电工程》(JTG F80/2—2004)2.3.2。

(2)调制的五阶梯信号。《公路工程质量检验评定标准　第二册　机电工程》(JTG F80/2—2004)2.3.2。

(3)调制的五阶梯信号。《公路工程质量检验评定标准　第二册　机电工程》(JTG F80/2—2004)2.3.2。

(4)《公路工程质量检验评定标准　第二册　机电工程》(JTG F80/2—2004)2.3.2。

(5)≥56dB。《公路工程质量检验评定标准　第二册　机电工程》(JTG F80/2—2004)2.3.2。

7.【答案】(1)BD　(2)ABD　(3)ABD　(4)ABCD　(5)ABCD

【解析】(1)A.应整洁,通风、照明良好;C.并通过相关专业的验收。《公路工程质量检验评定标准　第二册　机电工程》(JTG F80/2—2004)3.2。

(2)C.设备及系统联调记录。《公路工程质量检验评定标准　第二册　机电工程》(JTG F80/2—2004)3.2。

(3)~(5)《公路工程质量检验评定标准　第二册　机电工程》(JTG F80/2—2004)3.2。

模拟试题三

一、单项选择题

1.【答案】A

【解析】交通工程学研究的对象是人、车、路及交通环境。

2.【答案】B

【解析】只有日光灯是气体放电灯,白炽灯、碘钨灯、卤钨灯都是灯丝发热热辐射发光。

3.【答案】A

【解析】每单位立体角流过1 lm的光通量。

4.【答案】C

【解析】外设接口部件属于I/O的范围,不属于CPU中控制器的部件。

5.【答案】A

【解析】标识标准不属于规范性技术要素,属于资料性要素。

6.【答案】C

【解析】《公路交通安全设施质量检验抽样方法》(JT/T 495—2014)5.3.2.1。

7.【答案】B

【解析】《机电设备通用技术要求及检测方法》(JT/T 817—2011)4.4.2。

8.【答案】D

【解析】$-3s$ 到 $3s$ 区间出现的概率(99.73%)比 $-s$ 到 s 区间出现的概率(68.27%)要高很多。

9.【答案】D

【解析】涂层测厚仪检测前,必须用探头测量校准试块自校,否则误差大,主要是温度影响。

10.【答案】B

【解析】《道路交通标志板及支撑件》(GB/T 23827—2009)5.5。

11.【答案】D

【解析】《道路交通反光膜》(GB/T 18833—2012)6.10。

12.【答案】D

【解析】《道路交通标线质量要求和检测方法》(GB/T 16311—2009)5.6.1。

13.【答案】C

【解析】《路面标线涂料》(JT/T 280—2004)8.4.1。

14.【答案】C

【解析】《公路护栏安全性能评价标准》(JTG B05-01—2013)3.0.1。

15.【答案】C

【解析】《波形梁钢护栏　第1部分:两波形梁钢护栏》(GB/T 31439.1—2015)4.3.2。

16.【答案】A

【解析】《隔离栅》(GB/T 26941.1—2011)4.2.4.1。

17.【答案】A

【解析】L 为防眩板间距,遮光角与防眩板高度、厚度无关。

18.【答案】D

【解析】《太阳能突起路标》(GB/T 19813—2005)5.7。

19.【答案】B

【解析】《轮廓标》(GB/T 24970—2010)6.2.2。

20.【答案】D

【解析】《高密度聚乙烯硅芯管》(GB/T 24456—2009)5.3。

21.【答案】C

【解析】《公路工程质量检验评定标准　第一册　土建工程》(JTC F80/1—2017)3.2.1和3.2.2。

22.【答案】D

【解析】《公路工程质量检验评定标准　第二册　机电工程》(JTG F80/2—2004)2.2.2。

23.【答案】C

【解析】超过200m衰减大,需加放大器。

24.【答案】D

【解析】长距离通信很难用并行(多根线同时传输)。

25.【答案】C

【解析】比特误差比率 BER 专业通信标准 10^{-11} 比公路通信标准 10^{-8} 提高了 1000 倍。

26.【答案】A

【解析】贴敷红白相间的反光膜。

27.【答案】C

【解析】非接触 IC 卡比其他卡更优越。

28.【答案】A

【解析】《公路工程质量检验评定标准　第二册　机电工程》(JTG F80/2—2004)5.1.2。

29.【答案】C

【解析】《公路工程质量检验评定标准　第二册　机电工程》(JTG F80/2—2004)6.0.2。

30.【答案】C

【解析】《公路隧道通风设计细则》(JTG/T D70/2-02—2014)5.2.1。

二、判断题

1.【答案】×

【解析】漏掉了冗余性。

2.【答案】√

【解析】定义如此。

3.【答案】×

【解析】应为 15kA。

4.【答案】×

【解析】有电压且必须要形成回路才有电流。

5.【答案】√

【解析】利用二极管的单向导电性和三极管的截/饱和特性作开关元件。如高频开关管 1N4148(二极管)、大功率开关管 13005(三极管)、场效应管 K727 等都是专门用作开关元件。

6.【答案】√

【解析】户外暴晒需 2 年,人工加速老化可大大缩短老化时间。

7.【答案】√

【解析】《公路工程质量检验评定标准　第一册　土建工程》(JTG F80/1—2017)3.3.6。

8.【答案】×

【解析】绝缘电阻应不小于 100MΩ。《公路机电系统设备通用技术要求及检测方法》(JT/T 817—2011)4.9.2。

9.【答案】×

【解析】发射场强为3V/m。《公路机电系统设备通用技术要求及检测方法》(JT/T 817—2011)4.11.3。

10.【答案】×

【解析】宜采用牌号为3003的铝合金板材。《道路交通标志板及支撑件》(GB/T 23827—2009)5.4.1。

11.【答案】×

【解析】R_A值不应低于规范值的50%。《道路交通反光膜》(GB/T 18833—2012)5.14。

12.【答案】√

【解析】《道路交通标线质量要求和检测方法》(GB/T 16311—2009)4.2。

13.【答案】√

【解析】《路面标线用玻璃珠》(GB/T 24722—2009)4.1.2。

14.【答案】√

【解析】《路面标线涂料》(JT/T 280—2004)5.3。

15.【答案】√

【解析】《公路交通安全设施设计细则》(JTG/T D81—2017)6.2.7。

16.【答案】×

【解析】应为"防腐处理前裸钢丝直径"。

17.【答案】√

【解析】《防眩板》(GB/T 24718—2009)4.2。

18.【答案】√

【解析】《太阳能突起路标》(GB/T 19813—2005)4.2.3。

19.【答案】√

【解析】《轮廓标》(GB/T 24970—2010)6.3.1。

20.【答案】×

【解析】63/54规格≥30kN/m^2。《高密度聚乙烯硅芯管》(GB/T 24456—2009)5.3。

21.【答案】√

【解析】《公路工程质量检验评定标准 第一册 土建工程》(JTG F80/1—2017)附表A。

22.【答案】×

【解析】小于0.2dB。《公路工程质量检验评定标准 第二册 机电工程》(JTG F80/2—2004)3.2.4。

23.【答案】√

【解析】《公路工程质量检验评定标准 第二册 机电工程》(JTG F80/2—2004)2.4.2。

24.【答案】√

【解析】在单工信道上信息只能在一个方向传送。发送方不能接收,接收方不能发送。信道的全部带宽都用于发送方到接收方的数据传送。

25.【答案】√

【解析】同步数字体系(SDH)是一整套传送网的国际标准,也是一种复用方法,还是一个组网原则。

26.【答案】√

【解析】关键项目。《公路工程质量检验评定标准　第二册　机电工程》(JTG F80/2—2004)4.2.2。

27.【答案】×

【解析】滞卡率小于1/20000。《封闭式收费用非接触式IC卡收发卡机》(GB/T 31440—2015)5.4.5。

28.【答案】√

【解析】高压部分由电力部门负责。

29.【答案】×

【解析】人眼睛对眩光感觉强弱不仅与光源的发光强度有关,还与光源背景亮度、视野内光束发散度的分布、光源表面的大小及光源与人眼的水平夹角有关。

30.【答案】×

【解析】射流风机的轴线应平行于隧道的轴线。

三、多项选择题

1.【答案】ABCD

【解析】还有交通起讫点调查等,以上是交通工程学的基本调查项目,是开展交通分析的基础。

2.【答案】AD

【解析】对输入、输出电阻的影响,要通过不同类型的负反馈来实现,如串联负反馈增大输入电阻,电压负反馈减小输出电阻。

3.【答案】ABCD

【解析】《交通工程》(2018年版)(张智勇、朱立伟主编)P83。

4.【答案】BCD

【解析】不是氧化试验。

5.【答案】ABCD

【解析】《公路机电系统设备通用技术要求及检测方法》(JT/T 817—2011)4.8.3。

6.【答案】ABCD

【解析】《公路工程质量检验评定标准　第二册　机电工程》(JTG F80/2—2004)。

7.【答案】AB

【解析】《道路交通标志板及支撑件》(GB/T 23827—2009)5.5。

8.【答案】AC

【解析】《道路交通反光膜》(GB/T 18833—2012)6.13。

9.【答案】ABCD

【解析】《道路交通标志和标线　第3部分:道路交通标线》(GB 5768.3—2009)。

10.【答案】BCD

【解析】《路面标线用玻璃珠》(GB/T 24722—2009)4.2.1。

11.【答案】BC

【解析】《公路交通工程钢构件防腐技术条件》(GB/T 18226—2015)6.12.1。

12.【答案】ACD

【解析】《轮廓标》(GB/T 24970—2010)7.6。

13.【答案】ABCD

【解析】《高密度聚乙烯硅芯管》(GB/T 24456—2009)5.1.2。

14.【答案】ABC

【解析】《公路工程质量检验评定标准　第一册　土建工程》(JTG F80/1—2017)11.8.2。

15.【答案】ABCD

【解析】注意,D选项提供收费额度可变信息,但其又属于收费系统,选与否?如题目冠以"监控系统",则D选项不选为妙;而此题冠以"高速公路",则选之才对。

16.【答案】ABC

【解析】一般数百公里以上才用光中继器(光放大器)。光解码器一般都装在光端机内,此题问的是设备,故光解码器不选。

17.【答案】ABD

【解析】收费系统总的原则是精准、安全及不断完善,显然C选项不可取。

18.【答案】BC

【解析】地面线路极不安全,是不允许的;光缆不能输送大功率电能。

19.【答案】ACD

【解析】B.高压钠灯。《公路照明技术条件》(GB/T 24969—2010)6.1。

20.【答案】BCD

【解析】光亮度检测器的信号不参与对隧道风机的控制,B、C、D选项的检测器信号才参与对隧道风机的控制。

四、综合题

1.【答案】(1)ABCD　(2)ABC　(3)BCD　(4)B　(5)D

【解析】《公路机电系统设备通用技术要求及检测方法》(JT/T 817—2011)4.4。

2.【答案】(1)ABCD　(2)AD　(3)ACD　(4)ABD　(5)ABCD

【解析】(1)电磁干扰指电磁骚扰引起设备传输通道或系统性能下降;传导骚扰指通过一个或多个导体传导能量的电磁骚扰;辐射骚扰指以电磁波的形式通过空间传播能量的电磁骚扰;静电放电指有不同静电电位的物体相互靠近或直接接触引起的电荷转移。静电放电轻者引起干扰,重者损坏设备。

(2)电磁兼容性EMC指设备或系统在其电磁环境中能正常工作且不对该环境中任何事物构成不能承受的电磁骚扰的能力。

(3)试验电压为4kV。《公路机电系统设备通用技术要求及检测方法》(JT/T 817—

2011)。

(4)发射场强为3V/m。《公路机电系统设备通用技术要求及检测方法》(JT/T 817—2011)。

(5)《公路机电系统设备通用技术要求及检测方法》(JT/T 817—2011)。

3.【答案】(1)ABCD　(2)C　(3)B　(4)C　(5)AD

【解析】(1)《道路交通反光膜》(GB/T 18833—2012)P10。

(2)《道路交通反光膜》(GB/T 18833—2012)5.14。

(3)《道路交通反光膜》(GB/T 18833—2012)5.14。

(4)查《道路交通反光膜》(GB/T 18833—2012)表10得,Ⅲ类膜折合系数为0.8,故

$$R_A' = 0.8 \times R_A = 168\text{cd} \cdot \text{lx}^{-1} \cdot \text{m}^{-2}。$$

(5)因测试值 $X = 0.285 < X_3 = 0.29$(白色标点的 $X_{\min}$),故色品坐标不合格;又查表亮度因数标准值为≥0.27,实测值0.28大于标准值,故亮度因数合格。见《道路交通反光膜》(GB/T 18833—2012)P8。

4.【答案】(1)ABCD　(2)ABCD　(3)B　(4)ABCD　(5)AD

【解析】(1)以上项目也为型式检验项目。《突起路标》(GB/T 24725—2009)7.2。

(2)~(5)《突起路标》(GB/T 24725—2009)7.2。

5.【答案】(1)BCD　(2)ABC　(3)ABC　(4)ABC　(5)B

【解析】(1)A选项中应为《轮廓标》(GB/T 24970—2010);《公路工程质量检验评定标准　第一册　土建工程》(JTG F80/1—2017)11.8.1。

(2)《公路工程质量检验评定标准　第一册　土建工程》(JTG F80/1—2017)11.8.2。

(3)D选项中,光、色度性能不要求实测。《公路工程质量检验评定标准　第一册　土建工程》(JTG F80/1—2017)11.8.2。

(4)光度性能不要求实测,检查出厂或进场检测报告。《公路工程质量检验评定标准　第一册　土建工程》(JTG F80/1—2017)11.8.2。

(5)《公路工程质量检验评定标准　第一册　土建工程》(JTG F80/1—2017)11.8.2。

6.【答案】(1)BCD　(2)C　(3)AD　(4)ABCD　(5)ABC

【解析】(1)《高速公路LED可变信息标志》(GB/T 23828—2009)7.2.4。

(2)《高速公路LED可变信息标志》(GB/T 23828—2009)7.2.3。

(3)《高速公路LED可变信息标志》(GB/T 23828—2009)7.2.5。

(4)耐化学品腐蚀性能虽不属型式检验项目,但是非检项目,故选。《高速公路LED可变信息标志》(GB/T 23828—2009)7.3.3。

(5)返修次数不应超过2次。《高速公路LED可变信息标志》(GB/T 23828—2009)5.3.1。

7.【答案】(1)C　(2)B　(3)C　(4)AB　(5)ACD

【解析】(1)《公路照明技术条件》(GB/T 24969—2010)5.3.2。

(2)平均亮度检测值 $= 2.0/0.7 = 2.86\text{cd/m}^2$

(3)平均照度检测值 $= 30\ \text{lx}/0.7 = 42.9\ \text{lx}$

(4)《公路照明技术条件》(GB/T 24969—2010)6.2.1。

(5)《公路照明技术条件》(GB/T 24969—2010)6.1。

模拟试题四

一、单项选择题

1.【答案】B

【解析】交通流通常用交通量、车速、车流密度三个参数来表征。

2.【答案】C

【解析】555nm 时可见光的视效率为1,其他可见光的视效率均小于1 。

3.【答案】D

【解析】人工模拟盐雾试验包括:中性盐雾试验(NSS 试验,最早,应用最广)、醋酸盐雾试验(腐蚀比 NSS 快3 倍)、铜盐加速醋酸盐雾试验(腐蚀是 NSS 的8 倍)、交变盐雾试验。

4.【答案】D

【解析】依定义,每秒流过1 库仑的电量为1 安培。

5.【答案】B

【解析】《公路工程质量检验评定标准　第一册　土建工程》(JTG F80/1—2017)3.2.4。

6.【答案】B

【解析】《公路交通安全设施质量检验抽样方法》(JT/T 495—2014)5.3.2.2。

7.【答案】D

【解析】《机电设备通用技术要求及检测方法》(JT/T 817—2011)4.4.3。

8.【答案】D

【解析】A_b 为非散热样品,A_d 为散热样品(试验时样品不通电),A_e 为散热样品(试验时样品通电)。

9.【答案】D

【解析】《公路机电系统设备通用技术要求及检测方法》(JT/T 817—2011)5.11.2。

10.【答案】A

【解析】《道路交通标志板及支撑件》(GB/T 23827—2009)6.13。

11.【答案】C

【解析】《道路交通反光膜》(GB/T 18833—2012)5.14。

12.【答案】C

【解析】《道路交通标线质量要求和检测方法》(GB/T 16311—2009)5.7。

13.【答案】D

【解析】《路面标线涂料》(JT/T 280—2004)3.2。

14.【答案】A

【解析】《公路交通安全设施设计细则》(JTG/T D81—2017)6.2.6。

15.【答案】A

【解析】《波形梁钢护栏　第2部分:三波形梁钢护栏》(GB/T 31439.2—2015)3.3.1。

16.【答案】D

【解析】《隔离栅》(GB/T 26941.2—2011)4.1.1。

17.【答案】C

【解析】《防眩板》(GB/T 24718—2009)4.2。

18.【答案】B

【解析】《突起路标》(GB/T 24725—2009)7.2.3。

19.【答案】C

【解析】《轮廓标》(GB/T 24970—2010)6.2.1.1。

20.【答案】B

【解析】《高密度聚乙烯硅芯管》(GB/T 24456—2009)6.5.9。

21.【答案】D

【解析】《公路工程质量检验评定标准　第一册　土建工程》(JTG F80/1—2017)3.2.5。

22.【答案】A

【解析】主要为减小钢筋对线圈磁场的影响。

23.【答案】D

【解析】《公路工程质量检验评定标准　第二册　机电工程》(JTG F80/2—2004)2.4.2。

24.【答案】A

【解析】基带传输是按照数字信号原有的波形(以脉冲形式)在信道上直接传输,它要求信道具有较宽的通频带。基带传输不需要调制、解调,设备花费少,适于小范围数据传输。

25.【答案】D

【解析】电池正极接地,电池负极对地电压就为负值了。

26.【答案】B

【解析】《公路工程质量检验评定标准　第二册　机电工程》(JTG F80/2—2004)4.1.2。

27.【答案】D

【解析】路侧单元RSU由车道天线、路测设备控制器和车道控制器组成,主要功能是与车载单元OBU通信完成收费交易。

28.【答案】C

【解析】一般充电电压为电瓶电压的1.05~1.1倍。

29.【答案】B

【解析】《公路工程质量检验评定标准　第二册　机电工程》(JTG F80/2—2004)6.0.2。

30.【答案】A

【解析】《公路隧道火灾报警系统技术条件》(JT/T 610—2004)4.6.2。

二、判断题

1.【答案】×

【解析】道路一级服务水平才是最舒适的。

2.【答案】√

【解析】当负载电流较大时电压表的分流作用可忽略;当负载电流较小时电流表的分压作用可忽略。

3.【答案】×

【解析】应为 $r = 1.5hp$。

4.【答案】√

【解析】这是组合逻辑电路最重要的特性。

5.【答案】√

【解析】串联电路中流过各元件的电流相等,各元件上电压不等;并联电路中流过各元件的电流不相等,而各元件上电压相等。

6.【答案】√

【解析】《塑料　实验室光源暴露试验方法　第2部分:氙弧灯》(GB/T 16422.2—2014)。

7.【答案】√

【解析】涂膜做好后,里面的材性不好检测,但也可通过涂膜性能来反映。

8.【答案】√

【解析】《公路机电系统设备通用技术要求及检测方法》(JT/T 817—2011)4.8.4。

9.【答案】×

【解析】室外流化床浸塑复合涂层宜选用聚乙烯(PE)高分子涂料;静电喷涂聚酯涂层、流化床浸塑涂层宜适用于室内金属钢构件防腐。《公路交通工程钢构件防腐技术条件》(GB/T 18226—2015)5.2。

10.【答案】×

【解析】每块板测2点。《公路工程质量检验评定标准　第一册　土建工程》(JTG F80/1—2017)11.2.2。

11.【答案】√

【解析】《道路交通反光膜》(GB/T 18833—2012)5.4.2。

12.【答案】√

【解析】《公路工程质量检验评定标准　第一册　土建工程》(JTG F80/1—2017)11.3.2。

13.【答案】×

【解析】流动度仅适于热熔型涂料。《路面标线涂料》(JT/T 280—2004)5。

14.【答案】√

【解析】水性路面标线涂料是发展的方向。

15.【答案】√

【解析】《波形梁钢护栏　第1部分:两波形梁钢护栏》(GB/T 31439.1—2015)6.2.3。

16.【答案】×

【解析】应为4%。

17.【答案】√

【解析】《防眩板》(GB/T 24718—2009)4.1.3。

18.【答案】√

【解析】《突起路标》(GB/T 24725—2009)4.2.2。

19.【答案】√

【解析】《轮廓标》(GB/T 24970—2010)5。

20.【答案】×

【解析】63/54。《高密度聚乙烯硅芯管》(GB/T 24456—2009)5.2.1。

21.【答案】√

【解析】《公路工程质量检验评定标准　第一册　土建工程》(JTG F80/1—2017)11.7.2。

22.【答案】√

【解析】光缆电缆长度越长,相当于并联的电阻越多,故电阻越小。

23.【答案】×

【解析】≥8000cd/m。《公路工程质量检验评定标准　第二册　机电工程》(JTG F80/2—2004)2.4.2。

24.【答案】√

【解析】利用多种频率载波(频分),一根导线同时传输多路信号。

25.【答案】√

【解析】并行通信时数据的每个数位有一条专用通道进行传输。并行通信速度快,但用的通信线多(一般用8位、16位、32位或64位,则对应的通信线为8、16、32或64根)、成本高,故不宜进行远距离通信。

26.【答案】×

【解析】大于1000辆。《公路工程质量检验评定标准　第二册　机电工程》(JTG F80/2—2004)4.2.2。

27.【答案】√

【解析】《公路工程质量检验评定标准　第二册　机电工程》(JTG F80/2—2004)4.1.2。

28.【答案】√

【解析】《公路工程质量检验评定标准　第二册　机电工程》(JTG F80/2—2004)5.1.2。

29.【答案】√

【解析】《公路照明技术条件》(GB/T 24969—2010)5.3.2。

30.【答案】×

【解析】中间段照明只与车速、车流量有关,而与洞外亮度无关。

三、多项选择题

1.【答案】AD

【解析】镜面反射和临界反射是理想的反射状况。

2.【答案】AD

【解析】简言之,IP代码是防止异物和水进入设备的相关条款和规定。

3.【答案】ABCD

【解析】《公路交通安全设施质量检验抽样方法》(JT/T 495—2014)。

4.【答案】ABC

【解析】《公路交通工程钢构件防腐技术条件》(GB/T 18226—2015)7.4。

5.【答案】ABCD

【解析】《公路工程质量检验评定标准　第一册　土建工程》(JTG F80/1—2017)附录11。

6.【答案】ABC

【解析】《公路工程质量检验评定标准　第一册　土建工程》(JTG F80/1—2017)2.0.3。

7.【答案】ABC

【解析】《道路交通标志和标线　第2部分:道路交通标志》(GB 5768.2—2009)3.5。

8.【答案】AC

【解析】《道路交通反光膜》(GB/T 18833—2012)6.6。

9.【答案】ABCD

【解析】《道路交通标线质量要求和检测方法》(GB/T 16311—2009)4.2。

10.【答案】ABCD

【解析】《路面标线用玻璃珠》(GB/T 24722—2009)5。

11.【答案】BCD

【解析】背板在三波形梁护栏中才用。《波形梁钢护栏　第1部分:两波形梁钢护栏》(GB/T 31439.1—2015)3.2.1。

12.【答案】ABCD

【解析】《隔离栅》(GB/T 26941.1—2011)4.2.3.2。

13.【答案】ABC

【解析】10min内外径能自然恢复到原来的85%以上。《高密度聚乙烯硅芯管》(GB/T 24456—2009)5.3。

14.【答案】ABC

【解析】《公路工程质量检验评定标准　第一册　土建工程》(JTG F80/1—2017)附表A。

15.【答案】ABCD

【解析】《公路工程质量检验评定标准　第二册　机电工程》(JTG F80/2—2004)2.6.2。

16.【答案】 ABC

【解析】 A、B、C 选项为光纤通信系统最重要的质量指标。可靠性一般对具体设备而言。

17.【答案】 ABCD

【解析】《公路工程质量检验评定标准　第二册　机电工程》(JTG F80/2—2004)4.2.2。

18.【答案】 ABC

【解析】 市电为常规电源而非应急电源。

19.【答案】 AB

【解析】《公路照明技术条件》(GB/T 24969—2010)6.1。

20.【答案】 ABCD

【解析】 A、B、C、D 选项都是可为交通控制提供控制手段的设备。

四、综合题

1.【答案】 (1)D　(2)BC　(3)ABD　(4)ABC　(5)AB

【解析】 (1)《公路工程质量检验评定标准　第一册　土建工程》(JTG F80/1—2017)3.2.5。

(2)关键项目检测合格率大于95%;原材料配比基础等六类质量保证资料齐全。《公路工程质量检验评定标准　第一册　土建工程》(JTG F80/1—2017)3.2。

(3)《公路工程质量检验评定标准　第一册　土建工程》(JTG F80/1—2017)3.3.6。

(4)《公路工程质量检验评定标准　第一册　土建工程》(JTG F80/1—2017)3.3。

(5)《公路工程质量检验评定标准　第一册　土建工程》(JTG F80/1—2017)3.2.5。

2.【答案】 (1)ABC　(2)AC　(3)ABCD　(4)ABCD　(5)ABC

【解析】 (1)《公路交通工程钢构件防腐技术条件》(GB/T 18226—2015)3.1。

(2)《公路交通工程钢构件防腐技术条件》(GB/T 18226—2015)3.12。

(3)《公路交通工程钢构件防腐技术条件》(GB/T 18226—2015)3.18。

(4)《公路交通工程钢构件防腐技术条件》(GB/T 18226—2015)3.11。

(5)《公路交通工程钢构件防腐技术条件》(GB/T 18226—2015)3.19。

3.【答案】 (1)ABCD　(2)ABCD　(3)ABCD　(4)ABCD　(5)ABCD

【解析】《路面标线涂料》(JT/T280—2004)5。

4.【答案】 (1)BCD　(2)ACD　(3)C　(4)AB　(5)ABCD

【解析】 (1)A 选项应为:《隔离栅》(GB/T 26941)。《公路工程质量检验评定标准　第一册　土建工程》(JTG F80/1—2017)。

(2)~(4)《公路工程质量检验评定标准　第一册　土建工程》(JTG F80/1—2017)11.10.2。

(5)《公路工程质量检验评定标准　第一册　土建工程》(JTG F80/1—2017)。

5.【答案】 (1)ACD　(2)ABD　(3)AC　(4)B　(5)ABC

【解析】 (1)B 选项漏掉了《路面防滑涂料》(JT/T 712)。《公路工程质量检验评定标准

第一册　土建工程》(JTG F80/1—2017)11.3.1。

(2)~(5)《公路工程质量检验评定标准　第一册　土建工程》(JTG F80/1—2017)11.3.2。

6.【答案】(1)ABC　(2)ABCD　(3)ABCD　(4)ABD　(5)ABC

【解析】(1)D选项应为:该种传输信道利用率很低。

(2)频带传输是多路信号同时在一个信道中传输的重要方法之一。

(3)中继器(光放大器)一般上百公里才用。

(4)C选项多余。

(5)D选项多余。

7.【答案】(1)ABD　(2)B　(3)CD　(4)ABC　(5)ABC

【解析】(1)C选项应为:电源室等通过安全、消防验收。《公路工程质量检验评定标准　第二册　机电工程》(JTG F80/2—2004)5.1.1。

(2)~(5)《公路工程质量检验评定标准　第二册　机电工程》(JTG F80/2—2004)5.1.2。